KB092312

구글 앱스 스크립트 완벽 가이드

기본 문법부터 8가지 구글 앱에서 활용하는 앱스 스크립트 활용 방법을 한 권으로 정복한다!

초판 1쇄 발행 2022년 7월 5일

지은이 다카하시 노리아키 / **옮긴이** 김모세 / **펴낸이** 김태헌
펴낸곳 한빛미디어(주) / **주소** 서울시 서대문구 연희로2길 62 한빛미디어(주) IT출판부
전화 02-325-5544 / **팩스** 02-336-7124
등록 1999년 6월 24일 제25100-2017-000058호 / **ISBN** 979-11-6921-001-0 93000

총괄 전정아 / **책임편집** 홍성신 / **기획 · 편집** 이윤지
디자인 박정화 / **전산편집** 다인
영업 김형진, 김진불, 조유미 / **마케팅** 박상용, 송경석, 한종진, 이행은, 고광일, 성화정 / **제작** 박성우, 김정우

이 책에 대한 의견이나 오탈자 및 잘못된 내용에 대한 수정 정보는 한빛미디어(주)의 홈페이지나 아래 이메일로
알려주십시오. 잘못된 책은 구입하신 서점에서 교환해드립니다. 책값은 뒤표지에 표시되어 있습니다.

한빛미디어 홈페이지 www.hanbit.co.kr / **이메일** ask@hanbit.co.kr

지금 하지 않으면 할 수 없는 일이 있습니다.
책으로 펴내고 싶은 아이디어나 원고를 메일(writer@hanbit.co.kr)로 보내주세요.
한빛미디어(주)는 여러분의 소중한 경험과 지식을 기다리고 있습니다.

구글 앱스 스크립트
완벽 가이드

Google Apps Script

기본 문법부터 8가지 구글 앱에서 활용하는
앱스 스크립트 활용 방법을 한 권으로 정복한다!

다카하시 노리아키 지음
김모세 옮김

IB 한빛미디어
Hanbit Media, Inc.

지은이의 말

구글이 제공하는 스프레드시트, 지메일, 드라이브, 캘린더, 문서, 프레젠테이션 등의 서비스는 업무나 생활에 없어서는 안 될 존재가 되었습니다. 2020년 현재 구글 워크스페이스를 도입한 조직은 전 세계 600만 개 이상이며 액티브 사용자 수는 월간 20억 명으로 보고되어 있습니다. 구글 워크스페이스는 그야말로 그룹웨어의 표준으로 확고히 자리 잡았습니다.

구글 워크스페이스는 완전한 클라우드 환경 지원에 따른 시공간의 제약이 없는 사용자 경험, 원만한 협업, 파격적으로 저렴한 요금과 같은 훌륭한 서비스와 효과를 제공합니다. 여기에 이 능력과 잠재력을 한층 향상시킬 수 있는 방법이 있습니다. 바로 구글 앱스 스크립트$^{\text{Google Apps Script}}$(GAS)입니다.

GAS를 사용하면 구글 서비스들을 자동화하고 연동할 수 있습니다. 스프레드시트에서 테이블과 슬라이드를 만들고, 지메일에서 알림 메일을 보내고, 드라이브의 폴더나 파일을 정리하고, 캘린더에 이벤트를 등록하고, 문서로 회의록 템플릿을 만들어 번역하는 등의 작업을 프로그래밍으로 할 수 있습니다. 그리고 GAS를 시작하는 데는 추가적인 준비나 비용이 필요하지 않습니다. 서버나 환경은 모두 구글이 제공하며 누구나 무료로 이용할 수 있습니다.

물론 스스로 노력해야 하는 부분도 있습니다. 바로 '지식'과 '기술'입니다. GAS의 구조와 사양, 프로그래밍 구문, 규칙이나 제약 등 많은 지식과 이를 실현할 스킬이 필요합니다. 그리고 이를 익히는 데는 많은 시간이 듭니다. 이 책은 GAS를 익히는 과정에 필요한 노력을 함께하기 위한 목적으로 썼습니다.

1장과 2장에서는 GAS를 시작할 준비를 합니다. GAS에 발을 들이기는 쉽지만 그 세계가 대단히 넓습니다. 완전한 클라우드를 지향하며 다소 구글스러운 '팁'들도 존재하기 때문에 이에 관해 준비를 먼저 해야 합니다.

3장에서 7장은 GAS의 기반이 되는 자바스크립트 기초부터 객체 사양까지 차근 차근 설명합니다. GAS는 V8 런타임 지원^{V8 Runtime Support}에 대응하기 때문에 최 신 구문과 명령을 포함한 'GAS를 위한 자바스크립트'에 관해 학습합니다.

8장에서 15장은 실제로 구글 앱스를 다뤄봅니다. 스프레드시트, 지메일, 드라이 브, 캘린더, 문서, 프레젠테이션, 설문, 번역 서비스를 대상으로 프로그래밍을 활 용해 다양한 아이디어를 구현하기 위한 지식과 기술을 익힙니다.

16장에서 23장은 구글 서비스에서 공통으로 사용할 수 있는 노하우들을 제공합 니다. 각 서비스의 조작과 조합으로 그 가능성을 넓혀 스마트하게 개발할 수 있게 될 것입니다.

GAS 세계에 발을 딛고자 하는 분들이 한 분이라도 더 GAS를 잘 사용하게 되어 그 혜택을 충분히 누리는 데 도움이 된다면 더없이 기쁠 것입니다.

2021년 6월
다카하시 노리아키

옮긴이의 말

업무 현장에서 가장 빈번하게 이용하는 애플리케이션은 무엇일까요? 특정한 목적으로 이용하는 애플리케이션을 제외한다면 아마도 메일, 캘린더, 문서, 프레젠테이션, 스프레드시트, 네트워크 드라이브 등의 애플리케이션을 꼽을 수 있을 것입니다. 이러한 애플리케이션을 제공하는 서비스는 매우 다양하지만 그중에서도 가장 강력하게 통합된 애플리케이션 환경을 제공하는 것은 단연코 구글 워크스페이스라고 할 수 있습니다.

구글 워크스페이스는 완전한 클라우드 환경과 시공간의 제약이 없는 사용자 경험은 물론 손쉬운 협업 기능을 제공합니다. 또한 막대한 사용자층을 기반으로 하는 파격적인 요금제, 사용자 피드백을 빠르게 반영해 개선하는 점 또한 다른 서비스에서는 따라가기 힘든 장점이라 할 수 있습니다.

그러나 구글 워크스페이스에는 손쉽게 이용할 수 있는 애플리케이션 번들 이상의 강력한 무기가 있습니다. 바로 구글 앱스 스크립트입니다.

구글 앱스 스크립트는 간단한 스크립트 코드를 작성해서 구글 서비스들의 기능을 자동화하고 연동할 수 있습니다. 지메일에서 알림을 보내고, 캘린더에 이벤트를 등록하고, 문서를 구글 번역기로 번역하는 등의 작업을 애플리케이션으로 열지 않고도 자동화할 수 있습니다. 또한 서버나 스크립트 작성 및 실행 환경은 모두 구글에서 브라우저를 통해 제공하므로 누구나 무료로 이용할 수 있습니다.

이 책은 구글 앱스 스크립트의 기반이 되는 자바스크립트의 기초와 함께 자주 이용하는 구글 앱스 서비스(스프레드시트, 지메일, 드라이브, 캘린더, 문서, 프레젠테이션, 설문, 번역)를 대상으로 직접 구글 앱스 스크립트를 작성해 실행해봅니다. 또한 모든 구글 서비스에서 공통으로 적용할 수 있는 노하우도 소개합니다.

구글 앱스 스크립트를 이용해 할 수 있는 작업들은 그야말로 무궁무진합니다. 구글이 제공하는 강력한 무기인 구글 앱스 스크립트의 세계로 여행을 떠나고자 하는 여러분에게 이 책은 좋은 가이드가 될 것입니다.

끝으로 좋은 책을 번역할 수 있는 기회를 주신 한빛미디어 김태헌 대표님, 편집 과정에 많은 도움을 주신 홍성신 님, 이윤지 님에게 감사합니다. 또한 바쁜 번역 일정 가운데서도 끊임없는 지지와 사랑으로 함께한 아내와 세 아이에게도 감사의 말을 전합니다. 고맙습니다.

김모세 드림

지은이 · 옮긴이 소개

지은이 다카하시 노리아키 (高橋 宣成)

플랜노츠 대표이사. 1976년 5월 5일 어린이날에 태어났다. 전기통신대학 대학원 전자정보학연구과 수료 후 색소폰 연주자로 활약했다. 서른 살이 된 것을 계기로 전직해 모바일 콘텐츠 업계에서 프로듀서, 마케터를 경험했다. 그러던 와중 '정사원이야말로 불안정'하고 'IT 업계에서도 IT를 충분히 활용하지 못하며' '생산성보다 장시간 노동을 좋게 평가하는' 상황에 주목하게 된다. 일본 사무직에게 필요한 일하는 방법, 생산성 향상 기법, IT 활용 기법 등에 대해 문제 의식을 갖고 2015년 6월에 독립했다.

현재 "IT를 활용해 일본의 '일하는' 가치를 높인다"라는 주제로 VBA, 구글 앱스 스크립트, 파이썬 등의 프로그래밍 언어에 관한 연수 강좌, 집필, 미디어 운영, 커뮤니티 운영 등 비개발자를 위한 교육 활동을 하고 있다. 커뮤니티 '비개발자를 위한 스킬업 연구회'를 운영하고 있으며 블로그 '언제나 옆에 있는 IT 업무(いつも隣にIT のお仕事)'는 월 130만 페이지뷰를 넘을 정도로 인기가 있다.

https://tonari-it.com/

옮긴이 김모세 creatinov.kim@gmail.com

소프트웨어 엔지니어, 소프트웨어 품질 엔지니어, 애자일 코치 등 다양한 부문에서 소프트웨어 개발에 참여했다. 재미있는 일, 나와 조직이 성장하고 성과를 내도록 돕는 일에 보람을 느끼며 나 자신에게 도전하고 더 나은 사람이 되기 위해 항상 노력하고 있다. 『코드 품질 시각화의 정석』(지앤선)을 썼고, 『제대로 배우는 수학적 최적화』『동시성 프로그래밍』(한빛미디어), 『라라벨 실전 웹 애플리케이션 개발』『AWS로 시작하는 인프라 구축의 정석』(제이펍), 『좋은 팀을 만드는 24가지 안티패턴 타파 기법』(에이콘) 등을 옮겼다.

일러두기

- 이 책의 정보 및 캡처 이미지는 2022년 6월의 것입니다. 구글 앱스 스크립트 및 각 구글 서비스의 업데이트 및 개선으로 인해 출간 후 시간이 지남에 따라 UI가 달라질 수 있습니다.

- 이 책에서 사용한 환경은 다음과 같습니다.
  - 윈도우 10
  - 구글 크롬 89.0버전

예제 소스

이 책에서 사용하는 예제 소스는 다음 URL에서 다운로드할 수 있습니다.

https://github.com/moseskim/google-app-scripts-3rd

목차

Chapter

1

구글 앱스 스크립트 기본 지식

목차

Chapter

3

기본 문법

Chapter

4

제어문

목차

Chapter

5

함수

목차

Chapter

스프레드시트

목차

Chapter

9

지메일

Chapter

10

드라이브

목차

Chapter

11

캘린더

Chapter

12

문서

목차

Chapter

13

프레젠테이션

Chapter

14

설문지

목차

목차

목차

Chapter

1

구글 앱스 스크립트 기본 지식

1.1 구글 앱스 스크립트

구글 앱스 스크립트로 할 수 있는 것

구글 앱스 스크립트Google Apps Script는 구글이 제공하는 프로그래밍 언어입니다. GAS 또는 앱스 스크립트Apps Script라고 부르기도 합니다. GAS를 사용하면 프로그래밍을 이용해 지메일, 구글 스프레드시트, 구글 캘린더, 구글 드라이브, 구글 번역 등 구글이 제공하는 다양한 애플리케이션을 조작할 수 있습니다. GAS를 이용하면 다음과 같은 일을 할 수 있습니다.

- 스프레드시트에서 사용할 수 있는 오리지널 함수를 만든다.
- 문서를 번역한다.
- 스프레드시트 목록에서 pdf 형식으로 슬라이드를 만들고 드라이브에 저장한다.
- 캘린더에 등록된 오늘의 일정을 메일로 전송한다.
- 설문지 응답자에게 감사 메일을 자동으로 전송한다.
- 캘린더에 등록된 일정을 스프레드시트로 복사한다.
- 문서 내용을 메일 본문으로 하여 스프레드시트의 이메일 주소 목록으로 메일을 전송한다.
- 문의 메일을 스프레드시트에 모아둔다.

GAS를 이용하면 단독으로 애플리케이션을 동작시키거나 여러 애플리케이션을 연동할 수 있습니다. GAS로 애플리케이션 조작은 물론 HTML이나 CSS를 사용해 커스텀 웹 애플리케이션을 만들거나 API를 경유해 외부 서비스와 연동할 수도 있습니다. 말 그대로 가능성이 무한이라 해도 과언이 아닙니다.

많은 기능을 제공하는 만큼 GAS의 세계도 무궁무진합니다. 그렇기 때문에 GAS를 배울 때는 학습할 범위를 명확하게 결정하고 효율적으로 학습해야 합니다. 또한 GAS에서만 적용되는 사고 방식이나 규칙들도 있기 때문에 이를 숙지하지 않은 상태로 개발을 하다 보면 예상치 못한 어려움을 맞닥뜨릴 수도 있습니다.

이번 장에서는 GAS를 빠르고 효율적으로 학습한 뒤 스킬을 익히기 위한 토대가 되는 기반 지식에 관해 설명합니다.

그림 1-1 구글 앱스 스크립트란

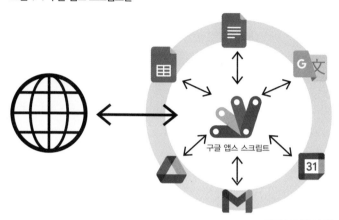

웹에서 구글 앱스 스크립트를 중심으로 다양한 애플리케이션 연동

자바스크립트 기반의 스크립트 언어 GAS

GAS는 프로그래밍 언어지만 프로그래밍 전용 언어는 아닙니다. GAS는 매우 인기 있는 프로그래밍 언어인 자바스크립트를 기반으로 합니다. **자바스크립트**JavaScript는 웹브라우저에서 동작하는 표준 스크립트 언어로 사용되며 서버는 물론 윈도우 실행 환경에서 동작하는 언어로도 활용됩니다. 스크립트 언어는 대본script과 같이 간단히 작성하고 실행할 수 있도록 만들어진 프로그래밍 언어를 가리킵니다. 즉, 자바스크립트는 상대적으로 쉽게 습득할 수 있는 언어입니다.

자바스크립트는 다양한 영역에서 사용되고 학습하기도 간단하여 그 인기가 나날이 높아지고 있습니다. 이런 자바스크립트를 학습할 수 있다는 점 또한 GAS의 큰 매력 중 하나입니다.

자바스크립트를 실행하기 위한 엔진을 **런타임**^{Runtime}이라 부릅니다. GAS에서는 이제까지 자바스크립트 런타임으로 '라이노 런타임^{Rhino Runtime}'을 사용했습니다. 그러나 라이노 런타임에서 동작하기 위해서는 구버전인 자바스크립트 1.6~1.8 버전을 사용해야 합니다. 이는 현재 일반적으로 사용하는 자바스크립트 버전(ECMAScript)과는 많은 차이가 있습니다.

GAS에서는 2020년 2월부터 **V8 런타임**^{V8 Runtime}을 지원합니다. V8 런타임은 구글 크롬을 포함해 주요 웹브라우저에서 채용되었고 결과적으로 GAS에서도 최신 자바스크립트 구문이나 기능을 새롭게 사용할 수 있게 되었습니다. 이 책에서도 V8 런타임에 대응한 새로운 V8 런타임 구문과 기능을 담았으므로 효과적인 스크립트 작성 방법을 학습할 수 있습니다.

구글 클라우드 서버에서 동작하는 GAS

GAS는 철저히 클라우드를 지향한다는 것이 특징입니다. 다음 요소들은 모두 구글 클라우드 서버에서 확인할 수 있습니다.

- 작성한 스크립트 파일
- 스크립트를 수정하고 실행하기 위한 환경인 프로그램
- 활용할 구글 애플리케이션과 데이터

예를 들어 엑셀 VBA를 사용한다면 PC에서 코딩, 디버그, 실행을 해야 합니다.
한편 GAS에서는 클라우드에서 수정, 디버그, 실행합니다.

그림 1-2 GAS와 엑셀 VBA 조작과 실행

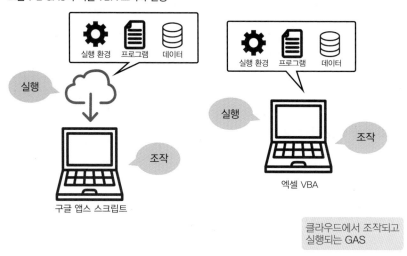

엑셀 VBA, 자바스크립트, GAS의 프로그램 저장 및 실행 위치를 비교하면 다음
과 같습니다(표 1-1).

표 1-1 프로그램 언어별 저장 및 실행 위치

언어	저장 위치	실행 위치	트리거 예시
엑셀 VBA	로컬 PC의 Office 파일 내	로컬 PC의 엑셀 애플리케이션	– 버튼을 누른다. – 셀을 편집한다. – 파일을 연다.
자바스크립트	서버 내	로컬 PC의 브라우저 애플리케이션	– 스크립트를 읽는다. – 클릭한다.
GAS	구글 서버 내	구글 서버	– 버튼을 누른다. – 지정 시간이 된다. – 스프레드시트가 열린다. – 셀이 수정된다. – 설문지가 전송된다.

클라우드의 가장 큰 장점은 개발 환경 준비가 필요하지 않다는 것입니다. 서버, 스크립트를 동작시키는 애플리케이션과 편집기는 모두 구글에서 제공합니다. 브라우저만 있다면 즉시 스크립트를 작성할 수 있습니다.

GAS는 서버에서 동작하기 때문에 로컬 PC나 브라우저가 동작하지 않더라도 스크립트는 실행됩니다. **트리거**trigger라 부르는 기능을 사용하면 특정 시간 또는 사용자 입력에 따라 스크립트를 실행시킬 수도 있습니다.

GAS 개발에 필요한 것

GAS는 다음 세 가지만 있으면 이용할 수 있습니다.

① 구글 계정
② 웹브라우저
③ 인터넷에 연결할 수 있는 PC

구글 계정은 구글 워크스페이스 멤버 계정과 무료 계정으로 나뉘며 두 계정 모두 GAS를 이용할 수 있습니다. 브라우저는 일반적인 브라우저를 사용해도 큰 문제는 없지만 가능하다면 구글 크롬을 사용할 것을 권장합니다. PC 운영 체제에는 큰 제한이 없으며 크롬북Chromebook도 사용할 수 있습니다. 즉, 지금 당장이라도 GAS 세계에 발을 내디딜 수 있습니다.

> 💡 **NOTE**
> 이 책에서 사용하는 PC 운영체제는 Windows 10, 브라우저는 구글 크롬입니다.

구글 앱스와 구글 워크스페이스

구글 앱스

구글이 제공하는 서비스는 '구글...' 또는 'G..."로 시작하는 이름을 가진 것이 많아 다소 혼란스러울 수 있습니다. GAS 학습에 앞서 이 이름들을 정리하겠습니다.

구글 앱스 Google Apps라는 키워드를 자주 사용하지만 실제로 '구글 앱스'라는 용어는 명확히 정의되어 있지는 않습니다. 구글이 제공하는 애플리케이션 그룹 또는 앞으로 설명할 구글 워크스페이스Google Workspace를 가리키기도 합니다. 그러므로 '구글 앱스'라는 키워드는 문맥을 통해 대상을 판단해야 합니다.

한편, 구글 앱스 스크립트는 앞에서 설명한 것처럼 구글이 제공하는 프로그래밍 언어의 이름이며 그 정의 또한 명확합니다. '구글 앱스'의 '스크립트'라고 이해하기 쉽지만 그렇지 않습니다. 애매한 용어인 구글 앱스와 분리해서 이해하는 것이 바람직합니다.

💡 **NOTE**

구글 워크스페이스는 2006년 서비스 시작 당시 구글 앱스 포 유어 도메인Google Apps for Your Domain이라는 이름으로 불렸습니다. 2014년에는 구글 앱스 포 워크Google Apps for Work, 2016년에는 G 스위트G Suite, 2020에는 구글 워크스페이스로 이름이 바뀌었습니다.

'구글 앱스...'라는 이름을 사용하던 기간이 길었기 때문에 일부 사용자는 지금도 구글 앱스라는 이름으로 기억하고 있습니다.

구글 워크스페이스와 무료 구글 계정

구글 워크스페이스 Google Workspace는 기업 또는 팀 비즈니스 용도로 제공되는 애플리케이션 패키지입니다. 패키지에 포함된 애플리케이션 대부분은 무료 계정에서도 사용할 수 있는 친숙한 것들입니다.

- 지메일Gmail
- 구글 챗Google Chat
- 구글 문서Google Document
- 구글 설문지Google Form
- 구글 사이트Google Site
- 구글 킵Google Keep
- 구글 캘린더Google Calendar
- 구글 미트Google Meet
- 구글 스프레드시트Google Spreadsheet
- 구글 프레젠테이션Google Slides
- 구글 드라이브Google Drive
- 구글 커런츠Google Currents

무료로 사용할 수 있는 애플리케이션을 군이 유료로 제공하는 이유를 의아하게 생각할지도 모르겠습니다. 하지만 구글 워크스페이스에는 이 애플리케이션들을 기업이나 조직에서 이용하는 상황을 고려해 특별한 기능을 포함하고 있습니다.

구글 워크스페이스 계정은 사용할 수 있는 서비스나 기능 외에 고유 메일 주소, 저장공간 용량, 보안 기능, 지원 제한 등에 따라 다양한 요금제로 나뉩니다. 무료 계정과 구글 워크스페이스의 요금제를 비교하면 다음과 같습니다.

표 1-2 무료 구글 계정과 구글 워크스페이스 요금제[1]

	무료	Business			Enterprise
		Starter	Standard	Plus	
요금 (매월 사용자당)	무료	USD 4.80	USD 9.60	USD 18.00	문의
지메일/캘린더	제공	제공			제공
메일 도메인	gmail.com	자체 도메인 설정 가능			자체 도메인 설정 가능
클라우드 스토리지 (사용자당)	15GB	30GB	2TB	5TB	문의
공유 드라이브	미제공	미제공	제공		제공
보안 및 관리	미제공	기본		고급 기능 (Vault 등)	고급 기능 (Valut 등)
기술 지원	미제공	기본 지원			프리미엄 지원

무료 구글 계정으로도 GAS가 제공하는 많은 기능을 이용할 수 있습니다. 그러나 조직에서 사용할 때는 보안상 조직 안에서 프로그램을 관리할 수 있는 구글 워크스페이스를 사용하는 것이 좋습니다. 뒤에서도 설명하지만 GAS 실행 시 일부 제한적인 부분에서는 구글 워크스페이스 사용자를 우대합니다. 이러한 내용을 종합해봤을 때, GAS의 모든 기능을 활용하고자 한다면 구글 워크스페이스의 유료 요금제를 선택하길 권합니다.

---

1 https://workspace.google.com/intl/ko/pricing.html

1.3 GAS로 조작할 수 있는 애플리케이션

GAS에서 제공하는 서비스

GAS에서는 구글 애플리케이션 및 데이터를 조작하거나 외부와 연동할 수 있는 다양한 기능을 제공하며 이를 '**서비스**'라 부릅니다. 이를테면 스프레드시트를 조작하기 위한 'Spreadsheet 서비스', 스크립트 로그나 다이얼로그 박스 등을 조작하기 위한 'Base 서비스'를 들 수 있습니다.

GAS에서는 매우 다양한 서비스를 제공하며 이들은 [표 1-3]과 같이 크게 세 그룹으로 나눌 수 있습니다.

표 1-3 구글 앱스 스크립트에서 제공하는 서비스

그룹	설명	포함된 서비스 예	서비스 이용
Google Workspace Services	구글 워크스페이스에 포함된 애플리케이션을 중심으로 조작하는 서비스	스프레드시트, 지메일, 캘린더, 드라이브, 번역 등	기본 활성화
Script Services	유틸리티 서비스	Base, Utilities, URL, Fetch 등	기본 활성화
Advanced Google Services	Google Workspace Services에 포함되지 않는 애플리케이션이나 조작을 수행할 수 있는 고급 서비스	애널리틱스, 빅쿼리, Admin SDK, 유튜브 등	기본 비활성화, 서비스별로 활성화

Google Workspace Services

Google Workspace Sevices(구글 워크스페이스 서비스)는 기본으로 사용 가능한 애플리케이션 조작 기능으로 다음 13개 서비스를 제공합니다.

- SpreadSheet: 스프레드시트
- Slides: 프레젠테이션
- Drive: 드라이브
- Calendar: 캘린더
- Contacts: 주소록
- Maps: 지도
- Data Studio: 데이터 스튜디오
- Document: 문서
- Forms: 설문지
- Gmail: 지메일
- Sites: 사이트
- Groups: 그룹
- Language: 번역

이들은 GAS 기본 셋이라 불리며 이 서비스들만 이용해도 충분한 성능을 내는 업무 애플리케이션이나 도구를 만들 수 있습니다.

> 💡 NOTE
>
> 구글 워크스페이스 서비스라는 이름으로 불리지만 구글 미트나 구글 킵은 포함하고 있지 않습니다. 반면 구글 워크스페이스에 포함되지 않는 구글 지도나 구글 번역은 포함되어 있습니다. 즉, 구글 워크스페이스에 포함된 애플리케이션 그룹과 구글 워크스페이스 서비스 로 조작할 수 있는 애플리케이션 그룹은 완전히 일치하지는 않으므로 주의하길 바랍니다.

이 책에서는 구글 워크스페이스 서비스 중 스프레드시트, 지메일, 드라이브, 캘린더, 문서, 프레젠테이션, 설문지, 번역에 관해 소개합니다.

Script Services

Script Services(스크립트 서비스)는 GAS 전체에서 이용 가능한 유틸리티 기능을 제공하는 서비스 그룹이며 구글 워크스페이스 서비스처럼 기본으로 이용할 수 있습니다. 예를 들어 로그 출력, 다이얼로그 등의 UI 조작, 바이너리 파일 조작, 외부 URL로 접근 등 GAS를 이용한 개발에서 유용하게 사용할 수 있는 기술들을 포함하고 있습니다. 스크립트 서비스에서는 다음 서비스를 제공합니다.

- Base
- Cache
- Card
- Charts
- Conferencing Data
- Content
- HTML
- JDBC
- Lock
- Mail
- Optimization
- Properties
- Script
- URL Fetch
- Utilities
- XML

이 책에서는 이 서비스 가운데 GAS에서 자주 사용하는 Base, Utilities, Properties, Script, URL Fetch에 관해 소개합니다.

Advanced Google Services

GAS에는 구글 워크스페이스 서비스에 포함되지 않은 애플리케이션 또는 확장된 기능을 사용할 수 있도록 하는 서비스가 있으며 이를 Advanced Google Services(고급 구글 서비스)라 부릅니다. 이를 활용하면 빅쿼리^{BigQuery}나 구글 애널리틱스^{Google Analytics}를 포함한 여러 구글 애플리케이션을 다룰 수 있습니다. 고급 서비스를 포함하면 GAS를 이용해 무려 20개 이상의 애플리케이션 조작이 가능합니다.

그리고 Advanced Gmail Services(고급 지메일 서비스)나 Advanced Drive Service(고급 드라이브 서비스)처럼 구글 워크스페이스 서비스가 제공하는 고급 애플리케이션 조작을 지원하는 서비스도 포함됩니다. 고급 구글 서비스는 기본적으로 활성화가 되어 있지 않으므로 필요에 따라 서비스별로 활성화해야 합니다.

이 책에서는 고급 구글 서비스를 다루지 않으므로 필요에 따라 직접 사용해보기 바랍니다.

1.4 GAS 학습 시 주의할 점

자바스크립트와 동일하지 않은 GAS

GAS를 학습할 때 몇 가지 주의할 것이 있습니다. 먼저 GAS는 자사스크립트를 기반으로 하지만 일반적인 자바스크립트와는 동일하지 않다는 점입니다. 자바스크립트는 브라우저 위에서 동작하기 때문에 브라우저 조작에 따라 스크립트 실행, HTML 요소 수정, 스타일 변경 등을 할 수 있습니다. 그래서 브라우저를 조작하는 브라우저 객체나 웹 페이지를 기술한 HTML을 조작하는 DOM 객체 등을 이용할 수 있지만 GAS에서는 이런 기능을 이용할 수 없습니다. 이를테면 여러 자바스크립트 입문서에서 가장 처음에 작성하는 다음 코드가 GAS에서는 전혀 작동하지 않습니다.

예제 1-1 자바스크립트로 경고를 표시

```
01  alert('Hello JavScript!');
```

GAS에서 이용할 수 있는 자바스크립트는 기본 구문, 제어 구문, 연산자, 함수, 내장 객체 같은 기본 요소(**코어 자바스크립트**Core JavaScript)뿐입니다. GAS는 이 코어 자바스크립트를 이용해 구글 애플리케이션을 조작하는 여러 서비스로 구성됩니다. GAS에서 이용하는 코어 자바스크립트와 브라우저에서 작동하는 자바스크립트의 구성은 [그림 1-3]과 같습니다.

그림 1-3 GAS에서 이용할 수 있는 구성 범위

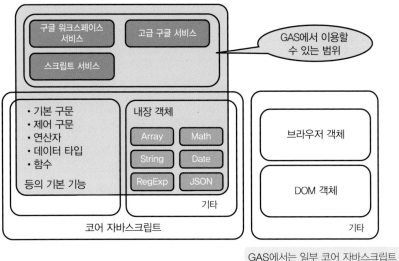

이와 같이 브라우저에서 작동하는 것을 전제로 하는 자바스크립트와 다르다는 점과 그 차이에 주의하며 개발합니다.

제한과 할당

GAS는 구글 서버에서 작동하기 때문에 특정 사용자가 서버에 부하를 많이 걸면 GAS 전체에 영향을 줄 수도 있습니다. 이를 방지하기 위해 GAS에서는 몇 가지 기능에 실행 시간이나 데이터 크기 등의 **제한**과 하루 실행 횟수인 **할당**을 설정해두고 있습니다.

제한과 할당은 사용하는 구글 계정에 따라 다릅니다. 이 책 집필 시점에서의 제한과 할당을 [표 1-4], [표 1-5]에 나타냈습니다. 어떤 것들이 있는지 파악해두면 도움이 될 것입니다.

표 1-4 GAS 제한

제한	무료 구글 계정	구글 워크스페이스 계정
스크립트 실행 시간	6분 / 실행	6분 / 실행
커스텀 함수 실행 시간	30초 / 실행	30초 / 실행
동시 실행 수	30	30
메일 첨부 파일 수	250 / 메시지	250 / 메시지
메일 본문 크기	200KB / 메시지	400KB / 메시지
메일 받는 사람 수	50건 / 메시지	50건 / 메시지
메일 첨부파일 전체 크기	25MB / 메시지	25MB / 메시지
속성값 크기	9KB / 값	9KB / 값
속성 전체 크기	500KB / 스토어	500KB / 스토어
트리거	20 / 사용자 / 스크립트	20 / 사용자 / 스크립트
URL Fetch 응답 크기	50MB / 호출	50MB / 호출
URL Fetch 헤더 수	100 / 호출	100 / 호출
URL Fetch 헤더 크기	8KB / 호출	8KB / 호출
URL Fetch POST 크기	50MB / 호출	50MB / 호출
URL Fetch URL 길이	2KB / 호출	2KB / 호출

스크립트 실행 시 이 제한을 넘기면 에러가 발생하고 스크립트가 종료됩니다. 가장 주의해야 할 부분은 **스크립트 실행 시간**입니다. 다루는 데이터의 양이나 처리 속도를 고려하지 않고 작성한 스크립트의 경우 실행당 6분이라는 제한을 넘길 가능성이 상당히 높습니다. 따라서 다루는 데이터의 양과 처리 속도에 주의하며 개발해야 합니다.

표 1-5 GAS 할당

할당	무료 구글 계정	구글 워크스페이스 계정
캘린더 이벤트 작성 수	5,000 / 일	10,000 / 일
주소록 작성 수	1,000 / 일	2,000 / 일
문서 작성 수	250 / 일	1,500 / 일
파일 변환 수	2,000 / 일	4,000 / 일
메일 받는 사람 수	100 / 일	1,500 / 일

메일 받는 사람 수(도메인 내)	100 / 일	2,000 / 일
메일 읽고 쓰기(전송 제외)	20,000 / 일	50,000 / 일
그룹 얻기	2,000 / 일	10,000 / 일
JDBC 접속	10,000 / 일	50,000 / 일
JDBC 접속 실패	100 / 일	500 / 일
프레젠테이션 작성 수	250 / 일	1,500 / 일
속성 읽고 쓰기	50,000 / 일	500,000 / 일
프레젠테이션 작성 수	250 / 일	1,500 / 일
스프레드시트 작성 수	250 / 일	3,200 / 일
트리거를 이용한 전체 실행 시간	90분 / 일	6시간 / 일
URL Fetch 호출 수	20,000 / 일	100,000 / 일
번역 호출 수	1,000 / 일	10,000 / 일

할당은 사용자별로 계산됩니다. 각 할당 수는 누적되며 태평양 표준시(PST) 0시(한국 시간으로 16~17시)에 초기화됩니다. 예를 들어 어떤 사용자가 하루 동안 몇 차례로 나누어 스크립트를 실행한 결과, 문서 작성 수가 250을 넘으면 해당 시점부터 스크립트 실행 시 에러가 발생하고 종료됩니다. 문서 작성 관련 스크립트는 16~17시 이후 카운터가 초기화된 후 다시 실행할 수 있습니다.

지금 이 순간에도 진화하고 있는 GAS

설치형 애플리케이션은 보통 사용자가 버전을 업데이트합니다. 이때 사용자는 업데이트 내용을 확인하고 새로운 기능을 살펴본 뒤 업데이트 여부를 선택할 수 있습니다. 그러나 GAS는 클라우드에서 제공되므로 구글이 원하는 시점에 업데이트가 진행됩니다. 특정 시기 출시 정보는 다음 URL에서 확인할 수 있습니다.

https://developers.google.com/apps-script/releases

그림 1-4 1년간 GAS 출시 정보

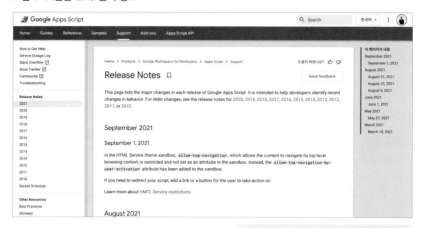

항상 변화하며 '살아 숨쉬는 플랫폼a living, breathing, platform' GAS

1년 동안 16번 업데이트되었으며 주요 내용은 다음과 같습니다.

- 구글 드라이브의 폴더 구성과 공유 모델을 간소화하기 위해 몇 가지 메서드가 추가 및 폐기되었습니다.
- 스프레드시트의 심플 트리거에 onSeletionChange(e)가 추가되었습니다.
- Spreadsheet 서비스에 Drawing 클래스가 추가되었습니다.
- GAS에서 V8 런타임이 지원되어 최신 자바스크립트의 기능과 구문을 사용할 수 있습니다.
- G-suite addon 출시 지원을 위해 manifest가 변경되었으며 클래스 및 메서드가 추가되었습니다.

규모가 상당히 큰 버전 업데이트가 빈번하게 일어납니다. 앞에서 설명한 제한과 할당 또한 수시로 변경되며 이제까지 잘 사용해온 기능이 갑자기 먹통이 되기도 합니다.

업데이트 정보를 확실하게 알기 위해서는 구글 앱스 스크립트에서 제공하는 공식 문서를 정기적으로 확인하는 것이 좋습니다. 다음 URL 또는 2장에서 소개할 스크립트 편집기에서도 확인할 수 있습니다.

- 구글 앱스 스크립트 공식 문서

  https://developers.google.com/apps-script

공식 문서에서는 출시 정보는 물론, 시작 가이드나 레퍼런스 등 GAS 이용하는 데 유용한 정보를 다양하게 제공합니다(그림 1-5). 영어이기는 하지만 크롬 확장 기능 중 '구글 번역'을 이용하면 어렵지 않게 읽을 수 있으므로 적극 활용하기 바랍니다.

그림 1-5 구글 앱스 스크립트 공식 문서

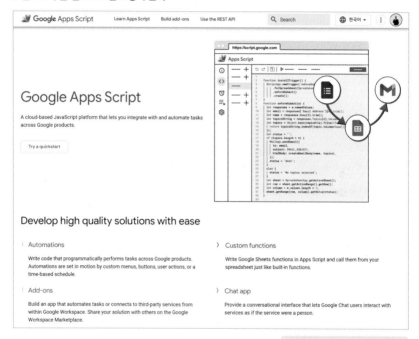

공식 문서에서는 시작 가이드, 레퍼런스, 샘플, 지원을 제공

다음 URL에서 GAS의 할당과 제한에 관해 확인할 수 있습니다(그림 1-6).

- Quatas for Google Services

  https://developers.google.com/apps-script/guides/services/quotas

그림 1-6 Quotas for Google Services

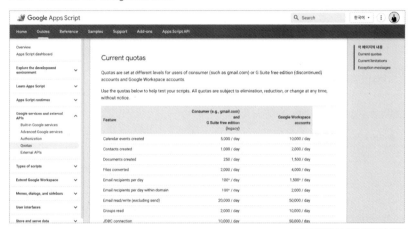

제한과 할당을 자세히 확인

이것으로 GAS와 함께 여행할 준비를 마쳤습니다. GAS란 무엇이고 그 구조와 GAS를 이용해 어떤 것을 할 수 있으며 주의할 점은 어떤 것이 있는지 등 기본 지식을 익혔습니다. 다음 장에서는 실제로 GAS를 다루어봅니다. GAS 전용 편집기 '스크립트 편집기'와 GAS 스크립트를 관리하는 도구 'Apps Script 대시보드' 사용 방법을 배웁니다.

Chapter

2

스크립트 편집기와 대시보드

<table>
<tr><td>2.1</td><td>헬로! GAS</td></tr>
</table>

스프레드시트에서 스크립트 편집기 열기

스크립트 편집기 Script Editor는 GAS 스크립트 편집, 실행, 디버그를 수행하는 전용 편집기로서 메뉴, 툴바, 및 개발 지원 기능을 제공합니다. 스크립트 편집기 덕분에 별도의 환경을 준비하지 않아도 곧바로 GAS를 시작할 수 있습니다.

먼저 실제 스크립트 편집기를 실행해서 GAS 스크립트 작성이나 실행 등 GAS 개발의 흐름을 확인해보겠습니다. 구글 드라이브에서 새로운 스프레드시트를 만듭니다. 구글 드라이브 폴더를 열고 마우스 오른쪽 버튼을 클릭한 후 [Google 스프레드시트]를 선택합니다(그림 2-1). 왼쪽 위 [+ 새로 만들기] → [Google 스프레드시트]를 선택해도 같은 작업을 할 수 있습니다.

그림 2-1 구글 드라이브에서 새로운 스프레드시트 작성

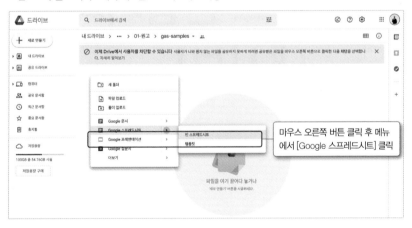

브라우저의 새 탭에 '제목 없는 스프레드시트'가 열립니다. 다음으로 스프레드시트 메뉴에서 [확장 프로그램] → [Apps Script]를 선택합니다(그림 2-2).

그림 2-2 스프레드시트에서 스크립트 편집기 열기

브라우저의 새 탭에서 스크립트 편집기가 실행되고 '제목 없는 프로젝트'가 열립니다(그림 2-3). 이 화면에서 스크립트 편집과 실행, 디버그 작업을 합니다.

그림 2-3 스크립트 편집기

스크립트 편집, 실행, 디버그 등을 위한 GAS 전용 편집기

스크립트 편집하기

계속해서 스크립트를 편집해봅니다. 현재 스크립트 편집기에는 다음과 같이 코드가 작성되어 있을 것입니다.

예제 2-1 제목 없는 프로젝트의 코드

```
01  function myFunction() {
02
03  }
```

`function myFunction()` 행과 `}` 행 사이에 1행이 비어 있습니다. 여기에 코드를 입력해서 [예제 2-2]와 같이 완성합니다.

예제 2-2 스크립트 입력

```
01  function myFunction() {
02    Browser.msgBox('Hello')
03  }
```

코드 입력이 어렵게 느껴질 수 있지만 스크립트 편집기를 이용하면 간편하게 입력할 수 있습니다. 두 번째 행을 클릭하면 자동으로 스페이스 두 칸만큼 들여쓰기한 위치에 커서가 놓일 것입니다. 이 들여쓰기는 **인덴트**^{indent}라 부르며 코드 가독성에 중요한 역할을 합니다. 들여쓰기가 된 위치에서 코드를 입력합니다.

먼저 br이라고 입력해봅니다. 그러면 [그림 2-4]와 같이 입력 지원 목록이 표시됩니다. 키보드 위/아래 방향키로 항목을 선택할 수 있습니다. Browser를 선택한 후 [Tab] 키를 눌러 확정합니다.

그림 2-4 Browser 입력

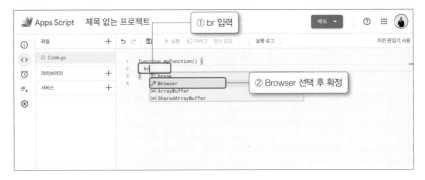

계속해서 . (마침표)를 입력하면 다시 입력 지원 목록이 나타납니다. msgBox를 선택한 후 확정합니다.

그림 2-5 .msgBox 입력

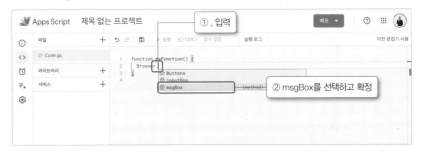

((여는 소괄호)나 ' (작은 따옴표)를 입력하면 그와 짝을 이루는 기호가 자동으로 입력됩니다. 또한 자동으로 나타나는 msgBox에 관한 설명은 [ESC] 키를 눌러 없앨 수 있습니다.

[예제 2-2]와 같이 코드를 작성합니다. 행 마지막의 ; (세미콜론)을 빠뜨리거나 기호를 잘못 사용하지 않도록 주의합니다.

스크립트 저장하기

스크립트를 변경하면 왼쪽 목록의 Code.gs 앞에 노란색 원형 아이콘이 붙습니다. 스프레드시트, 문서 등의 구글 애플리케이션은 변경 내용이 클라우드에 자동 저장되는 경우가 많지만 스크립트 편집기는 자동 저장을 지원하지 않습니다. 따라서 스크립트를 변경했을 때는 항상 수동으로 저장해야 합니다. 저장할 때는 [그림 2-6]과 같이 툴바의 '프로젝트 저장' 아이콘(⊟)을 클릭하거나 [Ctrl] + [S] 또는 [Command] + [S] 단축키를 사용합니다.

그림 2-6 스크립트 저장

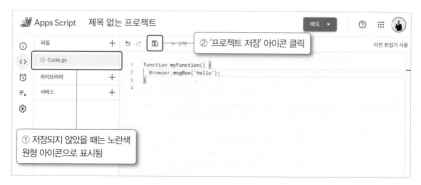

노란색 원형 아이콘이 사라지면 저장되었다는 의미입니다.

새로 작성한 프로젝트의 기본 이름은 모두 '제목 없는 프로젝트'이므로 프로젝트 이름을 변경해두는 것이 좋습니다. 프로젝트 이름을 클릭하면 프로젝트 이름 변경 다이얼로그가 열립니다. 프로젝트 이름을 입력한 뒤 [이름 변경하기]를 클릭합니다(그림 2-7).

그림 2-7 프로젝트 이름 변경

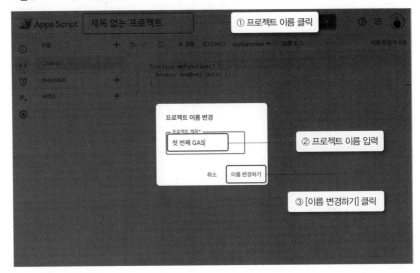

스프레드시트에서 만들고 저장한 스크립트는 스프레드시트 메뉴의 [도구] → [스크립트 편집기]에서 다시 편집할 수 있습니다.

스크립트 실행하기

앞서 작성한 스크립트를 실행해보겠습니다. 툴바에 [myFunction]이 표시되었다면 툴바에서 [▷ 실행]을 클릭하거나 [Ctrl] + [R] 또는 [Command] + [R] 키를 누릅니다(그림 2-8).

그림 2-8 스크립트 실행

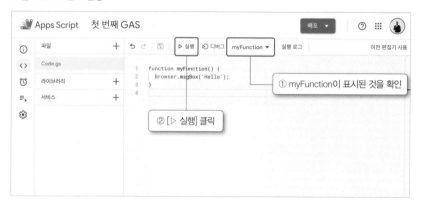

> **💡 NOTE**
>
> myFunction은 함수명이라 부릅니다. 함수는 스크립트의 실행 단위입니다. 자세한 내용은 3장과 5장에서 설명합니다.

처음 실행할 때는 [그림 2-9]와 같이 '승인 필요' 다이얼로그가 표시됩니다. 이것은 GAS만의 실행 순서입니다. 스크립트 대상이 되는 스프레드시트의 접근을 허가해야 합니다.

그림 2-9 '승인 필요' 다이얼로그

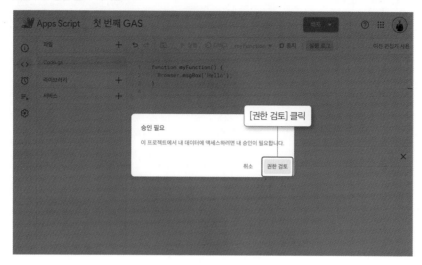

'승인 필요' 다이얼로그에서 [권한 검토]를 클릭하면 다음 화면이 열립니다. 사용할 계정을 선택합니다(그림 2-10).

그림 2-10 계정 선택

접근 허가 순서

이후 순서는 사용하는 계정 종류에 따라 다릅니다. 무료 google.com 계정에서는 [그림 2-11]과 같이 'Google에서 확인하지 않은 앱'이라는 화면이 표시됩니다. 구글 워크스페이스 계정에서는 이 화면이 나타나지 않으므로 [그림 2-13]부터 진행합니다.

'Google에서 확인하지 않은 앱' 화면에서 [고급]을 클릭합니다. [안전한 환경으로 돌아가기]를 클릭하면 접근을 허가하지 않고 되돌아갑니다.

그림 2-11 'Google에서 확인하지 않은 앱' 다이얼로그

그러면 [그림 2-12]와 같이 화면 아래 [첫 번째 GAS(으)로 이동(안전하지 않음)]이라는 링크가 표시됩니다. 해당 링크를 클릭합니다.

그림 2-12 안전하지 않은 페이지로 이동

계속해서 [그림 2-13]과 같이 '첫 번째 GAS에서 내 Google 계정에 액세스하려고 합니다'라는 화면으로 이동합니다. [허용]을 클릭해 접근을 허가합니다.

그림 2-13 스크립트에 접근 허가

허용을 클릭하면 스크립트가 실행됩니다. 스크립트 편집기에서는 아무런 일도 일어나지 않는 듯 보이지만 브라우저 탭을 스프레드시트로 전환하면 [그림 2-14]와 같이 Hello라는 메시지 박스가 표시됩니다.

그림 2-14 메시지 박스 표시

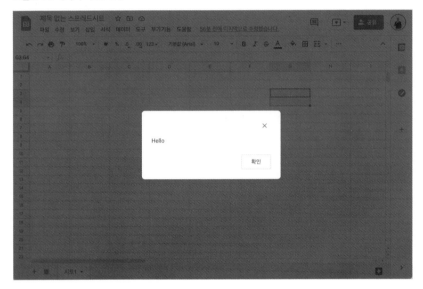

이것으로 스크립트 편집기 실행, 스크립트 편집과 저장 및 실행 등 GAS 이용 흐름을 간단히 살펴봤습니다. 하지만 스크립트 편집기에서는 이외에도 GAS를 편리하게 개발하고 학습할 수 있게 돕는 다양한 기능을 제공합니다. 다음 절에서는 실제 스크립트 편집기의 기능을 다루어보면서 GAS 구조를 더 깊이 이해해봅니다.

프로젝트와 파일

GAS 스크립트는 **프로젝트**project라는 단위로 작성합니다. 프로젝트는 하나 또는 여러 파일로 구성되며 GAS 스크립트의 확장자는 .gs입니다(그림 2-15). 그리고 프로젝트 안에는 .html 파일도 작성할 수 있습니다.

그림 2-15 프로젝트와 파일

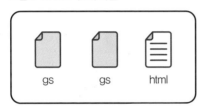

프로젝트

프로젝트는 하나 또는 여러 파일로 구성됨

[그림 2-16]은 새로 만든 프로젝트를 스크립드 편집기에서 연 화면입니다. 프로젝트 이름은 '제목 없는 프로젝트'이며 Code.gs라는 파일 1개로 구성되어 있습니다.

스크립트 편집 메뉴에서 [파일] 오른쪽의 [+] 아이콘을 눌러 새로운 스크립트 파일(.gs) 및 HTML 파일(.html)을 만들 수 있습니다. 스크립트 파일을 작성하면 [파일] 목록에 파일이 추가됩니다. [파일] 목록에서 파일을 클릭하면 내용이 입력 영역에 표시되어 편집할 수 있습니다(그림 2-17).

그림 2-16 새로 만든 스크립트

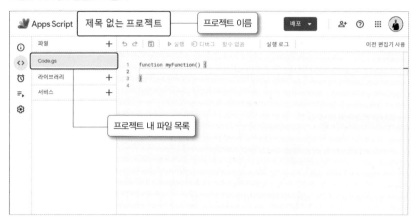

그림 2-17 여러 파일로 구성된 프로젝트

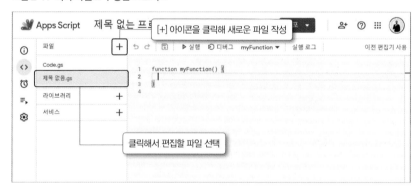

스탠드얼론 스크립트와 컨테이너 바운드 스크립트

GAS 스크립트는 두 종류이고 각각 저장 방법이 다릅니다. 하나는 **스탠드얼론 스크립트**standalone script라 부르며 구글 드라이브에 프로젝트 파일을 직접 저장합니다(그림 2–18). 이 스크립트는 프로젝트 파일 하나에 하나의 프로젝트만 포함할 수 있습니다.

그림 2-18 스탠드얼론 스크립트

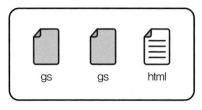

프로젝트

한 프로젝트로 구성되며 구글
드라이브에 직접 저장

또 하나는 스프레드시트, 문서, 설문지 및 프레젠테이션 등 부모 파일(**컨테이너**
container)에 연결된 형태로 저장하는 **컨테이너 바운드 스크립트**container bound script입니
다(그림 2-19). 2.1절에서 작성하고 실행한 스크립트는 스프레드시트에 연결되
어 있는 컨테이너 바운드 스크립트입니다.

그림 2-19 컨테이너 바운드 스크립트

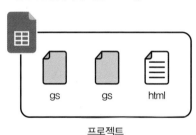

프로젝트

스프레드시트, 문서, 설문지 등에 연결됨

> **NOTE**
> 컨테이너 바운드 스크립트는 스프레드시트, 문서, 설문지 및 프레젠테이션에서 작성할 수 있습니다.

두 종류의 스크립트를 비교해 [표 2-1]에 정리했습니다. 여기에 기재한 내용 외
에는 두 스크립트 모두 동일합니다.

표 2-1 스탠드얼론 스크립트와 컨테이너 바운드 스크립트

	스탠드얼론 스크립트	컨테이너 바운드 스크립트
스크립트 저장	스탠드얼론 스크립트 프로젝트 파일로 저장	스프레드시트, 문서, 설문지, 프레젠테이션에 연결해서 저장
스크립트 작성	Apps Script 대시보드 또는 구글 드라이브에서 작성	스프레드시트, 문서, 설문지, 프레젠테이션 메뉴에서 작성
스크립트 열기	Apps Script 대시보드 또는 구글 드라이브에서 프로젝트 파일을 엶	Apps Script 대시보드 또는 스프레드시트, 문서, 설문지, 프레젠테이션 메뉴에서 엶
메서드	–	연결된 파일에 대한 몇 가지 메서드 이용 가능
트리거	시간 기반, HTTP 리퀘스트, 캘린더에서 트리거 설치 가능	시간 기반, HTTP 리퀘스트, 캘린더에서 트리거에 더해 컨테이너에 대한 트리거 설치 가능
UI	–	컨테이너 UI 커스터마이즈 가능
스프레드시트의 커스텀 함수	–	작성 가능
라이브러리	작성 가능	–

컨테이너 바운드 스크립트에서는 스프레드시트의 커스텀 함수를 작성할 수 있습니다. 연결된 파일을 참조하는 getActiveSpreadsheet, getActiveDocument, getUi 등 몇 가지 편리한 메서드를 사용할 수 있다는 것이 장점입니다.

> 💡 **NOTE**
>
> GAS로 작성할 때는 '기본적으로 컨테이너 바운드 스크립트를 사용한다' 등의 방침을 정하는 것도 좋습니다. 그러나 라이브러리를 작성하는 경우 등 컨테이너 바운드 스크립트가 적합하지 않을 때도 있으며 이때는 스탠드얼론 스크립트를 사용해야 합니다.

Apps Script 대시보드

컨테이너 바운드 스크립트는 컨테이너에 연결돼 저장됩니다. 따라서 구글 드라이브에서는 스크립트가 존재하는지 또는 해당 프로젝트 이름이 무엇인지 파악할 수 없습니다. 이때 Apps Script 대시보드를 사용합니다. **Apps Script 대시보드**는 GAS 프로젝트를 관리하거나 모니터링하기 위한 도구로, 다음과 같은 작업을 수행할 수 있습니다.

- 프로젝트 열람, 검색, 조작
- 스크립트 사용 상황 모니터링
- 설치 가능한 트리거 작성, 관리
- 스탠드얼론 스크립트 작성
- 로그 표시와 보관

> **💡 NOTE**
>
> 위 항목 중에서 개발 프로젝트에 대한 사용 상황 모니터링, 설치 가능한 트리거 작성 및 관리, 로그 표시와 보관은 스크립트 편집기에서도 수행할 수 있습니다.

컨테이너 바운드 스크립트, 스탠드얼론 스크립트를 모두 관리할 수 있으므로 직접 프로젝트를 찾아서 열거나 확인할 때 편리하게 이용할 수 있습니다.

Apps Script 대시보드는 [그림 2-20]과 같이 스크립트 편집기 왼쪽 위 아이콘으로 열 수 있습니다.

그림 2-20 Apps Script 대시보드 열기

다음 URL에 접속해도 대시보드를 열 수 있습니다.

https://script.google.com

[그림 2-21]은 Apps Script 대시보드 화면입니다. 왼쪽 메뉴에서 표시를 전환하고 위쪽의 검색 박스에서 프로젝트를 검색할 수 있습니다. 가운데 목록에는 프로젝트들이 표시되며 클릭하여 프로젝트를 열거나 ⋮ 아이콘 메뉴에서 별표를 붙이고 삭제할 수 있습니다.

그림 2-21 Apps Script 대시보드 화면 구성

ⓘ 아이콘을 클릭하면 [그림 2–22]처럼 상세 내용이 표시됩니다. 여기에서 스크립트의 지난 7일간 실행 상황을 확인할 수 있습니다. 위쪽 '프로젝트 세부정보'에서는 프로젝트 정보를 확인하는 동시에 프로젝트나 컨테이너를 열 수도 있습니다.

그림 2-22 프로젝트 세부정보

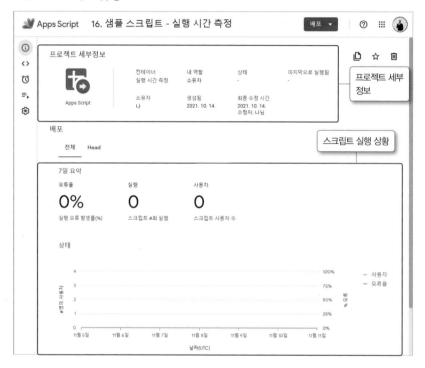

이렇게 Apps Script 대시보드는 GAS 프로젝트를 관리하는 데 강력한 도구가 될 것이므로 반드시 활용하기 바랍니다.

스탠드얼론 스크립트 작성 및 열기

스탠드얼론 스크립트를 작성할 때는 Apps Script 대시보드에서 작성하면 편리합니다. Apps Script 대시보드 왼쪽 위의 [+ 새 프로젝트] 버튼을 클릭합니다.

그림 2-23 새 프로젝트 작성

간단히 스탠드얼론 스크립트를 만들 수 있습니다. [그림 2-24]와 같이 스크립트 편집기가 열리며 곧바로 편집을 시작할 수 있습니다.

그림 2-24 작성한 스탠드얼론 스크립트

작성한 프로젝트는 [그림 2–25]와 같이 Apps Script 대시보드 목록에 추가되며 클릭하면 프로젝트를 다시 열 수 있습니다.

그림 2-25 스탠드얼론 스크립트 열기

이렇게 작성한 스탠드얼론 스크립트는 구글 드라이브의 내 드라이브에 작성됩니다. 필요에 따라 적절한 폴더로 옮겨주세요.

후보 표시

GAS에서 사용하는 객체나 메서드 이름은 '상당히' 긴 단어를 포함하기도 합니다. 이 단어를 직접 입력하면 오타가 생길 가능성이 있는 것은 물론이고 단어 자체를 기억하기도 어렵습니다. 또한 GAS에서는 알파벳 대소문자를 구별하기 때문에 `Browser.msgBox('Hello')`라고 입력해야 하는데 `browser`나 `msgbox`라고 입력하면 에러가 발생합니다.

그래서 GAS는 입력을 돕기 위해 스크립트 편집기에서 **후보 표시**라는 기능을 제공합니다. 이 기능은 2.1절에서도 이미 경험했습니다. 스크립트 편집기를 열고 빈 행에서 [Ctrl] + [Space] 키를 입력하면 [그림 2-26]과 같이 후보 목록이 나타납니다.

> **💡 NOTE**
>
> 맥이나 크롬북을 사용할 때는 [Ctrl] + [Space] 키가 다른 용도에 할당되어 있어 후보 목록이 표시되지 않을 수 있습니다. 그때는 [Ctrl] + [Space] 키를 길게 누르거나 다음과 같이 [Fn] 키나 [Option] 키 또는 [Alt] 키 등을 조합해서 사용해보기 바랍니다.
>
> - 맥: [Fn] + [Control] + [Space] / [Command] + [Space] / [Fn] + [Control] + [Command] + [Space]
> - 크롬북: [Ctrl] + [Alt] + [Space]

목록에 표시되는 후보는 톱 레벨 객체 또는 예약어라 불리는 것들입니다. GAS 코드는 이 키워드들을 사용해 작성합니다. 화살표 키로 선택하고 [Tab] 키 또는

[Enter] 키로 입력을 확정합니다. 알파벳 대소문자도 올바르게 입력됩니다.

그림 2-26 후보 표시

> 💡 **NOTE**
>
> 톱 레벨 객체나 예약어를 살펴보는 것도 좋습니다. GAS에 대한 전체적인 이미지를 그려볼 수 있습니다.

2.1절과 같이 문자열을 입력해도 후보를 자동으로 표시합니다. 문자를 계속 입력하면 [그림 2-27]처럼 후보가 필터링됩니다.

그림 2-27 후보 필터링

이미 정의된 변수명이나 상수명도 후보로 표시됩니다(변수와 상수는 3장, 함수는 5장에서 소개). 예를 들어 [그림 2-28] 상태에서 n을 입력하면 그 후보에 numA나 numB가 포함되는 것을 확인할 수 있습니다.

그림 2-28 변수명을 후보로 표시

 NOTE

후보 표시는 GAS에서 입력할 때 효율을 높여주므로 유용하게 사용하기 바랍니다.

검색과 바꾸기

스크립트 편집 시 [Ctrl] + [F] / [Command] + [F] 키를 이용해 검색바를 표시할 수 있습니다. 검색바 입력 필드에 키워드를 입력해 검색합니다(그림 2-29). 검색과 일치한 위치가 주황색, 해당 행이 노란색으로 강조됩니다. 검색 결과가 여럿일 때는 [Enter] 키를 눌러 다음 검색 결과, [Shift] + [Enter] 키를 눌러 이전 검색 결과로 이동할 수 있습니다.

그림 2-29 검색 기능

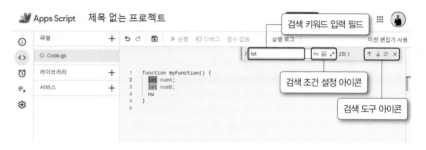

검색바 오른쪽에 배치된 네 개의 아이콘은 왼쪽부터 순서대로 다음과 같이 기능합니다.

- 이전 검색 결과로 이동
- 다음 검색 결과로 이동
- 선택 범위에서 검색
- 닫기

키워드 입력 필드 안의 오른쪽 세 개의 아이콘으로는 검색 조건을 설정할 수 있습니다. 왼쪽 아이콘부터 순서대로 다음과 같이 설정합니다.

- 대소문자 구별
- 단어 단위로 검색
- 정규 표현을 사용해 검색

검색바가 표시된 상태에서 [>] 아이콘을 클릭하면 검색바가 바꾸기 모드로 전환됩니다(그림 2-30). 그리고 검색바가 표시되지 않았을 때를 포함해 [Ctrl] + [H] / [Command] + [H] 키를 이용하면 바꾸기 기능을 사용할 수 있습니다.

그림 2-30 바꾸기 기능

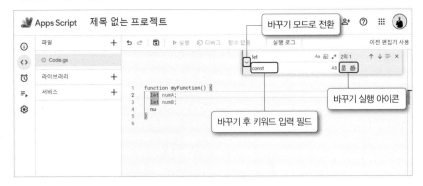

아래 입력 필드에 바꿀 키워드를 입력하고 [Enter] 키를 눌러 현재 검색 결과를 바꿉니다. 모든 검색 결과를 바꿀 때는 [Ctrl] + [Alt] + [Enter] / [Command] + [Enter] 키를 활용합니다. 키워드 입력 필드 오른쪽의 아이콘을 눌러도 같은 기능이 실행됩니다.

코드 수정 실행취소와 재실행

스크립트 편집기에서는 어떤 동작을 수행한 뒤 파일을 저장했더라도 직전에 수행한 동작을 취소하고 원래 상태로 되돌릴 수 있습니다. 툴바의 [코드 수정 실행취소] 버튼 또는 [Ctrl] + [Z] / [Command] + [Z] 키를 누릅니다. 그리고 툴바의 [코드 수정 재실행] 버튼 또는 [Ctrl] + [Y] / [Command] + [Y] 버튼을 눌러 취소한 조작을 재실행할 수도 있습니다. 각 버튼의 아이콘은 [그림 2-31]을 참고하세요.

그림 2-31 [코드 수정 실행취소]와 [코드 수정 재실행]

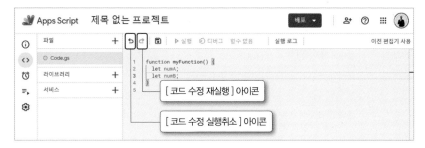

단축키

스크립트 편집기에서는 지금까지 소개한 것을 포함해 편리한 단축기를 제공합니다(표 2-2). 단축키 사용에 익숙해지면 GAS에서 개발 효율을 높이는 데 도움이됩니다.

표 2-2 스크립트 편집기의 단축키

메뉴	조작	윈도우	맥
파일	파일 저장	[Ctrl] + [S]	[Command] + [S]
편집	코드 수정 실행취소	[Ctrl] + [Z]	[Command] + [Z]
	코드 수정 재실행	[Ctrl] + [Y]	[Command] + [Y]
	검색	[Ctrl] + [F]	[Command] + [F]
	바꾸기	[Ctrl] + [H]	[Command] + [H]
	일치 내용 모두 변경	[Ctrl] + [F2]	[Shift] + [Command] + [L]
실행	선택한 함수 실행	[Ctrl] + [R]	[Command] + [R]
이동/삭제/복사	단어 단위로 이동	[Ctrl] + [←][→]	[Option] + [←][→]
	정의로 이동	[Ctrl] + [F12]	[Command] + [F12]
	행 이동	[Alt] + [↑][↓]	[Option] + [↑][↓]
	행 삭제	[Ctrl] + [Shift] + [K]	[Shift] + [Command] + [K]
	행 복사	[Shift] + [Alt] + [↑][↓]	[Shift] + [Option] + [↑][↓]

표시	후보 트리거	[Ctrl] + [Space]	[Command] + [Space]
	명령어 핸들러 표시	[F1]	[F1]
	컨텍스트 메뉴 표시	[Shift] + [F10]	[Shift] + [F10]
정리 및 주석	들여쓰기	[Tab]	[Tab]
	문서 포맷	[Shift] + [Alt] + [F]	[Shift] + [Option] + [F]
	행 단위 주석 전환	[Ctrl] + [/]	[Command] + [/]
	블록 단위 주석 전환	[Shift] + [Alt] + [A]	[Shift] + [Option] + [A]

로그와 디버그

로그 출력

GAS에서는 스크립트 동작을 확인하기 위해 로그를 출력하는 기능을 제공합니다. 다음 [예제 2-3]을 입력하고 실행해봅니다.

예제 2-3 로그 출력 스크립트(02-04.gs)

```
01  function myFunction02_04_01() {
02    console.log('Hello GAS!');
03    console.log('I am ', 25, 'years old.');
04  }
```

함수를 실행하면 [그림 2-32]와 같이 '실행 로그' 화면이 나타나며 Hello GAS!, I am 25 years old.가 표시되는 것을 확인할 수 있습니다.

그림 2-32 실행 로그

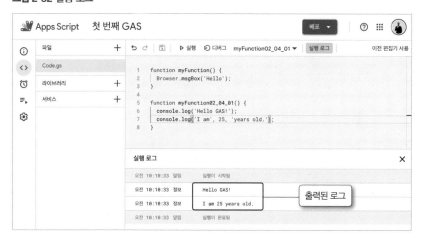

console.log는 GAS에서 로그를 출력하는 명령입니다. 다음과 같이 괄호 안에 여러 값을 ,(콤마)로 구분해 입력하면 그 값들을 출력할 수 있습니다.

구문

```
console.log(값 1[, 값 2, ..])
```

구문 안의 [](대괄호)는 생략 가능하다는 의미입니다. 이후 구문에서도 이와 같은 표기를 사용합니다.

> 💡 **NOTE**
>
> console 클래스는 GAS의 Base 서비스에서 제공하는 클래스입니다.

실행 로그에서는 최신 실행 로그만 확인할 수 있으나 맨 왼쪽 메뉴 중 [실행]에서 로그를 표시할 항목을 클릭하면 과거 로그를 확인할 수 있습니다(그림 2-33).

그림 2-33 실행

'실행' 화면에서는 과거 7일 동안의 실행 결과와 로그를 제공합니다. 또한 트리거 등을 이용해 스크립트 편집기로 실행한 결과도 확인할 수 있습니다(로그와 출력은 16장에서 자세히 소개합니다).

디버그 기능

스크립트 편집기에는 **디버그** 기능이 있습니다. 상단 툴바의 [디버그]를 클릭하면 선택된 함수에 대한 디버그를 실행할 수 있습니다. [그림 2-34]와 같이 스크립트 행 번호의 왼쪽을 클릭하면 **브레이크포인트**breakpont가 설정됩니다. 이 상태에서 디버그를 실행하면 브레이크포인트 위치에서 실행이 일시 중지됩니다.

그림 2-34 브레이크포인트 설정과 디버거 실행

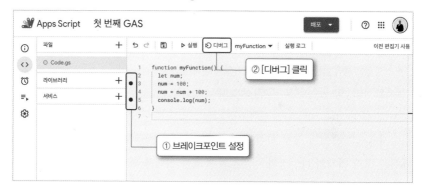

일시 정지 중에는 화면 오른쪽에 표시된 **디버거**를 사용해 정지한 시점에서의 정보를 확인하거나 디버그를 조작할 수 있습니다(그림 2-35).

그림 2-35 디버거

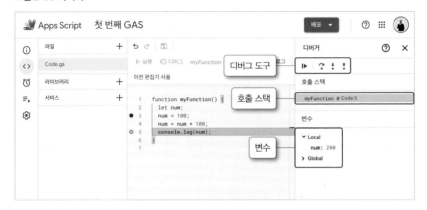

디버그 도구를 이용해 디버그 실행 방법을 제어할 수 있습니다. 각 아이콘은 왼쪽부터 순서대로 다음 기능을 제공합니다.

- 다시 시작: 디버거를 다시 실행한다.
- 스텝 오버: 1행씩 실행, 호출한 함수에서는 일시 정지하지 않는다.
- 스텝 인: 1행씩 실행, 호출한 함수에서도 일시 정지한다.
- 스텝 아웃: 현재 함수의 마지막까지 실행한다.

디버거에서 변수에는 정지 시점에 사용된 변수와 그 값이 표시됩니다. 호출 스택에서는 정지 위치의 파일명과 행 수, 함수 호출 이력을 확인할 수 있습니다. 디버그 실행과 디버거 기능은 스크립트 작동을 확인하거나 결함(버그)을 해결할 때 큰 도움이 되므로 잘 익혀두길 바랍니다.

2.5 권한과 허가

스크립트 공유와 권한

GAS는 스크립트를 클라우드에 저장하므로 어떤 사용자가 해당 스크립트의 편집
이나 실행 권한을 가지고 있는가를 권한으로 설정합니다. [표 2-3]에 표시한 것
처럼 스크립트 권한 레벨은 3단계로 나뉩니다.

표 2-3 스크립트 권한

조작	소유자	편집자	뷰어
스크립트 보기	○	○	○
실행/디버그	○	○	○
로그 표시	○	○	○
트리거 설정	○	○	○
스크립트 편집	○	○	
다른 사용자의 권한 설정	○	○	
프로젝트 공개	○		
소유자 권한 회수	○		

스탠드얼론 스크립트의 소유자는 스크립트 작성자입니다. 다른 사용자와 공유하
려면 [그림 2-36]과 같이 스크립트 편집기 오른쪽 위의 [이 프로젝트를 다른 사
용자와 공유] 아이콘을 클릭해 '사용자 및 그룹과 공유' 다이얼로그를 엽니다.

그림 2-36 스탠드얼론 스크립트 공유

이어서 입력 필드에 공유할 사용자의 이름 또는 이메일 주소를 입력합니다(그림 2-37).

그림 2-37 사용자 및 그룹과 공유

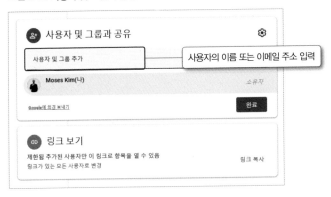

그러면 [그림 2-38]의 화면이 나타납니다. 여기에서 공유할 사용자의 권한을 드롭다운 메뉴에서 선택하고 [보내기]를 클릭하면 공유가 완료됩니다. [이메일 알림 보내기]를 체크하면 공유 대상 사용자에게 메일로 알림이 발송되므로 필요에 따라 사용합니다.

그림 2-38 사용자 권한 선택 및 전송

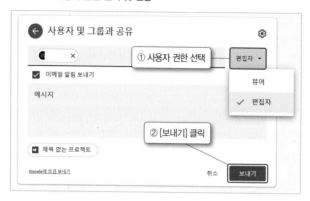

컨테이너 바운드 스크립트의 권한은 부모 파일인 컨테이너의 권한과 연결되어 있습니다. 따라서 컨테이너 작성자가 그 스크립트의 소유자가 됩니다. 다른 사용자와 공유할 때는 [그림 2-39]와 같이 컨테이너를 공유함으로써 스크립트도 동시에 공유할 수 있습니다. 이후 공유 순서는 스탠드얼론 스크립트와 같습니다.

그림 2-39 컨테이너 바운드 스크립트 공유

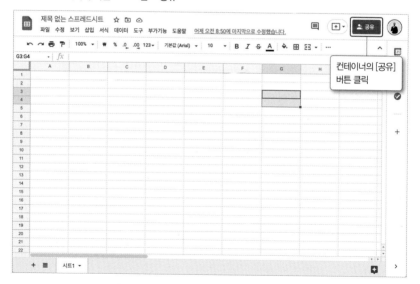

도메인이 다를 경우에는 공유된 컨테이너(및 포함된 컨테이너 바운드 스크립트)와 스탠드얼론 스크립트의 소유자 권한을 양도할 수 없습니다. 그러므로 조직에서 구글 워크스페이스를 사용할 때는 조직 외부의 사용자와 공동으로 GAS 개발 및 운영 시 주의해야 합니다.

스크립트 접근 허가

이번 장 앞에서 '첫 번째 GAS'를 처음 실행한 뒤 '승인 필요' 다이얼로그가 표시된 것을 기억할 것입니다. 그때는 스크립트가 스프레드시트로 접근할 수 있도록 허가했습니다. GAS 스크립트 대부분은 구글 애플리케이션에 접근하기 때문에 스크립트가 각 애플리케이션에 접근을 해도 좋은가를 허가해야 합니다.

GAS에서는 스크립트를 실행하거나 트리거를 설정할 때 자동으로 코드 내용을 조사해 필요한 애플리케이션에 대한 허가를 요청합니다. 허가는 프로젝트 단위로 이루어지며 한번 부여된 권한은 삭제할 때까지 유지됩니다.

2.6 지원 메뉴와 레퍼런스

지원 메뉴

스크립트 편집기 오른쪽 위의 [?] 아이콘은 지원 메뉴입니다(그림 2-40).

그림 2-40 지원 메뉴

지원 메뉴의 각 항목에 관해서는 다음 공식 문서를 참조 바랍니다.

- 문서: https://developers.google.com/apps-script
- 교육: Samples https://developers.google.com/apps-script/articles
- 업데이트: Release Notes https://developers.google.com/apps-script/releases
- 서비스 약관: Additional Terms https://developers.google.com/apps-script/terms

'의견 보내기' 메뉴에서는 스크립트 편집기의 오류를 보고하거나 기타 요청을 보내 수 있습니다.

레퍼런스 활용

스크립트를 만들려면 GAS에서 제공하는 많은 클래스나 메서드에 관해서 알아야합니다. 스크립트를 편집하면서도 정보를 얻을 수 있지만 더욱 자세한 내용을 알고 싶다면 공식 문서의 레퍼런스를 활용하는 것이 좋습니다. 지원[⑦] 메뉴의 [문서]에서 공식 문서를 열고 [더보기▼] → [Learn Apps Script] →[Reference]를 선택하거나 다음 URL로 접근할 수 있습니다.

● Reference overview

https://developers.google.com/apps-script/reference

레퍼런스 페이지 왼쪽 목록에서 확인하고자 하는 서비스나 클래스에 접속합니다
(그림 2-41).

그림 2-41 레퍼런스: 서비스 개요

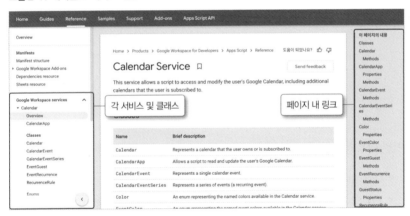

각 메서드에 관한 설명은 [그림 2-42]와 같습니다. 기본 구성은 모든 메서드에 통일되므로 문서 구성만 이해하면 영어라도 그 내용을 어렵지 않게 이해할 수 있을 것입니다.

그림 2-42 레퍼런스: 메서드

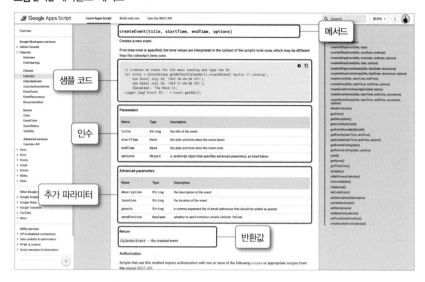

화면 오른쪽 위의 검색 박스를 사용하면 레퍼런스 안에서 검색을 할 수 있습니다. 문자를 몇 자 정도 입력하면 [그림 2-43]과 같이 키워드나 페이지 또는 레퍼런스 제안이 표시됩니다. GAS에서 제공하는 클래스나 메서드는 그 양이 대단히 많으므로 모두를 기억할 필요는 없습니다. 입력은 자동완성 기능을 활용하고 사용 방법을 알고 싶을 때는 이 책이나 레퍼런스를 참고하기 바랍니다.

>
>
> 클래스와 메서드에 관해서는 6장에서 설명합니다.

그림 2-43 레퍼런스 내 검색

이번 장에서는 GAS 전용 편집기인 스크립트 편집기와 프로젝트 관리 도구인 Apps Script 대시보드의 사용 방법에 관해 설명했습니다. 지금까지 본 것처럼 GAS 개발을 지원하는 다양한 기능이 제공되니 이를 잘 사용하면 습득 속도도 높아질 것입니다. 다음 장부터는 본격적인 프로그래밍을 시작합니다. GAS 기본이 되는 자바스크립트의 기본 구문부터 살펴보겠습니다.

Chapter

3

기본 문법

3.1 자바스크립트 기초

스테이트먼트와 줄바꿈

1장에서 설명한 것처럼 GAS는 자바스크립트를 기반으로 합니다. 이번 장부터 7장까지는 GAS 개발에 사용하는 자바스크립트 구문이나 객체에 관해 설명합니다. 모든 예제는 GAS에서도 실행되므로 꼭 실제 스크립트 편집기에 입력해 그 결과를 확인하며 진행하기 바랍니다.

자바스크립트에서는 스크립트를 실행하면 위에서 순서대로 명령어가 하나씩 처리됩니다. 그 처리를 수행하는 최소 명령 단위를 **스테이트먼트**statement라 부릅니다. 스테이트먼트는 [예제 3-1]과 같이 단어의 중간 위치가 아니라면 줄바꿈을 할 수 있습니다.

예제 3-1 스테이트먼트 도중 줄바꿈 [03-01.gs]

```
01  function myFucntion03_01_01() {
02    console.log(
03      'Hello GAS!'
04    );
05  }
```

그래서 스테이트먼트는 그 끝을 나타내는 의미로 ; (세미콜론)을 붙입니다. 단, 코드를 읽기 쉽도록 1행에 하나의 스테이트먼트를 작성하는 것이 일반적이며 특별한 이유가 없는 한 [예제 3-1]과 같이 작성하는 방법은 권장하지 않습니다.

함수와 블록

함수^{function}는 일련의 처리를 하나로 모아둔 것입니다. 실제 스크립트를 실행할 때는 함수명으로 함수를 호출하고 그 안에 작성된 처리를 실행합니다. 함수는 다음과 같이 **function 키워드**로 정의합니다.

구문

```
function 함수명() {
  처리
}
```

지금까지 함수 이름을 myFunction으로 시작했습니다. 하지만 함수명은 임의로 정할 수 있으므로 함수가 처리하는 내용에 따라 결정하는 것이 좋습니다.

{}(중괄호)로 감싼 범위는 여러 스테이트먼트를 그룹으로 만든 것이며 **블록**^{block}이라 부릅니다. 블록은 함수 외에도 조건 분기나 반복 등의 제어 흐름 구문에서도 사용합니다. 블록은 [예제 3-2]와 같이 줄바꿈 없이 작성할 수도 있지만 가독성

을 높이기 위해 [예제 3-3]과 같이 블록 안에서는 일반적으로 줄바꿈과 들여쓰기를 합니다.

예제 3-2 줄바꿈을 하지 않고 함수 작성 [03–01.gs]

```
01    function myFucntion03_01_02() { console.log('Hello GAS!'); }
```

예제 3-3 줄바꿈을 하고 함수 작성 [03–01.gs]

```
01    function myFucntion03_01_02() {
02      console.log('Hello GAS!');
03    }
```

자바스크립트에서 사용하는 문자

자바스크립트로 코드를 작성할 때는 일반적으로 영문자와 기호를 사용합니다. 한글은 문자열이나 주석에만 사용할 수 있습니다. 그리고 알파벳 대소문자를 엄밀하게 구분하므로 주의해야 합니다.

[예제 3-4]의 스크립트를 실행하면 [그림 3-1]과 같이 TypeError: console.Log is not a function이라는 에러가 발생합니다.

예제 3-4 log와 Log 구분 [03–01.gs]

```
01    function myFunction03_01_04() {
02      console.Log('Hello GAS!');
03    }
```

그림 3-1 대문자와 소문자 오타에 의한 에러

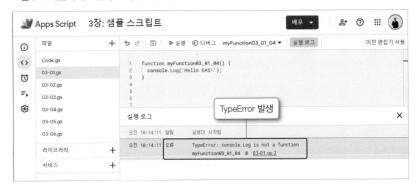

이렇게 대소문자를 잘못 쓰면 에러가 발생하기 쉽습니다. 스크립트 편집기의 코드 완성 기능을 활용하면 이러한 에러를 방지할 수 있습니다.

주석

주석comment은 스크립트 안에 자유롭게 입력할 수 있는 메모 같은 것이며 스크립트에 영향을 주지 않습니다. 메모를 잘 입력해두면 나중에 코드를 다시 읽거나 다른 사람이 코드를 읽는 데 도움을 줄 수 있습니다.

1행만 주석으로 처리할 때는 //를 삽입합니다. //를 삽입한 위치부터 해당 행의 마지막까지가 주석으로 간주됩니다.

구문

// 주석을 입력한다.

여러 행을 주석으로 처리할 때는 /*와 */로 해당 범위를 감쌉니다.

```
/*
여러 행에 걸쳐
주석을 입력한다.
*/
```

[예제 3-5]는 실제 스크립트 안에서 주석을 사용한 예시입니다.

예제 3-5 주석 사용법 [03-01.gs]

```
01  function myFunction03_01_05() {
02    // console.log('Hello GAS!');
03    console.log('Hello GAS!'); // 로그 출력
04
05    /*
06
07    console.log('Hello GAS!');
08
09    */
10  }
```

디버그 등을 할 때 일시적으로 실행하고 싶지 않은 명령이 있을 때도 주석을 활용할 수 있습니다. 잠깐 동안 주석으로 만들어 비활성화하는 것을 **코멘트 아웃**comment out, 주석을 해제해서 코드를 활성화하는 것을 **코멘트 인**comment in이라 부릅니다. 스크립트 편집기에서는 [Ctrl] + [/] / [Control] + [/] 키를 이용해 현재 커서가 위치한 행이나 선택 범위를 코멘트 아웃, 코멘트 인할 수 있습니다.

단축키도 사용할 수 있으며 관리도 편하기 때문에 주석 처리를 할 때는 /* ~ */ 보다 //를 우선해서 사용하는 것이 좋습니다.

변수와 선언

변수variable란 스크립트를 실행할 때 발생하는 수치, 문자열, 객체 등의 데이터를 저장하는 '데이터 상자'입니다. 변수를 사용함으로써 데이터를 일시적으로 보관하거나 데이터를 알기 쉬운 이름으로 관리할 수 있습니다. 예를 들어 [그림 3-2]와 같이 자릿수가 많은 수치, 긴 문자열도 한번 변수에 저장하면 num 또는 msg같이 짧은 이름으로 다룰 수 있으며 스크립트 안에서 원하는 시점에 꺼내서 이용할 수 있습니다.

그림 3-2 변수에 데이터 저장

수치나 문자열 등의 데이터를 일시적으로 보관 가능

변수를 실제로 사용할 때는 해당 변수를 **선언**해야 합니다. 선언declaration은 그 변수를 이용할 준비를 하는 것과 그 변수의 이름을 붙이는 것을 나타냅니다. 자바스크립트에서는 변수를 선언할 때 **let 키워드**를 사용합니다.

```
let 변수명, ...
```

여러 변수는 ,(콤마)로 구분해 선언합니다. 예를 들어 [예제 3-6]과 같이 num, a, b라는 이름의 변수를 선언할 수 있습니다. 변수 선언도 스테이트먼트이므로 끝에 세미콜론을 잊지 않도록 주의합니다.

예제 3-6 변수 선언

```
01  let num;
02  let a, b;
```

> 💡 **NOTE**
>
> let 키워드를 사용한 변수 선언은 V8 런타임이 지원된 후부터 사용할 수 있습니다. 이전 버전에서는 변수 선언에 var 키워드를 사용했지만 V8 런타임에서는 var 키워드를 이용해 변수를 선언하지 않습니다.

변수에 값을 대입하기

변수에 데이터를 저장하는 것을 **대입**^{assignment}이라 부릅니다. 대입할 때는 다음과 같이 =(등호)를 사용합니다.

구문

```
변수명 = 값
```

변수명을 스테이트먼트 중간에 입력해서 변수값으로 사용할 수 있습니다. [예제 3-7]과 같이 10이라는 값을 변수 num에 대입하고 그 내용을 로그에 출력해봅니다.

예제 3-7 변수에 값을 대입 [03-02.gs]

```
01  function myFunction03_02_02() {
02    let num;
03    num = 10;
04    console.log(num); //10
05  }
```

[예제 3-8]처럼 같은 변수에 연속으로 대입하면 최종 변수값은 어떻게 될까요?

예제 3-8 변수에 덮어 써서 대입 [03-02.gs]

```
01  function myFunction03_02_03() {
02    let num;
03    num = 10;
04    num = 100;
05    console.log(num); //100
06  }
```

변수는 값을 하나만 가질 수 있으므로 새롭게 대입하면 원래 값은 덮어 쓰여집니다. 그렇기 때문에 [그림 3-3]과 같이 변수값은 덮어 쓰이고 결과적으로 로그에는 100이 출력됩니다.

그림 3-3 변수는 값을 하나만 가질 수 있음

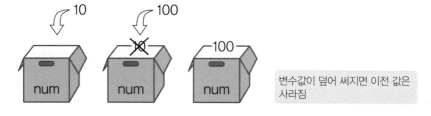

변수값이 덮어 써지면 이전 값은 사라짐

다음과 같이 코드를 작성하면 변수 선언 시 값을 대입할 수 있는데 이를 **초기화**라 부릅니다. 이 경우에도 콤마로 구분해서 여러 변수를 동시에 선언하고 대입할 수 있습니다. [예제 3-9]를 참고하기 바랍니다.

```
let 변수명 = 값, ...
```

예제 3-9 변수 선언 시 값 대입

```
01   let num = 100;
02   let x = 5, y = 7;
03   let msg = 'Hello GAS!';
```

> 💡 **NOTE**
>
> 선언만 한 변수는 값이 대입되기 전까지는 정의되지 않은 상태를 나타내는 특수한 값인 undefined
> 상태가 됩니다.

상수와 선언

변수를 덮어 썼을 때 변경되지 않도록 하고 싶을 때가 있습니다. 이때는 **상수**
constant를 사용합니다. 상수는 변수와 마찬가지로 이름을 붙일 수 있는 데이터 상
자로 사용할 수 있지만 한번 값을 저장한 뒤에는 그 값을 변경할 수 없습니다. 상
수를 사용할 때는 **const 키워드**로 선언 및 값을 대입합니다. 변수와 마찬가지로 ,
로 구분해 여러 상수를 초기화할 수 있습니다.

구문 [V8]

```
const 상수명 = 값, ...
```

[예제 3-10]을 실행해 상수의 동작을 확인해봅니다.

예제 3-10 상수 선언과 덮어 쓰기 [03-02.gs]

```
01   function myFunction03_02_05() {
02     const tax = 1.08;
```

```
03    console.log(tax); //1.08
04
05    // tax = 1.1;  ──────────────    주석을 해제하고 실행
06    }                               하면 에러가 발생한다.
```

예제대로 실행하면 상수 tax의 내용은 대입값인 1.08이 출력됩니다. 상수값에 1.1을 다시 대입하는 스테이트먼트를 코멘트 인한 뒤 다시 실행해봅니다. 그러면 [그림 3-4]와 같이 TypeError: Assignment to constant variable.이라는 에러가 발생합니다.

그림 3-4 상수로 값을 다시 대입하면 에러가 발생

이처럼 상수에 값을 다시 대입하는 것은 허용되지 않습니다. 상수는 사용하기 어려운 것처럼 생각될 수도 있지만 상수를 사용하면 값을 안전하게 보관할 수 있습니다. 따라서 값을 다시 대입하지 않을 때는 변수보다 상수를 우선해서 사용하는 것이 좋습니다.

식별자와 명명 규칙

변수, 상수 또는 함수 등에 붙이는 이름을 **식별자**identifier라 부릅니다. 자바스크립

트에서는 식별자에 비교적 자유롭게 이름을 붙일 수 있지만 다음 규칙은 반드시 지켜야 합니다.

① 맨 첫 번째 글자는 숫자, 일부(_(언더스코어), $(달러))를 제외한 기호나 문자는 사용할 수 없다.
② 예약어는 사용할 수 없다.
③ 대문자와 소문자는 구별한다.

예약어reserved keyword는 자바스크립트에서 특별한 의미를 가진 단어로 미리 정해져 있습니다. 예를 들어 변수 선언에 사용하는 `let`, 함수 정의에 사용하는 `function` 등을 들 수 있습니다. 자바스크립트 예약어를 [표 3-1]에 정리했습니다.

표 3-1 자바스크립트 예약어 목록

break	case	catch	class	const	continue	debugger
default	delete	do	else	enum	export	extends
false	finally	for	function	if	import	in
instanceof	let	new	null	return	switch	super
this	throw	true	try	typeof	var	void
while	with					

그리고 예약어가 아니더라도 이미 자바스크립트나 GAS에서 정의되어 있는 객체나 그 멤버의 이름은 변수명으로 사용하지 말아야 합니다.

식별자 이름을 짓는 요령

식별자 명명 규칙만 지키면 자유롭게 이름을 지을 수 있습니다. 그러나 이름을 붙이는 방법에 따라 스크립트 가독성은 물론 개발 효율에도 영향을 주기 때문에 다음을 주의해 이름을 지으면 좋을 것입니다.

① 내용이나 역할을 알 수 있도록 의미 있는 이름을 붙인다.

② 영단어를 사용하고 한국어는 사용하지 않는다.

③ 용도나 장소에 따라 캐멀 케이스, 스네이크 케이스, 파스칼 케이스 등을 구분해서 사용한다.

캐멀 케이스camel case는 단어를 연결할 때 두 번째 단어부터 첫 글자를 대문자로 표기하는 기법입니다. `maxRow`, `userName`, `sheetContacts` 등을 예로 들 수 있으며 문자열 형태가 낙타camel와 닮았습니다. 일반적으로 변수명, 함수 안의 변수명, 상수명에는 캐멀 케이스를 사용합니다.

캐멀 케이스에서 첫 번째 단어의 첫 글자를 대문자로 쓰면 **파스칼 케이스**pascal case가 됩니다. `DateObject`, `SlackApp` 등을 예로 들 수 있습니다. 파스칼 케이스는 클래스명으로 사용합니다.

스네이크 케이스snake case는 단어를 _(언더스코어)로 연결하고 문자는 모두 대문자로 표기하는 방법입니다. `TAX_RATE`, `USER_ID` 등을 예로 들 수 있습니다. 글로벌 상수, 속성 저장소property store의 키 등에는 스네이크 케이스를 사용하면 좋습니다.

> 💡 **NOTE**
>
> 클래스나 글로벌 상수 및 속성 저장소에 관해서는 이후에 소개합니다. 해당 장에서 내용을 다시 확인해보기 바랍니다.

자바스크립트에서는 대문자와 소문자를 구별하므로 표기법을 정해두면 식별자 입력 오류를 방지하는 효과도 있습니다. 이 부분을 항상 염두에 두면서 어떤 이름을 사용해야 읽기 쉬운 스크립트가 될지 고민하며 명명하면 좋을 것입니다.

3.3 데이터 타입

자바스크립트 데이터 타입

데이터 타입data type이란 데이터 종류를 나타냅니다. 다루는 데이터가 '수치 타입'이면 사칙연산을 할 수 있지만 '문자열 타입' 데이터에는 사칙연산을 실행할 수 없습니다. 이처럼 데이터 타입이 다르면 그 데이터에 대해 실행할 수 있는 처리가 달라집니다. 자바스크립트에서 다룰 수 있는 주요 데이터 타입은 [표 3-2]와 같습니다.

표 3-2 자바스크립트의 주요 데이터 타입

데이터 타입	설명	예
수치 타입(Number)	정수값, 부동소수점값	100 1.08
문자열 타입(String)	문자열	'데이터' "Google Apps Script"
논리 타입(Boolean)	true(참)과 false(거짓) 중 하나를 갖는 데이터 타입	true false
null	값이 없음을 나타내는 특수한 값	null
undefined	값이 정의되지 않았음을 나타내는 특수한 값	undefined
배열 타입(Array)	인덱스를 키로하는 데이터 집합	[10, 20, 30] ['ABC', true, 100]
객체 타입(Object)	속성을 키로하는 데이터 집합	{x: 10, y: 20, z: 30} {name: 'Hanbit', age: 25}

데이터 타입의 값은 각각 정해진 표기법을 따라 스크립트 안에서 직접 사용하거나, 변수나 상수에 저장해서 사용할 수 있습니다. 정해진 표기법 또는 표기법에 따라 기술한 값 자체(표 3-2)를 **리터럴**literal이라 부릅니다.

리터럴로 기술한 데이터 타입은 명확하게 그 타입을 알 수 있지만 스프레드시트 등 외부에서 얻어온 데이터의 타입을 확인하고 싶을 때가 있습니다. 다음과 같이 **typeof 연산자**를 이용해 해당 데이터의 타입을 확인할 수 있습니다.

구문

```
typeof 값
```

typeof 연산자를 사용한 [예제 3-11]을 실행해봅니다.

예제 3-11 typeof 연산자 [03-03.gs]

```
01  function myFunction03_03_01() {
02    console.log(typeof 123); //number
03    console.log(typeof "foo"); //string
04    console.log(typeof false); //boolean
05    console.log(typeof {}); //object
06  }
```

출력된 로그에서 각 데이터가 number, string, boolean, object인 것을 알 수 있습니다. 데이터 타입을 확인할 때 활용하기 바랍니다.

수치 리터럴과 지수 표현

수치 타입은 정수, 소수 외에 16진수를 다룰 수 있습니다. 정수와 소수는 숫자와 . (마침표)를 이용해 그대로 입력합니다. 16진수는 0x(0과 x)에 이어 입력해서 표현할 수 있습니다.

[예제 3-12]는 정수, 소수, 16진수를 로그에 출력하는 스크립트입니다.

예제 3-12 수치를 로그에 출력 [03-03.gs]

```
01  function myFunction03_03_02() {
02    console.log(100);
03    console.log(1.08);
04    console.log(0xFFFF); //65535
05
06    console.log(1000000000000000000000); //1e+21
07    console.log(0.0000001); //1e-7
08  }
```

예제를 실행해 로그를 확인하면 **1e+21** 또는 **1e-7**로 표기가 됩니다. 이는 **지수 표현**exponential expression이라 부르며 1e+21은 1×10^{21}, 1e-7은 1×10^{-7}을 나타냅니다. GAS는 로그 출력 시 정수 부분의 자릿수가 22자리 이상, 소수 부분의 자릿수가 7자리 이상일 때는 지수로 표기합니다.

문자열 리터럴과 이스케이프 시퀀스

문자열을 다루는 데이터 타입이 **문자열 타입**입니다. 자바스크립트는 문자열을 다룰 때 대상 문자열을 '(작은 따옴표)나 "(큰 따옴표) 또는 `(백틱)으로 감쌉니다.

작은 따옴표와 큰 따옴표는 [예제 3-13]같이 문자열 안에서 인용구를 표시할 때 서로 다른 부호를 이용하는 것이 좋습니다.

예제 3-13 작은 따옴표와 큰 따옴표 사용 구분 [03–03.gs]

```
01  function myFunction03_03_03() {
02    console.log('Hello "GAS!"'); //Hello "GAS!"
03    console.log("I'm fine."); //I'm fine.
04  }
```

> 💡 **NOTE**
>
> 이 책에서는 문자열을 감쌀 때 특별한 이유가 없는 한 작은 따옴표를 사용합니다.

한편 백틱(`)은 전혀 다른 용도로 사용합니다. 백틱으로 둘러싼 문자열은 **템플릿 문자열**template string이라 부르며 문자열 안에 식을 포함한 경우나 여러 행에 걸친 문자열을 나타낼 때 이용합니다. 템플릿 문자열에는 달러 기호와 중괄호를 이용해 ${식 (expression)}으로 플레이스홀더placeholder를 포함시킬 수 있습니다. 플레이스홀더의 중괄호 안에는 변수나 상수, 임의의 식을 입력해 문자열 안에 삽입할 수 있습니다.

구문 [V8]

```
`... ${식(expression)} ...`
```

템플릿 문자열 사용 예시로 [예제 3–14]를 실행해봅니다.

예제 3-14 템플릿 사용 예 [03–03.gs]

```
01  function myFunction03_03_04() {
02
03    const name = 'Bob';
04    const age = 25;
05
06    console.log(`I'm ${name}. I'm ${age} years old.`);
07    console.log(`I'm ${name}.
```

```
08       I'm ${age} years old.`);
09
10   }
```

실행 결과

```
I'm Bob. I'm 25 years old.
I'm Bob.
  I'm 25 years old.
```

상수의 내용이 문자열에 포함된 것을 확인할 수 있습니다. 또한 두 번째 로그에서 템플릿 문자열에 포함된 줄바꿈과 들여쓰기가 그대로 로그에도 반영된 것을 확인할 수 있습니다. 그러나 문자열이 여러 행일 경우에는 들여쓰기가 적용된 코드인지 아닌지 알기 어렵습니다. 줄바꿈을 문자열에 포함하고 싶을 때는 뒤에서 설명할 이스케이프 시퀀스를 사용하는 것이 좋습니다.

줄바꿈이나 작은 따옴표 등 직접 표현할 수 없는 문자나 특별한 의미를 가진 문자는 \(백슬래시)와 지정된 문자를 조합해 표현할 수 있습니다. 이를 **이스케이프 시퀀스**escape sequence라 부릅니다. GAS에서 사용하는 주요 이스케이스 시퀀스는 [표 3-3]과 같습니다.

표 3-3 GAS에서 사용하는 주요 이스케이프 시퀀스

이스케이프 시퀀스	설명
\n	줄바꿈(Line Feed)
\r	복귀(Carriage Return)
\t	탭
\\	백슬래시
\'	작은 따옴표
\"	큰 따옴표
\`	백틱

예를 들어 다음 [예제 3-15]를 실행해봅니다. 로그 화면에는 Hello 뒤에 줄바꿈 그리고 다음 행에 'GAS'!라고 표시됩니다.

예제 3-15 이스케이프 시퀀스 [03-03.gs]

```
01  function myFunction03_03_05() {
02    console.log('Hello\n\'GAS\'!');
03  }
```

실행 결과

```
Hello
'GAS'!
```

논리 타입의 true와 false

논리 타입은 '참 또는 거짓' 'Yes 또는 No' '성립한다 또는 성립하지 않는다'와 같이 양자택일인 상태를 true, false 중 하나의 값으로 표현하는 데이터 타입입니다. 진리 타입 또는 Boolean(불리언) 타입이라 부르기도 합니다.

예를 들어 '10 < 100'이라는 식은 성립하므로 true, '10 > 100'이라는 식은 성립하지 않으므로 false라 할 수 있습니다. 또한 '한국의 통화는 원입니다'라는 문장은 true, '원화는 전세계에서 어디에서나 사용할 수 있는 통화입니다'는 false가 됩니다.

- 10 < 100 → true
- 10 > 100 → false
- 한국의 통화는 원입니다. → true
- 원화는 전세계 어디에서나 사용할 수 있는 통화입니다. → false

논리 타입은 조건식과 밀접한 관계를 갖습니다. 즉, 스크립트 안에서 특정한 조건에 따라 처리를 바꾸고 싶을 때 그 조건을 나타내는 조건식이 true인지 또는 false인지를 판단의 소재로 사용합니다.

undefined와 null

undefined는 정의되지 않은 상태 즉, 값이 정의되지 않았음을 나타내는 값입니다. 예를 들어 [예제 3–16]과 같이 변수만 선언한 상태에서 값을 참조하면 undefined가 됩니다.

예제 3-16 대입하지 않은 변수값 [03–03.gs]

```
01  function myFunction03_03_06() {
02    let x;
03    console.log(x); //undefined
04  }
```

null은 해당하는 값이 없음을 나타내는 값입니다. null도 undefined도 넓은 의미에서는 '없음'을 의미하는 특수한 값을 나타냅니다. 두 값을 엄밀하게 구분할 필요는 없으므로 다음과 같이 이해해두면 좋습니다.

- undefined는 정의되지 않은 상태
- null은 값이 없는 상태

3.4 배열

배열과 배열 리터럴

지금까지는 값을 하나씩 다뤘지만 같은 종류의 여러 데이터를 다뤄야 하는 경우, 변수를 각각 선언해야 한다면 관리하는 것이 매우 어렵습니다. 이럴 때 여러 데이터를 모아서 집합으로 다루는 방법 중 하나가 **배열**array입니다. 배열은 다음과 같이 여러 값을 콤마로 구분하고 전체를 [](대괄호)로 감쌉니다. 이 표현 방법을 **배열 리터럴**array literal이라 부릅니다.

구문

[값 1, 값 2, ...]

배열은 [그림 3-5]와 같이 여러 상자가 연결되어 있는 것과 같은 구조입니다. 각 상자에는 0부터 번호가 붙어 있으며 각각 다른 값을 저장할 수 있습니다. 이 번호를 **인덱스**index라 부르고 저장된 값을 **요소**element라 부릅니다. 위 구문을 이용하면 가장 처음에 입력된 요소가 인덱스 0에 저장되고 다음에 입력된 요소가 순서대로 저장됩니다.

그림 3-5 배열 이미지

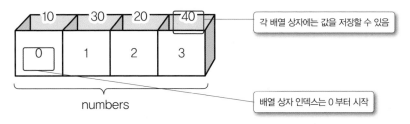

각 배열 상자에는 값을 저장할 수 있음

배열 상자 인덱스는 0부터 시작

numbers

[그림 3-5]의 배열을 초기화하는 스크립트는 [예제 3-17]과 같습니다. 배열 numbers의 인덱스 0에는 10, 인덱스 1에는 30과 같이 각 요소가 인덱스 0부터 순서대로 저장됩니다.

예제 3-17 배열 초기화 [03-04.gs]

```
01    const numbers = [10, 30, 20, 40];
```

배열은 인덱스를 키로 하는 데이터의 집합이며 인덱스는 0부터 시작하는 정수입니다.

배열 요소 참조와 대입

배열에서 값을 꺼낼 때는 인덱스를 이용해 다음과 같이 입력합니다.

구문

배열[인덱스]

[예제 3-18]에서는 배열 numbers의 인덱스 2의 요소를 로그로 출력합니다. 인덱스는 0부터 시작하므로 인덱스 2의 요소는 세 번째 요소인 20이 됩니다.

예제 3-18 배열 요소 꺼내기 [03-04.gs]

```
01    function myFunction03_04_02() {
02      const numbers = [10, 30, 20, 40];
03      console.log(numbers[2]); //20
04    }
```

배열 안의 특정 요소에 대입할 때는 다음과 같이 입력합니다.

구문

```
배열[인덱스] = 값
```

배열 안에 지정한 인덱스의 요소가 존재할 때는 덮어 쓰기를 합니다. 한편, 배열 안에 존재하지 않는 인덱스를 지정하면 배열 요소를 추가, 즉 지정한 인덱스의 상자를 생성한 뒤 값을 저장합니다. [예제 3-19]에서는 인덱스 1의 요소를 30에서 50으로 덮어 쓰고, 인덱스 3의 요소로 60이 추가됩니다. 따라서 로그는 [10, 50, 20, 40, 60]과 같이 출력됩니다.

예제 3-19 배열 요소 대입과 추가 [03-04.gs]

```
01  function myFunction03_04_03() {
02    const numbers = [10, 30, 20, 40];
03    numbers[1] = 50;
04    numbers[4] = 60;
05    console.log(numbers); //[10, 50, 20, 40, 60]
06  }
```

인덱스 1의 요소를 50으로 바꾼다.

인덱스 4는 존재하지 않으므로 요소를 추가해서 작성한다.

- 배열은 const 키워드로 선언된 상수에 대입함에도 불구하고 그 요소를 변경할 수 있다는 점이 의아하게 생각될 수도 있습니다. 하지만 이는 틀리지 않았습니다. const 키워드를 이용한 상수는 어디까지나 재대입을 금지할 뿐, 해당 요소 자체의 변경을 금지하지는 않기 때문입니다.

2차원 배열

자바스크립트에는 배열을 요소로 하는 배열, 즉 중첩된 배열을 이용할 수 있으며 이를 **2차원 배열**2-dimentional array이라 부릅니다. 다음과 같이 배열을 콤마로 구분하고 전체를 대괄호로 감싸서 2차원 배열을 표현할 수 있습니다.

구문

```
[배열 1, 배열 2, ...]
```

2차원 배열을 초기화해봅니다. [예제 3-20]에서 초기화한 2차원 배열을 이미지로 나타내면 [그림 3-6]과 같습니다.

예제 3-20 2차원 배열 초기화 [03-04.gs]

```
01   const numbers = [[10, 30, 20, 40], [11, 31, 21], [12]];
```

그림 3-6 2차원 배열

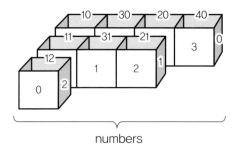

numbers

2차원 배열은 배열의 집합

2차원 배열은 구조가 복잡하므로 그 이미지가 잘 그려지지 않을 수도 있습니다. [그림 3-6]과 같이 '가로 x 세로'의 이미지로 생각하면 도움이 됩니다.

다음과 같이 2차원 배열에 대해 바깥쪽의 인덱스만 대괄호로 지정하면 배열을 요소로 참조, 대입, 추가할 수 있습니다.

구문

배열[인덱스 ①]

구문

배열[인덱스 ①] = 값

위 구문의 사용 예를 [예제 3-21]과 같이 실행하고 확인해봅니다. 인덱스 0은 첫 번째 배열을 나타냅니다. 인덱스 2의 요소를 대입해 배열을 덮어 쓰고 인덱스 3의 요소는 존재하지 않으므로 배열 요소가 추가됩니다.

예제 3-21 2차원 배열 조작 [03-04.gs]

```
01  function myFunction03_04_05() {
02    const numbers = [[10, 30, 20, 40], [11, 31, 21], [12]];
03    console.log(numbers[0]); //[10, 30, 20, 40]
04    numbers[2] = [22, 32];
05    numbers[3] = [13];
06    console.log(numbers); //[[10, 30, 20, 40], [11, 31, 21], [22, 32], [13]]
07  }
```

> 인덱스 0의 배열을 로그에 출력한다.

> 인덱스 2의 배열 자체를 덮어 쓴다.

> 인덱스 3의 배열은 존재하지 않으므로 배열 요소로 추가한다.

2차원 배열의 안쪽 요소를 추출할 때는 다음과 같이 바깥쪽 인덱스에 이어 안쪽 인덱스도 지정합니다. 이 표기를 이용해 안쪽 배열에 값을 대입하거나 요소를 추가할 수도 있습니다.

구문

배열[인덱스 ①][인덱스 ②]

구문

배열[인덱스 ①][인덱스 ②] = 값

[예제 3-22]는 2차원 배열 안쪽 요소 요소를 참조, 대입 및 추가하는 예시입니다. 각 스테이트먼트에 따라 [그림 3-6]에서 설명한 이미지가 어떻게 달라질지 예상하며 작성해봅니다.

예제 3-22 2차원 배열 조작 2 [03-04.gs]

```
01  function myFunction03_04_06() {
02    const numbers = [[10, 30, 20, 40], [11, 31, 21], [12]];
03    console.log(numbers[2][0]); //12
04    numbers[0][1] = 50;
05    numbers[2][1] = 62;
06    console.log(numbers); //[[10, 50, 20, 40], [11, 31, 21], [12, 62]]
07  }
```

> 인덱스 2 배열의 인덱스 0의 값을 로그에 출력한다.

> 인덱스 0 배열의 인덱스 1의 값을 덮어 쓴다.

> 인덱스 2 배열의 인덱스 1의 요소를 추가한다.

GAS에서는 스프레드시트 시트의 행과 열, 지메일 스레드와 메시지 등 다양한 데이터를 1차원 배열로 다룹니다. 1차원 배열뿐만 아니라 2차원 배열에 관해서도 숙지해야 하므로 이 방법을 확실히 익혀두기 바랍니다.

배열의 분할 대입

여러 변수나 상수에 배열 요소를 모아서 대입하고 싶을 때는 **분할 대입**을 이용하면
편리합니다. 변수에 분할 대입을 할 때는 다음 구문을 사용합니다.

구문 [V8]

```
[변수 1, 변수 2, ...] = 배열
```

이 구문을 사용하면 변수 1에 인덱스 0의 요소, 변수 2에 인덱스 1의 요소 등을
모아서 대입할 수 있습니다. 여러 상수에 모아서 대입하고 싶을 때는 다음과 같이
상수 선언과 분할 대입을 함께합니다.

구문 [V8]

```
const [상수 1, 상수 2, ...] = 배열
```

[예제 3-23]으로 확인해봅니다.

예제 3-23 배열 분할 대입 [03-04.gs]

```
01   function myFunction03_04_07() {
02     const numbers = [10, 30, 20, 40];
03     let a, b, c, d;
04     [a, b, c, d] = numbers;          변수 선언 및 배열 분할을 대입한다.
05     console.log(a, b, c, d); //10 30 20 40
06
07     const [name, age, favorite] = ['Bob', 25, 'apple'];   상수 선언 및 배열 분할을 대입한다.
08     console.log(name, age, favorite); //Bob 25 apple
09   }
```

이렇게 분할 대입을 이용해 스테이트먼트 수를 줄이고 코드 가독성을 높일 수 있
습니다.

배열 스프레드 구문

배열을 특정한 위치에서 각각의 요소로 전개하고 싶을 때는 **스프레드 구문**을 사용할 수 있습니다. 다음과 같이 마침표 세 개를 연속해서 입력한 뒤 배열을 입력합니다.

구문

...배열

[예제 3-24]를 실행해봅니다.

예제 3-24 스프레드 구문을 이용한 배열 전개 [03-04.gs]

```
01  function myFunction03_04_08() {
02    const numbers = [10, 30, 20, 40];
03    console.log([0, ...numbers, 50]); //[ 0, 10, 30, 20, 40, 50 ]
04    console.log(...numbers); //10 30 20 40
05  }
```

> 배열 안에 배열 요소를 전개한다.

> console.log 메서드의 괄호 안에 배열 요소를 전개한다.

배열 리터럴 안에서 스프레드 구문을 사용하면 해당 위치에서 요소를 전개합니다. 이를 응용해 배열 두 개를 결합하는 처리를 구현할 수 있습니다. 또한 이 특성을 이용해 [...numbers]와 같이 입력해 배열을 복사해서 생성할 수도 있습니다. console.log 메서드 괄호 안에 작성하면 배열 요소가 괄호 안에서 각각 전개됩니다.

> 💡 **NOTE**
>
> 배열과 같은 스프레드 구문을 '반복 가능 객체iterable object'라 불리는 데이터에 사용할 수 있습니다. 반복 가능 객체에 관해서는 4장 for...of문에서도 설명하므로 참고 바랍니다.
>
> 다음 절에서 객체의 스프레드 구문을 소개할 것입니다. 하지만 객체는 반복 가능 객체가 아니기 때문에 객체의 스프레드 구문은 배열의 스프레드 구문처럼 동작하지 않습니다.

3.5 객체

객체와 객체 리터럴

지금까지 여러 데이터를 다루는 방법으로 배열에 관해 설명했습니다. 자바스크립트에서는 여러 데이터의 집합을 다루는 다른 방법으로 **객체**를 제공합니다. 객체는 다음과 같이 속성과 값을 : (콜론)으로 연결한 조합을 콤마로 구분해 나열하고 전체를 {}로 감쌉니다. 이 표기 방법을 **객체 리터럴**이라 부릅니다.

구문

{속성 1: 값 1, 속성 2: 값 2, ...}

배열은 인덱스를 키로해서 그 요소를 참조하거나 대입할 수 있었습니다. 한편 객체에서는 **속성**을 키로 하여 이를 구현합니다. 객체는 [그림 3-7]과 같이 여러 상자에 각각 이름이 붙어 있는 구조이며 각 상자에 붙어 있는 이름이 속성입니다. 객체에서는 문자열인 속성을 키로 하여 데이터에 접근할 수 있어 배열에 비해 가독성이 높은 데이터 구조라 할 수 있습니다.

그림 3-7 객체 이미지

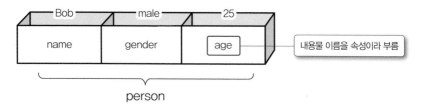

[예제 3-25]는 [그림 3-7]의 객체를 초기화하는 스크립트입니다. 객체 person의 name 속성에는 Bob, age 속성에 25와 같이 : 뒤에 지정한 값이 각 속성에 저장됩니다.

예제 3-25 객체 초기화 [03-05.gs]

```
01    const person = {name: 'Bob', gender: 'male', age: 25};
```

> 🔔 **NOTE**
>
> 객체는 속성을 키로 하는 데이터의 집합이며 속성명은 임의의 문자열입니다.
>
> 속성에는 문자열이나 수치 등의 데이터 외에도 함수를 저장할 수 있는데 특히 함수가 저장된 속성을 메서드라 부릅니다. 메서드에 관해서는 6장에서 다시 설명합니다.

속성 참조와 대입

객체에서 값을 꺼내는 방법은 두 가지입니다. 첫 번째는 .를 이용해 속성을 지정하는 **점 표기법**, 두 번째는 [] 안에 작은 따옴표로 감싼 속성를 지정하는 **괄호 표기법**입니다. 각각 다음과 같이 작성합니다.

구문

객체.속성

구문

객체['속성']

[예제 3-26]에서는 객체 person의 name 속성값을 점 표기법으로, age 값을 괄호 표기법으로 추출해 로그에 출력합니다.

예제 3-26 객체의 값 꺼내기 [03–05.gs]

```
01  function myFunction03_05_02() {
02    const person = {name: 'Bob', gender: 'male', age: 25};
03    console.log(person.name); //Bob
04    console.log(person['age']); //25
05  }
```

일반적으로는 점 표기법이 단순하고 가독성이 높으므로 어느 방법을 써도 관계없을 때는 점 표기법을 사용하는 것이 좋습니다. 괄호 표기법은 변수를 사용해 속성을 지정할 수 있다는 것이 장점입니다.

> 💡 **NOTE**
>
> for...in문을 이용해 루프 안에서 속성값을 꺼내는 경우 등에는 괄호 표기법이 효과적입니다. 자세한 내용은 4장에서 설명합니다.

[예제 3–27]과 같이 객체 속성에서도 값을 꺼낼 수 있습니다.

예제 3-27 괄호 표기법으로만 접근할 수 있는 속성 [03–05.gs]

```
01  function myFunction03_05_03() {
02    const numbers = {'1': '일', '10': '십', '100': '백'};
03    console.log(numbers['100']); //백
04  }
```

> 💡 **NOTE**
>
> 속성명도 식별자로 간주되므로 100과 같이 숫자로 시작하는 문자열은 속성명으로 적절하지 않습니다.

두 표기법 모두 다음과 같이 =(등호)를 사용해 지정한 속성값을 대입할 수 있습니다. 그리고 객체에 존재하지 않는 속성을 지정해 대입하면 객체에 속성과 값이 추가됩니다.

구문

```
객체.속성 = 값
```

구문

```
객체['속성'] = 값
```

예제 3-28 속성 대입과 추가 [03-05.gs]

```
01  function myFunction03_05_04() {
02    const person = {name: 'Bob', gender: 'male', age: 25};
03    person.name = 'Tom';
04    person['job'] = 'Engineer';
05    console.log(person); //{name: 'Tom', gender: 'male', age: 25, job: 'Engineer'}
06  }
```

> name 속성을 덮어 쓴다.

> job 속성은 존재하지 않으므로 추가된다.

> 💡 **NOTE**
>
> 존재하지 않는 속성의 요소를 꺼내면 그 값은 undefined가 됩니다.

객체와 프리미티브값

지금까지 본 것처럼 객체는 변수나 상수에 대입해 다룰 수 있습니다. 그러나 수치나 문자열 등의 대입과는 특성이 다르므로 주의해야 합니다. 이번 절에서는 그 점에 관해 설명합니다. 먼저 [예제 3-29]에서 문자열 대입 예를 확인해봅시다.

예제 3-29 프리미티브값 대입 [03-05.gs]

```
01  function myFunction03_05_05() {
02    const x = 'Bob';
03
04    let y = x;                    변수 y를 선언하고 x를 대입한다.
05    y = 'Tom';                    변수 y에 'Tom'을 대입한다.
06    console.log(y); //Tom
07
08    console.log(x); //Bob         값은 변경되지 않는다.
09  }
```

상수 x의 값을 변수 y에 대입합니다. 그런 다음 변수 y의 값을 덮어 써서 변경합니다. 원래 상수 x의 값을 확인하면 그 값은 Bob 그대로입니다. 이 과정은 직관적으로 자연스럽게 느껴집니다.

스크립트 실행 중 변수나 상수의 값은 구글 서버 메모리에 저장됩니다. [예제 3-29]의 처리 흐름과 메모리 상태를 나타내면 [그림 3-8]과 같습니다.

그림 3-8 프리미티브값 대입

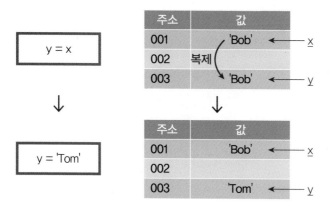

즉, 상수 x를 변수 y에 대입하는 시점에 그 값이 다른 주소에 복제되고 변수 y는 새로운 주소를 참조하게 됩니다. 하지만 객체를 대입할 때는 다르게 작동합니다. [예제 3-30]을 실행해봅니다.

예제 3-30 객체 대입 [03-05.gs]

```
01  function myFunction03_05_06() {
02    const x = {name: 'Bob'};
03
04    const y = x;                          ──── 상수 y에 x를 대입한다.
05    y.name = 'Tom';                       ──── y의 name 속성에 'Tom'을 대입한다.
06    console.log(y); //{name: 'Tom'}
07
08    console.log(x); //{name: 'Tom'}       ──── x의 name 속성값도 변경된다.
09  }
```

상수 x에는 객체가 저장되어 있으며 이를 상수 y에 대입합니다. 그런 다음 상수 y
의 name 속성을 Tom으로 변경합니다. 상수 x의 객체에는 아무것도 하지 않은 것
으로 보이지만 그 내용을 로그에 출력하면 그 name 속성값도 Tom으로 변경되어
있습니다. 왜 이런 일이 벌어지는 것일까요? 그 이유는 [그림 3-9]와 같습니다.

그림 3-9 객체 대입

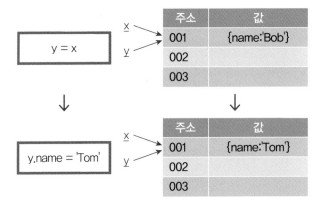

실제 상수 x에 객체가 저장되어 있을 때는, 상수 x를 상수 y에 대입하면 상수 y에
전달되는 것은 실제값이 아닌 **참조값**이 전달됩니다. 참조값은 메모리상의 주소 위
치에 관한 정보입니다. 즉, 상수 y는 상수 x와 같은 주소를 참조하므로 같은 값을
나타내게 됩니다.

이처럼 자바스크립트에서는 데이터 종류에 따라 대입 동작이 다릅니다. 수치, 문자열 및 부울값은 다른 변수나 상수에 대입하면 그 복사본이 메모리에 만들어집니다. 이런 데이터를 **프리미티브값**이라 부릅니다. 한편 객체를 다른 변수나 상수에 대입할 때는 참조값이 전달되어 메모리 내 동일한 객체를 참조하게 됩니다. 다른 주소에 사본을 만들지 않습니다.

> 💡 **NOTE**
>
> 프리미티브값에는 수치, 문자열, 부울값 외에 undefined, BigInt, 심볼이 있습니다. 7장에서 자세히 설명하지만 배열을 시작으로 그 이외의 모든 데이터는 객체이므로 이들을 대입할 때는 참조값이 전달됩니다.

객체 분할 대입

객체에서도 **분할 대입**을 제공합니다. 객체의 값을 변수나 상수에 모아서 대입하는 구문은 다음과 같습니다.

구문 [V8]

```
{변수 1, 변수 2, ...} = 객체
```

구문 [V8]

```
const {상수 1, 상수 2, ...} = 객체
```

이때 변수명, 상수명은 우변에 지정한 객체의 속성과 일치해야 하며 속성과 일치하는 변수나 상수에는 해당하는 값을 대입합니다. [예제 3-31]을 실행해 확인해 봅니다.

예제 3-31 객체 분할 대입 [03-05.gs]

```
01  function myFunction03_05_07() {
02    const numbers = {a: 10, b: 30, c: 20, d: 40};
03    let a, b, c, d;
04    ({a, b, c, d} = numbers); ─────────  변수 선언과 객체값을 분할 대입한다(블록
                                           으로 판정되지 않도록 소괄호로 감쌈).
05    console.log(a, b, c, d); //10 30 20 40
06
07    const {name, age, favorite} = {name: 'Bob', age: 25, favorite: 'apple'};
08    console.log(name, age, favorite); //Bob 25 apple
                                        상수 선언과 객체값을 분할 대입한다.
09  }
```

객체값을 속성과 같은 이름의 변수나 상수에 대입해두면 코드를 짧게 기술할 수 있어 효과적으로 활용할 수 있습니다.

> 💡 NOTE
>
> [예제 3-31]에서 ({a, b, c, d} = numbers)와 같이 소괄호로 감싸는 것은 선언 키워드가 없을 때 중괄호가 '블록'으로 간주되는 것을 피하기 위해서입니다. 소괄호를 사용하지 않으면 SyntaxError: Unexpected token '='이라는 에러가 발생합니다. 블록에 관해서는 5장에서 설명합니다.

객체의 스프레드 구문

객체에서도 **스프레드 구문**을 사용할 수 있습니다. 다음과 같이 마침표 세 개를 연속해 입력한 뒤 객체를 입력합니다.

구문 [V8]

...객체

[예제 3-32]를 실행해봅니다.

예제 3-32 스프레드 구문을 이용한 객체 전개 [03-05.gs]

```
01   function myFunction03_05_08() {
02     const obj = {age: 25, gender: 'male'};
03     const person = {name: 'Bob', ...obj, favorite: 'apple'};
04     console.log(person); //{ name: 'Bob', age: 25, gender: 'male', favorite:
05   'apple' }
06     // console.log(...obj);
07   }
```

> 객체 안에 객체의 속성과 값을 쌍으로 전개한다.

> console.log 메서드의 괄호 안에서는 객체를 전개할 수 없다.

실행 결과를 보면 객체 리터럴 안에서 객체의 속성과 값이 전개되는 것을 확인할 수 있습니다. 객체의 스프레드 구문은 객체 사본을 만들거나 복제한 객체를 합성할 때 효과적입니다.

> 💡 **NOTE**
>
> [예제 3-32]의 코멘트 아웃을 삭제하고 실행하면 TypeError: Found non-callable iterator 라는 에러가 발생합니다. 같은 스프레드 구문이라도 배열을 시작으로 하는 반복 가능 객체에서의 동작과 객체에서의 동작이 다르므로 주의해야 합니다.

산술 연산자와 우선 순위

연산자operator는 값이나 변수 등에 대해 무언가 처리를 수행하기 위한 기호를 말합니다. **산술 연산자**arithmetic operator는 사칙연산 등 수학 연산을 수행하기 위한 연산자입니다. [표 3-4]에 자바스크립트에서 일반적으로 사용하는 산술 연산자를 정리했습니다.

표 3-4 자바스크립트 산술 연산자

연산자	설명	예시	V8 이후
+	수치 덧셈 또는 문자열 연결	1 + 2 //3 'a' + 'bc' // 'abc'	
−	수치 뺄셈 또는 부호 반전	3 − 2 //1 −x	
*	곱셈	3 * 2 //6	
/	나눗셈	6 / 3 //2	
%	나머지	12 % 5 //2	
**	제곱셈	3 ** 4 //81	[V8]

예제 3-33 산술 연산 [03-06.gs]

```
01  function myFunction03_06_01() {
02    const x = 9;
03    const y = 4;
04    console.log(x + y); //13
05    console.log(x - y); //5
06    console.log(x * y); //36
07    console.log(x / y); //2.25
```

```
08   console.log(x % y); //1
09   console.log(x ** y); //6561
10   console.log(-x); //-9
11   }
```

식 안에 여러 연산이 포함되어 있을 때는 수학 연산과 마찬가지로 덧셈과 뺄셈보다 곱셈과 나눗셈을 우선 처리합니다. 우선 순위가 같은 연산일 때는 왼쪽부터 순서대로 처리됩니다. 그리고 우선 순위는 소괄호를 사용해 변경할 수 있습니다. 연산 우선 순위를 [표 3-5]에 정리했습니다.

표 3-5 산술 연산 우선 순위

우선 순위	연산자	내용
1	()	소괄호
2	-	부호 반전
3	**	제곱셈
4	*	곱셈
4	/	나눗셈
4	%	나머지
5	+	수치 덧셈, 문자열 연결
5	-	뺄셈

수치 덧셈과 문자열 연결

+를 이용한 연산은 대상 데이터에 따라 처리 내용이 다릅니다. 연산 대상이 모두 수치일 때는 덧셈이 되지만 문자열이 하나라도 있을 때는 다른 숫자들을 문자열로 간주하고 문자열 연결 처리를 수행하며 연산 결과로 문자열을 반환합니다. [예제 3-34]를 실행하면 어떤 단계에서 덧셈이 되고 문자열 연결이 수행되는지 이해할 수 있을 것입니다.

예제 3-34 수치 덧셈과 문자열 연결 [03-06.gs]

```
01  function myFunction03_06_02() {
02    console.log(12 + 34); //46
03    console.log(12 + '34'); //'1234'
04    console.log(12 + 34 + '56'); //'4656'
05    console.log(12 + '34' + 56); //'123456'
06  }
```

> 먼저 12 + 34 = 46을 계산하고
> 다음으로 '46' + '56'을 연결한다.

> 먼저 '12' + '34' = '1234'로 연결하고
> 다음으로 '1234' + '56'을 연결한다.

증가 연산자와 감소 연산자

수치를 1씩 증가 또는 1씩 감소하는 처리를 각각 **인크리먼트**increment (증가), **디크리먼트**decrement (감소)라 부릅니다. 이 처리를 간단하게 기술하기 위해 [표 3-6]에 나타낸 연산자가 제공됩니다.

표 3-6 증가 연산자와 감소 연산자

연산자	설명	예시
++	증가(인크리먼트)	x++ ++x
--	감소(디크리먼트)	x- -x

증가 연산자, 감소 연산자는 연산 대상이 되는 변수값 자체를 변경하는 특성이 있으며 다음 구문의 처리 내용은 같습니다. [예제 3-35]를 실행해 동작을 확인해봅니다.

$$x{+}{+} \Leftrightarrow x = x + 1$$
$$x{-}{-} \Leftrightarrow x = x - 1$$

예제 3-35 증가 연산과 감소 연산 [03-06.gs]

```
01  function myFunction03_06_03() {
02    let x = 1, y = 10;
03    x++;
04    console.log(x); //2
05    y--;
06    y--;
07    console.log(y); //8
08  }
```

증가 연산자, 감소 연산자는 ++x와 같이 변수 앞에 사용하는 **전치**, x++와 같이 변수 뒤에 사용하는 **후치** 두 종류가 있습니다. 각각 다음과 같이 값을 반환하는 시점이 다르므로 그 결과를 이용할 때는 주의해야 합니다.

- 전치: 변수를 증가/감소한 값을 반환한다.
- 후치: 변수의 값을 반환한 뒤 증가/감소시킨다.

[예제 3-36]을 실행해봅니다. x의 증가는 전치이므로 ++x 로그 출력에서는 값이 증가한 뒤 출력됩니다. 한편 y의 증가는 후치이므로 y++ 로그 출력에서는 증가되기 전의 값이 출력된 뒤 증가하는 것을 확인할 수 있습니다.

예제 3-36 전치 증가와 후치 증가 [03-06.gs]

```
01  function myFunction03_06_04() {
02    let x = 1, y = 10;
03    console.log(++x); //2  ──── 증가한 후에 로그 출력한다.
04    console.log(x); //2
05    console.log(y++); //10 ──── 로그 출력 후 증가한다.
06    console.log(y); //11
07  }
```

대입 연산자

변수에 값을 대입하는 연산자가 **대입 연산자**입니다. 지금까지 사용한 =는 가장 대표적인 대입 연산자입니다. 대입 연산자에는 산술 연산과 동시에 대입을 수행하는 **복합 대입 연산자**도 있습니다. 대입 연산자는 [표 3–7]과 같습니다.

표 3-7 자바스크립트의 대입 연산자

연산자	설명	예시
=	좌변의 변수에 값을 대입	x = 5
+=	좌변의 값에 우변의 값을 더한 값을 대입	x += 5
-=	좌변의 값에서 우변의 값을 뺀 값을 대입	x -= 5
*=	좌변의 값에 우변의 값을 곱한 값을 대입	x *= 5
/=	좌변의 값을 우변의 값으로 나눈 값을 대입	x /= 5
%=	좌변의 값을 우변의 값으로 나눈 나머지를 대입	x %= 5
**=	좌변의 값을 우변의 값으로 제곱한 값을 대입	x **= 3

복합 대입 연사자는 각각 다음 표기와 같은 처리를 나타내며 이를 활용해 스크립트를 간단하게 작성할 수 있습니다.

$$x \bullet= 1 \Leftrightarrow x = x \bullet 1$$

[예제 3–37]을 실행해 결과를 확인해봅니다.

예제 3-37 복합 대입 연산자 [03–06.gs]

```
01   function myFunction03_06_05() {
02     let x = 1, y = 10;
03     x += 3;                      x 값에 3을 더해서 x에 대입한다.
04     console.log(x); //4
05     y %= 3;                      y 값을 3을 나눈 나머지를 y에 대입한다.
06     console.log(y); //1
07   }
```

이번 장에서는 자바스크립트의 기본 구문, 변수, 데이터 타입 그리고 연산자 등 GAS 프로그래밍에서 가장 기초가 되는 부분에 관해 설명했습니다. 배열과 객체의 경우 직관적으로 이미지가 떠오르지 않을 수도 있지만 GAS에서는 매우 중요한 역할을 하므로 확실하게 이해해두는 것이 좋습니다.

지금까지는 코드가 작성된 순서대로 스테이트먼트를 실행하는 패턴인 '순차 처리' 방법에 관해서만 설명했습니다. 하지만 실제 프로그래밍에서는 실행 도중 처리를 분기하거나 같은 처리를 반복하거나 다른 처리 패턴을 조합해 더욱 복잡한 여러 기능을 수행하는 스크립트를 만들 수 있습니다. 이어서 4장에서는 각 처리 패턴, 즉 '조건 분기'와 '반복'을 작성하는 방법을 학습합니다.

Chapter

4

제어문

4.1 if문을 이용한 조건 분기

if문과 조건식

자바스크립트에서는 스크립트를 실행하면 위에서 순서대로 하나씩 스테이트먼트가 처리됩니다. 하지만 실제로 GAS 개발을 하다 보면 다음과 같이 조건에 따라그 뒤의 처리를 분기해야 할 때가 있습니다.

- 다이얼로그 박스에서 누를 버튼은 YES인가 NO인가
- 오늘의 날짜나 요일
- 스프레드시트에 기재된 데이터의 내용
- 지메일 수신함에 읽지 않은 메시지 존재 여부
- 번역 결과 에러 발생 여부

이런 분기 처리를 실행하는 명령 중 하나가 **if문**입니다. if문은 '만약 ~이면 ...'와 같은 처리를 구현하는 명령이며 다음과 같이 작성합니다.

구문

```
if (조건식) {
  // 조건식이 true일 때 실행할 처리
}
```

if문에서는 소괄호 안에 **조건식**을 기술합니다. 조건식은 true 또는 false 중 하나의 값을 갖습니다. 조건식이 true면 이어지는 if 블록 안의 처리를 실행하고false면 이어지는 if 블록에 들어가지 않고 무시합니다. 이 처리 과정을 [그림4-1]에 나타냈습니다.

그림 4-1 if문을 이용한 조건 분기

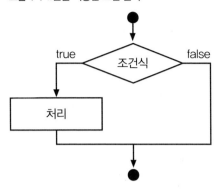

조건식이 true면 처리를 실행

간단한 예로 [예제 4-1]을 실행해봅니다. 첫 번째 조건식은 5 < 10이며 이 식은 성립하므로 true를 반환합니다. 따라서 첫 번째 if 블록 안의 처리를 실행합니다. 두 번째 if 블록은 조건식이 성립하지 않아 false를 반환하므로 아무것도 실행하지 않습니다.

예제 4-1 if문을 이용한 조건 분기 [04–01.gs]

```
01  function myFunction04_01_01() {
02    if (5 < 10) {
03      console.log('5 < 10 가 성립하면 출력됩니다.');
04    }
05    if (10 < 5) {
06      console.log('10 < 5 가 성립하면 출력됩니다.');
07    }
08  }
```

실행 결과

5 < 10 가 성립하면 출력됩니다.

if...else문과 if...else if문

if문의 조건식이 false인 경우 다른 처리를 하고 싶을 때는 if...else문을 사용합니다.

구문

```
if (조건식) {
  // 조건식이 true인 경우 실행할 처리
} else {
  // 조건식이 false인 경우 실행할 처리
}
```

조건식이 true인 경우에는 if 블록 안의 처리를 실행하고 false인 경우에는 else 블록 안의 처리를 실행합니다. 처리 흐름을 [그림 4-2]로 나타냈습니다.

그림 4-2 if...else문을 이용한 조건 분기

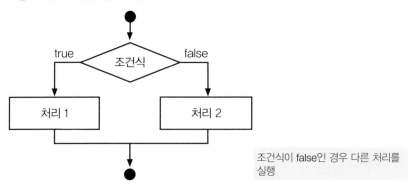

조건식이 false인 경우 다른 처리를
실행

if...else문 사용 예는 [예제 4-2]입니다. 변수 x에 대입하는 값을 변경하면서 여러 차례 실행해봅니다.

예제 4-2 if...else문을 이용한 조건 분기 [04-01.gs]

```
01  function myFunction04_01_02() {
02    const x = 5;
```

```
03    if (x < 5) {
04      console.log('x는 5보다 작습니다.');
05    } else {
06      console.log('x는 5 이상입니다.');
07    }
08  }
```

실행 결과

x는 5이상입니다.

if...else문으로 구현할 수 있는 것은 조건식이 true 또는 false 중 하나인 두 갈래 분기입니다. 분기를 세 개 이상으로 하고 싶을 때는 if...else if문을 사용하면 필요한 만큼 조건식을 배열할 수 있습니다.

구문

```
if (조건식 1) {
  //조건식 1이 true일 경우 실행할 처리
} else if (조건식 2) {
  //조건식 2가 true일 경우 실행할 처리
  ...
} else {
  //모든 조건식이 false였을 경우 실행할 처리
}
```

조건식 1, 조건식 2...를 순서대로 판단하며 최초 조건식이 true였을 때 해당 블록 안을 처리합니다. 그리고 마지막 else 블록은 생략할 수 있습니다. 조건식이 두 개이고 분기가 세 개인 경우의 if...else if문 처리 흐름을 [그림 4-3]에 나타냈습니다.

그림 4-3 if...else if문을 이용한 여러 조건 분기

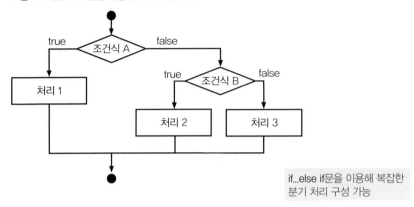

if...else if문을 이용해 복잡한
분기 처리 구성 가능

[예제 4-3]을 실행해 if...else if문의 동작을 확인해봅니다.

예제 4-3 if...else if문을 이용한 여러 조건 분기 [04-01.gs]

```
01  function myFunction04_01_03() {
02    const x = 5;
03    if (x < 5) {
04      console.log('x는 5보다 작습니다.');
05    } else if (x < 10) {
06      console.log('x는 5 이상이고 10보다 작습니다.');
07    } else {
08      console.log('x는 10 이상입니다.');
09    }
10  }
```

실행 결과

x는 5 이상이고 10보다 작습니다.

4.2 조건식, 비교 연산자, 논리 연산자

비교 연산자

지금까지 사용한 <는 수학에서도 같은 기호였습니다. 좌변과 우변을 비교하고 우변이 크면 조건식으로 true를 반환하는 기능을 가지고 있습니다. 이렇게 조건식 안에서 사용해 좌변과 우변을 비교해 true 또는 false를 반환하는 역할을 하는 연산자를 **비교 연산자**comparison operator라 부릅니다. 자바스크립트에서 사용할 수 있는 비교 연산자는 [표 4-1]과 같습니다.

표 4-1 자바스크립트의 비교 연산자

연산자	설명	예시

==	좌변과 우변이 같으면 true	10 == 10 //true
		10 == 11 //false

!-	좌변과 우변이 같지 않으면 true	10 != 10 //false
<	좌변이 우변보다 작으면 true	10 < 10 //false 10 < 11 //true
<=	좌변이 우변 이하면 true	10 <= 10 //true 10 <= 11 //true
>	좌변이 우변보다 크면 true	10 > 10 //false 11 > 10 //true
>=	좌변이 우변 이상이면 true	10 >= 10 //true 11 >= 10 //true

===	좌변과 우변이 데이터 타입을 포함해 같으면 true	10 === 10 //true
		10 === '10' //false

!==	좌변과 우변이 데이터 타입을 포함해 같지 않으면 true	10 !== 10 //false 10 !== '10' //true

모든 연산자가 직관적으로 이해하기 쉽지만 몇 가지 주의할 점이 있습니다. 먼저 [예제 4-4]를 보겠습니다. 로그에는 각각 true와 false 중 어떤 것이 출력될까요?

예제 4-4 배열 비교와 객체 비교 [04-02.gs]

```
01  function myFunction04_02_01() {
02    const words1 = ['Google','Apps','Script'];
03    const words2 = ['Google','Apps','Script'];
04    console.log(words1 == words2); //false
05
06    const personA = {name:'Bob'};
07    const personB = {name:'Bob'};
08    console.log(personA == personB); //false
09  }
```

로그에는 모두 false가 출력됩니다. 배열이나 객체를 변수에 대입한 경우 변수에 저장되는 것은 메모리상의 주소(참조값)입니다. 따라서 요소나 구조가 완전히 같아도 물리적으로 다른 주소에 할당되어 있는 배열 또는 객체끼리의 비교는 false가 됩니다.

[예제 4-5]를 실행해보면 로그는 모두 true가 출력됩니다. 대입식의 우변을 변수로 하는 것은 해당 참조값을 대입하는 것과는 다릅니다. 따라서 두 개의 변수가 가리키는 메모리의 주소도 같으므로 비교 결과는 true가 됩니다.

예제 4-5 배열 비교와 객체 비교 2 [04-02.gs]

```
01  function myFunction04_02_02() {
02    const words1 = ['Google','Apps','Script'];
03    const words2 = words1;
04    console.log(words1 == words2); //true
05
06    const personA = {name:'Bob'};
07    const personB = personA;
08    console.log(personA == personB); //true
09  }
```

관용적인 비교와 엄밀한 비교

==와 === 그리고 !=와 !==의 차이에 관해 보충해서 설명합니다. 연산자 ==와 !=
는 좌변과 우변의 데이터 타입이 달라도 데이터 타입을 변환한 상태에서 비교합
니다. 한편 연산자 ===와 !==는 좌변과 우변의 데이터 타입이 다른 것을 엄밀하
게 판단해 비교합니다. [예제 4-6]을 실행해봅니다.

예제 4-6 데이터 타입에 관용적인 비교와 데이터 타입에 엄밀한 비교 [04-02.gs]

```
01  function myFunction04_02_03() {
02    console.log(5 == '5'); //true
03    console.log(5 === '5'); //false
04
05    console.log(5 != '5'); //false
06    console.log(5 !== '5'); //true
07  }
```

이렇게 ==와 !=는 관용적인 비교를 수행하지만 그것이 예상치 못한 결과로 이어
질 가능성이 있습니다. 비교 연산자로서는 ===와 !==를 우선해서 사용하는 것이
더 안전합니다.

논리 연산자

'조건식 A가 true고 조건식 B가 true면'과 같이 여러 조건식을 동시에 판정하고
싶을 때, '조건식 A가 true가 아니라면'과 같이 조건식의 결과를 반전시키고 싶을

때 사용하는 것이 **논리 연산자**logical operator입니다. 자바스크립트에서 사용할 수 있는 논리 연산자는 [표 4-2]와 같습니다.

표 4-2 자바스크립트의 논리 연산자

연산자	설명	예시

&&	좌변과 우변 모두 true면 true	10 === 10 && 5 === 5 //true
		10 === 11 && 5 === 5 //false

||	좌변과 우변 중 하나라도 true면 true	10 === 11 || 5 === 5 //true
		10 === 11 || 5 === 6 //false

!	조건식의 논리값을 반전시킨다	!(10 === 10) //false !(10 === 11) //true

각 논리 연사자의 사용 예시는 [예제 4-7]과 같습니다. 변수값과 조건식을 바꾸어가면서 동작을 확인해봅니다.

예제 4-7 논리 연산자 [04-02.gs]

```
01  function myFunction04_02_04() {
02    const x = 5, y = 10;
03    if (x >= 5 && y >= 5 ) {
04      console.log('x와 y가 모두 5 이상입니다.');
05    }
06    if (x >= 10 || y >= 10) {
07      console.log('x 또는 y 중 하나가 10 이상입니다.');
08    }
09    if (!(x >= 10)) {
10      console.log('x는 10 이상이 아닙니다.');
11    }
12  }
```

실행 결과

x와 y가 모두 5 이상입니다.
x 또는 y 중 하나가 10 이상입니다.
x는 10 이상이 아닙니다.

논리값으로 타입 변환

먼저 다음 [예제 4–8]을 확인해봅니다. 모두 조건식으로는 보이지 않지만 스크립트는 에러 없이 실행됩니다.

예제 4-8 논리값이 true로 변환되는 예 [04–02.gs]

```
01   function myFunction04_02_05() {
02     if (123) {
03       console.log('123은 true');
04     }
05     if ('abc') {
06       console.log("'abc'는 true");
07     }
08     if ([1, 2, 3]) {
09       console.log('[1, 2, 3]은 true');
10     }
11     if ({lunch: 'curry'}) {
12       console.log("{lunch: 'curry'}는 true");
13     }
14   }
```

실행 결과

```
123은 true
'abc'는 true
[1, 2, 3]은 true
{lunch: 'curry'}은 true
```

자바스크립트에서는 조건식으로 주어진 데이터 타입의 값을 암묵적으로 논리값으로 바꾸는 특성이 있습니다. 이번에는 [예제 4–9]를 실행해봅니다.

예제 4-9 논리값이 false가 되는 예 [04-02.gs]

```
01  function myFunction04_02_06() {
02    if (!0) {
03      console.log('0은 false');
04    }
05    if (!'') {
06      console.log('빈 문자는 false');
07    }
08    if (!undefined) {
09      console.log('undefined는 false');
10    }
11    if (!null) {
12      console.log('null은 false');
13    }
14  }
```

실행 결과

```
0은 false
빈 문자는 false
undefined는 false
null은 false
```

모두 조건식 ! 연산자로 반전시켰기 때문에 반전하기 전의 값이 false로 타입 변환된 것을 알 수 있습니다. 각 데이터 타입이 어떤 논리값으로 변화되는가는 [표 4-3]에 정리했습니다.

표 4-3 논리값으로 타입 변환

데이터 타입	변환 후의 값	
	TRUE	FALSE
수치	0과 NaN을 제외한 모든 수치	0, NaN
문자열	길이가 1 이상인 문자열	빈 문자
null, undefined	−	null, undefined
배열, 객체	모든 배열 및 객체	−

false, 0, NaN(숫자가 아닌 것을 나타내는 특별한 수치), 문자열, null, undefined 이외에는 모두 true로 변환됩니다. 즉 변수나 속성 자체를 조건식으로 넣으면 다음과 같은 조건을 판정할 수 있게 됩니다. 간단하게 조건을 기술하는 테크닉으로 익혀두면 좋습니다.

- 값이나 객체가 존재하는가
- 0이 아닌 수치가 저장되어 있는가
- 의미 있는 문자열이 저장되어 있는가

> 💡 NOTE
>
> 요소가 하나도 없는 배열([]) 또는 객체({})는 논리값으로 타입 변환을 했을 때 true가 됩니다. 그렇기 때문에 배열이나 객체의 요소가 한 개 이상 존재하는가를 판단할 때는 다른 방법을 사용해야 합니다.

4.3 switch문을 이용한 다중 분기

switch문

if문을 이용한 조건 분기에서는 조건식이 true 또는 false인 두 가지로만 조건을 분기할 수 있습니다. 그 이상으로 분기를 하고 싶을 때는 if...else if문을 이용해 조건식을 추가할 수 있지만 다른 방법으로 switch문을 사용할 수 있습니다.

switch문을 이용하면 어떤 식이 여러 값 중 하나와 일치하는지를 더욱 간단하게 판정하도록 구현할 수 있습니다. 구문은 다음과 같습니다.

구문

```
switch(식) {
  case 값 1:
    // 식 === 값 1일 때 실행할 처리
    break;
  case 값 2:
    // 식 === 값 2일 때 실행할 처리
    break;
  ...
  default:
    // 식이 모든 값과 일치하지 않을 때 실행할 처리
}
```

switch문은 식의 결과와 일치하는 값을 값 1, 값 2... 중에서 찾습니다. 일치하는 값이 존재하면 그 위치의 case절 처리를 실행하고 break문에서 switch 블록 전체를 벗어납니다. 식의 결과와 일치하는 값이 존재하지 않으면 default절의 처리를 실행합니다. switch문을 이용한 처리 과정을 [그림 4-4]에 나타냈습니다.

그림 4-4 switch문을 이용한 조건 분기

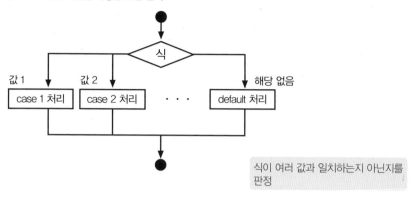

식이 여러 값과 일치하는지 아닌지를 판정

[예제 4-10]을 실행해봅니다. 변수 rank에 '우'가 설정되어 있으므로 '대단하네요.'가 로그에 출력됩니다. 변수 rank에 다른 값을 입력하면 그에 따라 로그 출력이 달라지는 것을 확인할 수 있습니다.

예제 4-10 switch문 [04-03.gs]

```
01  function myFunction04_03_01() {
02    const rank = '우';
03    switch (rank) {
04      case '우':
05        console.log('대단하네요.');
06        break;
07      case '양':
08        console.log('열심히 했군요.');
09        break;
10      case '가':
11        console.log('아슬아슬했네요.');
12        break;
13      default:
14        console.log('다음에 더 열심히 합시다.');
15    }
16  }
```

대단하네요.

break문

각 case절 처리 끝에 있는 break는 생략할 수 있으나 권하지 않습니다. 그 이유
를 확인하기에 앞서 [예제 4-10]에서 break문을 생략한 [예제 4-11]을 실행해봅
니다.

예제 4-11 break문 생략 [04-03.gs]

```
01  function myFunction04_03_02() {
02    const rank = '우';
03    switch (rank) {
04      case '우':
05        console.log('대단하네요.');
06      case '양':
07        console.log('열심히 했군요.');
08      case '가':
09        console.log('아슬아슬했네요.');
10      default:
11        console.log('다음에 더 열심히 합시다.');
12    }
13  }
```

실행 결과

대단하네요.
열심히 했군요.
아슬아슬했네요.
다음에 더 열심히 합시다.

'우'의 case절 뿐만 아니라 다른 case절의 로그도 출력되는 것을 확인할 수 있습니다. 즉 switch문에서는 식에 해당하는 case 처리 이후의 모든 처리를 실행합니다. 일반적으로는 각 case절 내의 처리만을 실행하고 싶은 경우가 많으므로 switch문에서는 break문도 함께 입력하게 됩니다.

> 💡 NOTE
>
> switch문에서는 break문이 없는 한 블록에서 도중에 벗어날 수 없습니다.

4.4 while문을 이용한 반복

while문

같은 처리를 반복하고 싶을 때 그 처리를 스크립트에 여러 차례 입력할 필요는 없습니다. 자바스크립트에서는 반복(**루프**loop라 부릅니다)을 실현하기 위한 몇 가지 구문을 제공합니다. 그중 하나가 **while문**입니다. while문은 조건식을 이용해 반복을 구현한 것이며 다음과 같이 입력합니다.

구문

```
while (조건식) {
   // 조건식이 true일 동안 실행할 처리
}
```

while문을 사용하면 조건식이 true인 동안 블록 안의 처리를 반복하고 조건식이 false일 때 while 루프에서 벗어납니다. 그 흐름을 [그림 4-5]에 나타냈습니다.

그림 4-5 while문을 이용한 반복

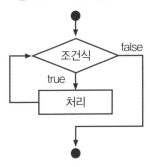

조건식이 true인 동안 반복

예시로 [예제 4-12]를 실행해봅니다. 로그 출력을 확인하면 변수 x의 값이 100을 넘었을 때 while 루프에서 벗어나는 것을 알 수 있습니다.

예제 4-12 while문을 이용한 반복 [04-04.gs]

```
01  function myFunction04_04_01() {
02    let x = 1;
03    while (x < 100) {
04      x *= 3;
05      console.log(`x의 값: ${x}`);
06    }
07  }
```

실행 결과

```
x의 값: 3
x의 값: 9
x의 값: 27
x의 값: 81
x의 값: 243
```

무한 루프

while문을 사용할 때 주의해야 할 것이 있습니다. while 루프를 벗어나도록 조건을 만들어야 한다는 점입니다. [예제 4-13]을 확인해봅니다.

예제 4-13 무한 루프 [04-04.gs]

```
01  function myFunction04_04_02() {
02    let x = 0;
03    while (x < 100) {
04      x *= 3;
05      console.log(`x의 값: ${x}`);
06    }
07  }
```

[예제 4-13]을 실행하면 [그림 4-6]과 같이 실행 로그에 x의 **값: 0**이 계속해서 출력되고 처리가 종료되지 않습니다. 변수 x에는 초기값으로 0이 대입되어 있기 때문에 곱셈을 반복해도 그 값은 0입니다. 그렇기 때문에 while문의 조건식이 false가 되지 않고 무한히 처리가 반복됩니다 이런 루프를 **무한 루프**infinite loop라 부릅니다.

그림 4-6 무한 루프 실행

GAS에서 무한 루프에 빠졌을 때는 툴바의 [□중지]를 클릭해 스크립트 실행을 중지할 수 있습니다. 하지만 무한 루프는 바람직한 상태가 아니므로 while문을 사용할 때는 실행하기 전 무한 루프가 발생하는 것을 확인하는 것이 좋습니다.

4.5 　for문을 이용한 반복

for문

while문은 조건식이 true인 동안 반복을 하는 명령이며 반복할 횟수를 미리 정할 때는 for문을 이용합니다. for문의 구문은 다음과 같습니다.

구문

```
for (초기화식; 조건식; 증감식) {
    // 조건식이 true일 동안 실행할 처리
}
```

for문에서는 **카운터 변수**counter variable라 불리는 반복 제어용 변수를 이용합니다. 카운터 변수와 관련해 다음 세 가지 식을 이용해 반복을 구현합니다.

- 초기화식: 카운터 변수의 초기값을 결정하는 식
- 조건식: 카운터 변수를 이용한 조건식으로, true인 동안 for 루프가 실행됨
- 증감식: 반복마다 블록 안의 처리를 마친 뒤 실행되는 식으로, 일반적으로 카운터 변수의 값을 증가 또는 감소하는 식

for문을 이용한 반복의 흐름을 [그림 4-7]에 나타냈습니다. for문의 구문은 while문에 비해 복잡하게 보일 수도 있지만 정해진 횟수만큼의 반복을 매우 간단하게 구현할 수 있습니다. [예제 4-14]는 카운터 변수값을 1씩 증가시키면서 그 내용을 로그에 출력하는 처리를 다섯 번 반복합니다.

그림 4-7 for문을 이용한 반복

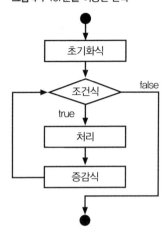

카운터 변수와 3개의 식으로
반복을 구현

예제 4-14 for문을 이용한 반복 [04-05.gs]

```
01  function myFunction04_05_01() {
02    for (let i = 1; i <= 5; i++) {
03      console.log(`i의 값: ${i}`);
04    }
05  }
```

실행 결과

```
i의 값: 1
i의 값: 2
i의 값: 3
i의 값: 4
i의 값: 5
```

[예제 4-14]와 같은 반복을 while문으로 구현한 것이 [예제 4-15]입니다. 두 개
의 예제를 비교하면 for문이 더욱 간단한 것을 알 수 있습니다.

예제 4-15 while문을 이용한 반복 [04-05.gs]

```
01  function myFunction04_05_02() {
02    let i = 1;
03    while (i <= 5) {
04      console.log(`i의 값: ${i}`);
05      i++;
06    }
07  }
```

실행 결과

i의 값: 1
i의 값: 2
i의 값: 3
i의 값: 4
i의 값: 5

4.6 for...of문을 이용한 반복

for...of문

배열에 포함된 모든 요소에 무언가의 처리를 하고 싶을 때는 for...of문을 사용하면 편리합니다. for...of문을 이용하면 배열이나 문자열 등 **반복 가능 객체**에 포함된 모든 요소에 대해 반복 처리를 수행할 수 있습니다.

구문 [V8]

```
for (변수 of 반복 가능 객체) {
    // 루프 안에서 실행할 처리
}
```

for...of문은 배열 등의 반복 가능 객체에 포함되는 요소를 정해진 순서대로 꺼내고 그것을 변수에 대입하면서 루프를 실행합니다. 다음에 꺼낼 요소가 없으면 루프를 종료합니다. 요소를 대입하는 변수 대신 const 키워드 선언을 이용해 상수를 이용할 수도 있습니다.

그림 4-8 for...of문을 이용한 반복

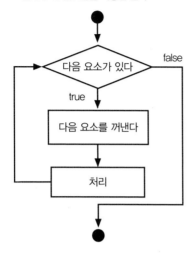

for...of문의 예는 [예제 4-16]과 같습니다.

예제 4-16 for...of문을 이용한 반복 [04-06.gs]

```
01  function myFunction04_06_01() {
02    const members  = ['Bob', 'Tom', 'Jay'];
03    for (const member of members) {
04      console.log(member);
05    }
06
07    for (const char of 'Hello') {
08      console.log(char);
09    }
10  }
```

```
Bob
Tom
Jay
H
e
l
l
o
```

배열에 대해서는 요소, 문자열에 대해서는 한 문자씩 루프를 수행하는 것을 알 수 있습니다.

> 💡 **NOTE**
>
> 반복 가능 객체에는 배열, 문자열 외에 Map 객체, Set 객체 등이 있지만 이 책에서는 자세히 소개하지 않으므로 각자의 필요에 따라 확인해보기 바랍니다.

[예제 4–16]과 같은 루프 처리는 for문으로도 구현할 수 있습니다. [예제 4–17]을 실행해봅니다.

예제 4-17 for문을 이용한 배열의 반복 [04–06.gs]

```
01  function myFunction04_06_02() {
02    const members  = ['Bob', 'Tom', 'Jay'];
03    for (let i = 0; i < 3; i++) {
04      console.log(`${i}: ${members[i]}`);
05    }
06
07    for (let i = 0; i < 5; i++) {
08      console.log(`${i}: ${'Hello'[i]}`);
09    }
10  }
```

```
0: Bob
1: Tom
2: Jay
0: H
1: e
2: l
3: l
4: o
```

이 루프 처리들은 for문보다 for...of문을 이용하면 간단하게 작성할 수 있습니다. for문을 이용할 때는 현재 대상 값의 인덱스를 블록 안에서 사용할 수 있다는 것이 장점입니다.

> **💡 NOTE**
>
> [예제 4-17]에서 루프 조건식에 이용한 요소 수 또는 문자 수를 구할 때는 Array 객체 또는 String 객체의 length 속성을 이용하면 편리합니다. 그리고 Array 객체의 entries 메서드를 사용하면 for...of문의 루프 안에서 인덱스와 요소를 모두 다룰 수 있습니다. 이에 관해서는 7장에서 자세히 소개합니다.

4.7   for...in문을 이용한 반복

for...in문

for...in문을 사용하면 모든 속성에 대해 반복을 수행할 수 있습니다. 구문은 다음 과 같습니다.

구문

```
for (변수 in 객체) {
  // 루프 안에서 실행할 처리
}
```

for...in문에서는 객체 안의 속성을 임의로 꺼내서 변수에 저장한 뒤 루프 안에 서 처리를 실행할 수 있습니다. 객체 안의 모든 속성을 꺼낸 뒤 루프가 종료됩니 다. 이 흐름을 [그림 4-9]에 나타냈습니다. 여기에서 변수로 다룬 것은 값이 아니 라 속성 자체인 점에 주의 바랍니다. 그리고 for...of문과 같이 속성을 대입하는 변수 대신 const 키워드를 이용해 상수를 사용할 수 있습니다.

그림 4-9 for...in문을 이용한 반복

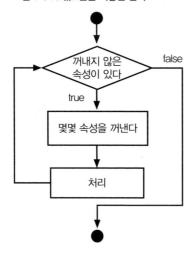

객체의 모든 속성을 꺼낼
때까지 반복

예시로 [예제 4-18]을 실행해봅니다. 객체 points의 속성과 그 값의 조합을 로그에 출력합니다.

예제 4-18 for...in문을 이용한 반복 [04-07.gs]

```
01  function myFunction04_07_01() {
02    const points = {Korean: 85, Math: 70, English: 60};
03    for (const subject in points) {          객체의 속성을 꺼내
                                               subject 에 저장한다.
04      console.log(`${subject} 점수: ${points[subject]}`);
05    }
                           괄호 표기법으로 속성값을 꺼낸다.
06  }
```

실행 결과

```
Korean 점수: 85
Math 점수: 70
English 점수: 60
```

for...in문을 이용해 객체 points 안의 각 속성을 상수 subject에 저장했습니다. 이를 나타내면 [그림 4-10]과 같습니다. 여기에서 상수에 저장된 속성은 문자열 타입이 되며 괄호 표기법을 이용해 point[subject]로 각 속성값을 꺼낼 수 있습니다.

그림 4-10 for...on문과 객체 속성

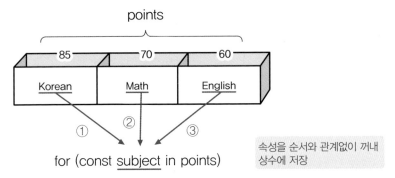

반복 처리 중단과 건너뛰기

break문으로 루프 중단하기

switch 블록에서 벗어날 때 break문을 사용했습니다. while문, for문, for...of 문 그리고 for...in문에서도 루프를 중단할 때 사용할 수 있습니다. break문은 중단하고자 하는 위치에 다음과 같이 입력합니다.

구문

```
break
```

예시로 [예제 4-19]를 실행해봅니다. 예제는 for문에 카운터 변수 i가 10이 될 때까지 반복하도록 지정되어 있지만 if문에서 변수 num이 50을 넘으면 break문으로 중단합니다. 이렇게 i 값이 10이 되거나 num 값이 50을 넘었을 때와 같이 두 개의 루프 종료 조건을 만들 수 있습니다.

예제 4-19 break문을 이용한 루프 중단 [04-08.gs]

```
01  function myFunction04_08_01() {
02    let num = 1;
03    for (let i = 1; i <= 10; i++) {
04      num *= 2;
05      console.log(`i값: ${i}, num값: ${num}`);
06      if (num > 50) {
07        break;                          ─── num 값이 50을 넘으면 중단한다.
08      }
09    }
10  }
```

```
i값: 1, num값: 2
i값: 2, num값: 4
i값: 3, num값: 8
i값: 4, num값: 16
i값: 5, num값: 32
i값: 6, num값: 64
```

continue문을 이용해 루프 건너뛰기

break문은 루프 자체를 중단합니다. 현재 루프만 건너뛰고 루프 자체는 계속하고 싶을 때는 continue문을 사용합니다. 루프를 건너뛰고자 하는 위치에 다음과 같이 입력합니다.

구문

```
continue
```

예시로 [예제 4-20]을 실행해봅니다. for문에서 카운터 변수 i가 10이 될 때까지 반복하도록 지정했지만 if문에서 i가 3의 배수 또는 5의 배수일 때는 continue문으로 처리를 건너뛰며 로그에 출력되지 않습니다.

예제 4-20 continue문을 이용해 루프 건너뛰기 [04-08.gs]

```
01  function myFunction04_08_02() {
02    for (let i = 1; i <= 10; i++) {
03      if (i % 3 === 0 || i % 5 === 0) {       i 값이 3의 배수 또는 5의 배수일
04        continue;                             때는 건너뛴다.
05      }
06      console.log(`i값: ${i}`);
07    }
08  }
```

i값: 1
i값: 2
i값: 4
i값: 7
i값: 8

루프에 라벨 붙이기

if문 같은 조건 분기, while문이나 for문 같은 반복을 사용할 때 블록 안에 블록을 포함하는 구조를 **중첩**nesting이라 부릅니다. 루프가 중첩되어 있을 때 break문을 이용해 루프 중단, continue문을 이용해 루프 건너뛰기를 하면 어떻게 될까요? [예제 4-21]을 실행해봅니다.

예제 4-21 중첩된 루프 중단 [04-08.gs]

```
01  function myFunction04_08_03() {
02    for (let i = 1; i <= 3; i++) {
03      for (let j = 1; j <= 3; j++) {
04        if (i === 2 && j === 2) {
05          break;
06        }
07        console.log(`i값: ${i}, j값: ${j}`);
08      }
09    }
10  }
```

실행 결과

i값: 1, j값: 1
i값: 1, j값: 2
i값: 1, j값: 3
i값: 2, j값: 1

```
i값: 3, j값: 1
i값: 3, j값: 2
i값: 3, j값: 3
```

카운터 변수 i와 j가 동시에 2가 된 뒤에도 스크립트는 계속 처리됩니다. 즉 예제에서 break문으로 중단된 것은 안쪽 루프뿐입니다. 이렇게 break문에서는 가장 안쪽의 루프를 중단하는 것이 규칙입니다. continue문도 마찬가지로 중첩되어 있을 때는 가장 안쪽의 루프만 건너뜁니다.

중첩되어 있을 때 바깥쪽 루프를 중단하거나 건너뛰고 싶을 때는 **라벨**을 부여합니다. 라벨은 루프에 부여할 수 있는 식별자로, 루프의 앞에 : (콜론)을 사용해 다음과 같이 입력합니다.

구문

```
라벨:
```

그리고 지정한 루프를 중단하거나 건너뛰고 싶을 때는 break문 또는 continue문에 다음과 같이 라벨을 지정합니다.

구문

```
break 라벨
```

구문

```
continue 라벨
```

앞의 [예제 4-21]에 라벨을 붙여 [예제 4-22]를 만들었습니다. 바깥쪽 루프에는 outerLoop라는 라벨을 부여하고 break문으로 해당 라벨을 지정합니다. 실행 결과를 보면 카운터 변수 i와 j가 동시에 2가 되었을 때 로그 출력을 종료합니다.

예제 4-22 라벨 지정을 이용한 루프 중단 [04-08.gs]

```
01  function myFunction04_08_04() {
02    outerLoop:                              바깥쪽 루프에 라벨 outerLoop를 부여한다.
03    for (let i = 1; i <= 3; i++) {
04      for (let j = 1; j <= 3; j++) {
05        if (i === 2 && j === 2) {
06          break outerLoop;                  라벨 outerLoop를 부여한 루프를 중단한다.
07        }
08        console.log(`i값: ${i}, j값: ${j}`);
09      }
10    }
11  }
```

실행 결과

```
i값: 1, j값: 1
i값: 1, j값: 2
i값: 1, j값: 3
i값: 2, j값: 1
```

4.9 try...catch문과 예외 처리

예외와 예외 처리

GAS로 스크립트를 실행할 때 예상하지 않은 에러가 발생할 수 있습니다. 예를 들어 [예제 4-23]은 매우 간단한 스크립트이지만 스탠드얼론 스크립트로 실행하면 [그림 4-11]과 같이 에러가 발생하고 스크립트는 그 시점에서 정지합니다. 이렇게 발생한 에러를 자바스크립트에서는 **예외**exception라 부릅니다.

예제 4-23 메시지 다이얼로그 표시 [04-09.gs]

```
01 | function myFunction04_09_01() {
02 |   Browser.msgBox('Hello');
03 | }
```

그림 4-11 GAS 에러 메시지

GAS에서는 다양한 원인으로
예외가 발생

물론 예외가 발생하지 않도록 스크립트를 작성하는 것이 이상적입니다. 하지만 [예제 4-23]을 비롯해 GAS 고유의 규칙이 많고 다른 사용자의 조작이나 할당, 제한 등 예외가 발생하는 요인이 매우 다양하기 때문에 이를 모두 고려해 완전히 막기란 불가능합니다. 이럴 때는 예외가 발생한 경우에 대응하는 처리, 즉 **예외 처리**를 합니다. 예외 처리를 이용하면 예외가 발생한 것을 검지하고 그에 따른 처리를 계속하거나 예외 내용에 따라 처리를 분기할 수 있습니다.

try...catch...finally문

자바스크립트에서 예외 처리를 할 때는 `try...catch...finally`문을 사용합니다. 구문은 다음과 같습니다.

구문

```
try {
  // 예외를 검지할 대상 처리
} catch(변수) {
  // 예외가 발생했을 때 실행할 처리
} finally {
  // 예외 발생에 관계없이 실행할 처리
}
```

예외 발생을 검지하고 싶은 처리 범위를 try 블록 안에 작성합니다. try 블록 안에서 예외가 발생하면 해당 시점에 즉시 catch 블록으로 처리를 이동합니다. finally 블록은 예외 발생 여부에 관계없이 실행되는 처리로, 필요하지 않으면 생략할 수 있습니다. [예제 4-24]는 [예제 4-23]에 `try...catch...finally`문 예외 처리를 추가한 것입니다.

예제 4-24 try...catch...finally문을 이용한 예외 처리 [04-09.gs]

```
01 | function myFunction04_09_02() {
02 |   try {
```

```
03        Browser.msgBox('Hello');
04    } catch(e) {
05        console.log('예외가 발생했습니다: ' + e.message);
06    } finally {
07        console.log('스크립트 실행 완료!');
08    }
09 }
```

실행 결과

오후 6:10:19 정보 예외가 발생했습니다: Cannot call Browser.msgBox() from this
context; have you tried Logger.log() instead?
오후 6:10:19 정보 스크립트 실행 완료!

샘플 코드를 실행하면 예외가 발생하지만 스크립트가 정지되지 않고 catch 블록
의 내용이 실행됩니다. '예외가 발생했습니다'라는 문자열에 이어 에러 메시지가
표시됩니다. finally 블록은 예외 여부에 관계없이 실행되므로 '스크립트 실행
완료!'는 항상 로그에 출력됩니다.

> 💡 **NOTE**
>
> 여기에서 변수 e에는 예외가 발생했을 때 생성된 Error 객체가 전달됩니다. Error 객체의
> message 속성에는 에러 메시지가 저장되어 있으므로 [예제 4-24]의 catch 블록에서는 해당 메
> 시지를 꺼내어 표시합니다. Error 객체에 관해서는 7장에서 자세히 설명합니다.

throw문

발생한 예외를 수동적으로 검지해 이용할 뿐만 아니라 스크립트 안에서 예외를
능동적으로 발생시킬 수 있습니다. 이때 **throw문**을 이용합니다. 그리고 예외를 발
생시키는 것을 '예외를 던진다'고 말합니다.

구문

```
throw new Error(에러 메시지)
```

[예제 4-25]를 실행해봅니다. [그림 4-12]와 같은 예외가 발생하고 에러 메시지 'x에 0이 대입되었습니다.'가 표시됩니다.

예제 4-25 throw문으로 예외를 던짐 [04-09.gs]

```
01  function myFunction04_09_03() {
02    const x = 0;
03    if (x === 0) {
04      throw new Error('x에 0이 대입되었습니다.');
05    }
06  }
```

그림 4-12 throw문으로 예외를 던짐

> 📝 **NOTE**
>
> throw문에서는 문자열 등의 프리미티브값을 전달해 예외를 발생시킬 수 있습니다. 하지만 Error 객체를 생성해 예외를 던지고 그 catch 블록 안에서 해당 속성을 꺼내 처리할 수도 있습니다. Error 객체에 관해서는 7장에서 자세히 설명합니다.

throw문과 try...catch문을 조합해 [예제 4-26]과 같이 사용할 수 있습니다. 상수 x의 값이 0일 때 예외를 던지고 처리를 분기할 수 있습니다.

예제 4-26 throw문과 try...catch문 [04-09.gs]

```
01  function myFunction04_09_04() {
02    const x = 0;
03    try {
04      if (x === 0) {
05        throw new Error('x에 0이 대입되었습니다.');
06      }
07    } catch(e) {
08      console.log('예외가 발생했습니다: ' + e.message);
09    }
10  }
```

실행 결과

예외가 발생했습니다: x에 0이 대입되었습니다.

지금까지 설명한 것처럼 GAS에서는 사용자의 조작, HTTP 통신 결과, 할당 및 제한 등 다양한 외부 요인으로 예외가 발생합니다. 이런 가능성이 있는 위치에서는 try...catch문을 사용하는 것이 좋습니다. 이번 장에서는 조건 분기와 반복 등 자바스크립트의 제어 구문에 관해 소개했습니다. 이 처리들은 GAS 프로그래밍에서 매우 자주 사용하게 되므로 확실히 기억해두는 것이 좋습니다.

계속해서 5장에서는 '함수'를 설명합니다. 함수를 사용함으로써 일련의 처리를 하나로 모아 쉽게 재사용할 수 있습니다. GAS로 일정 규모 이상의 애플리케이션을 개발하거나 유지보수성을 높이기 위해 중요한 기능이므로 집중해서 익혀봅시다.

Chapter

5

함수

5.1 함수

함수 선언과 호출

함수function란 일련의 처리를 모아둔 것이며 다음 방법으로 정의할 수 있습니다.

- function문을 이용한 함수 선언
- 함수 리터럴
- 화살표arrow 함수

먼저 **함수 선언**을 이용한 함수 정의부터 살펴봅니다. 지금까지 몇 차례 등장했던 함수 myFunction~은 function문을 이용해 함수를 선언한 것이며 그중에서도 인수를 갖지 않는 가장 간단한 유형이었습니다. 그 구문은 다음과 같습니다.

구문

```
function 함수명() {
  // 처리
}
```

[예제 5-1]을 스크립트 편집기에 입력하고 저장해봅니다.

예제 5-1 여러 함수를 선언 [05-01.gs]

```
01  function sayHello() {
02    console.log('Hello!');
03  }
04
05  function sayGoodBye() {
06    console.log('Good bye.');
07  }
```

스크립트 편집기 툴바의 [실행할 함수 선택] 드롭다운 메뉴에 sayHello와 sayGoodBye 각각이 선택 가능한 상태가 되는 것을 확인할 수 있습니다(그림 5-1).

그림 5-1 스크립트 편집기에서 함수 선택

이렇게 gs 파일에는 여러 함수를 정의할 수 있습니다. 그리고 이들 중 [실행할 함수 선택] 드롭다운에서 선택한 함수를 실행합니다. 함수는 [실행할 함수 선택]에서 선택해서 실행할 수 있을 뿐만 아니라 다른 함수에서 호출할 수도 있습니다. 구문은 다음과 같습니다.

구문

함수명()

다른 함수를 호출하는 예로 [예제 5-2]를 입력하고 sayGoodBye를 실행해봅니다. 로그에는 Good Bye. 전에 Hello!가 출력됩니다.

예제 5-2 함수 호출 [05-01.gs]

```
01  function sayHello() {
02    console.log('Hello!');
03  }
04
```

```
05 │ function sayGoodBye() {
06 │   sayHello();  ──────────  함수 sayHello를 호출
07 │   console.log('Good bye.');
08 │ }
```

실행 결과

```
Hello!
Good bye.
```

> 💡 **NOTE**
>
> 같은 프로젝트 안에서는 다른 gs 파일에 입력한 함수도 호출할 수 있습니다.

예제에서 알 수 있듯 함수를 호출하는 경우에는 호출한 함수 처리를 완료한 뒤 원래 함수로 돌아와 처리를 계속합니다. 이를 [그림 5-2]에 나타냈습니다.

그림 5-2 함수 호출

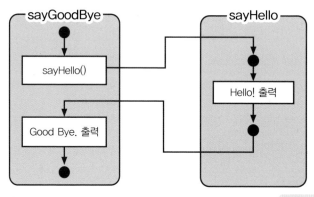

호출한 함수의 처리가 완료된 후 원래 위치로 돌아옴

스크립트 파일에 여러 함수를 선언하면 스크립트 편집기의 드롭다운에 여러 함수가 표시되어 선택하기 번거로워집니다. 드롭다운에 표시하지 않을 함수에는 다음과 같이 함수명 마지막에 _(언더스코어)를 붙여 **프라이빗 함수**private function로 만들 수 있습니다.

구문

```
function 함수명_() {
  // 처리
}
```

프라이빗 함수는 프로젝트 안에서는 계속 호출할 수 있지만 프로젝트 바깥에서는 보이지 않으며 호출할 수 없습니다. 스크립트 편집기의 드롭다운 메뉴에도 나타나지 않습니다. [예제 5-2]를 [예제 5-3]과 같이 변경해봅니다.

예제 5-3 프라이빗 함수 [05-01.gs]

```
01   function sayHello_() {              함수명 끝에 언더스코어를 붙여 프라이빗
02     console.log('Hello!');           함수로 만든다.
03   }
04
05   function sayGoodBye() {
06     sayHello_();
07     console.log('Good bye.');
08   }
```

스크립트 편집기의 드롭다운 메뉴를 확인하면 [그림 5-3]과 같이 함수 sayHello_ 는 나타나지 않는 것을 확인할 수 있습니다.

그림 5-3 프라이빗 함수와 드롭다운 메뉴

인수와 반환값

함수를 호출해서 처리를 전달할 때, 호출한 함수에서 처리를 반환할 때 값을 전달할 수 있습니다. 호출한 함수에 전달하는 값을 **인수**, 호출한 함수에서 받는 값을 **반환값**이라 부릅니다. 인수, 반환값을 포함한 함수는 다음과 같이 선언할 수 있습니다.

구문

```
function 함수명(파라미터 1, 파라미터 2, ...) {
  // 처리
  return 반환값;
}
```

함수가 호출될 때 전달하는 값을 저장하는 변수를 **파라미터**라 부르며 함수명 뒤의 소괄호에 지정합니다. let 등 키워드는 필요하지 않습니다. 인수가 여럿일 때는 콤마로 구분해서 입력합니다.

반환값은 return문으로 지정합니다. 반환값이 필요하지 않을 때는 return문을 생략해도 됩니다. return문 이후의 처리는 실행되지 않으므로 위치에 주의해야 합니다.

> **💡 NOTE**
>
> return문이 실행되면 값과 함께 처리도 반환합니다.

인수를 전달해 함수를 호출하는 구문은 다음과 같습니다.

구문

> 함수명(인수 1, 인수 2, …)

나열한 인수 1은 파라미터 1, 인수 2는 파라미터 2…와 같이 순서대로 파라미터에 전달됩니다. 그리고 반환값이 반환될 때는 **함수명(인수 1, 인수 2, …)**라는 부분 전체가 반환값을 가지므로 이를 변수에 대입하거나 다른 함수의 인수로 이용할 수 있습니다.

예시로 [예제 5-4]를 확인해봅니다. 직사각형의 넓이를 구하는 calArea_ 함수입니다. 인수로 가로 길이 x, 세로 길이 y를 전달하면 x * y로 계산한 값을 return으로 반환합니다. calcArea_(3, 4)가 반환값을 가지므로 그대로 로그에 출력합니다. 처리 및 인수, 반환값의 흐름은 [그림 5-4]와 같습니다.

예제 5-4 인수와 반환값 전달 [05-01.gs]

```
01  function myFunction05_01_04() {
02    console.log(`사각형의 넓이: ${calcArea_(3, 4)}`); // 사각형의 넓이: 12
03  }
04
05  function calcArea_(x, y) {
06    return x * y;
07  }
```

함수 calcArea_의 반환값이 출력된다.

그림 5-4 인수와 반환값 전달

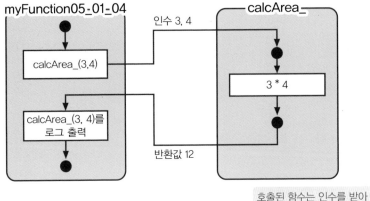

호출된 함수는 인수를 받아 반환
값을 반환

> 💡 NOTE
>
> return문을 생략하거나 return문의 반환값을 지정하지 않으면 undefined가 반환값이 됩니다.

기본 인수와 나머지 인수

자바스크립트에서는 함수에 전달하는 인수의 수와 이를 받는 파라미터의 수가 반드시 일치하지 않아도 됩니다. 인수와 파라미터의 수가 다르면 어떻게 처리되는지 [예제 5-5]를 실행해서 확인해봅니다.

예제 5-5 인수와 파라미터의 수 [05-01.gs]

```
01  function myFunction05_01_05() {
02    logNumbers_(1, 2, 3); //x: 1, y: 2
03    logNumbers_(1); //x: 1, y: undefined
04  }
05
06  function logNumbers_(x, y) {
```

```
07    console.log(`x: ${x}, y: ${y}`);
08  }
```

인수 수가 파라미터 수보다 많을 때는 나머지 인수는 사용되지 않고 버려집니다. 한편 파라미터 수가 인수 수보다 많을 때는 남은 파라미터는 undefined가 됩니다.

파라미터에 인수가 주어지지 않았을 때 undefined가 아닌 미리 지정한 값을 갖도록 할 수 있습니다. 이를 **기본 인수**라 부르며 파라미터를 다음과 같이 기술합니다.

구문 [V8]

```
function 함수명(..., 파라미터 = 값, ...) {
  // 처리
}
```

=(등호) 뒤에 입력한 값이 기본값이 되며 대응하는 인수가 주어지지 않았을 때 파라미터는 그 값을 갖게 됩니다. [예제 5-6]을 실행해 기본 인수 사용 방법에 관해 확인해봅니다.

예제 5-6 기본 인수 [05-01.gs]

```
01  function myFunction05_01_06() {
02    logMessage_('Bob', 'Good morning'); //Good morning, Bob.
03    logMessage_('Tom'); //Hello, Tom.
04  }
05
06  function logMessage_(name, msg = 'Hello') {
07    console.log(`${msg}, ${name}.`);
08  }
```

> 파라미터 msg의 기본값을 'Hello'로 지정한다.

함수에 임의 수의 인수를 전달하고 싶을 때는 어떻게 하면 좋을까요? 인수를 배열로 전달하는 방법이 있지만 다른 방법으로 **나머지 인수**가 있습니다. 나머지 인수는 전달한 인수 중 나머지 인수를 준비된 배열의 요소로서 전달하는 기법이며 다음 구문와 같이 파라미터 앞에 . (마침표)를 3개 입력해서 선언합니다.

구문 [V8]

```
function 함수명(..., ...파라미터) {
  // 처리
}
```

구문에서 파라미터는 배열이며 나머지 인수를 순서대로 해당 배열의 요소로 추가합니다. 예시로 [예제 5-7]을 확인해봅니다.

예제 5-7 나머지 인수 [05-01.gs]

```
01  function myFunction05_01_07() {
02    logMembers_('Bob', 'Tom', 'Ivy', 'Jay');
03  }
04
05  function logMembers_(first, second, ...members) {   나머지 인수를 배열 members
06    console.log(first, second);                        의 요소로 받는다.
07    console.log(members);
08  }
```

실행 결과

```
Bob Tom
[ 'Ivy', 'Jay' ]
```

나머지 인수는 불특정다수의 인수를 전달하고 그에 대한 루프 처리 결과를 반환하는 등의 처리를 수행하는 함수를 만들 때 유용합니다.

값 전달과 참조 전달

인수 및 반환값은 객체나 배열을 지정할 수도 있습니다. 따라서 반환값은 하나만 지정할 수 있지만 객체나 배열을 지정함으로써 실질적으로는 여러 값을 반환할 수 있습니다.

단, 인수 전달 방법에는 값 전달과 참조 전달의 두 종류가 있다는 점에 주의해야 합니다. 수치, 문자열, 논리값 등 프리미티브값을 인수로 지정할 때는 값을 복제해서 함수에 전달합니다. 이를 **값 전달**이라 부릅니다. 값 전달의 예를 [예제 5-8]에서 확인해봅니다. 변수 x의 값을 전달하고 함수 func는 그 값에 1을 더한 뒤 반환값으로 돌려줍니다. 이때 변수 x의 값은 10 그대로 유지됩니다.

예제 5-8 값 전달 [05–01.gs]

```
01  function myFunction05_01_08() {
02    const x = 10;
03    console.log(`func1_(x)의 값: ${func1_(x)}`); // func1_(x)의 값: 11
04    console.log(`x의 값: ${x}`); // x의 값: 10 ─────── x의 값은 변하지 않는다.
05  }
06
07  function func1_(y) {
08    y += 1;                                        받은 값에 1을 더해 반환값으로 돌려준다.
09    return y;
10  }
```

[예제 5-8]의 처리 흐름과 메모리에서의 값은 [그림 5-5]와 같습니다. 변수 x의 값을 전달한 시점에 함수 func1_에는 메모리의 다른 주소에 파라미터 y의 영역을 확보하고 거기에 전달받은 값을 복제합니다. 따라서 파라미터 y가 변경되어도 원래 변수 x와 그 값에는 영향을 주지 않습니다.

그림 5-5 값 전달과 메모리

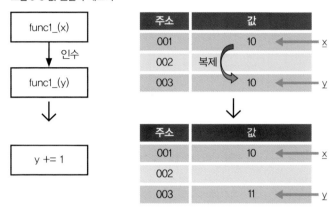

값을 전달할 때는 메모리의
다른 장소에 값을 복제

객체나 배열을 인수로 지정하면 객체나 배열의 메모리 주소, 즉 참조값을 전달합니다. 이를 **참조 전달**이라 부릅니다. 참조 전달의 예시로 [예제 5-9]를 확인해봅니다.

변수 x에는 배열이 저장되어 있으며 함수 func2_에 인수로 전달됩니다. 함수 func2_에서는 이를 파라미터 y로 받아 그 요소값에 1을 더해 반환값으로 돌려줍니다. 파라미터 y를 변경했으므로 변수 x의 요소에는 아무런 일도 일어나지 않을 것처럼 보이지만 실제로 x[0] 값에도 1이 더해진 것을 알 수 있습니다.

예제 5-9 참조 전달 [05-01.gs]

```
01  function myFunction05_01_09() {
02    const x = [10, 20, 30];
03    console.log(`func2_(x)의 값: ${func2_(x)}`); // func2_(x)의 값: 11,20,30
04    console.log(`x의 값: ${x}`); // x의 값: 11,20,30 ───── x[0] 값도 변경된다.
05  }
06
07  function func2_(y) {
08    y[0] += 1;                                        배열을 받고 그 인덱스 0의 값에 1을
09    return y;                                         더한 배열을 반환값으로 돌려준다.
10  }
```

[예제 5-9]의 처리 흐름과 메모리상의 값을 [그림 5-6]에 나타냈습니다. 변수 x에는 배열이 저장되어 있으며 인수로 전달한 것은 참조값, 즉 메모리 상의 주소입니다. 함수 func2_의 파라미터 y에는 그 참조값이 설정됩니다. 따라서 변수 x와 파라미터 y가 가리키는 배열은 동일한 주소에 존재하는 배열이며 실질적으로 동일한 것이 됩니다.

그림 5-6 참조 전달과 메모리

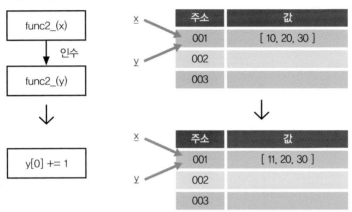

참조 전달에서는 메모리상의 주소를 전달하므로 그 실체는 동일

GAS에서는 객체나 배열의 전달도 빈번하게 일어납니다. 그때는 참조 전달이 되고 변경 내용이 호출한 함수 밖에서도 적용된다는 점을 기억해두기 바랍니다.

도큐멘테이션 코멘트

프로그램 안에서 여러 차례 호출되는 처리나 부품처럼 다른 프로그램에서도 재사용되는 처리는 함수로 부품화하는 것이 좋습니다. 코드 관리나 유지보수가 쉬워지고 재사용성이 높아집니다. 이때 해당 함수가 어떤 역할을 하는지, 인수나 반환값이 어떤 것인지를 주석으로 남겨두면 편리합니다. 주석을 기술하는 일정한 표기법이 정해져 있으며 이를 **도큐멘테이션 코멘트**documentation comment라 부릅니다. 도큐멘테이션 코멘트의 규칙은 다음과 같습니다.

- 함수 선언 직전에 기재한다.
- /**로 시작해 */로 끝난다.
- 개요와 특정 태그를 이용한 정보로 구성된다.

태그는 @로 시작하는 키워드이고 GAS에서는 [표 5-1]에 정리한 것을 사용할 수 있습니다.

표 5-1 도큐멘테이션 코멘트에서 사용할 수 있는 태그

태그	설명	서식
@param	인수의 정보를 추가한다.	{데이터 타입} 파라미터명 – 개요
@return	반환값의 정보를 추가한다.	{데이터 타입} – 개요
@customfunction	스프레드시트의 지원 후보로 한다.	–

[예제 5-10]은 간단한 도큐멘테이션 코멘트 예시입니다.

예제 5-10 도큐멘테이션 코멘트 [05-01.gs]

```
01   /**
02    * 부가세 포함 가격을 반환하는 함수
03    *
04    * @param {Number} price - 가격
05    * @param {Number} taxRate - 부가세율 (부가세율 0.1)
06    * @return {Number} - 부가세 포함 가격
07    */
08   function includeTax(price, taxRate = 0.1) {
09     return price * (1 + taxRate);
10   }
```

이 책의 예제에서는 도큐멘테이션 코멘트를 사용하지 않았지만 실제 여러분이 작성하는 함수에서는 연습해보는 것을 권장합니다.

- 도큐멘테이션 코멘트 표기법에 관해서는 다음 페이지를 참고 바랍니다.

  @use JSDoc

  https://jsdoc.app/index.html

- 도큐멘테이션 코멘트는 라이브러리 작성 시 스크립트 편집기가 제공하는 코드 지원 대상이 됩니다. 이에 관해서는 23장에서 설명합니다. 또한 @customfunction은 스프레드시트의 커스텀 함수를 작성할 때 사용합니다. 자세한 내용은 8장을 참조하기 바랍니다.

5.2 함수 리터럴

함수 리터럴을 이용한 정의

5.1절에서는 함수 선언을 이용한 함수 정의에 관해 알아봤습니다. 또 다른 함수 정의 방법으로 **함수 리터럴**function literal이 있습니다. 자바스크립트에서는 함수 리터럴을 이용해 함수를 정의함으로써 변수나 상수에 대입, 객체 요소로 추가, 인수로 전달할 수 있습니다. 함수 리터럴 구문은 다음과 같습니다.

구문

```
function (파라미터 1, 파라미터 2, ...) {
  // 처리
}
```

함수 선언 구문과 거의 같지만 함수명을 입력하지 않는 점이 다릅니다. 함수 리털로 정의한 함수는 정의 시점에 이름을 갖지 않는 점 때문에 의명 함수 또는 무명 함수 등으로도 불립니다. return문과 반환값 또한 함수 선언과 마찬가지로 생략할 수 있습니다.

함수 리터럴로 정의한 함수는 변수나 상수에 대입할 수 있으며 그 대입식을 **함수 식**이라 부릅니다. 함수식은 대입식이므로 스테이트먼트 끝에 ; (세미콜론)을 붙여야 합니다. 함수식으로 함수를 정의하면 함수를 대입한 변수 또는 상수를 이용해 다음과 같이 함수를 호출할 수 있습니다.

구문

```
변수명(인수 1, 인수 2, ...)
상수명(인수 1, 인수 2, ...)
```

[예제 5-11]을 입력하고 함수 sayGoodBye를 실행해봅니다. 이는 [예제 5-3]의 sayHello_를 함수 리터럴을 이용한 정의로 바꾼 것입니다. 상수 sayHello_에 함수 리터럴을 대입해 함수 sayHello_로 호출할 수 있습니다.

예제 5-11 함수식 [05-02.gs]

```
01  const sayHello_ = function() {
02    console.log('Hello!');
03  };
04
05  function sayGoodBye() {
06    sayHello_();
07    console.log('Good bye.');
08  }
```

함수 리터럴을 상수 sayHello_에 대입한다.

함수 sayHello_를 호출한다.

실행 결과

```
Hello!
Good Bye.
```

[예제 5-12]는 [예제 5-4]를 함수 리터럴로 바꾼 것이며 함수식을 이용해 상수 calcArea_에 대입합니다. 인수 전달 방법, return문을 이용한 반환값 지정도 함수 선언을 이용할 때와 같습니다.

예제 5-12 인수와 반환값이 있는 경우의 함수식 [05-02.gs]

```
01  function myFunction05_02_02() {
02    console.log(`직사각형의 넓이: ${calcArea_(3, 4)}`); // 직사각형의 넓이: 12
03  }
04
05  const calcArea_ = function(x, y) {
06    return x * y;
07  };
```

화살표 함수

함수 리터럴은 표기를 줄여서 더욱 스마트하게 기술할 수 있는 구문을 제공합니다. 이를 **화살표 함수**arrow function라 부릅니다. 화살표 함수의 구문은 다음과 같습니다.

구문 [V8]

```
(파라미터 1, 파라미터 2, ...) => {
    // 처리
}
```

전달받은 파라미터를 소괄호 안에 나열하고 이어서 =와 > 기호, 그 뒤 함수에 포함할 처리를 중괄호 안에 입력합니다. 파라미터 목록을 화살표(=>)로 처리에 전달하는 듯한 이미지를 떠올리면 될 것입니다.

화살표 함수를 이용한 함수도 변수나 상수에 대입할 수 있으며 그 대입식을 **화살표 함수식**이라 부릅니다. 화살표 함수를 이용해 함수를 대입한 변수나 상수는 그 이름을 함수명으로 호출할 수 있습니다. 예시를 보겠습니다. [예제 5-13]은 [예제 5-11]의 함수 sayHello_를 화살표 함수로 치환한 것입니다. sayGoodBye 함수를 실행해서 실제 함수로 호출되는지 확인해봅니다.

예제 5-13 화살표 함수식 [05-02.gs]

```
const sayHello_ = () => {
  console.log('Hello!')l
}
```

화살표 함수는 특정한 조건에서 더 간략하게 표기할 수 있습니다. 파라미터가 하나일 때는 인수를 감싸는 괄호를 생략할 수 있습니다. 즉, 다음과 같이 표기할 수 있습니다.

구문 [V8]

```
파라미터 => {
  // 처리
}
```

함수에 포함된 스테이트먼트가 하나일 때는 중괄호도 생략할 수 있습니다. 다음과 같이 입력할 수 있습니다.

구문 [V8]

```
(파라미터 1, 파라미터 2, ...) => 스테이트먼트
```

또한 함수에 포함된 스테이트먼트가 하나이고 그것이 return문이라면 다음과 같이 키워드 return도 생략하고 반환값만 쓸 수도 있습니다.

구문 [V8]

```
(파라미터 1, 파라미터 2, ...) => 반환값
```

예를 들어 [예제 5-13]의 함수 sayHello_는 하나의 스테이트먼트만으로 구성되어 있으므로 중괄호를 생략하고 다음 [예제 5-14]와 같이 한 행으로 기술할 수 있습니다.

예제 5-14 스테이트먼트가 하나만 있는 경우 [05-02.gs]

```
01 | const sayHello_ = () => console.log('Hello!');
```

그리고 [예제 5-12]의 함수 calcArea_는 return문만 가진 함수입니다. 그러므로 [예제 5-15]와 같이 중괄호와 함께 키워드 return도 생략하고 반환값만 기술할 수 있습니다.

예제 5-15 return문만 있는 경우 [05-02.gs]

```
01 | const calcArea_ (x, y) => x * y;
```

정사격형의 넓이를 구하는 함수 calcSquareArea_를 만든다면 파라미터는 하나 입니다. 따라서 [예제 5-16]과 같이 파라미터 리스트를 감싸는 소괄호도 생략할 수 있습니다.

예제 5-16 파라미터가 하나일 경우 [05-02.gs]

```
01 | function myFunction05_02_06() {
02 |   console.log(`정사각형의 넓이: ${calcSquareArea_(3)}`); // 정사각형의 넓이: 9
03 | }
04 |
05 | const calcSquareArea_ = x => x ** 2;
```

> 💡 **NOTE**
>
> 파라미터가 없는 함수는 [예제 5-14]와 같이 소괄호를 사용해야 합니다. 파라미터가 하나일 때만 소괄호를 생략할 수 있습니다.

화살표 함수는 이해하기 어려울 수 있지만 함수 리터럴을 짧게 하므로 코드양을 크게 줄일 수 있습니다.

5.3 스코프

글로벌 영역

[예제 5-17]을 확인해봅니다. 함수 `myFunction05_03_01` 안에 스테이트먼트가 하나도 존재하지 않습니다. 실행 결과는 어떻게 될까요?

예제 5-17 함수 바깥에 기술된 스테이트먼트 [05-03.gs]

```
01  const msg = 'Hello GAS!';
02  console.log(msg);                    ┌─ myFunction05_03_01 을 호출했을 때 실행된다.
03
04  function myFunction05_03_01() {
05  }
```

실행 결과

```
Hello GAS!
```

함수 `myFunction05_03_01`을 실행하면 로그에 `Hello GAS!`가 표시됩니다. 함수 바깥에 입력한 2개의 스테이트먼트, 상수 `msg`의 초기화와 로그 출력을 실행합니다.

GAS에서는 어떤 함수에도 포함되지 않는 영역에 스테이트먼트를 입력할 수 있으며 이 영역을 **글로벌 영역**이라 부릅니다. 프로젝트에 포함된 함수가 호출되면 호출된 함수보다 먼저 글로벌 영역에 기술된 스테이트먼트가 실행됩니다. [예제 5-18]에서 `myFunction`을 실행하면 먼저 글로벌 영역에 기술된 스테이트먼트가 위에서부터 순서대로 실행됩니다. 그 뒤 호출된 함수 안의 스테이트먼트가 실행되는 것을 확인할 수 있습니다.

예제 5-18 글로벌 영역의 스테이트먼트 실행 순서 [05-03.gs]

```
01   console.log('Hello!');                    ── 가장 먼저 실행
02
03   function myFunction05_03_02() {
04     console.log('Good night...');            ── 가장 나중에 실행
05   }
06
07   console.log('Good bye.');                  ── 두 번째로 실행
```

실행 결과

```
Hello!
Good bye.
Good night...
```

다른 예시로 [예제 5-19]를 확인해봅니다. 이 코드는 앞에서 소개한 함수식에 관한 [예제 5-15]를 수정해 상수 calcArea_에 대입하는 함수식을 함수 안으로 옮긴 것입니다.

예제 5-19 함수식과 호출 [05-03.gs]

```
01   function myFunction05_03_03() {
02     console.log(`직사각형의 넓이: ${calcArea_(3, 4)}`);   ── 이 때는 calcArea가
03     const calcArea_ = (x, y) => x * y;                      정의되어 있지 않다.
04   }
```

이 스크립트를 실행하면 ReferenceError: Cannot access 'calcArea_' before initialization이라는 에러가 발생합니다. 이는 함수식을 이용한 함수 정의보다 그 함수를 먼저 호출했기 때문입니다. 에러를 해결하기 위해서는 로그 출력과 함수의 순서를 바꾸어야 합니다. 이제까지 스테이트먼트 입력 순서가 반대였음에도 불구하고 에러가 발생하지 않았던 이유는 함수식이 글로벌 영역에 위치하여 정의가 먼저 완료되었기 때문입니다. 이렇게 글로벌 영역에서 스테이트먼트를 기술하면 실행 순서를 알기 어렵습니다. 특별한 이유가 없는 한 글로벌 영역에서는 입력

하지 않도록 하고 입력해야 한다면 특정 gs 파일의 가장 위에 모아두는 것이 좋습니다.

스코프

변수나 상수에는 어디에서 이들을 참조할 수 있는가를 의미하는 범위가 정해져 있습니다. 이를 **스코프**scope라 부릅니다. 스코프 종류는 다음과 같습니다.

- **글로벌 스코프**: 프로젝트 전체에서 참조할 수 있다.
- **로컬 스코프**: 특정한 범위에서만 참조할 수 있다.
- **함수 스코프**: 선언된 함수 안에서만 참조할 수 있다.
- **블록 스코프**: 선언된 블록 안에서만 참조할 수 있다.

예를 들어 글로벌 영역에서 선언된 변수나 상수는 프로젝트의 어느 위치에서든 참조할 수 있습니다. 글로벌 스코프를 갖는 변수나 상수를 **글로벌 변수**global variable 또는 **글로벌 상수**global constant라 부릅니다.

한편, 함수 안 또는 블록 안에서 let 키워드나 const 키워드를 이용해 선언한 변수나 상수는 해당 함수 또는 블록 안에서만 참조할 수 있습니다. 이렇게 특정한 범위 안에서만 참조할 수 있는 변수나 상수를 **로컬 변수**local variable 또는 **로컬 상수** local constant라 부릅니다. 여기에서 블록이란 중괄호로 감싸서 처리를 그룹화한 것을 말합니다. 자세한 내용은 다음 절에서 소개합니다. 이 스코프들을 스크립트 편집기에서 나타내면 [그림 5-7]과 같습니다.

그림 5-7 스코프와 그 범위

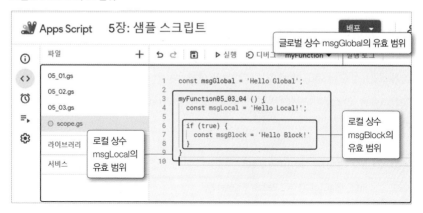

그럼 각 스코프 동작을 확인해봅시다. 상수가 세 개 있으며 각 스코프는 다음과 같습니다.

- msgGlobl: 글로벌 스코프
- msgLocal: 함수 스코프
- msgBlock: 블록 스코프

[예제 5–20]과 같이 각 상수를 글로벌에서 참조해봅니다.

예제 5-20 글로벌에서의 참조 [05–03.gs]

```
01  const msgGlobal = 'Hello Global!';
02
03  function myFunction05_03_04() {
04    const msgLocal = 'Hello Local!';
05
06    if (true) {
07      const msgBlock = 'Hello Block!';
08    }
09
10  }
11
```

```
12    console.log(msgGlobal); //Hello Global!
13    //console.log(msgLocal); //ReferenceError: msgLocal is not defined
14    //console.log(msgBlock); //ReferenceError: msgBlock is not defined
```

실제로는 상수 msgGlobal의 로그만 표시할 수 있으며 다른 상수 참조에서는
Reference Error가 발생합니다. 다음으로 함수 안에서 이 상수들을 참조해봅니
다(예제 5-21).

예제 5-21 함수 안에서의 참조 [05-03.gs]

```
01    const msgGlobal = 'Hello Global!';
02
03    function myFunction05_03_05() {
04      const msgLocal = 'Hello Local!';
05
06      if (true) {
07        const msgBlock = 'Hello Block!';
08      }
09
10      console.log(msgGlobal); //Hello Global!
11      console.log(msgLocal); //Hello Local!
12      // console.log(msgBlock); //ReferenceError: msgBlock is not defined
13    }
```

상수 msgGlobal과 msgLocal은 참조할 수 있으며 msgBlock은 참조할 수 없음
을 확인할 수 있습니다. 마지막으로 블록에서 이 상수들을 참조해봅니다(예제
5-22).

예제 5-22 블록 안에서의 참조 [05-03.gs]

```
01    const msgGlobal = 'Hello Global!';
02
03    function myFunction05_03_06() {
04      const msgLocal = 'Hello Local!';
05
```

```
06    if (true) {
07      const msgBlock = 'Hello Block!';
08
09      console.log(msgGlobal); //Hello Global!
10      console.log(msgLocal); //Hello Local!
11      console.log(msgBlock); //Hello Block!
12    }
13  }
```

이 예시에서는 모든 상수를 참조할 수 있습니다.

간단히 생각하면 어디서나 참조할 수 있는 글로벌 스코프를 가진 변수나 상수를
사용하는 것이 융통성이 있고 편리하다고 생각할 수도 있습니다. 그러나 반대로
생각하면 프로젝트 어디에서든 참조할 수 있고 변수인 경우에는 덮어 쓰기를 할
가능성이 있습니다. 그리고 프로젝트 안에서 같은 변수명이나 상수명을 사용할
수 없습니다. 다양하게 미칠 수 있는 영향에 주의를 기울이면서 개발하는 것은 난
이도가 높을 뿐만 아니라 많은 수고가 듭니다. 스코프는 가능한 한 좁은 범위로
한정하는 것이 좋습니다.

> 📝 NOTE
>
> ● 만약 부모 자녀 관계에 있는 스코프에서 같은 이름의 변수 또는 상수가 중복되는 경우에는 같은
>   레벨의 스코프에 속하는 변수 또는 상수를 참조합니다. 단, 가독성을 높이기 위해 같은 스코프 안
>   에서의 이름 중복은 가능한 피하는 것이 좋습니다.
>
> ● 사실 let 키워드나 const 키워드를 이용한 선언을 생략해도 변수는 사용할 수 있습니다. 하지
>   만 키워드를 사용하지 않고 선언한 변수는 선언 위치와 관계없이 모두 글로벌 변수로 간주됩니
>   다. 변수나 상수를 사용할 때의 let 키워드 및 const 키워드는 잊지 않도록 주의합니다.

그리고 함수에도 스코프가 존재합니다. 어떤 함수 안에서 정의된 함수는 해당 함
수 안에서만 호출할 수 있습니다. 이를 **로컬 함수**local function라 부릅니다. 한편 글로
벌 영역에 기술된 함수는 **글로벌 함수**global function라 부릅니다.

블록

앞서 나왔던 **블록**block에 관해 조금 더 자세히 살펴보겠습니다. 블록이란 스테이트먼트를 그룹화한 것입니다. 블록은 다음과 같이 중괄호를 이용해서 감쌉니다.

구문

```
{
  // 처리
}
```

블록은 임의의 위치에 작성할 수 있으며 이를 이용해 함수나 상수의 블록 스코프를 만들 수 있습니다. 앞에서는 블록 스코프 예로 if문을 이용했습니다. if문 등의 조건식의 결과로 실행하는 범위나 for문 등의 반복 대상 범위는 중괄호로 감싸며 이들은 모두 같은 블록입니다. 그러므로 내부의 let 키워드 또는 const 키워드를 이용한 변수 및 블록 프로세스를 갖습니다.

> 💡 **NOTE**
>
> var 키워드를 이용해 선언된 변수는 블록 스코프를 가질 수 없습니다. 함수 스코프 또는 글로벌 스코프의 변수는 let 키워드를 이용해 선언할 수도 있으며 var 키워드를 사용할 필요는 없습니다.

예를 들어 if문은 블록을 이용해 다음과 같이 표현할 수 있습니다.

구문

```
if (조건식) 블록
```

만약 블록 안의 스테이트먼트가 하나뿐인 경우에는 중괄호로 감싸서 그룹을 만들 필가 없으므로 다음과 같이 기술할 수도 있습니다.

if (조건식) 스테이트먼트

break문 예시로 소개한 [예제 4-19]는 [예제 5-23]과 같이 짧은 스크립트로 치환할 수 있습니다.

예제 5-23 if문 스테이트먼트가 하나인 경우 [05-03.gs]

```
01  function myFunction05_03_07() {
02    let num = 1;
03    for (let i = 1; i <= 10; i++) {
04      num *= 2;
05      console.log(`i의 값: ${i}, num의 값: ${num}`);
06      if (num > 50) break;                          ─── if문을 한 행으로 기술한다.
07    }
08  }
```

실행 결과

```
i의 값: 1, num의 값: 2
i의 값: 2, num의 값: 4
i의 값: 3, num의 값: 8
i의 값: 4, num의 값: 16
i의 값: 5, num의 값: 32
i의 값: 6, num의 값: 64
```

이는 if문뿐만 아니라 블록을 이용해 기술할 수 있는 분기, 반복 등의 구문에서도 동일합니다. 블록 안의 처리가 한 스테이트먼트이면 중괄호를 생략할 수 있습니다.

이번 장에서는 함수 정의, 정의 방법에 관해 설명했습니다. 함수를 이용해 프로그램을 부품화함으로써 가독성과 유지보수성을 높일 수 있으므로 꼭 효과적으로 활용해보기 바랍니다. 그리고 함수와 블록에서 스코프를 만드는 역할을 한다는 것도 설명했습니다.

6장의 주제는 '객체'입니다. 3장에서 데이터 타입으로서 객체를 소개했습니다. 6장에서는 클래스와 메서드라는 객체의 근간이 되는 부분에 관해서도 함께 배웁니다.

Chapter

6

클래스와 객체

6.1 객체, 속성, 메서드

객체를 알아야 하는 이유

이번 장에서는 '자바스크립트의 객체 지향' 기초에 해당하는 부분을 구체적으로 설명합니다.

- 메서드란 무엇인가?
- 클래스와 인스턴스화의 구조
- 프로토타입이란 무엇인가?

객체 지향object oriented이라는 용어는 매우 어렵게 느껴지며 동시에 피하고 싶다고 생각할지도 모릅니다. 무엇보다 지금 시점에서는 커스텀 클래스를 만드는 필요성 자체를 느끼지 않을 수도 있습니다. 실제 대부분의 중소 규모 애플리케이션은 이미 제공되는 자바스크립트 내장 객체나 GAS 클래스를 이용하는 방법만 알아도 충분히 개발할 수 있습니다. 그렇기 때문에 굳이 그 이상으로 객체 구조를 깊이 알아야 할 필요가 있는지 의문이 들 수도 있습니다.

하지만 그것은 성급한 결론입니다. 자바스크립트의 객체 구조는 순서대로 정리하면서 읽어간다면 사실 매우 간단하게 이해할 수 있습니다. 자바스크립트 내장 객체는 물론 GAS의 각 서비스도 해당 객체의 구조에 맞추어 구현되어 있습니다. 즉 자바스크립트 객체 구조를 이해한다면 GAS를 학습하는 속도와 이해도가 분명하게 달라질 것입니다.

메서드

먼저 객체의 서식에 관해 알아봅니다. 객체란 다음과 같이 속성과 값이 조합된 집합입니다.

구문

{속성 1: 값 1, 속성 2: 값 2, ...}

객체 속성에는 다음과 같이 접근할 수 있습니다.

구문

객체.속성

5장에서 설명한 것처럼 함수는 함수 리터럴로 표현함으로써 변수에 대입할 수 있었습니다. 마찬가지로 객체의 값으로 함수를 갖도록 할 수 있습니다. 이렇게 객체 요소로 함수를 갖는 경우에는 그 요소를 속성이라 부르지 않고 **메서드**라 부릅니다. 즉 다음과 같은 요소가 객체에 포함되어 있다면 이를 메서드라 부릅니다.

구문

```
메서드: function(파라미터 1, 파라미터 2, ...) {
  // 처리
}
```

속성을 호출할 때와 마찬가지로 메서드는 다음 서식으로 호출할 수 있습니다. 메서드는 함수이므로 인수를 가질 수 있습니다.

구문

객체.메서드(인수 1, 인수 2, ...)

실제 예시로 [예제 6-1]을 확인해봅니다. 객체 greeting에 sayHello라는 메서드를 만들고 이를 호출합니다.

예제 6-1 메서드 정의와 호출 [06-01.gs]

```
01  function myFunction06_01_01() {
02    const greeting = {
03      sayHello: function() {
04        return 'Hello!';
05      }
06    };
07
08    console.log(greeting.sayHello()); //Hello!
09  }
```

객체 greeting에 sayHello 메서드를 정의한다.

객체 greeting의 sayHello 메서드를 호출한다.

객체는 '정보'로서의 속성뿐만 아니라 메서드라는 형태로 함수, 즉 '기능'을 가질 수 있습니다. 그리고 속성과 메서드를 합쳐 객체의 **멤버**member라 부릅니다.

메서드 대입과 추가

속성과 마찬가지로 메서드도 다음과 같이 대입할 수 있습니다. 객체에 존재하지 않는 메서드를 대입하면 해당 메서드가 추가됩니다.

구문

```
객체.메서드 = function (파라미터 1, 파라미터 2, ...) {
  // 처리
}
```

[예제 6-2]는 [예제 6-1]의 객체 greeting에 다른 메서드 sayGoodBye를 추가한 처리를 한 것입니다. 실행하면 로그에는 Good bye.도 출력되어, 추가한 메서드 sayGoodBye도 동작하는 것을 알 수 있습니다.

예제 6-2 메서드 추가 [06-01.gs]

```
01  function myFunction06_01_02() {
02    const greeting = {
03      sayHello: function() {
04        return 'Hello!';
05      }
06    };
07
08    greeting.sayGoodBye = function() {
09      return 'Good bye.';
10    };
11
12    console.log(greeting.sayHello()); //Hello!
13    console.log(greeting.sayGoodBye()); //Good bye.
14  }
```

객체 greeting에 sayHello 메서드를 정의한다.

메서드 정의

객체의 메서드를 추가할 때 기존 함수 리터럴을 사용하면 코드양이 크게 증가해 읽기 어렵게 됩니다. 그래서 객체 안의 메서드 정의를 간략화해서 기술하는 **메서드 정의** 구문을 제공합니다. 메서드 정의를 이용해 메서드를 객체의 요소로 할 때는 객체 안에서 다음과 같이 입력합니다.

구문 [V8]

```
메서드(파라미터 1, 파라미터 2, ...) {
  // 처리
}
```

[예제 6-1]에서 작성한 객체 greeting의 sayHello 메서드를 다음과 같이 메서드 정의로 기술해봅니다(예제 6-3).

예제 6-3 메서드 정의 [06-01.gs]

```
01  function myFunction06_01_03() {
02    const greeting = {
03      sayHello() {
04        return 'Hello!';
05      }
06    };
07
08    console.log(greeting.sayHello()); //Hello!
09  }
```

메서드 정의는 객체 리터럴 또는 뒤에서 설명할 클래스 정의 안에서도 사용할 수 있으며 기존 객체에 대한 메서드 추가에는 사용할 수 없습니다.

6.2 클래스와 인스턴스화

클래스

[예제 6-4]를 확인해봅니다. 객체 person에는 name과 age라는 속성, greet라는 메서드가 있습니다. 그럼 이 객체와 같은 구조로 5명에 대한 객체를 만들어야 한다면 어떻게 해야 좋을까요?

예제 6-4 객체 예시 [06-02.gs]

```
01   function myFunction06_02_01() {
02     const person = {
03       name: 'Bob',
04       age: 25,
05       greet() {
06         console.log("I'm Bob. I'm 25 years old.");
07       }
08     };
09
10     person.greet(); //I'm Bob. I'm 25 years old.
11   }
```

모든 객체의 속성과 메서드를 빠짐없이 입력하면 [예제 6-4]의 약 5배만큼 스크립트가 늘어납니다. 코드양이 많아지는 것은 물론이고 그 내용도 장황해집니다. 그리고 객체 구조나 메서드 내용이 변경되면 모든 객체를 수정해야 하므로 유지보수성에도 문제가 있습니다(그림 6-1).

그림 6-1 같은 구조의 객체를 그대로 정의

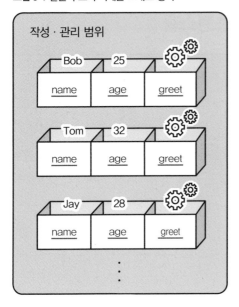

모든 객체를 작성하고 관리해야 함

그래서 자바스크립트에서는 객체의 '모형'을 기반으로 같은 속성이나 메서드를 가진 개별 객체를 생성하는 구조를 제공합니다. 각 용어를 다음과 같이 정의합니다.

- **클래스**: 객체의 특성을 정의하는 모형
- **인스턴스화**: 클래스를 기반으로 객체를 생성하는 것
- **인스턴스**(또는 객체): 인스턴스화를 이용해 생성된 객체

클래스로부터 객체를 생성하면 같은 객체를 여러 차례 기술할 필요가 없어집니다. 또 스크립트를 간결하게 정리할 수 있으며 객체의 구조나 메서드를 변경할 경우에도 클래스만 변경하면 됩니다. 그리고 생성 후의 객체가 변경되어도 원래 클래스에는 영향을 주지 않습니다(그림 6-2). 이처럼 클래스와 인스턴스라는 구조는 스크립트 가독성, 유지보수성, 안전성 등 여러 면에서 다양한 장점을 가져다줍니다.

그림 6-2 클래스에서 인스턴스화

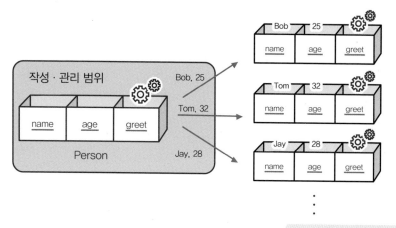

클래스 정의와 new 연산자를 이용한 인스턴스화

클래스를 정의하고 인스턴스화하는 방법을 순서대로 살펴보겠습니다. 이미 클래스가 정의되어 있고 그 클래스를 인스턴스화할 때는 다음과 같이 new **연산자**를 사용합니다.

new 클래스명(인수 1, 인수 2, ...)

지정한 클래스 정의에 기반해 생성된 인스턴스가 반환값으로 반환됩니다. 한편 해당 클래스를 정의할 때는 다음 class문을 이용합니다.

구문 [V8]

```
class 클래스명 {
  // 클래스 정의
}
```

클래스명은 일반적으로 그 내용을 나타내는 알파벳을 이용한 단어를 파스칼 표기법으로 나타냅니다. 즉 첫 번째 문자는 대문자입니다. 이어서 중괄호에 생성된 인스턴스가 어떤 속성 및 메서드를 가지는 가를 정하는 코드를 입력합니다. 그리고 new 연산자를 이용해 인스턴스를 생성하기 전에 class문을 이용한 클래스 정의가 실행되어야 하므로 기술 순서나 위치에 주의합니다.

그럼 가장 간단한 클래스를 기초로 하여 정의와 인스턴스화를 수행하는 코드를 작성해봅시다. [예제 6-5]는 클래스 Person을 정의하고 그 인스턴스를 생성하여 로그에 출력합니다. 클래스 정의는 비어 있지만 크게 신경 쓰지 않아도 됩니다.

예제 6-5 클래스 정의 [06-02.gs]

```
01  function myFunction06_02_02() {
02
03    class Person {
04
05    }
06
07    const p = new Person();
08    console.log(p); //{}
09
10  }
```

> class문을 이용해 클래스 Person을 정의한다.

> 클래스 Person의 인스턴스를 생성해 상수 p에 대입한다.

그러면 로그에는 {}만 출력됩니다. 이는 생성된 인스턴스 p가 '빈 객체'임을 나타냅니다. 클래스는 객체를 생성합니다. 클래스 정의에서 아무것도 하지 않으면 빈 객체가 만들어집니다.

> **💡 NOTE**
>
> ● new 연산자는 클래스의 정의에 기반해 인스턴스를 생성합니다.
>
> ● [예제 6-5]에서는 함수 안에 class 문을 기술했으므로 스코프는 로컬 스코프에 해당됩니다. 실제 클래스를 사용할 때는 글로벌 영역에 기술해서 글로벌 스코프를 갖도록 하는 경우가 많습니다. 이 책에서는 예제 소스를 사용한 학습이 쉽도록 각 예제 클래스를 로컬 스코프로 정의합니다.

컨스트럭터

클래스에서 생성된 인스턴스는 객체이므로 속성이나 메서드를 가질 수 있습니다. 클래스란 어떤 속성이나 메서드를 인스턴스가 가지도록 할지 정의한 것이라 바꿔 말할 수 있습니다.

먼저 클래스에서의 속성 정의부터 살펴보겠습니다. 클래스에 속성을 정의할 때는 **컨스트럭터**constructor라는 특별한 함수를 사용합니다. 컨스트럭터란 클래스를 인스턴스로 만들 때 가장 먼저 호출되는 함수입니다. 그래서 컨스트럭터 처리에 속성 정의를 포함시키면 인스턴스에 속성을 가지도록 할 수 있습니다. 컨스트럭터를 정의할 때는 class문 안에 constructor라는 이름의 메서드를 정의합니다. 이를 constructor 메서드라 부릅니다.

구문 [V8]

```
constructor(파라미터 1, 파라미터 2, …) {
  // 처리
}
```

constructor 메서드는 다음 구문의 new 연산자를 이용한 인스턴스 생성할 때 호출됩니다.

구문

```
new 클래스명(인수 1, 인수 2, …)
```

소괄호 안에 지정된 인수 1, 인수 2…를 파라미터 1, 파라미터 2… 순서대로 전달하고 컨스트럭터 안에서 사용할 수 있습니다. 이 파라미터를 속성값으로 대입하면 인스턴스 생성 시 속성을 가지도록 할 수 있습니다. 클래스 Person을 예로 이를 [그림 6-3]에 나타냈습니다.

그림 6-3 컨스트럭터를 이용한 속성 정의

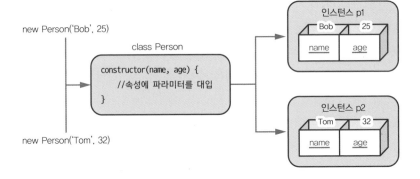

this 키워드

하지만 해결해야 할 문제가 한 가지 있습니다. 보통 객체에 속성을 정의할 때는 속성에 대입문을 이용합니다. 예를 들어 점 표기법을 이용한다면 **객체.속성 = 값**과 같은 스테이트먼트를 이용합니다. 대상이 되는 객체를 컨스트럭터 안에서 어떻게 표현해야 할까요? '이 클래스로부터' 앞으로 생성될 것이기 때문에 현재는 변수명이나 상수명이 할당되지 않은 상태입니다.

이때 등장하는 해결사가 this 키워드입니다. 컨스트럭터 안에 this라고 작성하면 '이 클래스로부터' 생성된 인스턴스임을 의미합니다. 그렇기 때문에 컨스트럭터 안에 다음과 같이 작성하면 해당 클래스로부터 생성되는 인스턴스의 속성에 값을 가지도록 할 수 있습니다.

구문

```
this.속성 = 값
```

컨스트럭터를 이용해 클래스 속성을 정의하는 예시를 살펴봅시다. [예제 6-6]을 확인해봅니다.

예제 6-6 클래스에 속성을 정의 [06–02.gs]

```
01  function myFunction06_02_03() {
02
03    class Person {
04      constructor(name, age) {
05        this.name = name;
06        this.age = age;
07      }
08    }
09
10    const p1 = new Person('Bob', 25);
11    console.log(p1); //{ name: 'Bob', age: 25 }
12
```

> this 키워드를 이용해 name 속성,
> age 속성을 정의한다.

```
13    const p2 = new Person('Tom', 32);
14    console.log(p2); //{ name: 'Tom', age: 32 }
15
16  }
```

예제의 결과에서 인수로 전달한 값을 속성으로 가진 인스턴스가 생성되는 것을
확인할 수 있습니다.

인스턴스 멤버 변경

클래스에서 생성한 인스턴스는 객체이므로 각각 멤버값을 변경하거나 멤버를 추
가할 수 있습니다. [예제 6-7]에서는 age 속성값에 5를 더하고 job 속성을 새롭
게 추가했습니다.

예제 6-7 인스턴스 멤버 변경 [06-02.gs]

```
01  function myFunction06_02_04() {
02
03    class Person {
04      constructor(name, age) {
05        this.name = name;
06        this.age = age;
07      }
08    }
09
10    const p = new Person('Bob',25);
11    p.age += 5;          ——————  age 속성의 값을 더한다.
12    p.job = 'Engineer';  ——————  jobs 속성을 새롭게 추가한다.
13    console.log(p); //{ name: 'Bob', age: 30, job: 'Engineer' }
14  }
```

자바스크립트의 인스턴스는 각각 멤버를 변경할 수 있습니다. 그러므로 클래스에
서 생성된 인스턴스가 항상 같은 멤버로 구성된다고 할 수 없습니다. 인스턴스를

생성한 뒤 해당 멤버 구성을 변경하는 것은 스크립트 가독성을 손상하기도 하므로 주의해야 합니다.

> **💡 NOTE**
>
> 자바스크립트 내장 객체나 GAS 클래스에서는 속성을 안전하게 조작할 수 있도록 인스턴스의 속성을 직접 외부에서 접근할 수 없도록 제한이 걸려 있는 경우가 많습니다. 그렇게 외부로부터의 접근이 제한되어 있는 속성을 프라이빗 속성이라 부릅니다. 외부로부터 속성값을 얻거나 변경하기 위한 메서드가 제공되며 이를 접근 메서드access method라 부릅니다.

메서드와 프로토타입

메서드 정의

클래스에서 생성한 인스턴스에 메서드를 갖도록 하기 위해서는 클래스 정의에 메서드 정의를 포함시켜야 합니다. 구문은 6.1절에서 소개한 메서드 정의 서식과 같습니다.

구문 [V8]

메서드(파라미터 1, 파라미터 2, ...) {
   // 처리
}

클래스 메서드 정의 안에서도 this 키워드를 이용할 수 있으며 그 또한 인스턴스 자신을 나타냅니다. 클래스로의 메서드 정의 예시로 [예제 6-8]을 확인해봅니다.

예제 6-8 클래스에 메서드를 정의 [06-03.gs]

```
01  function myFunction06_03_01() {
02
03    class Person {
04      constructor(name, age) {
05        this.name = name;
06        this.age = age;
07      }
08
09      greet() {                                    greet 메서드 정의
10        console.log(`Hello! I'm ${this.name}!`);
11      }
12
```

```
13      isAdult() {
14        return this.age >= 18;        ┐──── isAdult 메서드 정의
15      }
16    }
17
18    const p = new Person('Bob', 25);
19    p.greet(); //Hello! I'm Bob!
20    console.log(p.isAdult()); //true
21  }
```

클래스 Person에 인사말을 로그에 출력하는 greet 메서드와 age 속성이 18살 이
상인가를 판정하는 isAdult 메서드를 정의했습니다. 스크립트를 실행하면 그 동
작을 확인할 수 있습니다.

프로토타입

클래스에서 생성한 인스턴스는 속성과 메서드를 가지므로 새로운 인스턴스를 생
성할 때마다 메모리에 데이터를 저장하기 위한 영역이 그만큼 필요합니다. 속성
은 생성된 인스턴스별로 다른 값이 설정되니 그만큼 메모리 용량을 확보하는 것
이 당연합니다. 하지만 메서드는 모든 인스턴스가 공통으로 사용해도 관계없기

때문에 인스턴스 수만큼 별도의 메모리를 확보하는 것은 다소 낭비인 듯 느껴집니다. 이를 정리한 것이 [그림 6-4]입니다. 클래스에 정의된 greet 메서드가 인스턴스별로 복제되어 있는 상태를 나타냅니다.

그림 6-4 인스턴스화를 이용한 메서드 복제

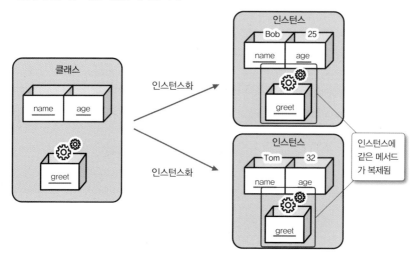

이 문제는 **프로토타입**prototype이라는 구조로 해결할 수 있습니다. 자바스크립트에서는 모든 클래스가 **prototype 속성**이라는 특별한 역할을 하는 속성을 가집니다. 기본적으로 prototype 속성은 빈 객체이지만 거기에 멤버를 추가할 수 있습니다. 그리고 클래스의 prototype 속성에 추가된 멤버는 해당 클래스를 기반으로 생성된 인스턴스에서 참조할 수 있습니다.

예시로 [그림 6-5]를 봅니다. greet 메서드를 클래스의 prototype 속성에 추가한 경우, 생성된 인스턴스에는 greet 메서드는 복제되지 않습니다. 그렇기 때문에 각 인스턴스에서 greet 메서드가 호출되었을 때 인스턴스 자체에는 해당되지 않습니다. 하지만 클래스의 prototype 속성 안을 찾아 거기에서 greet 메서드를 발견하면 greet 메서드를 실행합니다. 결과적으로 마치 인스턴스에서 메서드를 실행하는 것처럼 이용할 수 있습니다.

그림 6-5 prototype 속성과 메서드 참조

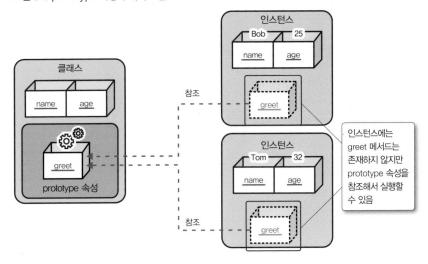

클래스의 prototype 속성에 정의된 메서드를 **프로토타입 메서드**prototype method라 부르며 클래스문 안에 정의된 메서드가 프로토타입 메서드가 됩니다.

> 📝 **NOTE**
>
> 프로토타입은 인스턴스에서 클래스의 메서드를 참조할 수 있는 구조입니다.

그림 [예제 6-9]를 사용해 클래스의 prototype 속성과 거기에 추가된 프로토타입 메서드의 존재 여부를 확인해봅시다.

예제 6-9 prototype 속성과 **프로토타입 메서드** [06-03.gs]

```
01  function myFunction06_03_02() {
02
03    class Person {
04      constructor(name, age) {
05        this.name = name;
06        this.age = age;
```

```
07        }
08
09      greet() {
10        console.log(`Hello! I'm ${this.name}!`);
11      }
12    }
13
14    const p = new Person('Bob', 25);
15    p.greet(); //여기에 브레이크 포인트를 설정한다.
16  }
```

예제에서 15번 행에 브레이크 포인트를 설정한 상태에서 디버그를 실행해봅니다. ▷를 클릭하면 클래스나 객체를 전개할 수 있습니다. [▷ Person] → [▷ prototype]을 전개해서 클래스 Person의 prototype 속성 내부를 봅니다. constructor 메서드와 greet 메서드가 추가된 것을 알 수 있습니다. 한편 [▷ p]를 전개해보면 인스턴스 p에는 greet 메서드가 존재하지 않습니다.

그림 6-6 prototype 속성과 프로토타입 메서드

인스턴스 메서드 변경

6.2절에서는 생성한 인스턴스에 대해서 멤버를 변경할 수 있음을 설명했습니다. 멤버 변경은 메서드도 가능한데 그 점에 관해서는 [예제 6-10]을 이용해 알아보 겠습니다. 클래스 Person에는 greet 메서드가 정의되어 있으며 인스턴스 p를 생 성한 뒤 다른 처리를 가진 함수 리터럴을 greet 메서드에 대입한 상황입니다.

예제 6-10 인스턴스 메서드 변경 [06−03.gs]

```
01  function myFunction06_03_03() {
02
03    class Person {
04      constructor(name, age) {
05        this.name = name;
06        this.age = age;
07      }
08
09      greet() {
10        console.log(`Hello! I'm ${this.name}!`);
11      }
12
13      isAdult() {
14        return this.age >= 18;
15      }
16    }
17
18    const p = new Person('Bob', 25);
```

```
19
20    p.greet = function() {                                    ┌──────────────────┐
21      console.log(`Good Bye! I'm ${this.name}!`);  ─────────│ 함수 리터럴을 대입해│
22    };                                                        │ 인스턴스 p의 greet │
23    p.greet();                                                │ 메서드를 덮어 쓴다. │
24                                                              └──────────────────┘
25    console.log(Person.prototype.greet.toString());
26    console.log(p.greet.toString());
27  }
```

실행 결과

```
Good Bye! I'm Bob!
greet() {
    console.log(`Hello! I'm ${this.name}!`);
  }
function() {
    console.log(`Good Bye! I'm ${this.name}!`);
  }
```

예제를 실행하면 처음 로그 출력에서 인스턴스 p에 대한 greet 메서드는 생성 후 대입한 함수에 의한 것임을 알 수 있습니다. 계속해서 Person의 prototype 속성 안의 greet 메서드와 인스턴스 p의 greet 메서드의 내용을 출력합니다. 결과를 비교해보면 두 개의 greet 메서드가 다름을 확인할 수 있습니다.

> 💡 **NOTE**
>
> console.log 메서드의 인수에 그대로 함수를 전달하면 [Function]만 출력되고 그 내용을 확인할 수 없습니다. 이때 함수를 문자열로 바꾸는 toString 메서드를 이용해 그 내용을 로그에 출력할 수 있습니다. toString 메서드는 대부분의 내장 객체에서 제공하고 있으며 7장에서 자세히 설명합니다.

즉 생성한 인스턴스에서 메서드를 변경하는 것은 인스턴스 메서드를 직접 변경하는 것이며 이는 클래스의 prototype 속성 자체를 변경하는 것이 아닙니다. 그리고 인스턴스와 클래스의 prototype 속성에는 같은 이름의 메서드가 각각 존재할 수 있는데, 중복된 경우에는 인스턴스 메서드를 우선 호출합니다.

6.4 정적 멤버

정적 멤버

지금까지 클래스에 정의해온 멤버는 생성한 인스턴스에 사용했습니다. 하지만 클래스에는 그와 별도로 인스턴스화를 하지 않아도 직접적으로 사용할 수 있는 속성 및 메서드를 정의할 수 있습니다. 이를 각각 **정적 속성**static property 및 **정적 메서드** static method라 부릅니다. 또한 이들을 모아서 **정적 멤버**static member라 부릅니다. 정적 속성에 접근하거나 정적 메서드를 호출할 때는 다음 구문을 이용합니다.

구문

클래스명.속성명

구문

클래스명.메서드명(인수 1, 인수 2, ...)

클래스에 정적 속성을 추가할 때는 클래스를 정의하는 class문 뒤에 다음과 같이 입력합니다.

구문

클래스명.속성명 = 값

클래스에 메서드를 추가할 때는 클래스를 정의하는 class문 뒤에 다음과 같이 static 키워드를 부여한 메서드 정의를 입력합니다.

```
static 메서드명(파라미터 1, 파라미터 2, ...) {
  // 처리
}
```

또한 정적 속성과 마찬가지로 다음과 같이 class문 뒤에 함수 리터럴을 대입해서 정적 메서드를 정의할 수도 있습니다.

구문

```
클래스명.메서드명 = function(파라미터 1, 파라미터 2, ...) {
  // 처리
}
```

예시로 [예제 6-11]을 확인해봅니다. 클래스 Person에 job이라는 정적 속성, greet이라는 정적 메서드를 추가한 것입니다.

예제 6-11 정적 멤버 추가 [06-04.gs]

```
01  function myFunction06_04_01() {
02
03    class Person {
04      constructor(name, age) {
05        this.name = name;
06        this.age = age;
07      }
08
09      static greet(name) {
10        console.log(`Hello! I'm ${name}!`);
11      }
12    }
13
14    Person.job = 'Engineer';
15
16    console.log(Person.job); //Engineer
17    Person.greet('Bob'); //Hello! Bob.
18  }
```

클래스 Person에 정적 메서드 greet를 추가한다.

클래스 Person에 정적 속성 job을 추가한다.

클래스와 정적 멤버를 글로벌 영역에 정의하면 정적 멤버는 프로젝트의 임의 위치에서 이용할 수 있는 속성과 메서드가 됩니다. 이렇게 사용할 때는 글로벌 변수 또는 글로벌 함수와 같습니다. 하지만 정적 멤버는 클래스명을 지정해 접근하므로 다른 변수와 경쟁을 피할 수 있다는 장점이 있습니다.

> 💡 **NOTE**
>
> 자바스크립트 내장 객체나 GAS 클래스에서는 매우 다양한 정적 멤버를 제공합니다. 예를 들어 Math 객체에서는 모든 것이 정적 멤버입니다.

프로토타입 메서드 변경

정적 멤버 추가 방법을 응용해 class문을 이용한 정의한 뒤에 프로토타입 메서드를 변경할 수 있습니다. 다음과 같이 prototype 속성 아래의 메서드를 변경합니다.

구문

```
클래스명.prototype.메서드명 = function(파라미터 1, 파라미터 2, ...) {
  // 처리
}
```

예시로 [예제 6-12]를 확인해봅니다.

예제 6-12 인스턴스 메서드 변경 [06-04.gs]

```
01  function myFunction06_04_02() {
02
03    class Person {
04      constructor(name, age) {
05        this.name = name;
06        this.age = age;
```

```
07        }
08
09      greet(name) {
10        console.log(`Hello! I'm ${this.name}!`);
11      }
12    }
13
14    Person.prototype.greet = function() {
15      console.log(`Good Bye! I'm ${this.name}!`);
16    };
17
18    const p = new Person('Bob',25);
19    p.greet(); //Good Bye! I'm Bob!
20
21    console.log(Person.prototype.greet.toString());
22    console.log(p.greet.toString());
23  }
```

> 함수 리터럴을 대입해 Person 클래스의 프로토타입 메서드 greet를 덮어 쓴다.

실행 결과

```
Good Bye! I'm Bob!
function() {
    console.log(`Good Bye! I'm ${this.name}!`);
  }
function() {
    console.log(`Good Bye! I'm ${this.name}!`);
  }
```

첫 번째 로그 출력은 변경 후의 greet 메서드가 실행되고 있음을 알 수 있습니다. 이어서 클래스 Person의 prototype 속성 안의 greet 메서드, 인스턴스 p의 greet 메서드의 내용을 로그에 출력하지만 그 내용은 같습니다. 즉 프로토타입 메서드가 변경된 것입니다.

지금까지 객체의 구조에 관해 설명했습니다. 이번 장에서 배운 내용은 GAS 개발에서 커스텀 클래스를 제공할 때 기초가 될 것입니다. 또 이후에 설명할 자바스크립트 내장 객체, GAS에서 제공되는 클래스에 대한 학습 속도와 이해도를 높이는 데도 도움이 될 것입니다.

7장에서는 자바스크립트의 내장 객체를 소개합니다. 자바스크립트 내장 객체는 문자열, 배열, 날짜와 시각, 정규 표현 등 데이터나 객체를 다루며 자바스크립트의 기본 기능이라 할 수 있습니다. 다양한 멤버가 제공되므로 전체적인 이미지를 그리면서 GAS 프로그래밍에서 자주 사용되는 것들을 확실하게 익혀봅시다.

Chapter

7

자바스크립트의
내장 객체

7.1 내장 객체

내장 객체

지금까지 설명한 것처럼 클래스는 자유롭게 정의할 수 있지만 자바스크립트에서 자주 이용되는 기본적인 클래스들은 사전에 제공됩니다. 표준으로 내장된 이 클래스들을 **내장 객체**builtin object또는 표준 빌트인 객체라 부릅니다.

> 💡 NOTE
>
> 일반적으로 '내장 객체'라는 표현을 사용하지만 의미상으로는 '내장 클래스'와 동일합니다. 이 책에서는 내장 객체로 표현합니다.

GAS에서 이용할 수 있는 주요한 내장 객체를 [표 7-1]에 정리했습니다.

표 7-1 GAS에서 이용할 수 있는 주요 내장 객체

내장 객체	설명	내장 객체	설명
Number	수치를 다루는 래퍼 객체	Object	모든 객체의 기본이 되는 객체
String	문자열을 다루는 래퍼 객체	Date	날짜나 시각을 다루는 객체
Boolean	논리값을 다루는 래퍼 객체	RegExp	정규 표현을 다루는 객체
Array	배열을 다루는 객체	Error	예외 정보를 다루는 객체
Function	함수를 다루는 객체	Math	수학적인 상수와 함수를 제공하는 개체
JSON	JSON 형식 데이터를 조작하는 기능을 제공하는 객체		

Number, String, Boolean, Array, Function, Object는 지금까지 소개한 자바스크립트 데이터 타입에 대응하는 내장 객체입니다. 각 데이터 타입을 조작하기 위

한 멤버를 제공합니다.

`Date`, `RegExp`, `Error`는 날짜/시각, 정규 표현, 예외 정보를 표현하고 조작하기 위한 내장 객체입니다. 각각 인스턴스를 생성해 사용하는 소위 표준적인 클래스 사용 방법에 가까운 그룹입니다.

`Math`, `JSON`은 인스턴스화하지 않고 각각 정의된 정적 멤버만 사용할 수 있습니다.

> **💡 NOTE**
>
> V8 런타임 지원에 따라 이제까지 사용할 수 없었던 `Symbol`, `Map`, `Set`, `Promise` 등과 같은 내장 객체를 새롭게 사용할 수 있게 되었습니다. 이 책에서는 이들에 관해서는 다루지 않으므로 필요에 따라 확인하기 바랍니다.

내장 객체 인스턴스화와 래퍼 객체

내장 객체도 클래스이므로 실제 이용할 때는 기본적으로 인스턴스화합니다. 내장 객체명이 그대로 클래스명이 되므로 다음과 같이 인스턴스를 생성할 수 있습니다.

구문

```
new 내장 객체명(인수 1, 인수 2, ...)
```

하지만 `Number`, `String`, `Boolean`과 같은 프리미티브 타입에 대응하는 객체에 관해서는 그렇지 않습니다. 수치, 문자열, 논리값은 객체가 아니므로 `new` 연산자를 이용해 객체를 생성할 필요가 없습니다.

`Number`, `String`, `Boolean`은 **래퍼 객체**^{wrapper object}라 부르며 각각 데이터를 포함하고 있어 객체로 조작할 수 있습니다. 그래서 `new` 연산자를 이용해 인스턴스로 만들지 않아도 내장 객체의 멤버로 조작할 때는 객체와 동일하게 다룰 수 있습니다.

7.2 수치 다루기 - Number 객체

Number 객체

Number 객체는 수치를 다루는 래퍼 객체입니다. [표 7-2]와 같이 수치를 문자열로 변환하는 메서드, 수치 판정을 수행하는 정적 메서드를 포함해 몇 가지 특수한 값을 얻기 위한 정적 속성으로 구성됩니다. 수치 타입은 프리미티브 타입이므로 new 연산자를 이용한 인스턴스화가 필요하지 않습니다.

표 7-2 Number 객체의 주요 멤버

분류	멤버	반환값	설명	V8 이후
메서드	toExponential(n)	String	수치를 소수점 n 자리의 지수 표기 문자열로 변환	
	toFixed(n)	String	수치를 소수점 n 자리의 소수 표기 문자열로 변환	
	toPrecision(n)	String	지정한 n 자리수의 문자열로 변환	
	toString(n)	String	수치를 n진수 표기의 문자열로 변환	
정적 메서드	Number.isFinite(num)	Boolean	수치 num이 유한값인지 판정	V8
	Number.isInteger(num)	Boolean	수치 num이 정수값인지 판정	V8
	Number.isNaN(num)	Boolean	수치 num이 NaN인지 판정	V8
정적 속성	Number.MAX_VALUE	–	표현 가능한 양수의 최댓값	
	Number.MIN_VALUE	–	표현 가능한 0보다 큰 최솟값	
	Number.NaN	–	'수치가 아님'을 나타내는 특별한 값	
	Number.POSITIVE_INFINITY	–	양의 무한대를 나타내는 특별한 값	
	Number.NEGATIVE_INFINITY	–	음의 무한대를 나타내는 특별한 값	

Number 객체의 메서드와 정적 속성

[예제 7-1]을 실행해 Number 객체 각 메서드의 동작과 정적 속성값을 확인해봅니다.

예제 7-1 Number 객체의 멤버 [07-02.gs]

```
01  function myFunction07_02_01() {
02    const x = 1000 / 3;
03
04    console.log(x.toString()); //333.3333333333333
05    console.log(x.toExponential(4)); //3.3333e+2
06    console.log(x.toFixed(4)); //333.3333
07    console.log(x.toFixed()); //333
08    console.log(x.toPrecision(4)); //333.3
09    console.log(x.toPrecision(2)); //3.3e+2
10
11    console.log(Number.isFinite(x)); //true
12    console.log(Number.isInteger(x)); //false
13    console.log(Number.isNaN(x)); //false
14
15    console.log(Number.MAX_VALUE); //1.7976931348623157e+308
16    console.log(Number.MIN_VALUE); //5e-324
17    console.log(Number.NaN); //NaN
18    console.log(Number.POSITIVE_INFINITY); //Infinity
19    console.log(Number.NEGATIVE_INFINITY); //-Infinity
20  }
```

Number 객체에는 수치의 자릿수를 정렬하는 몇 가지 메서드가 있으며 목적에 따라 사용하는 메서드가 다릅니다. toFixed 메서드에서는 지정한 인수가 소수점 이하의 자릿수가 되며 인수를 생략하면 정수 부분만 표기합니다. 마찬가지로 자릿수를 정렬하는 toPrecision 메서드는 지정한 인수가 전체 자릿수가 되고 지정한 자릿수가 정수 부분의 자릿수보다 작을 때는 지수로 표기합니다.

7.3 문자열 다루기 - String 객체

String 객체

String 객체는 문자열을 다루는 래퍼 객체입니다. [표 7–3]과 같이 문자열 가공이나 추출 등을 조작하는 여러 메서드와 length 속성으로 구성됩니다. 문자열은 프리미티브 타입이므로 new 연산자를 이용해 인스턴스화할 필요가 없습니다. 지금까지 설명한 것처럼 문자열을 표현할 때는 작은 따옴표 또는 큰 따옴표 및 백틱을 이용한 문자열 리터럴을 사용합니다.

표 7-3 String 객체의 주요 멤버

분류	멤버	반환값	설명	V8 이후
메서드	charAt(n)	String	인덱스 n의 문자를 반환	
	charCodeAt(n)	Integer	인덱스 n의 문자 Unicode 값을 반환	
	toLowerCase()	String	소문자로 변환한 문자열을 반환	
	toUpperCase()	String	대문자로 변환한 문자열을 반환	
	slice(start[, end])	String	문자열의 인덱스 start부터 end 직전까지의 문자열을 추출	
	substring(start[, length])	String	문자열의 인덱스 start부터 길이 length의 문자열을 추출	
	split(str)	String[]	문자열을 str로 분할한 배열을 반환	
	startsWith(str[, start])	Boolean	문자열의 인덱스 start 이후가 문자열 str로 시작하는가 판정	V8
	endsWith(str[, length])	Boolean	문자열의 길이 length 부분 문자열이 문자열 str로 끝나는가 판정	V8
	concat(str)	String	문자열 끝에 문자열 str을 결합한 것을 반환	

메서드	includes(str[, start])	Boolean	문자열의 인덱스 start 이후에 문자열 str이 포함되어 있는가 판정	V8
	indexOf(str[, start])	Integer	문자열을 인덱스 start에서 뒤쪽으로 검색해 부분 문자열 str과 일치하는 인덱스를 반환	
	lastIndexOf(str[, start])	Integer	문자열을 인덱스 start에서 앞쪽으로 검색해 부분 문자열 str과 일치하는 인덱스를 반환	
	padStart(length[, str])	String	문자열을 길이 length가 될 때까지 문자열 str의 앞쪽으로 연장한 문자열을 반환	V8
	padEnd(length[, str])	String	문자열을 길이 length가 될 때까지 문자열 str의 뒤쪽으로 연장한 문자열을 반환	V8
	localeCompare(str)	Integer	참조 문자열이 나열된 순서대로 str 앞에 있으면 1, 뒤에 있으면 −1, 동일하면 0을 반환	
	repeat(num)	String	문자열을 num회 반복한 문자열을 반환	V8
	trim()	String	문자열 앞뒤의 공백을 제거한 문자열을 반환	
	match(reg)	Array	문자열을 정규 표현 reg로 검색해서 일치한 문자열을 포함하는 배열을 반환	
	search(reg)	Integer	문자열을 정규 표현 reg로 검색해서 일치한 인덱스를 반환	
	replace(reg, str)	String	문자열을 정규 표현 reg로 검색해서 일치한 문자열을 문자열 str로 치환한 문자열을 반환	
속성	length	−	문자열의 길이를 반환	

예제 7-2 String 객체의 멤버 [07−03.gs]

```
01  function myFunction07_03_01() {
02    let str = "My name is Bob.";
03
04    console.log(str.length); //15
05    console.log(str.charAt(0)); //M
```

```
06    console.log(str.charCodeAt(0)); //77
07
08    console.log(str.slice(3,7)); //name
09    console.log(str.substring(3,7)); //name
10
11    console.log(str.split(' ')); //[ 'My', 'name', 'is', 'Bob.' ]
12
13    console.log(str.toLowerCase()); //my name is bob.
14    console.log(str.toUpperCase()); //MY NAME IS BOB.
15
16    console.log(str.startsWith('My')); //true
17    console.log(str.startsWith('Bob', 11)); //true
18    console.log(str.endsWith('Bob.')); //true
19    console.log(str.endsWith('My', 2)); //true
20
21    str = str.concat(" My dog's name is also Bob.");
22    console.log(str); //My name is Bob. My dog's name is also Bob.
23
24    console.log(str.indexOf('Bob')); //11
25    console.log(str.lastIndexOf('Bob')); //38
26    console.log(str.includes('Bob')); //true
27
28    console.log('1234'.padStart(7, '0')); //0001234
29    console.log('1234'.padEnd(7, '0')); //1234000
30
31    console.log('Bob'.localeCompare('Abc')); //1
32    console.log('Bob'.localeCompare('Bob')); //0
33    console.log('Bob'.localeCompare('Cde')); //-1
34
35    console.log('Bob'.repeat(3)); //BobBobBob
36    console.log('  Bob  '.trim()); //Bob
37  }
```

length 속성은 String 객체의 유일한 속성이며 다음 구문으로 문자열의 길이를 구할 수 있습니다.

구문

문자열.length

문자열 내부 검색

String 객체의 indexOf 메서드, lastIndexOf 메서드는 인수로 지정한 부분 문자열을 검색합니다.

구문

문자열.indexOf(부분 문자열[, 인덱스])

구문

문자열.lastIndexOf(부분 문자열[, 인덱스])

지정한 부분 문자열을 발견했을 때는 문자열의 맨 처음을 0으로 한 경우의 인덱스를 정수로 반환합니다. 부분 문자열을 발견하지 못했을 때는 −1을 반환합니다. 인덱스는 생략할 수 있으며 그럴 때는 각각 문자열의 처음(또는 마지막)부터 검색합니다. 그리고 문자열을 검색하는 다른 메서드로 includes 메서드도 있습니다.

문자열.includes(부분 문자열[, 인덱스])

includes 메서드의 반환값은 논리값이고 문자열에 부문 문자열이 포함되어 있으면 true, 그렇지 않으면 false를 반환합니다. includes 메서드 사용 예는 [예제 7-3]과 같습니다.

예제 7-3 문자열 내 검색 [07-03.gs]

```
01  function myFunction07_03_02() {
02    const str = 'My name is Bob.';
03    const subStr = 'Bob';
04
05    if (str.includes(subStr)) {
06      console.log(`${subStr}이(가) 포함되어 있습니다.`);
07    } else {
08      console.log(`${subStr}이(가) 포함되어 있지 않습니다.`);
09    }
10
11    const position = str.indexOf(subStr);
12    if (position > -1) {
13      console.log(`${subStr}이(가) ${position} 위치에 포함되어 있습니다.`);
14    } else {
15      console.log(`${subStr}이(가) 포함되어 있지 않습니다.`);
16    }
17  }
```

> 문자열 str 안에 문자열 subStr이 존재하면 true, 그렇지 않으면 false를 반환한다.

> 문자열 str 안에서 문자열 subStr을 검색하고, 그 인덱스(존재하지 않으면 -1)를 상수 position에 대입한다.

실행 결과

Bob이(가) 포함되어 있습니다.
Bob이(가) 11 위치에 포함되어 있습니다.

7.4 배열 다루기 - Array 객체

Array 객체

Array 객체는 배열을 다루는 객체입니다. Array 객체는 다음과 같이 new 연산자를 이용해 인스턴스를 생성합니다.

구문

```
new Array(요소 1, 요소 2, ...)
```

그러나 앞에서 설명했듯이 다음 배열 리터럴을 이용해 구현하는 것이 더 직관적입니다.

구문

```
[값 1, 값 2, ...]
```

Array 객체는 [표 7-4]와 같이 여러 메서드와 length 속성으로 구성되어 있습니다. 이 책에서는 Array 객체의 메서드들을 다음 세 개 그룹으로 나누어 소개합니다.

- 접근 메서드: 배열 자체는 변경하지 않고 메서드에 따른 반환값을 반환한다.
- 변경 메서드: 배열 자체를 변경한다.
- 반복 메서드: 배열 내 각 요소에 대해 무언가 처리를 수행한다.

변경 메서드는 **파괴적 메서드**destructive method라 불리기도 하며 배열 그 자체를 변경합니다. 원래 배열을 보존하지 않으므로 사용 시 주의해야 합니다.

표 7-4 Array 객체의 주요 멤버

분류	멤버	반환값	설명	V8 이후
접근 메서드	toString()	String	배열과 그 요소를 나타내는 문자열을 반환	
	join(sep)	String	배열의 모든 요소를 문자열 sep으로 결합한 문자열을 반환	
	concat(value1, ...)	Array	배열 또는 값 value1...을 배열로 연결한 배열을 반환	
	slice(start, end)	Array	배열의 인덱스 start부터 end의 직전까지의 요소를 추출	
	flat([depth])	Array	배열을 깊이 depth로 정렬한 것을 반환	V8
	includes(element[, start])	Boolean	배열의 인덱스 start 이후에 요소 element가 포함되어 있는가 판정	V8
	indexOf(element[, start])	Integer	배열을 인덱스 start에서 뒤쪽으로 검색해서 요소 element와 일치하는 인덱스를 반환	
	lastIndexOf(element[, start])	Integer	배열을 인덱스 start에서 앞쪽으로 검색해서 요소 element와 일치하는 인덱스를 반환	
변경 메서드	push(element1[, ...])	Integer	배열 끝에 element1...을 추가	
	unshift(element1[, ...])	Integer	배열 맨 앞에 요소를 추가	
	pop()	Object	배열 마지막 요소를 꺼냄	
	shift()	Object	배열 처음 요소를 꺼냄	
	splice(start[, n[, element1, ...]])	Array	배열의 인덱스 start 요소부터 n개의 요소를 삭제하고 element1...로 치환	
	copyWithin(targetp[, start[, end]])	Array	배열의 인덱스 start에서 end 직전까지의 요소를 인덱스 target 위치에 복사	V8
	fill(value, start[, end])	Array	배열의 인덱스 start에서 end 직전까지의 요소를 value로 설정	V8
	sort(fnc)	Array	함수 fnc의 정의에 따라 배열 요소를 정렬(생략했을 때는 오름차순)	
	reverse()	Array	배열 요소의 순서를 뒤집음	

반복	forEach(fnc)	Void	배열 각 요소에 함수 fnc를 시행	
메서드	filter(fnc)	Array	배열 요소 중 함수 fnc를 만족하는 요소 만 새로운 배열을 생성해서 반환	
	map(fnc)	Array	배열 각 요소가 함수 fnc를 만족하는 가 판정	
	some(fnc)	Boolean	배열 각 요소 중 적어도 1개의 요소가 함수 fnc를 만족하는가 판정	
	every(fnc)	Boolean	배열의 모든 요소가 함수 fnc를 만족 하는가 판정	
	find(fnc)	Object	배열 요소 중 함수 fnc를 만족하는 처 음 요소를 반환	V8
	findIndex(fnc)	Integer	배열 요소 중 함수 fnc를 만족하는 처 음 요소의 인덱스를 반환	V8
	reduce(fnc[, initialValue])	Object	배열 내 각 요소에 대해 처음에서 마지 막 방향으로 함수 fnc를 적용해 하나 의 값으로 모은 것을 반환	
	reduceRight(fnc[, initialValue])	Object	배열 내 각 요소에 대해 마지막에서 처 음 방향으로 함수 fnc를 적용해 하나 의 값으로 모은 것을 반환	
	entries()	Array Iterator	배열의 인덱스와 요소를 조합한 배열 을 요소로 하는 반복 객체를 생성해서 반환	V8
속성	length	–	배열 내 요소의 수	

1장에서 살펴본 것처럼 GAS에서는 스크립트 실행 시간에 제한이 설정되어 있습
니다. 스프레드시트의 데이터나 지메일의 메시지를 시작으로 GAS에서 다루는
데이터는 직접 조작하는 것보다 배열에 저장해서 처리하면 훨씬 빠르게 처리 속
도를 높일 수 있습니다. 따라서 Array 객체의 멤버는 GAS에서 매우 중요한 역할
을 한다고 볼 수 있습니다.

Array 객체의 접근 메서드와 속성

먼저 **접근 메서드**와 length 속성의 사용 예를 보겠습니다. [예제 7-4]를 확인해봅시다. 여기에서 소개하는 멤버는 모두 직관적으로 쉽게 이해할 수 있을 것입니다.

예제 7-4 Array 객체의 접근 메서드와 속성 [07-04.gs]

```
01  function myFunction07_04_01() {
02    const array = ['Bob', 'Tom', 'Jay', 'Tom'];
03
04    console.log(array.length); //4
05
06    console.log(array.toString()); //Bob,Tom,Jay,Tom
07    console.log(array.join('|')); //Bob|Tom|Jay|Tom
08
09    console.log(array.concat(['Dan'])); //['Bob', 'Tom', 'Jay', 'Tom', 'Dan']
10    console.log(array.slice(1, 3)); //['Tom', 'Jay']
11
12    console.log(array.includes('Tom')); //true
13    console.log(array.indexOf('Tom')); //1
14    console.log(array.lastIndexOf('Tom')); //3
15
16    const array2 = ['Bob', ['Tom'], [['Jay']]];
17    console.log(array2.flat()); //['Bob', 'Tom', ['Jay']]
18    console.log(array2.flat(2)); //['Bob', 'Tom', 'Jay']
19  }
```

length 속성은 배열의 요소 수를 구하며 다음 구문과 같이 사용합니다.

구문

배열.length

배열의 인덱스는 0부터 시작하므로 인덱스의 최댓값과 배열의 요소 수는 같지 않습니다. 요소 수는 인덱스 최댓값에서 1을 더한 값이 된다는 점을 기억하기 바랍니다.

배열 내부 검색

배열 안에서 요소를 검색할 때는 indexOf 메서드 또는 lastIndexOf 메서드를 사용하면 편리합니다.

구문

배열.indexOf(값[, 인덱스])

구문

배열.lastIndexOf(값[, 인덱스])

인덱스는 검색을 시작하는 인덱스를 나타냅니다. 생략하면 각 배열의 처음(또는 마지막)부터 검색을 시작합니다. 배열에서 지정한 요소를 찾아내면 해당 인덱스, 그렇지 않으면 −1을 반환합니다. String 객체의 같은 이름의 메서드와 유사합니다. 또한 Array 객체에서도 요소 검색을 논리값으로 반환하는 includes 메서드를 제공합니다.

구문 [V8]

배열.includes(값[, 인덱스])

배열에 값이 포함되어 있으면 true, 그렇지 않으면 false를 반환합니다. [예제 7-5]는 이 메서드들을 사용한 예입니다.

예제 7-5 배열 안의 요소 [07-04.gs]

```
01  function myFunction07_04_02() {
02    const array = ['Bob', 'Tom', 'Jay', 'Dan'];
03    const element = 'Tom';
04
05    if (array.includes(element)) {
06      console.log(`${element}이(가) 포함되어 있습니다.`);
07    } else {
```

> 배열 array 안에 element가 존재하면 true, 그렇지 않으면 false를 반환한다.

```
08        console.log(`${element}이(가) 포함되어 있지 않습니다.`);
09    }
10
11    const index = array.indexOf(element);
12    if (index > -1) {
13        console.log(`${element}이(가) ${index} 위치에 포함되어 있습니다.`);
14    } else {
15        console.log(`${element}이(가) 포함되어 있지 않습니다.`);
16    }
17 }
```

> 배열 array 안에서 element를 검색하고 그 인덱스(존재하지 않으면 -1)를 상수 index에 대입한다.

실행 결과

Tom이(가) 포함되어 있습니다.
Tom이(가) 1 위치에 포함되어 있습니다.

요소가 배열 안에 포함되어 있는지만 확인한다면 includes 메서드를 사용하는 것이 간단합니다. 검색한 요소의 인덱스를 알고 싶을 때는 앞쪽 또는 뒤쪽으로 검색할 것인지에 따라 indexOf 메서드 또는 lastIndexOf 메서드를 구분해서 사용합니다.

배열의 차원 평탄화

flat 메서드는 배열의 차원을 평탄화하는 기능을 합니다.

구문 [V8]

배열.flat([깊이])

깊이는 정수이며 어느 정도 깊이까지 평탄화할 것인지 결정합니다. 예를 들어 3차원 배열에 대해 깊이 1을 지정하면 2차원 배열로, 깊이 2를 지정하면 1차원 배열로 평탄화됩니다. 생략 시 기본값은 1입니다.

GAS에서 자주 사용하는 것은 2차원 배열을 1차원 배열로 평탄화하는 것입니다. 가령 2차원 배열 안의 마지막 요소를 검색하고 싶을 때 사전에 flat 메서드를 이용해 1차원 배열로 바꿔둠으로써 includes 메서드나 indexOf 메서드 등을 이용해 검색할 수 있습니다. 사용 예는 [예제 7-6]과 같습니다.

예제 7-6 2차원 배열 내부 검색 [07-04.gs]

```
01    function myFunction07_04_03() {
02      const array = [['Bob'], ['Tom'], ['Jay'], ['Dan']];
03      const element = 'Tom';
04
05      console.log(`${element}이(가) ${array.flat().indexOf(element)} 위치에 있
        습니다.`);
06    }
```

> 2차원 배열 array가 1차원 배열로 평탄화된다.

실행 결과

Tom이(가) 1 위치에 있습니다.

매우 간단하게 1차원 배열 안을 검색할 수 있습니다.

> 💡 **NOTE**
>
> 스프레드시트의 단일 열 데이터를 얻으면 [예제 7-6]의 array와 같은 2차원 배열로 얻어집니다. 그러므로 이 예시를 응용해 특정한 열에 어떤 값이 존재하는지 또는 그것이 몇 번째 행에 존재하는지 등을 확인할 수 있습니다. 이에 관해서는 8장에서 더 자세히 설명합니다.

Array 객체의 변경 메서드

이어서 **변경 메서드**의 동작을 [예제 7-7]에서 확인해봅니다. 각 메서드를 실행할 때마다 배열 array의 내용이 달라지는 것을 알 수 있습니다.

예제 7-7 Array 객체의 변경 메서드 [07-04.gs]

```
01    function myFunction07_04_04() {
02      const array = ['Bob', 'Tom', 'Jay', 'Tom'];
03
04      array.push('Dan');
05      console.log(array); //['Bob', 'Tom', 'Jay', 'Tom', 'Dan']
06
07      array.unshift('Ivy');
08      console.log(array); //['Ivy', 'Bob', 'Tom', 'Jay', 'Tom', 'Dan']
09
10      array.reverse();
11      console.log(array); //['Dan', 'Tom', 'Jay', 'Tom', 'Bob', 'Ivy']
12
13      array.sort();
14      console.log(array); //['Bob', 'Dan', 'Ivy', 'Jay', 'Tom', 'Tom']
15
16      array.copyWithin(4, 0, 2);
17      console.log(array); //['Bob', 'Dan', 'Ivy', 'Jay', 'Bob', 'Dan']
18
19      array.fill('Tom', 3, 5);
20      console.log(array); //['Bob', 'Dan', 'Ivy', 'Tom', 'Tom', 'Dan']
21
22      console.log(array.pop()); //Dan
23      console.log(array); //['Bob', 'Dan', 'Ivy', 'Tom', 'Tom']
24
25      console.log(array.shift()); //Bob
26      console.log(array); //['Dan', 'Ivy', 'Tom', 'Tom']
27
28      console.log(array.splice(2, 2, 'Kim')); //['Tom', 'Tom']
29      console.log(array); //['Dan', 'Ivy', 'Kim']
30    }
```

예를 들어 splice 메서드는 배열에서 잘라낸 부분을 반환값으로 돌려줍니다. 다만 원래 배열 자체가 변합니다. 따라서 간단히 잘라낸 부분 배열을 얻고 싶을 때는 같은 기능을 하는 접근 메서드 slice 메서드를 사용하는 것이 좋습니다.

이 메서드들 중 배열의 가장 마지막에 요소를 추가하는 push 메서드, 배열 가장 처음의 요소를 빼내는 shift 메서드가 특히 자주 사용됩니다. push 메서드는 인수로 지정한 요소를 배열 끝에 추가합니다. 반환값은 추가된 배열의 요소 수입니다.

구문

```
배열.push(요소 1[, 요소 2, ...])
```

shift 메서드는 배열의 맨 앞 요소를 꺼냅니다. 반환값은 꺼낸 요소입니다.

구문

```
배열.shift()
```

이 메서드들은 스프레드시트의 데이터를 2차원 배열로 얻어서 조작할 때 사용합니다. 자세한 내용은 8장에서 설명합니다.

배열 요소 치환, 삭제, 추가하기

splice 메서드는 배열 요소의 치환, 삭제, 추가 처리를 할 수 있는 만능 메서드입니다.

구문

```
배열.splice(인덱스, 요소 수[, 요소 1, 요소 2, ...])
```

모든 인수를 지정하면 인덱스로 지정한 요소부터 요소 수로 지정한 숫자만큼 요소를 꺼내고 요소 1, 요소 2...를 해당 위치에 삽입합니다. 즉 치환됩니다. 요소 1, 요소 2...를 생략하면 지정한 범위의 요소가 삭제됩니다. 또한 인수인 요소 수에 0을 지정하면 삭제되지 않으므로 요소 1, 요소 2...를 추가하게 됩니다. 예시로 [예제 7-8]을 확인해봅니다.

예제 7-8 splice 메서드를 이용한 치환, 삭제, 추가 [07-04.gs]

```
01  function myFunction07_04_05() {
02    const array = ['Bob', 'Tom', 'Jay', 'Dan', 'Ivy'];
03
04    array.splice(1, 2, 'Kim');              ──── 인덱스 1부터 2개의 요소를
                                                   Kim으로 치환한다.
05    console.log(array); //['Bob', 'Kim', 'Dan', 'Ivy']
06
07    array.splice(1, 2);                     ──── 인덱스 1부터 2개의 요소를
                                                   삭제한다.
08    console.log(array); //['Bob', 'Ivy']
09
10    array.splice(1, 0, 'Leo');              ──── 인덱스 1에 Leo를 삽입한다.
11    console.log(array); //['Bob', 'Leo', 'Ivy']
12  }
```

Array 객체의 반복 메서드와 콜백 함수

반복 메서드는 Array 객체 안에서도 특수한 그룹입니다. 그중 대부분은 배열 안의 요소에 지정한 함수를 호출하며 이때 호출한 함수를 콜백 함수^{callback function}라 부릅니다. 반복 메서드에서 사용하는 콜백 함수에서는 해당 메서드의 종류에 맞춰 특정한 역할을 가진 파라미터를 사용할 수 있습니다. 예를 들어 배열의 각 요소에 처리를 실행하는 forEach 메서드는 세 개의 파라미터를 이용해 다음을 저장할 수 있습니다.

- 값
- 인덱스(생략 가능)
- 원래 배열(생략 가능)

예시로 [예제 7-9]를 확인해봅니다.

예제 7-9 forEach 메서드 [07-04.gs]

```
01  function myFunction07_04_06() {
02    const array = ['Bob', 'Tom', 'Jay'];
03
04    array.forEach((value, index) => console.log(`${index}: Hello ${value}!`));
05  }
```

> 배열 array의 모든 요소를 값과 인덱스를 사용해 로그로 출력한다.

실행 결과

```
0: Hello Bob!
1: Hello Tom!
2: Hello Jay!
```

콜백 함수의 파라미터로 값을 저장하는 value, 인덱스를 저장하는 index를 사용했습니다. array 안 모든 요소에서 index와 name을 꺼내고 콜백 함수 안 로그 출력 명령을 실행합니다.

반복 메서드의 콜백 함수에는 화살표 함수를 사용하는 것을 권장합니다. 대부분 화살표 함수의 생략 규칙을 적용할 수 있으므로 코드 작성량을 크게 줄여 간단하게 만들 수 있습니다.

> 💡 **NOTE**
>
> 여기에서는 반복 메서드와 콜백 함수를 알기 쉽게 설명하는 것이 목적이므로 forEach 메서드를 사용했습니다. 인덱스와 값을 사용하는 반복이라면 for문 또는 뒤에서 설명하는 entries 메서드와 for...of문을 사용하는 것도 좋습니다.

다른 반복 메서드도 알아보겠습니다. 먼저 **every 메서드**와 **some 메서드**는 배열의 모든 요소 또는 적어도 한 요소가 콜백 함수를 만족하는가, 즉 true를 반환하는가를 판정합니다. **filter 메서드**는 배열 요소 중에서 콜백 함수를 만족하는 요소만 가진 배열을 반환합니다. **map 메서드**는 콜백 함수의 결과를 배열로 반환합니다.

이 메서드들에 부여한 콜백 함수에는 forEach 메서드와 마찬가지로 값, 인덱스, 원래 배열을 저장하기 위한 파라미터 세 개를 사용합니다. 예시로 [예제 7-10]을 확인해봅니다.

예제 7-10 Array 객체의 반복 메서드 [07-04.gs]

```
01  function myFunction07_04_07() {
02    const array = ['Bob', 'Tom', 'Jay'];
03
04    console.log(array.every(value => value.length === 3)); //true
05    console.log(array.some(value => value === 'Tom')); //true
06    console.log(array.find(value => value === 'Tom')); //'Tom'
07    console.log(array.findIndex(value => value === 'Tom')); //1
08
09     console.log(array.filter(value => value.charAt(1) === 'o')); //
      ['Bob', 'Tom']
10    console.log(array.map(value => value.length)); //[3, 3, 3]
11  }
```

reduce 메서드와 reduceRight 메서드는 배열 안의 요소를 처음 또는 마지막 요소부터 콜백 함수를 실행해 하나의 값으로 모아 반환합니다. 콜백 함수에는 다음과 같이 네 가지 역할을 하는 파라미터를 사용할 수 있습니다.

- 직전 콜백 함수 실행 반환값(또는 초기값)
- 현재값
- 인덱스(생략 가능)
- 원래 배열(생략 가능)

이 메서드들은 생략 가능한 두 번째 인수로 초기값을 설정할 수 있습니다. 초기값을 지정하면 첫 번째 호출에서 초기값으로 사용됩니다. 그렇지 않으면 배열의 인덱스 0의 요소가 초기값, 인덱스 1의 요소를 현재값으로 하여 반복을 시작합니다. 그럼 예시로 [예제 7-11]을 확인해봅니다.

예제 7-11 reduce 메서드와 reduceRight 메서드 [07-04.gs]

```
01  function myFunction07_04_08() {
02    const array = ['Bob', 'Tom', 'Jay'];
03
04    console.log(array.reduce((accumulator, current) => accumulator +
      current, 'Ivy')); //IvyBobTomJay
05    console.log(array.reduceRight((accumulator, current) => accumulator +
      current)); //JayTomBob
06  }
```

> 'Ivy'를 초기값으로 하여 배열 array의 모든 요소를 처음부터 연결한다.

> 배열 array의 모든 요소를 마지막부터 연결한다(초기값 없음).

실행 결과

```
IvyBobTomJay
JayTomBob
```

반복 메서드 작동 방식이나 사용 방법이 복잡하게 보일 수도 있습니다. 하지만 배열을 많이 사용하는 GAS 프로그래밍에서는 for문뿐만 아니라 반복 메서드도 이용해 루프 처리를 하게 될 것입니다.

> 📌 **NOTE**
>
> 반복 메서드의 콜백 함수 안에서는 break문이나 continue문을 사용할 수 없습니다. 반복 제어가 필요할 때는 for문이나 for..of문을 사용합니다.

for...of문에서 인덱스 사용하기

배열에서 루프를 할 때, 그 처리 안에서 인덱스를 이용하고 싶은 경우에는 for문을 이용하거나 반복 메서드를 사용할 수 있습니다. 그러나 entries 메서드를 활용하면 for...of문으로 동일한 기능을 구현할 수 있습니다.

배열.entries()

---

entries 메서드는 배열에서 반복 가능 객체를 생성합니다. 요소는 [그림 7-1]과
같이 인덱스와 요소의 배열로 구성됩니다.

그림 7-1 entries 메서드를 이용한 반복 가능 객체

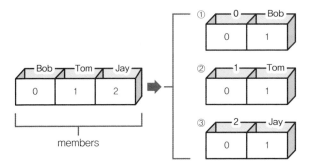

entries 메서드로 생성한 반복 객체를 for...of문을 이용한 루프의 대상으로
삼으면 각 반복 처리 안에서 요소와 인덱스를 사용할 수 있습니다. 예시로 [예제
7-12]를 확인해봅니다.

예제 7-12 for...of문에서 인덱스를 사용 [07-04.gs]

```
01  function myFunction07_04_09() {
02    const members = ['Bob', 'Tom', 'Jay'];
03
04    for (const [index, member] of members.entries()) {
05      console.log(`${index}: Hello ${member}!`);
06    }
07  }
```

> entries 메서드로 생성된
> 반복 가능 객체에서 분할
> 대입으로 인덱스와 요소
> 를 꺼내면서 루프를 돈다.

```
0: Hello Bob!
1: Hello Tom!
2: Hello Jay!
```

for...of문에서 요소를 받을 때 분할 대입을 사용하는 점이 포인트입니다. 인덱스를 이용한 배열의 루프를 스마트하게 구현할 수 있으므로 꼭 활용하기 바랍니다.

7.5 함수 다루기 - Function 객체

Function 객체

Function 객체는 함수를 다루는 객체입니다. new 연산자를 이용해 인스턴스를 생성할 수 있습니다.

구문

new Function(파라미터 1, 파라미터 2, ..., 함수 내 처리)

예를 들어 [예제 7-13]과 같이 작성하면 Function 객체의 인스턴스, 즉 함수 sayHello를 생성합니다.

예제 7-13 Function 객체의 인스턴스 생성 [07-05.gs]

```
01    function myFunction07_05_01() {
02      const sayHello = new Function('name', 'console.log(`Hello ${name}!`)');
03      sayHello('Bob'); //Hello Bob !
04    }
```

그러나 예제에서 볼 수 있듯 new 연산자를 이용한 함수 정의는 가독성이 낮으므로 이제까지 했던 것처럼 함수 선언 또는 화살표 함수를 이용하는 편이 낫습니다.

구문

function 함수명(파라미터 1, 파라미터 2, ...) {
  // 처리
}

구문 [V8]

```
(파라미터 1, 파라미터 2, …) => {
  // 처리
}
```

Function 객체의 주요 멤버는 [표 7-5]와 같습니다.

표 7-5 Function 객체의 주요 멤버

분류	멤버	반환값	설명
메서드	toString()	String	함수를 문자열로 변환해서 반환
속성	length	–	인수의 수
	name	–	함수의 이름

예시로 [예제 7-14]를 확인해봅니다.

예제 7-14 Function 객체의 메서드와 속성 [07-05.gs]

```
01  function myFunction07_05_02() {
02    const greet = (name, age) => {
03      console.log("I'm ${name}. I'm ${age} years old.");
04    };
05
06    console.log(greet.name);
07    console.log(greet.length);
08    console.log(greet.toString());
09  }
```

실행 결과

```
greet
2
(name, age) => {
  console.log("I'm ${name}. I'm ${age} years old.");
  }
```

아마도 실무에서 사용하는 스크립트에 Function 객체의 멤버를 직접 사용할 기회는 많지 않을 것입니다. 여기에서는 함수도 객체의 일종이라는 점을 알아두는 정도로 충분할 것입니다.

7.6 날짜와 시간 다루기 - Date 객체

Date 객체

Date 객체는 날짜, 시각을 다루는 객체입니다. 배열이나 함수 등과 같이 리터럴은 존재하지 않으므로 new 연산자를 이용해 인스턴스를 생성합니다. Date 객체의 인스턴스는 여러 방법으로 생성할 수 있으며 각각에 관해 알아보겠습니다. 먼저 인수를 지정하지 않는 경우는 현재의 날짜/시간을 나타내는 Date 객체의 인스턴스를 생성합니다.

구문

```
new Date()
```

또한 지정한 날짜/시간에서 Date 객체의 인스턴스를 생성할 때는 년, 월, 일, 시, 분, 초, 밀리초를 각각 수치로 인수에 전달합니다. 시, 분, 초, 밀리초는 생략할 수 있습니다. 그리고 월은 1~12가 아니라 0~11로 전달해야 하는 점을 주의하기 바랍니다.

구문

```
new Date(년, 월, 일[, 시, 분, 초, 밀리초])
```

지정한 날짜/시간으로 Date 객체의 인스턴스를 생성하는 다른 방법으로 날짜 문자열을 사용할 수 있습니다. 예를 들면 2021/09/05 09:37:15와 같은 형태입니다. 또는 Sep 05 2021 09:37:15와 같이 영문 형식으로 지정할 수도 있습니다.

구문

new Date(날짜 문자열)

1970/01/01 00:00:00부터 경과한 밀리초를 **타임스탬프**timestamp라 부릅니다. 타임스탬프값을 지정해 Date 객체의 인스턴스를 생성할 수도 있습니다.

구문

new Date(타임스탬프값)

인수에 Date 객체를 전달해 인스턴스를 생성하면 Date 객체 복사본을 만들 수 있습니다.

구문

new Date(Date 객체)

Date 객체를 변경해야 하거나 원래 Date 객체를 남겨두고 싶을 때는 이 방법을 이용해 복사해두도록 합니다. 각 Date 객체의 인스턴스 생성 방법을 [예제 7-15]로 확인해봅니다.

예제 7-15 Date 객체 생성 [07-06.gs]

```
01  function myFunction07_06_01() {
02    console.log(new Date());
03    console.log(new Date(2020, 7, 17, 10, 28, 15));
04    console.log(new Date('2020/07/17 10:28:15'));
05    console.log(new Date(1594949295777));
06
07    const d = new Date();
08    console.log(new Date(d));
09  }
```

```
Wed Oct 06 2021 08:40:00 GMT+0900 (Korean Standard Time)
Mon Aug 17 2020 10:28:15 GMT+0900 (Korean Standard Time)
Fri Jul 17 2020 10:28:15 GMT+0900 (Korean Standard Time)
Fri Jul 17 2020 10:28:15 GMT+0900 (Korean Standard Time)
Wed Oct 06 2021 08:40:00 GMT+0900 (Korean Standard Time)
```

실행 결과의 가장 처음과 마지막 출력은 스크립트를 실행한 날짜/시간이 됩니다.
Date 객체의 주요 멤버는 [표 7-6]과 같습니다. Date 객체의 각 요소를 얻거나 설
정하는 메서드가 대부분입니다.

표 7-6 Date 객체의 주요 멤버

분류	멤버	반환값	설명
메서드	getFullYear()	Integer	년도(4자리 년도)를 반환
	getMonth()	Integer	월(0~11)을 반환
	getDate()	Integer	일(1~31)을 반환
	getDay()	Integer	요일(0~6)을 반환
	getHours()	Integer	시(0~23)를 반환
	getMinutes()	Integer	분(0~59)을 반환
	getSeconds()	Integer	초(0~59)를 반환
	getMilliseconds()	Integer	밀리초(0~999)를 반환
	getTime()	Integer	1970년 1월 1일 00:00:00부터 경과한 밀리초를 반환
	getTimezoneOffset()	Integer	현지 시각과 협정 세계 시각(UTC)의 차를 반환
	setFullYear(y)	Integer	년도를 y(4자리 년도)에 설정
	setMonth(m)	Integer	월을 m(0~11)에 설정
	setDate(d)	Integer	일을 d(1~31)에 설정
	setHours(h)	Integer	시를 h(0~23)에 설정
	setMinutes(m)	Integer	분을 m(0~59)에 설정
	setSeconds(s)	Integer	초를 s(0~59)에 설정
	setMilliseconds(ms)	Integer	밀리초를 ms(0~999)에 설정

setTime(ts)	Integer	1970년 1월 1일 00:00:00부터 경과한 밀리초를 ts에 설정
toString()	String	날짜/시간을 문자열로 변환해서 반환
toDateString()	String	날짜 부분을 문자열로 변환해서 반환
toTimeString()	String	시간 부분을 문자열로 변환해서 반환
toJSON()	String	날짜/시간을 JSON 문자열로 변환해서 반환

Date 객체의 주요 멤버의 동작을 [예제 7-16]에서 확인해봅니다.

예제 7-16 Date 객체의 멤버 [07-06.gs]

```
01  function myFunction07_06_02() {
02    const d = new Date(2020, 6, 17, 10, 28, 15, 777);
03
04    console.log(d.getFullYear()); //2020
05    console.log(d.getMonth()); //6(=7월)
06    console.log(d.getDate()); //17
07    console.log(d.getDay()); //5(=금요일)
08    console.log(d.getHours()); //10
09    console.log(d.getMinutes()); //28
10    console.log(d.getSeconds()); //15
11    console.log(d.getMilliseconds()); //777
12    console.log(d.getTime()); //1594949295777
13
14    console.log(d.getTimezoneOffset()); //-540
15
16    d.setFullYear(2020);
17    d.setMonth(0);
18    d.setDate(1);
19    d.setHours(1);
20    d.setMinutes(11);
21    d.setSeconds(11);
22    d.setMilliseconds(111);
23
24    console.log(d.toString()); //Wed Jan 01 2020 01:11:11 GMT+0900 (한국 표준시)
```

```
25    console.log(d.toDateString()); //Wed Jan 01 2020
26    console.log(d.toTimeString()); //01:11:11 GMT+0900 (한국 표준시)
27    console.log(d.toJSON()); //2019-12-31T16:11:11.111Z
28  }
```

날짜/시간 연산과 복제

Date 객체에서는 날짜/시간을 연산하는 메서드를 제공하지 않습니다. Date 객체
에서 필요한 요소를 얻어 수치 연산을 한 뒤 그 결과를 Date 객체에 설정해야 합
니다. [예제 7-17]에서는 어떤 Date 객체로부터 120분 후를 나타내는 Date 객체
를 만듭니다.

예제 7-17 Date 객체의 연산과 복제 [07-06.gs]

```
01    function myFunction07_06_03() {
02      const start = new Date('2020/5/5 20:00');      Date 객체의 복제를 생성해서
03      const end = new Date(start);                   end로 설정한다.
04
05      end.setMinutes(start.getMinutes() + 120);      start의 '분'에 120을 더해 end
06      console.log(start); //Tue May 05 2020 20:00:00 GMT+0900 (한국 표준시)  로 설정한다.
07      console.log(end); //Tue May 05 2020 22:00:00 GMT+0900 (한국 표준시)
08    }
```

이때 상수 end로 대입할 때 코드를 const end = star로 작성해서는 안됩니다. 객
체 대입은 참조값을 대입하는 것이므로 상수 start와 end가 같은 객체를 참조하
게 됩니다. new 연산자를 이용해 새로운 Date 객체를 복사해서 생성해야 합니다.

7.7 정규 표현 다루기 - RegExp 객체

정규 표현

정규 표현regular expression은 문자열의 패턴을 표현하는 방법입니다. 정규 표현은 a~Z, 0~9와 같이 보통 문자와 [], {} 같이 특수한 역할을 하는 특수 문자(**메타 문자**meta character)를 조합해서 패턴을 나타냅니다.

예를 들어 핸드폰 번호는 '3자리 숫자, 하이픈, 4자리 숫자, 하이픈, 4자리 숫자'라는 패턴으로 구성되어 있습니다. 이 패턴을 정규 표현으로 나타내면 [0-9]{3}-[0-9]{4}-[0-9]{4}가 됩니다. 또한 'B로 시작해 b로 끝나는 3문자 이상의 문자열(Bob, Bomb 등)' 같은 패턴은 정규 표현으로 B.+b로 나타낼 수 있습니다.

이처럼 정규 표현은 다양한 패턴을 표현할 수 있으며 이를 이용하면 텍스트 안에서 특정한 패턴의 문자열을 찾고, 추출하고, 바꿀 수 있습니다. 정규 표현 패턴으로 검색해 일치하는 것을 **매치**match**한다**고 말합니다.

자바스크립트에서 사용할 수 있는 정규 표현의 주요 메타 문자 사용법은 [표 7-7]과 같습니다.

표 7-7 정규 표현에서 사용하는 주요 문자 및 사용법

문자	기능	정규 표현 예시	매치하는 문자열 예시
.	임의의 한 글자	T.m 안녕..요	Tom, Tam, T2m 안녕하세요, 안녕하세요
*	직전 문자가 0글자 이상	Bo*b	Bb, Bob, Boob
+	직전 문자가 한 글자 이상	Bo+b	Bob, Boob
?	직전 문자가 없거나 한 글자	Bo?b	Bb, Bob
	(다른 메타 문자 직후 지정 시)가장 짧은 문자열과 매치하도록 제한	–	–

{n} {n,} {n,m}	직전의 문자가 n글자 직전의 문자가 n글자 이상 직전의 문자가 n~m글자	Bo{2}b Bo{1,}b Bo{1,2}b	Boob Bob, Booob, Bob, Boob
|	또는	Bob|Tom	Bob, Tom
[]	대괄호 내 문자 중 한 글자	T[aio]m [0-9] [A-Z]	Tam, Tim, Tom 0, 1, 9 A, B, Z
[^]	대괄호 내 문자 이외의 한 글자	T[^aio]m [^0-9]	Tem, Tym A, 가, 나
()	그룹	(Bob)+ 나는 (Bob|Tom)입니다	Bob, BobBob 나는 Bob입니다, 나는 Tom입니다
^	행의 처음	-	-
$	행의 끝	-	-
\	메타 문자 이스케이프	\\\|\+	\, +
\w	임의의 영문자, 숫자, 언더스코어 중 한 글자(A-Za-z0-9_와 같음)	\w	a, A, 0
\d	숫자 한 글자(0-9와 같음)	\d	0, 1, 9
\n	줄바꿈(Line Feed)	-	-
\r	복귀(Carriage Return)	-	-
\t	탭	-	-
\s	공백 문자(줄바꿈, 복귀, 탭 포함)	-	-

RegExp 객체

RegExp 객체는 자바스크립트에서 정규 표현을 다루는 기능을 제공합니다. RegExp 객체는 다음과 같이 new 연산자를 이용해 인스턴스를 생성합니다.

구문

```
new RegExp('정규 표현'[, '플래그'])
```

하지만 정규 표현은 다음과 같이 /(슬래시)로 감싼 정규 표현 리터럴로 표기할 수 있으며 일반적으로 이를 더 많이 사용합니다.

구문

/정규 표현/플래그

/를 정규 표현 패턴 안에서 사용할 때는 \/와 같이 이스케이프를 해야 합니다. **플래그**^{flag}는 정규 표현으로 검색 시 동작하는 옵션을 설정할 때 이용합니다. 여러 플래그를 사용할 때는 gi와 같이 나열해서 지정할 수 있습니다. 주요 플래그는 [표 7-8]과 같습니다.

표 7-8 정규 표현 플래그

플래그	설명
g	글로벌 검색. 첫 번째 매치에서 정지하지 않고 모든 매치를 찾는다.
i	대문자, 소문자를 구별하지 않는다.
m	여러 행을 검색한다.

RegExp 객체의 주요 멤버를 [표 7-9]에 나타냈습니다. 정규 표현을 이용한 검색 또는 정규 표현과 그 검색에 관한 정보를 얻는 멤버로 구성되어 있습니다.

표 7-9 RegExp 객체의 주요 멤버

분류	멤버	반환값	설명
메서드	exec(str)	Array	문자열에 대해 정규 표현으로 검색한 결과를 배열로 반환
	test(str)	Boolean	문자열에 대해 정규 표현으로 검색 테스트 결과를 논리값으로 반환
	toString()	String	정규 표현을 문자열로 반환
속성	lastIndex	–	다음 매치가 시작되는 위치
	global	–	g 플래그의 논리값
	ignoreCase	–	i 플래그의 논리값
	multiline	–	m 플래그의 논리값
	source	–	정규 표현 패턴의 텍스트 부분

RegExp 객체 각 멤버의 동작을 [예제 7-18]로 확인해봅니다.

예제 7-18 RegExp 객체의 멤버 [07-07.gs]

```
01   function myFunction07_07_01() {
02     const str = "I'm Bob. Tom is my friend.";
03
04     const reg = /.o./g;
05     console.log(reg.test(str)); //true
06
07     console.log(reg.toString()); ///.o./g
08     console.log(reg.source); //.o.
09
10     console.log(reg.global); //true
11     console.log(reg.ignoreCase); //false
12     console.log(reg.multiline); //false
13   }
```

정규 표현 패턴을 더 알아보겠습니다. 정규 표현 reg는 '임의의 한 문자, 소문자 알파벳 o, 임의의 한 문자'를 나타내는 패턴이며 글로벌 검색 플래그 g가 설정되어 있습니다. 문자열 str 중에서 Bob과 Tom이 정규 표현과 매치합니다. 정규 표현을 이용한 검색에 관해서는 다음 절에서 자세히 살펴봅니다.

정규 표현을 이용한 문자열 검색

정규 표현을 이용해 문자열을 검색하는 방법으로 exec 메서드가 있습니다.

구문

정규 표현.exec(문자열)

예시로 [예제 7-19]를 실행해봅니다.

예제 7-19 exec 메서드 [07-07.gs]

```
01  function myFunction07_07_02() {
02    const str = "I'm Bob. Tom is my friend.";
03    const reg = /.o./g;
04
05    console.log(reg.exec(str));
06  }
```

실행 결과

```
[ 'Bob',
  index: 4,
  input: 'I\'m Bob. Tom is my friend.',
  groups: undefined]
```

로그에 출력된 내용은 그리 익숙하지 않은 형식입니다. 문자열 str 안에 Bob과 Tom이라는 2개의 문자열이 매치되어야 하지만 Tom은 출력되지 않습니다. 이 점에 관해 설명을 보충합니다.

우선 exec 메서드는 문자열을 검색해서 정규 표현에 매치한 첫 번째 문자열을 하나만 포함하는 배열을 반환합니다. 배열의 인덱스 0에 매치한 문자열이 저장됩니다. 이때 정규 표현 g 플래그가 설정되어 있으면 정규 표현의 **lastIndex 속성**값을 매치한 부분의 다음 위치를 나타내는 수치로 치환합니다. 그러므로 exec 메서드를 다시 실행하면 이전 결과에서 이어서 검색을 시작합니다.

배열에 포함된 index: 4, input: 'I\'m Bob. Tom is my friend.는 확장 속성이라 불리며 그 배열의 속성으로 추출할 수 있습니다. 그리고 매치하는 문자열이 없으면 exec 메서드는 null을 반환합니다. [예제 7-20]을 실행해서 확인해봅니다.

예제 7-20 exec 메서드로 모든 매치를 출력 [07-07.gs]

```
01  function myFunction07_07_03() {
02    const str = "I'm Bob. Tom is my friend.";
03    const reg = /.o./g;
```

```
04
05      let result;
06      while (result = reg.exec(str)) {
07        console.log(`result: ${result[0]}, lastIndex: ${result.index}`);
08      }
09    }
```

> exec 메서드로 매치하는 문자열이 있는 동안 반복한다.

> 매치한 문자열 result[0]과 lastIndex 속성값을 로그에 출력한다.

실행 결과

```
result: Bob, lastIndex: 4
result: Tom, lastIndex: 9
```

문자열 str에 대해 정규 표현 reg에 매치하는 문자열 모두를 검색하고 그 문자열과 위치를 나타내는 숫자가 로그에 출력됩니다. result.index는 reg.lastIndex로 해도 결과가 동일하게 나타납니다.

정규 표현에 매치한 문자열을 모아서 얻는 다른 방법이 있습니다. String 객체의 match 메서드를 사용하는 방법입니다. match 메서드는 다음과 같이 사용합니다.

구문

문자열.match(정규 표현)

match 메서드 사용 예시는 [예제 7-21]과 같습니다. 매치한 모든 문자열을 배열로 반환하는 것을 알 수 있습니다. 단, g 플래그를 설정하지 않으면 가장 처음 매치한 문자열만 배열로 반환합니다.

예제 7-21 match 메서드를 이용한 문자열 검색 [07-07.gs]

```
01    function myFunction07_07_04() {
02      const str = "I'm Bob. Tom is my friend.";
03
04      let reg = /.o./g;
05      console.log(str.match(reg)); //[Bob, Tom]
```

> g 플래그를 설정하면 매치한 모든 문자열을 반환한다.

```
06
07     reg = /.o./;
08     console.log(str.match(reg)); //[Bob]
09   }
```

> g 플래그가 없으면 가장 처음
> 매치한 문자열만 반환한다.

실행 결과

```
[ 'Bob', 'Tom' ]
[ 'Bob',
  index: 4,
  input: 'I\'m Bob. Tom is my friend.',
  groups: undefined ]
```

일반적으로 매치한 문자열을 모두 얻는다면 match 메서드를 사용하는 편이 간단합니다. 단, match 메서드에서는 lastIndex 속성이 덮어 쓰이므로 매치한 문자열의 위치 처리가 필요할 때는 exec 메서드를 사용하는 것이 좋습니다.

> **💡 NOTE**
>
> exec 메서드 및 정규 표현에 g 플래그를 설정하지 않는 경우의 match 메서드 반환값은 엄밀히 말하면 '최초 검색 결과, 하위 매치 문자열 및 확장 속성으로 구성된 배열'입니다. 하위 매치 문자열이란 정규 표현 안에 소괄호로 그루핑된 부분(서브 매치 패턴)과 매치한 문자열입니다.

정규 표현을 이용한 문자열 치환 및 분할

정규 표현으로 매치한 문자열을 치환할 때는 String 객체의 replace 메서드를 사용합니다. 다음과 같이 기술해 정규 표현에 매치한 문자열을 치환 후의 문자열로 바꿀 수 있습니다.

구문

문자열.replace(정규 표현, 치환 후의 문자열)

간단한 예시로 [예제 7–22]를 확인해봅니다. 정규 표현에 매치하는 Bob, Tom 모두 Jay로 치환됩니다.

예제 7-22 replace 메서드를 이용한 문자열 치환 [07–07.gs]

```
01  function myFunction07_07_05() {
02    const str = "I'm Bob. Tom is my friend.";
03    const reg = /.o./g;
04
05    console.log(str.replace(reg, 'Jay')); //I'm Jay. Jay is my friend.
06  }
```

> 정규 표현에 매치한 문자열을
> Jay로 치환한다.

String 객체의 **split 메서드**는 지정한 문자열로 대상 문자열을 분할해 배열로 반환합니다. split 메서드의 인수로는 문자열뿐만 아니라 다음과 같이 정규 표현을 사용할 수도 있습니다.

구문

문자열.split(정규 표현)

예시로 [예제 7–23]을 실행해봅니다. 정규 표현 패턴은 ': (콜론), \/ (슬래시), \s (공백 문자) 중 하나의 문자'입니다. 문자열 str 및 date의 내용이 해당 문자열 중 한 문자로 분할되어 배열에 저장되는 것을 확인할 수 있습니다.

예제 7-23 split 메서드를 이용한 문자열 분할 [07–07.gs]

```
01  function myFunction07_07_06() {
02    const str = "I'm Bob. Tom is my friend.";
03    const date = '2020/07/19 09:55:15';
04
```

```
05    const reg = /[:\/\s]/g; ────────────── :, /, \s 중 한 문자를 나타내는 정규 표현
06    console.log(str.split(reg)); //['I\'m', 'Bob.', 'Tom', 'is', 'my', 'friend.']
07    console.log(date.split(reg)); //['2020', '07', '19', '09', '55', '15']
08  }
```

정규 표현에 매치한 위치에서 문자열을 분할해 배열로 만든다.

💡 **NOTE**

replace 메서드, split 메서드는 인수에 정규 표현뿐만 아니라 문자열을 지정할 수도 있습니다. 두 가지 방법을 모두 활용합시다.

7.8 예외 정보 얻기 - Error 객체

Error 객체

Error 객체는 예외 정보를 다루는 객체입니다. 스크립트에서 에러가 발생할 때 생성되며 4장에서 설명한 것처럼 new 연산자로 Error 객체의 인스턴스로 생성할 수 있습니다.

구문

```
new Error(에러 메시지)
```

그리고 다음과 같이 throw문을 이용해 실제로 예외를 발생시킬 수 있습니다.

구문

```
throw new Error(에러 메시지)
```

Error 객체의 주요 멤버를 [표 7-10]에 정리했습니다. 에러 메시지를 비롯해 예외 관한 정보를 얻을 수 있습니다.

표 7-10 Error 객체의 주요 멤버

분류	멤버	반환값	설명
메서드	toString()	String	예외를 문자열로 반환
속성	message	–	에러 메시지
	name	–	예외 종류 이름
	stack	–	스택트레이스

[예제 7-24]에서 Error 객체의 이름 멤버의 내용을 확인해봅니다.

예제 7-24 Error 객체의 멤버 [07–08.gs]

```
01  function myFunction07_08_01() {
02    try{
03      throw new Error('발생시킨 예외');
04    } catch(e) {
05      console.log(e.name);
06      console.log(e.message);
07      console.log(e.toString());
08      console.log(e.stack);
09    }
10  }
```

실행 결과

```
Error
발생시킨 예외
Error: 발생시킨 예외
Error: 발생시킨 예외
    at myFunction07_08_01 (07-08:3:11)
    at __GS_INTERNAL_top_function_call__.gs:1:8
```

Error 객체는 일반적인 예외를 나타내는 객체이지만 예외의 종류에 따라 객체를 제공하므로 이들을 대신 이용할 수 있습니다. 주요 예외를 [표 7–11]에 정리했습니다.

표 7-11 예외를 나타내는 기타 주요 객체

객체	설명
RangeError	값이 배열 안에 존재하지 않음. 또는 값이 허용 범위 안에 없으면 에러
ReferenceError	존재하지 않는 변수가 참조되면 에러
SyntaxError	구문이 올바르지 않으면 에러
TypeError	값이 올바른 타입이 아니면 에러

예를 들어 [예제 7-25]를 실행하면 [그림 7-2]와 같이 TypeError를 발생시킬 수 있습니다. 타입에 관한 문제를 전달하고자 하는 경우에는 이 방법이 편리합니다.

예제 7-25 TypeError 발생시키기 [07–08.gs]

```
01  function myFunction07_08_02() {
02    throw new TypeError('발생시킨 타입에 관한 예외');
03  }
```

그림 7-2 발생시킨 TypeError

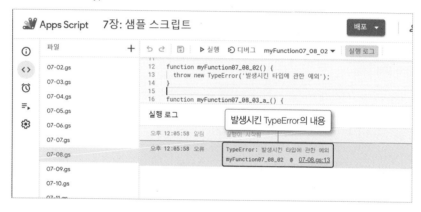

스택트레이스

stack **속성**을 사용하면 **스택트레이스**stacktrace, 즉 예외가 발생할 때까지 호출된 함수의 기록을 얻을 수 있습니다. 예시로 [예제 7-26]의 myFunction07_08_03_c를 실행해봅니다.

예제 7-26 stack 속성으로 스택트레이스를 확인 [07–08.gs]

```
01  function myFunction07_08_03_a_() {
02    throw new Error('발생시킨 예외');          ──── 예외가 발생한다.
03  }
```

```
04
05    function myFunction07_08_03_b_() {
06      myFunction07_08_03_a_();          ──────  myFunction07_08_03_a_를 호출한다.
07    }
08
09    function myFunction07_08_03_c() {
10      try{
11        myFunction07_08_03_b_();        ──────  myFunction07_08_03_b_를 호출한다.
12      } catch(e) {
13        console.log(e.stack);           ──────  발생한 예외를 캐치해서 스택
14      }                                          트레이스를 로그에 출력한다.
15    }
```

실행 결과

```
Error: 발생시킨 예외
    at myFunction07_08_03_a_ (07-08:2:9)
    at myFunction07_08_03_b_ (07-08:6:3)
    at myFunction07_08_03_c (07-08:11:5)
    at __GS_INTERNAL_top_function_call__.gs:1:8
```

각 함수의 호출 기록은 at 함수명(스크립트 파일명:행 번호:컬럼 번호)의 형
식으로 출력됩니다. 이렇게 스택트레이스를 사용해 예외가 발생한 위치에서 함수
호출 경로를 거슬러 확인할 수 있으며 그 호출이 수행된 스크립트 파일 및 호출
위치를 확인할 수 있습니다.

수학 연산 실행하기 - Math 객체

Math 객체

Math 객체는 다양한 수학 연산을 제공하는 객체입니다. [표 7-12]에 나타낸 것처럼 Math 객체의 멤버는 모두 정적 멤버이며 new 연산자 등으로 인스턴스를 생성할 필요가 없습니다.

표 7-12 Math 객체의 주요 멤버

분류	멤버	반환값	설명	V8 이후
정적 속성	Math.E	–	자연 지수(네이피어 수, 오일러 수)	
	Math.LN2	–	2의 자연 로그	
	Math.LN10	–	10의 자연 로그	
	Math.LOG2E	–	2를 밑으로 하는 E의 로그	
	Math.LOG10E	–	10을 밑으로 하는 E의 로그	
	Math.PI	–	원주율	
	Math.SQRT1_2	–	1/2의 제곱근	
	Math.SQRT2	–	2의 제곱근	
정적 메서드	Math.abs(x)	Number	x의 절댓값을 반환	
	Math.sign(x)	Integer	x가 양수이면 1, 음수이면 1, 0이면 0을 반환	V8
	Math.ceil(x)	Integer	x의 소수점 이하를 올린 정수를 반환	
	Math.floor(x)	Integer	x의 소수점 이하를 버린 정수를 반환	
	Math.round(x)	Integer	x를 반올림한 정수를 반환	
	Math.trunc(x)	Integer	x의 정수 부분을 반환	V8

Math.exp(x)	Number	자연 지수(네이피어 수, 오일러 수)의 x 제곱을 반환	
Math.log(x)	Number	x의 자연 로그를 반환	
Math.log10(x)	Number	밑을 10으로 하는 x의 로그를 반환	V8
Math.log2(x)	Number	밑을 2로 하는 x의 로그를 반환	V8
Math.max(x, y, ...)	Number	x, y... 중 최댓값을 반환	
Math.min(x, y, ...)	Number	x, y... 중 최솟값을 반환	
Math.pow(x, y)	Number	x의 y 제곱을 반환	
Math.random()	Number	0 이상 1 미만의 난수를 반환	
Math.sqrt(x)	Number	x의 제곱근을 반환	
Math.cbrt(x)	Number	x의 세제곱근을 반환	V8
Math.hypot(x, y, ...)	Number	x, y... 제곱 평균의 제곱근을 반환	V8
Math.sin(x)	Number	x의 사인값을 반환	
Math.cos(x)	Number	x의 코사인값을 반환	
Math.tan(x)	Number	x의 탄젠트값을 반환	
Math.acos(x)	Number	x의 에이코사인값을 반환	
Math.asin(x)	Number	x의 에이사인값을 반환	
Math.atan(x)	Number	x의 에이탄젠트값을 반환	
Math.atan2(y, x)	Number	y/x의 에이탄젠트값을 반환	

Math 객체의 몇몇 멤버 사용 예시를 [예제 7-27]에서 확인해봅니다. 사용 방법이 모두 직관적인 것을 알 수 있습니다.

예제 7-27 Math 객체의 멤버 [07-09.gs]

```
01  function myFunction07_09_01() {
02    console.log(Math.PI); //3.141592653589793
03    console.log(Math.SQRT2); //1.4142135623730951
04    console.log(Math.sqrt(3)); //1.7320508075688772
05    console.log(Math.cbrt(27)); //3
06    console.log(Math.hypot(3, 4)); //5
07
08    console.log(Math.abs(-3)); //3
```

```
09    console.log(Math.sign(-3)); //-1
10
11    console.log(Math.ceil(10.5)); //11
12    console.log(Math.floor(10.5)); //10
13    console.log(Math.round(10.5)); //11
14    console.log(Math.trunc(10.5)); //10
15
16    console.log(Math.max(3,9,1,7,5)); //9
17    console.log(Math.min(3,9,1,7,5)); //1
18
19    console.log(Math.random()); //0 이상 1 미만의 난수
20  }
```

지정 범위 안의 정수 난수 생성하기

예를 들어 제비 뽑기와 같이 무언가 중에서 하나를 적당히 고르는 프로그램을 만들고 싶을 때는 난수(무작위로 추출된 수)를 사용합니다. 그리고 테스트 목적으로 의사 데이터를 만들 때도 난수를 사용하면 편리합니다. 자바스크립트에서 난수를 생성할 때는 다음과 같이 Math 객체의 **random 메서드**를 사용합니다.

구문

```
Math.random()
```

random 메서드를 그대로 사용하면 0 이상 1 미만의 임의의 수를 반환합니다. 예를 들어 '1에서 100까지의 정수'와 같이 지정한 범위 안에서 난수를 발생시키고 싶을 때는 약간의 트릭이 필요합니다. 먼저 지정한 범위의 난수를 발생시키는 것을 생각해봅시다. 예를 들어 min부터 max 범위에서 난수는 다음과 같이 발생시킬 수 있습니다.

```
Math.random() * (max - min) + min
```

이 명령으로 범위 내의 난수를 얻을 수 있지만 그 수는 소수이므로 소수점 이하를 버려 정수로 바꾸어야 합니다. 소수점 이하를 버릴 때는 다음과 같이 floor 메서드를 이용합니다.

구문

```
Math.floor(수치)
```

다음과 같이 범위 안에서 발생시킨 난수에 floor 메서드를 사용해 범위 안의 정수 난수를 만들 수 있습니다.

```
Math.floor(Math.random() * (max - min + 1 ) + min)
```

[예제 7-28]은 지정 범위 안의 정수 난수를 발생하는 예입니다. 예제를 실행해 결과를 확인해봅니다.

예제 7-28 범위 안의 정수 난수 발생시키기 [07-09.gs]

```
01  function myFunction07_09_02() {
02    const min = 5, max = 10;
03
04    for (let i = 1; i <= 5; i++) {
05      console.log(Math.floor(Math.random() * (max - min + 1) + min));
06    }                         min에서 max 사이의 정수 난수를 생성한다.
07  }
```

실행 결과

```
9
6
8
10
5
```

배열 요소의 최댓값, 최솟값 구하기

여러 수치들 중 최댓값, 최솟값을 구할 때는 Math 객체의 max 메서드, min 메서드를 사용합니다. 사용 구문은 각각 다음과 같습니다.

구문

```
Math.max(인수 1, 인수 2, ...)
```

구문

```
Math.min(인수 1, 인수 2, ...)
```

이 메서드들은 대상이 되는 수치의 집합을 모두 인수로 전달해야 합니다. 수치가 많을 때 또는 그 수가 변할 때 배열로 지정 가능하면 편하겠지만 max 메서드 및 min 메서드에는 배열을 인수로 지정할 수 없습니다. 그럴 때는 스프레드 구문을 활용하면 좋습니다. [예제 7-29]를 실행해 결과를 확인해봅니다.

예제 7-29 배열 요소의 최댓값, 최솟값 [07-09.gs]

```
01   function myFunction07_09_03() {
02     const numbers = [3, 9, 1, 7, 5];
03
04     console.log(Math.min(...numbers));  //1
05     console.log(Math.max(...numbers));  //9
06   }
```

7.10 JSON 데이터 다루기 - JSON 객체

JSON

JSON[JavaScript Object Notation]은 데이터를 표현하는 기법의 하나로, 애플리케이션 사이의 데이터 전송에서 사용되는 문자열 데이터를 말합니다. 표기 방법은 자바스크립트의 객체 리터럴 및 배열 리터럴 구조를 기반으로 하고 있습니다. 따라서 자바스크립트와 호환성이 높고 웹 애플리케이션 사이의 데이터 교환용 포맷으로 널리 사용되고 있습니다. GAS에서도 외부 애플리케이션과 데이터를 주고받을 때 JSON 형식을 많이 사용합니다.

> 💡 **NOTE**
>
> JSON 외에도 CSV나 XML 등을 많이 사용합니다. CSV나 XML을 다루는 기능은 자바스크립트의 내장 기능으로 제공하지 않지만 GAS의 Utilities Service나 XML Service에서 제공합니다.

JSON 형식은 자바스크립트 객체 리터럴과 배열 리터럴을 조합한 표현을 기반으로 하는 문자열 데이터입니다. 그러나 몇 가지 차이점이 있어 주의해야 합니다. 특히 다음 두 가지 규칙을 확인해둡시다.

- 속성명은 큰 따옴표로 감싼다.
- 문자열은 큰 따옴표로 감싼다.

JSON 형식 데이터 예시로 [예제 7-30]을 확인해봅니다.

```
01  [
02    {name: 'Bob', favorite: ["apple", "curry", "video game"]},
03    {name: 'Tom', favorite: ["orange", "noodle", "programming"]},
04    {name: 'Jay', favorite: ["grape", "kimchi", "chess"]}
05  ];
```

이 JSON 형식의 데이터로부터 각 데이터를 추출하는 방법에 관해서는 이후 [예제 7-31]에서 설명합니다.

JSON 객체

JSON 형식 데이터는 문자열이기 때문에 스크립안에서 개별 값을 꺼내기 위해서는 객체로 변환해야 합니다. **JSON 객체**는 JSON 형식 문자열과 자바스크립트를 상호 변환하는 두 개의 정적 메서드를 제공합니다. [표 7-13]을 확인해봅니다. Math 객체와 마찬가지로 JSON 객체는 new 연산자 등으로 인스턴스를 생성할 필요가 없습니다.

표 7-13 JSON 객체의 멤버

분류	멤버	반환값	설명
정적 메서드	JSON.parse(str)	Object	JSON 형식의 문자열 str을 객체로 변환해 반환
	JSON.stringify(obj)	String	객체 obj를 JSON 형식의 문자열로 변환해 반환

우선 자바스크립트 객체를 JSON 형식 문자열로 변환하는 **stringify 메서드**의 사용 예시를 확인해봅니다. [예제 7-31]을 봅시다. 객체 obj에서는 속성, 문자열은 큰 따옴표로 감싸지 않았지만 로그에 표시된 JSON 형식 문자열에서는 큰 따옴표로 감싸져 있는 것을 확인할 수 있습니다.

예제 7-31 stringfy 메서드로 객체를 JSON 형식으로 문자열화 [07–10.gs]

```
01    function myFunction07_10_02() {
02      const obj = [
03        {name: 'Bob', favorite: ["apple", "curry", "video game"]},
04        {name: 'Tom', favorite: ["orange", "noodle", "programming"]},
05        {name: 'Jay', favorite: ["grape", "kimchi", "chess"]}
06      ];
07
08      console.log(JSON.stringify(obj));
09    }
```
obj 객체를 JSON 문자열화한다.

실행 결과

```
[{"name":"Bob","favorite":["apple","curry","video game"]},{"name":"Tom","favorite":
["orange","noodle","programming"]},{"name":"Jay","favorite":["grape","kimchi","che
ss"]}]
```

이어서 JSON 형식의 문자열을 자바스크립트 객체로 변환하는 parse 메서드 사용 예를 확인해봅니다(예제 7–32).

예제 7-32 parse 메서드로 JSON 형식의 문자열을 객체화 [07–10.gs]

```
01    function myFunction07_10_03() {
02      let str = '[';
03      str += '{"name": "Bob", "favorite": ["apple", "curry", "video game"]},';
04      str += '{"name": "Tom", "favorite": ["orange", "noodle", "programming"]},';
05      str += '{"name": "Jay", "favorite": ["grape", "kimchi", "chess"]}';
06      str += ']';
07
08      const persons = JSON.parse(str);
09
10      console.log(persons[0].name); //Bob
11      console.log(persons[1].favorite[2]); //programming
12
13      const {name, favorite} = persons[2];
14      console.log(name, favorite); //Jay ['grape', 'kimchi', 'chess']
15    }
```
JSON 문자열을 객체화

JSON 문자열을 객체화하면 각 요소를 꺼낼 수 있다.

객체 분할 대입으로 요소를 꺼낸다.

7.11 객체 다루기 - Object 객체

Object 객체

7장에서 가장 간단한 클래스를 정의하고 인스턴스를 생성했던 것을 떠올려 봅시다. class문 안에 아무런 정의도 기술하지 않았을 때 클래스에서 생성된 인스턴스는 빈 객체였습니다. 인스턴스는 아무런 성질도 갖지 않는 것으로 보이지만 객체인 점에는 변함이 없으므로 객체의 기본 성질은 모두 가지고 있습니다. 객체로서의 기본 성질을 제공하는 것이 바로 Object 객체입니다.

이제까지 거듭해서 설명한 것처럼 모든 내장 객체도, 다음 장 이후에 설명할 GAS에서 제공되는 객체도 모두 객체입니다. 모두의 토대가 되는 것은 Object 객체이며 거기에 고유 메서드나 속성이 추가로 정의됩니다. new 연산자를 사용해 다음과 같이 Object 객체의 인스턴스를 생성할 수 있습니다.

구문

```
new Object()
```

이때 생성된 인스턴스는 빈 객체입니다. 특정한 속성을 가진 객체를 생성하고자 한다면 객체 리터럴을 사용할 수 있습니다.

구문

```
{속성 1: 값 1, 속성 2: 값 2, ...}
```

공통 속성이나 메서드를 가진 객체를 생성하고자 한다면 클래스를 정의하면 인스턴스를 생성할 수 있었습니다. [표 7-14]에 Object 객체의 몇 가지 멤버를 정리했습니다.

표 7-14 Object 객체의 주요 멤버

분류	멤버	반환값	설명
메서드	toString()	String	객체를 나타내는 문자열을 반환한다.
정적 메서드	Object.freeze(obj)	Object	객체를 동결하고 변경을 허가하지 않는다.
	Object.seal(obc)	Object	객체를 봉인하고 속성 추가 및 삭제를 허가하지 않는다.
	Object.ifFrozen(obj)	Boolean	객체가 동결되어 있는가 판정한다.
	Object.isSealed(obj)	Boolean	객체가 봉인되어 있는가 판정한다.
속성	constructor	-	객체를 생성한 클래스(컨스트럭터 함수)를 반환한다.

이들 중 **toString** 메서드와 **constructor** 속성의 동작을 [예제 7–33]에서 확인해봅니다. 객체, 수치, Date 객체 및 배열에 대한 결과를 비교해봅니다.

예제 7-33 Object 객체의 toString 메서드와 constructor 속성 [07–11.gs]

```
01  function myFunction07_11_01() {
02    const obj = new Object();
03    console.log(obj.toString()); //[object Object]
04    console.log(obj.constructor); //[Function: Object]
05
06    const person = {name: 'Bob', age: 25};
07    console.log(person.toString()); //[object Object]
08    console.log(obj.constructor); //[Function: Object]
09
10    const number = 123;
11    console.log(number.toString()); //123
12    console.log(number.constructor); //[Function: Number]
13
14    const d = new Date();
15    console.log(d.toString()); //Tue Jul 21 2020 11:09:29 GMT+0900 (한국 표준시)
16    console.log(d.constructor); //[Function: Date]
17
18    const array = [10, 30, 20, 40];
19    console.log(array.toString()); //10,30,20,40
```

```
20    console.log(array.constructor); //[Function: Array]
21  }
```

원래 객체에 대한 toString 메서드는 [object Object]라는 문자열을 반환할 뿐이며 특별한 의미를 갖지는 않습니다. 하지만 각 내장 객체에는 각 종류에 따라 의미 있는 내용을 출력하도록 정의되어 있음을 알 수 있습니다. GAS에서 제공하는 객체나 Enum 멤버도 toString 메서드를 사용한 로그 출력이 유용한 경우가 있으므로 필요에 따라 활용하기 바랍니다.

객체의 동결과 봉인

프리미티브값은 상수에 저장해 그 값을 변경할 수 없도록 할 수 있습니다. 하지만 객체를 상수에 저장하면 다시 대입하는 것은 할 수 없지만 해당 속성을 추가하거나 값을 변경할 수 있습니다. Object 객체의 멤버를 이용하면 이를 제어할 수 있습니다. freeze 메서드는 객체를 동결하는 메서드이며 인수에 지정한 객체의 속성을 모두 변경할 수 없게 됩니다.

구문

```
Object.freeze(객체)
```

seal 메서드는 객체를 봉인하는 메서드입니다. 인수에 지정한 객체의 속성을 추가하거나 삭제할 수 없게 됩니다.

구문

```
Object.seal(객체)
```

새로운 속성을 추가할 수는 없지만 속성값은 변경할 수 있습니다. 이 메서드들[예제 7-34]로 확인해봅니다.

예제 7-34 객체의 동결과 봉인 [07-11.gs]

```
01   function myFunction07_11_02() {
02     const person = {name: 'Bob', age: 25};
03
04     Object.seal(person);              person을 봉인해 속성 추가나 삭제를 제한한다.
05     person.name = 'Tom';
06     person.favorite = 'banana';       person은 봉인되어 있으므로
07     console.log(person); //{name: 'Tom', age: 25}   favorite 속성은 추가되지 않는다.
08
09     Object.freeze(person);            person을 동결해 속성 변경을 제한한다.
10     person.name = 'Ivy';
11     person.favorite = 'orange';       person은 동결되어 있으므로 절대 변경할 수 없다.
12     console.log(person); //{name: 'Tom', age: 25}
13   }
```

예제를 실행하면 예외 등이 발생하지 않고 스크립트는 완료되며 객체의 로그 출력을 보면 속성 추가, 값의 변경이 제한된 것을 알 수 있습니다.

7.12 글로벌 함수

글로벌 함수

자바스크립트에서는 지금가지 소개한 내장 객체에 포함되지 않지만 어느 위치에서나 호출할 수 있는 몇 가지 함수를 제공합니다. 이를 **글로벌 함수**global function라 부릅니다. 주요 글로벌 함수를 [표 7-15]에 정리했습니다.

표 7-15 주요 글로벌 함수

분류	멤버	반환값	설명
글로벌 함수	encodeURI(uri)	String	URI 문자열 uri를 URI 인코딩해서 반환
	encodeURIComponent(str)	String	문자열 str을 URI 인코딩해서 반환
	decodeURI(uri)	String	URI 문자열 uri를 URI 디코딩해서 반환
	decodeURIComponent(str)	String	문자열 str을 URL 디코딩해서 반환

> 🔔 **NOTE**
>
> 이 밖에 글로벌 함수에는 isFinite 함수, isNaN 함수를 시작으로 수치 관련 함수들이 있습니다. 하지만 V8 런타임 지원에 따라 같은 기능의 멤버가 Number 객체에 추가되었으므로 해당 기능을 우선해서 사용하는 것이 좋습니다.

URI 인코딩과 URI 디코딩

원래 알파벳과 일부 기호 이외의 문자(예: 한글, 한자)는 URI를 구성하는 문자로 사용이 제한되어 있습니다. 제한된 문자를 사용하려면 특정한 규칙에 따라 제한되지 않은 문자로 변환해야 합니다. 그 변환 처리를 **URI 인코딩**^{URI encoding}이라 부르며 URI 인코딩된 URI를 복원하는 처리를 **URI 디코딩**^{URI decoding}이라 부릅니다. 자바스크립트에서 URI 인코딩과 URI 디코딩을 위한 함수를 각각 두 가지씩 제공합니다. 그 동작의 차이를 [예제 7-35]에서 확인해봅니다.

예제 7-35 URI 인코딩과 URI 디코딩 [07-12.gs]

```
01  function myFunction07_12_01() {
02    const str = '강';
03    console.log(encodeURI(str));
04    console.log(encodeURIComponent(str));
05
06    const uri = 'https://www.google.com/search?q=강';
07    console.log(encodeURI(uri));
08    console.log(encodeURIComponent(uri));
09  }
```

실행 결과

```
%EA%B0%95
%EA%B0%95
https://www.google.com/search?q=%EA%B0%95
https%3A%2F%2Fwww.google.com%2Fsearch%3Fq%3D%EA%B0%95
```

문자열 uri에 대한 URI 인코딩 결과를 보면 그 차이를 확실히 알 수 있습니다. encodeURI 함수는 '강'만 인코딩을 한 반면 encodeURIcomponent 함수에서는 / 나 ? 같은 기호도 인코딩을 했습니다. 즉, 인코딩 뒤에도 그대로 URI로 기능을 하도록 하고 싶을 때는 encodeURI 함수를 사용하고, 그렇지 않고 URI 인코딩을 할 때는 encodeURIcomponent 함수를 사용하면 좋습니다.

이번 장에서는 자바스크립트의 내장 객체에 관해 설명했습니다. 객체의 수도, 그 멤버의 수도 상당히 많았습니다. 전체적인 그림만 머릿속에 그려두고 각 멤버와 사용법은 필요할 때마다 참고하면 좋을 것입니다.

다음 장부터는 드디어 GAS 서비스에 관해 설명합니다. 8장에서는 스프레드시트를 조작하는 기능을 제공하는 **Spreadsheet** 서비스를 소개합니다. 스프레드시트는 자주 이용되고 GAS에서 개발하는 애플리케이션 데이터베이스나 허브로 기능하는 경우가 많습니다. 따라서 스프레드시트를 다룰 줄 아는 것은 GAS 학습에서 가장 중요하다고 해도 과언이 아닙니다. 확실하게 익혀봅시다.

Chapter

8

스프레드시트

8.1 Spreadsheet 서비스

Spreadsheet 서비스

Spreadsheet 서비스는 GAS에서 스프레드시트를 조작하기 위한 클래스와 그 멤버를 제공하는 서비스입니다. 시트를 조작하기 위한 Sheet 클래스, 셀 범위를 조작하기 위한 Range 클래스 등 이용 빈도가 높은 클래스를 포함해 막대 그래프를 그리거나 편집하기 위한 EmbeddedBarChartBuilder 클래스 같은 한정적인 용도의 클래스까지 다양하게 제공합니다. Spreadsheet 서비스 중에서도 가장 빈번하게 사용되는 그룹은 [표 8-1]과 같습니다.

표 8-1 Spreadsheet 서비스의 주요 클래스

클래스	설명
SpreadsheetApp	Spreadsheet 서비스의 최상위 레벨 객체
Spreadsheet	스프레드시트를 조작하는 기능 제공
Sheet	시트를 조작하는 기능 제공
Range	셀 범위를 조작하는 기능 제공

이 클래스들을 스프레드시트의 실제 화면과 비교해보면 [그림 8-1]과 같습니다.

그림 8-1 스프레드시트 화면과 Spreadsheet 서비스 클래스

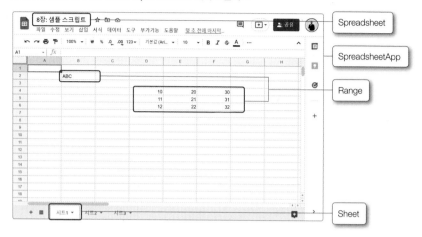

Spreadsheet 서비스의 각 클래스는 SpreadsheetApp → Spreadsheet → Sheet → Range와 같이 계층 구조가 명확하며 각 클래스에서는 그 객체를 조작하는 멤버와 그 아래 객체를 얻는 멤버를 제공합니다. 즉, 스프레드시트를 조작하는 기본 순서는 다음과 같습니다.

① SpreadshheApp 아래의 객체를 따라 내려가면서 원하는 객체를 얻는다.
② 대응하는 클래스의 멤버를 사용해 원하는 객체를 조작한다.

이는 스프레드시트에만 한정된 것이 아니며 다른 서비스에서도 객체를 조작할 때도 기본입니다.

> 💡 **NOTE**
>
> GAS 객체를 조작할 때는 기본적으로 톱 레벨 객체에서 원하는 객체로 따라 내려가면서 원하는 객체를 얻은 뒤 조작합니다.

그리고 GAS에서 제공되는 클래스에는 new 연산자를 이용해 인스턴스를 생성하지 않습니다. 실체가 이미 존재하는 객체를 얻거나 새로운 객체를 생성하는 목적의 메서드를 별도로 제공합니다.

스프레드시트는 GAS 개발에서 구글 설문지의 답변 데이터를 축적하거나 간편한 데이터베이스로서 시스템의 중추적인 역할을 하는 경우가 많으므로 Spreadsheet 서비스를 이용한 조작은 GAS 개발에서 필수적이라 해도 과언이 아닙니다.

SpreadsheetApp 클래스

SpreadsheetApp 클래스

SpreadsheetApp 클래스는 Spreadsheet 서비스 최상위에 위치한 톱 레벨 객체입니다. Spreadsheet 서비스가 제공하는 기능은 SpreadsheetApp 클래스에서 접근합니다. SpreadsheetApp 클래스에서는 바로 하위 객체인 스프레드시트를 얻는 메서드, 현재 액티브 상태인 시트 및 셀 범위를 얻는 메서드를 제공합니다. 주요 멤버를 [표 8-2]에 나타냈습니다.

표 8-2 SpreadsheetApp 클래스의 주요 멤버

멤버	반환값	설명
create(name)	Spreadsheet	새로운 스프레드시트 name을 만든다.
flush()	void	스프레드시트가 대기 중인 상태에서 변경을 적용한다.
getActiveRange()	Range	활성화된 셀 범위를 얻는다.
getActiveSheet()	Sheet	활성화된 시트를 얻는다.
getActiveSpreadsheet()	Spreadsheet	활성화된 스프레드시트를 얻는다.
getCurrentCell()	Range	현재 셀을 얻는다.
getUi()	Ui	스프레드시트의 Ui 객체를 얻는다.
open(file)	Spreadsheet	파일 file을 스프레드시트로 얻는다.
openById(id)	Spreadsheet	지정한 id의 스프레드시트를 얻는다.
openByUrl(url)	Spreadsheet	지정한 url의 스프레드시트를 얻는다.
setActiveRange(range)	Range	셀 범위 range를 활성화한다.
setActiveSheet(sheet)	Sheet	시트 sheet를 활성화한다.
setActiveSpreadsheet(newActiveSpreadsheet)	void	스프레드시트 newActiveSpreadsheet를 활성화한다.
setCurrentCell(cell)	Range	셀 cell을 현재 셀로 설정한다.

스프레드시트 얻기

스프레드시트를 조작하려면 스프레드시트를 얻어야 합니다. GAS에서 스프레드시트를 얻는 주된 방법은 다음과 같습니다.

- 활성화된 스프레드시트를 얻는다.
- ID로 스프레드시트를 얻는다.
- URL로 스프레드시트를 얻는다.

활성화된 스프레드시트란 스크립트에 바인드된 스프레드시트를 가리킵니다. 스프레드시트의 컨테이너 바운드 스크립트라면 **getActiveSpreadsheet 메서드**를 이용해서 해당 스프레드시트를 얻을 수 있습니다.

구문

```
SpreadsheetApp.getActiveSpreadsheet()
```

getActiveSpreadsheet 메서드를 비롯해 '활성화된active' 객체를 얻는 모든 메서드는 컨테이너 바운드 스크립트일 때만 사용할 수 있습니다.

그렇기 때문에 바인드되지 않은 스프레드시트를 얻을 때는 다른 방법을 사용해야 합니다. 주요한 방법으로는 ID를 이용하는 **openById 메서드**, URL을 이용하는 **openByUrl 메서드**가 있습니다. 각 메서드는 다음과 같이 이용합니다.

구문

```
SpreadsheetApp.openById(ID)
```

구문

```
SpreadsheetApp.openByUrl(URL)
```

스프레드시트를 비롯한 구글 애플리케이션 대부분은 해당 애플리케이션을 여

는 고유한 URL을 제공합니다. 이 URL에 접근하면 드라이브에서 접근하지 않고
도 브라우저에서 애플리케이션을 열 수 있습니다. GAS에서도 마찬가지로 해당
URL만 알면 스크립트에서 지정한 스프레드시트를 얻을 수 있습니다. ID는 해당
URL의 일부를 구성하며 다음의 {ID} 부분이 스프레드시트의 ID가 됩니다(그림
8-2).

https://docs.google.com/spreadsheets/d/{ID}/edit#gid=0

그림 8-2 스프레드시트의 URL과 ID

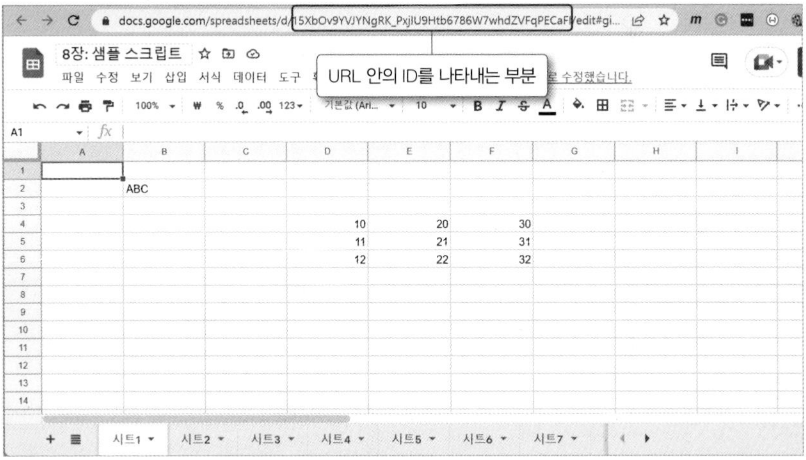

그러므로 URL을 알면 ID도 얻을 수 있습니다.

> **💡 NOTE**
>
> 스프레드시트를 비롯한 구글 애플리케이션의 URL에서 ID를 얻을 수 있습니다.

실제 스크립트를 이용해 스프레드시트를 얻어봅니다. [예제 8-1]에서 URL과
ID는 여러분이 사용하는 환경의 것으로 바꾸어 입력한 뒤 실행합니다. 그리고

getName 메서드는 스프레드시트 이름을 얻는 메서드입니다.

예제 8-1 스레드시트 얻기 [08-02.gs]

```
01  function myFunction08_02_01() {
02    const ssActive = SpreadsheetApp.getActiveSpreadsheet();
03    console.log(ssActive.getName()); //8장: 샘플 스크립트
04
05    const url = 'https://docs.google.com/spreadsheets/d/xxxxxxxx/edit#gid=0';
06    const ssByUrl = SpreadsheetApp.openByUrl(url);
07    console.log(ssByUrl.getName()); //8장: 샘플 스크립트
08
09    const id = 'xxxxxxxx';
10    const ssById = SpreadsheetApp.openById(id);
11    console.log(ssById.getName()); //8장: 샘플 스크립트
12  }
```

활성화된 시트 얻기

GAS로 스프레드시트를 조작할 때 주로 시트나 셀 범위가 조작 대상이 됩니다. 하지만 매번 SpreadsheetApp → Spreadsheet → Sheet → …와 같이 기술하기에는 다소 번잡합니다. 그보다 중요한 점은 메서드를 실행해 구글 애플리케이션에 접근하는 것은 실행 시간이 느리다는 점입니다. GAS에서는 실행 시간을 엄격히 제한하고 있기 때문에 구글 애플리케이션으로 접근하는 메서드 실행 횟수를 가능한 한 줄이는 것이 바람직합니다. 컨테이너 바운드 스크립트에서는 이런 경우에 활성화된 시트를 직접 얻는 방법으로 getActiveSheet 메서드를 사용할 수 있습니다. 사용 구문은 다음과 같습니다.

구문

```
SpreadsheetApp.getActiveSheet()
```

SpreadsheetApp으로 직접 얻을 수 있어 [예제 8-2]와 같이 간략하게 기술할 수 있으며 스프레드시트에 대한 메서드 실행 횟수도 크게 줄일 수 있습니다.

예제 8-2 활성화된 시트 얻기 [08-02.gs]

```
01  function myFunction08_02_02() {
02    const sheet = SpreadsheetApp.getActiveSheet();
03    console.log(sheet.getName()); //시트1
04  }
```

하지만 시트가 여럿일 경우에는 스크립트에서 볼 때 어느 시트가 활성화되어 있는지를 고려할 수 없는 경우도 있으므로 주의해야 합니다. 원칙적으로 스프레드시트에 시트가 하나만 존재하는 경우나, 브라우저에서 시트를 연 상태에서만 실행하는 스크립트에 한해 사용해야 확실한 결과를 기대할 수 있습니다.

 NOTE

getActiveSheet 메서드는 원하는 시트를 확실하게 얻을 수 있을 때만 사용합니다.

8.3 스프레드시트 조작하기 - Spreadsheet 클래스

Spreadsheet 클래스

Spreadsheet 클래스는 스프레드시트를 조작하는 기능을 제공하는 클래스입니다. 스프레드시트 자체의 정보를 얻는 메서드, 시트를 얻거나 만드는 메서드 등을 제공합니다. 주요 멤버를 [표 8-3]에 정리했습니다.

표 8-3 Spreadsheet 클래스의 주요 멤버

멤버	반환값	설명
copy(name)	Spreadsheet	스프레드시트 이름을 name으로 복사한다.
deleteActiveSheet()	Sheet	활성화된 시트를 삭제한다.
deleteSheet(sheet)	void	시트 sheet를 삭제한다.
duplicateActiveSheet()	Sheet	활성화된 시트를 복제한다.
getActiveRange()	Range	활성화된 셀 범위를 얻는다.
getActiveSheet()	Sheet	활성화된 시트를 얻는다.
getCurrentCell()	Range	현재 셀을 얻는다.
getId()	String	스프레드시트의 ID를 얻는다.
getName()	String	스프레드시트의 이름을 얻는다.
getNumSheets()	Integer	스프레드시트의 시트 수를 얻는다.
getSheetByName(name)	Sheet	시트 name을 얻는다.
getSheets()	Sheet[]	스프레드시트의 모든 시트를 얻는다.
getUrl()	String	스프레드시트의 URL을 얻는다.
insertSheet([sheetName, index])	Sheet	지정한 index에 새로운 시트 sheetName을 삽입한다.
rename(newName)	void	스프레드시트 이름을 newName으로 변경한다.
setActiveSheet(sheet)	Sheet	시트 sheet를 활성화한다.
setCurrentCell(cell)	Range	셀 cell을 현재 셀로 설정한다.

Spreadsheet 클래스의 멤버를 사용해 스프레드시트의 다양한 정보를 얻어봅니다. [예제 8-3]을 실행하면 ID, 스프레드시트 이름, 포함하는 시트 수, URL 등을 로그에 출력합니다.

예제 8-3 스프레드시트 정보 얻기 [08-03.gs]

```
01  function myFunction08_03_01() {
02    const ss = SpreadsheetApp.getActiveSpreadsheet();
03    console.log(ss.getId()); //스프레드시트 ID
04    console.log(ss.getName()); //8장: 샘플 스크립트
05    console.log(ss.getNumSheets()); //3
06    console.log(ss.getUrl()); //스프레드시트 URL
07  }
```

시트 얻기

Spreadsheet 클래스는 해당 클래스 아래의 시트를 얻는 데 중요한 역할을 합니다. 시트는 다음과 같은 방법으로 얻을 수 있습니다.

- 활성화된 시트를 얻는다.
- 시트 이름으로 시트를 얻는다.
- 시트 배열을 얻는다.

활성화된 시트는 앞서 설명한 것처럼 컨테이너 바운드 스크립트에 한해 SpreadsheetApp 클래스에서 직접 얻을 수 있습니다. 위 방법 이외에 시트 이름으로 시트를 얻을 수 있으며 다음과 같이 getSheetByName 메서드를 사용합니다. 시트 이름으로 시트를 얻는 방법은 간편하지만 시트 이름이 달라지면 해당 시트를 얻을 수 없으므로 주의해야 합니다.

구문

Spreadsheet 객체.getSheetByName(시트 이름)

또 다른 방법으로 **getSheets 메서드**를 이용해 시트를 배열로 얻은 뒤 인덱스로 시트를 특정할 수 있습니다. getSheets 메서드 구문은 다음과 같습니다.

구문

```
Spreadsheet 객체.getSheets()
```

getSheets 메서드는 스프레드시트의 가장 왼쪽에 위치한 시트를 인덱스 0의 요소로 하고 순서대로 시트를 배열에 저장합니다. 반환값은 배열이므로 모든 시트에 처리를 수행하는 경우 등에 편리합니다. 하지만 인덱스는 정렬 순서에 의존하기 때문에 특정 시트를 지정할 때는 시트의 순서가 바뀌지 않도록 주의해야 합니다.

> 💡 **NOTE**
>
> 시트에도 ID가 있습니다. 브라우저에서 특정한 시트를 열었을 때 URL 마지막에 다음과 같이 gid= 뒤에 이어지는 부분이 시트의 ID입니다.
>
> ● https://docs.google.com/spreadsheets/d/{스프레드시트ID}/edit#gid={시트ID}
>
> 시트 ID를 사용해 시트를 얻는 것도 좋은 방법일 수 있지만 시트 ID를 직접 이용해 시트를 얻는 메서드는 제공하지 않습니다.

시트를 얻는 예로 [예제 8-4]를 실행해봅니다.

예제 8-4 시트 얻기 [08-03.gs]

```
01  function myFunction08_03_02() {
02    const ss = SpreadsheetApp.getActiveSpreadsheet();
03
04    const sheet = ss.getSheetByName('시트1');
05    console.log(sheet.getName()); //시트1
06
07    const sheets = ss.getSheets();
08
```

> 상수 sheets에 시트를 요소로 하는 배열이 저장된다.

```
09   console.log(sheets[0].getName()); //시트1
10   console.log(sheets[1].getName()); //시트2
11  }
```

시트를 요소로 하는 배열에서
인덱스로 시트를 지정한다.

getName 메서드는 시트 이름을 얻는 메서드입니다. getSheets 메서드는 시트를
배열로 얻기 때문에 대괄호 안에 인덱스를 이용해서 개별 시트를 얻을 수 있습
니다.

> 💡 NOTE

스프레드시트는 시트 이름, 시트 순서, 셀 내용, 행렬 추가나 삭제 등 사용자 조작에 의한 변경이 많
습니다. 즉 이런 조작들로 인해 스크립트가 정상적으로 동작하지 않을 가능성이 많습니다.

실제로 GAS를 이용해 시스템을 구성할 때는 어떤 간섭이 발생할 것인지 사전에 파악한 뒤 간섭
받을 가능성이 낮은 구성을 하거나 이용하는 팀 안에서 운용 규칙을 설정하는 등의 준비를 해야 합
니다.

8.4 시트 조작하기 - Sheet 클래스

Sheet 클래스

Sheet 클래스는 시트를 조작하는 기능을 제공하는 클래스입니다. 시트 정보를 얻는 메서드, 행/열 조작, 시트 셀 범위를 얻는 등 GAS 개발에 도움이 되는 다양한 메서드를 제공합니다. Sheet 클래스의 주요 멤버는 [표 8-4]와 같습니다.

표 8-4 Sheet 클래스의 주요 멤버

멤버	반환값	설명
activate()	Sheet	시트를 활성화한다.
appendRow(rowContents)	Sheet	시트에 행으로 배열 rowCotents를 추가한다.
autoResizeColumn(columnPosition)	Sheet	열 번호 columnPosition의 열 폭을 자동으로 조정한다.
clear()	Sheet	시트를 초기화한다.
clearContents()	Sheet	시트 내용을 초기화한다.
clearFormats()	Sheet	시트 서식을 초기화한다.
copyTo(spreadsheet)	Sheet	시트를 스프레드시트 spreadsheet에 복사한다.
deleteColumns(columnPosition[, howMany])	void	열 번호 columnPosition에서 howMany 열을 삭제한다.
deleteRows(rowPosition[, howMany])	void	행 번호 rowPosition에서 howMany 행을 삭제한다.
getActiveCell()	Range	활성화된 셀을 얻는다.
getActiveRange()	Range	활성화된 범위를 얻는다.
getColumnWidth(columnPosition)	Integer	열 번호 columnPosition의 열 폭을 픽셀 단위로 얻는다.
getCurrentCell()	Range	현재 셀을 얻는다.

getDataRange()	Range	데이터가 존재하는 셀의 범위를 얻는다.
getFormUrl()	String	시트에 관련된 설문지의 URL을 얻는다.
getIndex()	Integer	시트의 인덱스를 얻는다.
getLastColumn()	Integer	데이터가 있는 가장 마지막 열 번호를 반환한다.
getLastRow()	Integer	데이터가 있는 가장 마지막 행 번호를 반환한다.
getName()	String	시트 이름을 얻는다.
getParent()	spreadsheet	시트가 포함된 스프레드시트를 얻는다.
getRange(row, col[, numROws, numColumns])	Range	시트의 행 번호 row와 열 번호 col, row에서 numRows행, numColumns열만큼의 셀 범위를 얻는다.
getRange(a1Notation)	Range	시트의 셀 범위를 A1 표기 또는 R1C1 표기로 지정해서 얻는다.
getRowHeight(rowPosition)	Integer	행 번호 rowPosition의 행의 높이를 픽셀 단위로 얻는다.
getSheetId()	Integer	시트의 ID를 얻는다.
getTabColor()	String	시트 탭의 색을 얻는다.
hideColumns(columnIndex[, numColumns])	void	열 번호 columnIndex에서 numColumns열을 숨긴다.
hideRows(rowIndex[, numRows])	void	행 번호 rowIndex에서 numRows행을 숨긴다.
hideSheet()	Sheet	시트를 숨긴다.
insertColumns(columnIndex[, numColumns])	void	열 번호 columnIndex의 위치에 numColumns열의 빈 열을 삽입한다.
insertImage(blobSource, column, row[, offsetX, offsetY])	OverGridImage	열 번호 column, 행 번호 row의 셀 왼쪽 위 끝에서 가로 offsetX 픽셀, 세로 offsetY 픽셀 위치에 blobSource로 지정한 이미지를 삽입한다.
insertImage(url, column, row[, offsetX, offsetY])	OverGridImage	열 번호 column, 행 번호 row의 셀 왼쪽 위 끝에서 가로 offsetX 픽셀, 세로 offsetY 픽셀 위치에 url로 제정한 이미지 URL의 이미지를 삽입한다.
insertRows(rowIndex, numRows)	void	행 번호 rowIndex의 위치에 numRows행의 빈 행을 삽입한다.

isSheetHidden()	Boolean	시트가 숨겨져 있는지 판정한다.
setActiveRange(range)	Range	셀 범위 range를 활성화한다.
setColumnWidth (columnPosision, width)	Sheet	열 번호 columnPosision의 열 폭을 width 픽셀로 설정한다.
setCurrentCell(cell)	Range	셀 cell을 현재 셀로 한다.
setName(name)	Sheet	시트 이름을 name으로 설정한다.
setRowHeight(rowPosition, height)	Sheet	행 번호 rowPosition의 행 높이를 height 픽셀로 설정한다.
setTabColor(color)	Sheet	시트 탭 색상을 설정한다.
shwoColumns(columnIndex, numColumns)	void	열 번호 columnIndex에서 numColumns열만큼 숨김을 해제한다.
showRows(rowIndex, numRows)	void	행 번호 rowIndex에서 numRows행만큼 숨김을 해제한다.
showSheet()	Sheet	시트를 표시한다.
sort(columnPosition[. ascending])	Sheet	열 번호 columnPosition의 값으로 시트를 정렬한다(ascending을 false로 하면 내림차순으로 정렬).

[예제 8-5]로 시트의 다양한 정보를 얻어봅니다.

예제 8-5 시트 정보 얻기 [08-04.gs]

```
01  function myFunction08_04_01() {
02    const sheet = SpreadsheetApp.getActiveSheet();
03
04    console.log(sheet.getIndex()); //1
05    console.log(sheet.getName()); //시트1
06    console.log(sheet.getParent().getName()); //8장: 샘플 스크립트
07    console.log(sheet.isSheetHidden()); //false
08  }
```

셀 범위 얻기

Sheet 클래스의 가장 중요한 역할은 셀 범위를 얻는 것입니다. Sheet 클래스에서는 셀 범위를 얻는 몇 가지 메서드를 제공합니다. 그중에서도 가장 표준적인 것이 **getRange 메서드**입니다. getRange 메서드는 몇 가지 패턴으로 사용할 수 있으며 인수 전달 방법이 각각 다릅니다. A1 또는 B2:E5와 같은 셀 범위 주소를 문자열로 전달해 해당 범위를 얻을 수 있습니다.

구문

```
Sheet 객체.getRange(주소)
```

다른 패턴으로는 행 번호, 열 번호, 행 수, 열 수를 조합해 셀 범위를 지정하는 방법이 있습니다. 구문은 다음과 같습니다.

구문

```
Sheet 객체.getRange(행 번호, 열 번호[, 행 수, 열 수])
```

지정한 행 번호에서 행 수만큼, 열 번호에서 열 수만큼의 범위를 얻습니다. 행 수와 열 수는 각각 생략할 수 있으며 생략하면 각각 1로 설정됩니다. 이 구문에서는 수치로 지정할 수 있으므로 셀 범위를 동적으로 지정할 때 도움이 됩니다. 각각의 방법으로 실제 셀을 얻어봅시다. [그림 8-3]과 같이 시트를 만들고 [예제 8-6]을 실행해봅니다.

그림 8-3 셀 범위를 얻는 시트 예

	A	B	C	D	E	F	G
1							
2		ABC					
3							
4				10	20	30	
5				11	21	31	
6				12	22	32	
7							
8							
9							
10							

예제 8-6 getRange 메서드를 이용한 셀 얻기 [08–04.gs]

```
01  function myFunction08_04_02() {
02    const sheet = SpreadsheetApp.getActiveSheet();
03
04    console.log(sheet.getRange('B2').getA1Notation()); //B2
05    console.log(sheet.getRange('D4:F6').getA1Notation()); //D4:F6
06    console.log(sheet.getRange('2:2').getA1Notation()); //2:2
07    console.log(sheet.getRange('B:B').getA1Notation()); //B:B
08
09    console.log(sheet.getRange(4, 4).getA1Notation()); //D4
10    console.log(sheet.getRange(4, 4, 3).getA1Notation()); //D4:D6
11    console.log(sheet.getRange(4, 4, 3, 3).getA1Notation()); //D4:F6
12  }
```

> 행 전체 및 열 전체를 지정한다.

> 행 번호, 열 번호, 행 수, 열 수로 범위를 지정한다.

예제에서 getA1Notation 메서드는 셀 범위 주소를 A1 형식으로 얻는 메서드입니다. 주소 지정에서는 2:2, B:B 등 행 또는 열 전체를 지정할 수도 있습니다. 또한 행 번호, 열 번호, 행 수, 열 수를 이용해 지정할 때는 변수를 사용할 수도 있습니다.

시트의 데이터 범위 얻기

주소나 행 번호, 열 번호를 알 수 없거나 변화하는 경우 등, 셀 범위를 얻으려면 어떻게 해야 할까요? 이때 사용할 수 있는 메서드로 시트에 데이터가 존재하는 범위를 자동으로 판단해서 얻는 **getDataRange 메서드**가 있습니다. 구문은 다음과 같습니다.

구문

Sheet 객체.getDataRange()

셀 범위가 아니라 데이터가 존재하는 마지막 행 번호 또는 열 번호를 얻을 수 있는 getLastRow 메서드, getLastColumn 메서드도 기억해두면 편리합니다.

구문

```
Sheet 객체.getLastRow()
```

구문

```
Sheet 객체.getLastColumn()
```

이 메서드들을 [예제 8-7]에서 확인해봅니다. 대상 스프레드시트는 앞의 [그림 8-3]과 같습니다.

예제 8-7 시트의 데이터 범위와 최종 행 번호, 최종 열 번호 얻기 [08-04.gs]

```
01  function myFunction08_04_03() {
02    const sheet = SpreadsheetApp.getActiveSheet();
03
04    console.log(sheet.getDataRange().getA1Notation()); //A1:F6
05
06    const row = sheet.getLastRow();
07    console.log(row); //6
08
09    const column = sheet.getLastColumn();
10    console.log(column); //6
11
12    const range = sheet.getRange(1, 1, row, column);
13    console.log(range.getA1Notation()); //A1:F6
14  }
```

> A1셀부터 데이터가 있는 마지막 행 번호 및 마지막 열 번호까지의 범위를 얻는다.

> getLastRow 메서드, getLastColumn 메서드의 결과를 getRange 메서드의 인수로 사용한다.

결과를 보면 알 수 있듯 getDataRange 메서드를 이용하면 A1셀에서 시작해 데이터가 존재하는 마지막 행 번호 및 마지막 열 번호까지의 범위를 얻습니다. 1행 1열을 비우고 시트를 작성하는 경우도 많은데 그런 경우에는 getDataRange 메서드를 통해 얻을 수 있는 효과가 반감되므로 가급적 1행 1열을 비우지 말고 테이블을 작성할 것을 권장합니다.

getRange 메서드를 이용해 셀 범위를 얻을 때는 getLastRow 메서드, getLastColumn 메서드의 결과나 특정한 2차원 배열의 요소 수를 인수로 지정하는 경우도 많습니다. 이런 사용법들도 확실히 알아두는 것이 좋습니다.

시트에 행 추가하기

시트의 1행 1열부터 테이블을 구성하면 appendRow 메서드를 사용할 수 있습니다. appendRow 메서드는 인수로 전달한 배열을 그대로 시트 가장 마지막의 다음 행에 추가하며 다음과 같이 사용합니다.

구문

Sheet 객체.appendRow(배열)

appendRow 메서드 사용 예를 확인해봅니다. 대상 시트는 [그림 8-4]와 같습니다.

그림 8-4 appendRow 메서드 실행 대상 시트 예

	A	B	C	D	E	
1	name	age	favorite1	favorite2	favorite3	
2	Bob	25	apple	curry	video game	
3	Tom	32	orange	kimchi	programming	
4						
5						
6						
7						
8						

[예제 8-8]은 이 시트에 행을 추가합니다. 스크립트를 실행하면 인수로 지정한 배열이 [그림 8-5]와 같이 가장 마지막 행의 데이터로 추가됩니다.

예제 8-8 appendRow 메서드로 배열을 가장 마지막 행의 데이터로 추가 [08-04.gs]

```
01  function myFunction08_04_04() {
02    const sheet = SpreadsheetApp.getActiveSheet();
03
04    sheet.appendRow(['Jay', 28, 'grape', 'noodle', 'chess']);
05    sheet.appendRow([null, '=SUM(B2:B4)']);
06  }
```

> 지정한 배열의 요소를 데이터로 추가한다.

> null과 수식을 데이터로 추가한다.

그림 8-5 appendRow 메서드로 시트에 데이터를 추가한 결과

	A	B	C	D	E
1	name	age	favorite1	favorite2	favorite3
2	Bob	25	apple	curry	video game
3	Tom	32	orange	kimchi	programming
4	Jay	28	grape	noodle	chess
5		85			
6					
7					

인수로 전달한 배열의 요소 수는 반드시 시트의 열 수와 일치하지 않아도 됩니다. 또한 요소로 null이나 수식 문자열을 전달할 수도 있습니다. 이렇게 appendRow 메서드는 매우 간단하면서도 적은 접근 횟수로 데이터를 모아서 추가할 수 있어 편리합니다.

> 💡 **NOTE**
>
> 여러 행을 함께 추가할 때는 append 메서드보다 2차원 배열을 setValues 메서드로 설정하면 시트 접근 횟수를 줄일 수 있습니다. 다음 절에서 그 방법을 소개합니다.

시트 초기화하기

Sheet 클래스에서는 시트를 초기화하는 메서드를 제공합니다. clear 메서드, clearContents 메서드, clearFormats 메서드이며 각각 다음과 같이 사용합니다.

```
Sheet 객체.clear()
```

```
Sheet 객체.clearContents()
```

```
Sheet 객체.clearFormats()
```

clearContents 메서드는 콘텐츠, 즉 입력되어 있는 값이나 서식 등의 내용만 초기화합니다. 한편 clearFormats 메서드는 배경, 폰트, 테두리 등의 서식만 초기화합니다. clear 메서드는 콘텐츠와 서식을 모두 초기화합니다. 목적에 맞게 각 메서드를 사용합니다.

셀 범위 조작하기 - Range 클래스

Range 클래스

Range 클래스는 셀 범위를 조작하는 기능을 제공하는 클래스입니다. 셀 값이나 서식 얻기 및 쓰기, 셀 범위 정보 얻기, 서식 설정, 정렬 등 매우 많은 멤버를 제공합니다. Range 클래스 주요 멤버를 [표 8-5]에 정리했습니다.

표 8-5 Range 클래스의 주요 멤버

멤버	반환값	설명
acitivate()	Range	셀 범위를 활성화한다.
breakApart()	Range	셀 범위의 결합을 해제한다.
clear()	Range	셀 범위를 초기화한다.
clearContent()	Range	셀 범위의 콘텐츠를 초기화한다.
clearFormat()	Range	셀 범위의 서식을 초기화한다.
copyTo(range)	void	셀 범위를 다른 셀의 범위 range로 복사한다.
getA1Notation()	String	셀 범위의 주소를 A1 표기법으로 얻는다.
getBackgrounds()	String[][]	셀 범위의 셀의 배경색을 얻는다.
getColumn()	Integer	셀 범위의 시작 열 번호를 얻는다.
getFontColors()	String[][]	셀 범위의 글꼴 색상을 얻는다.
getFontFamilies()	String[][]	셀 범위의 글꼴 종류를 얻는다.
getFontLines()	String[][]	셀 범위의 선 스타일을 얻는다.
getFontSizes()	Integer[][]	셀 범위의 글꼴 크기를 얻는다.
getFontStyles()	String[][]	셀 범위의 글꼴 스타일(italic 또는 normal)을 얻는다.
getFontSwights()	String[][]	셀 범위의 글꼴 두께(bold 또는 normal)를 얻는다.
getFormula()	String	셀의 수식을 A1 표기로 얻는다.

getFormulaR1C1()	String	셀의 수식을 R1C1 표기로 얻는다.
getFormulas()	String[][]	셀 범위의 수식을 A1 표기로 얻는다.
getFormulasR1C1()	String[][]	셀 범위의 수식을 R1C1 표기로 얻는다.
getHorizontaloAlighments()	String[][]	셀 범위의 수평 방향 배치를 얻는다.
getLastColumn()	Integer	셀 범위의 가장 마지막 열 위치를 얻는다.
getLastRow()	Integer	셀 범위의 가장 마지막 행 위치를 얻는다.
getNumColumns()	Integer	셀 범위의 열 수를 얻는다.
getNumRows()	Integer	셀 범위의 행 수를 얻는다.
getNumberFormats	String[][]	셀 범위의 표시 형식을 얻는다.
getRow()	Integer	셀 범위의 시작 행 번호를 얻는다.
getSheet()	Sheet	셀 범위를 포함하고 있는 시트를 얻는다.
getVlaue()	Object	셀 값을 얻는다.
getValues()	Object[][]	셀 범위의 값을 얻는다.
getVerticalAlignments()	String[][]	셀 범위의 수직 방향 배치를 얻는다.
getWraps()	Boolean[][]	셀 범위의 줄바꿈 설정을 얻는다.
isBlank()	Boolean	셀 범위가 완전히 비어 있는지 판정한다.
isPartOfMerge()	Boolean	셀 범위가 병합된 셀의 일부를 포함하는지 판정한다.
moveTo(target)	void	셀 범위를 다른 셀 범위 target으로 이동한다.
offset(rowOffset, columnOffset[, numRows, numColumns])	Range	셀 범위를 rowOffset행만큼, columnOffset 열만큼 이동하고 행 수를 numRows, 열 수를 numColumns로하는 범위를 얻는다.
removeDuplicates([columnsToCompare])	Range	셀 범위의 중복된 행을 삭제한다.
setBackground(color)	Range	셀 범위의 셀 배경색을 color로 설정한다.
setBackgrounds(colors)	Range	셀 범위의 셀 배경색을 colors 배열로 설정한다.
setBorder(top, left, bottom, right, vertical, horizontal)	Range	셀 범위의 테두리선을 설정한다.
setFontColor(color)	Range	셀 범위의 글꼴 색상을 color로 설정한다.
setFontColors(colors)	Range	셀 범위의 글꼴 색상을 배열 colors로 설정한다.
setFontFamilies(fontFamilies)	Range	셀 범위의 글꼴 종류를 배열 fontFamilies로 설정한다.
setFontFamily(fontFamily)	Range	셀 범위의 글꼴 종류를 fontFamily로 설정한다.

setFontLine(fontLine)	Range	셀 범위의 선 스타일을 fontLine으로 설정한다.
setFontLines(fontLines)	Range	셀 범위의 선 스타일을 배열 fontLines로 설정한다.
setFontSize(size)	Range	셀 범위의 글꼴 크기를 size로 설정한다.
setFontSizes(sizes)	Range	셀 범위의 글꼴 크기를 배열 sizes로 설정한다.
setFontStyle(fontStyle)	Range	셀 범위의 셀 글꼴 스타일(italic/normal)을 fontStyle로 설정한다.
setFontStyles(fontSytles)	Range	셀 범위의 셀의 글꼴 스타일(itali/normla)을 배열 fontStyles로 설정한다.
setFontWeight(fontWeight)	Range	셀 범위의 셀의 글꼴 굵기(bold/normal)를 fontWeight로 설정한다.
setFontWeights(fontWeights)	Range	셀 범위의 셀의 글꼴 굵기(bold/normal)를 배열 fontWeights로 설정한다.
setFormula(formula)	Range	셀에 formula를 A1 표기법으로 입력한다.
setFormulaR1C1(formula)	Range	셀에 formula를 R1C1 표기법으로 입력한다.
setFormulas(formulas)	Range	셀 범위에 배열 fomulas를 A1 표기법으로 입력한다.
setFormulasR1C1(formulas)	Range	셀 범위에 배열 fomulas를 R1C1 표기법으로 입력한다.
setHorizontalAlignment(alignment)	Range	셀 범위의 수평 방향 배치를 aliengment(left/center/right)로 설정한다.
setHorixontalAlignments(alignments)	Range	셀 범위의 수평 방향 배치를 배열 alignments(left/center/right)로 설정한다.
setNumberFormat(numberFormat)	Range	셀 범위의 표시 형식을 numberFormat으로 설정한다.
setNumberFormats(numberFormats)	Range	셀 범위의 표시 형식을 배열 numberFormats로 설정한다.
setValue(value)	Range	셀 범위에 value 값을 입력한다.
setValues(values)	Range	셀 범위에 배열 values를 입력한다.
setVerticalAlignment(alignment)	Range	셀 범위의 수직 방향의 배치를 alignment(top/middle/bottom)로 설정한다.

setVerticalAlignments(alignments)	Range	셀 범위의 수직 방향의 배치를 배열 alignments(top/middle/bottom)로 설정한다.
setWrap(isWrapEnabled)	Range	셀 범위의 줄바꿈 설정을 isWrapEnabled로 설정한다.
setWraps(isWrapEnabled)	Range	셀 범위의 줄바꿈 설정을 배열 isWrapEnabled로 설정한다.
sort(srotSpecObj)	Range	셀 범위 안을 정렬한다.
splitTextToColumns([delimeter])	void	셀 범위의 텍스트를 delimeter 문자열로 분할한다.
trimWhitesopace()	Range	셀 범위 안에 포함된 여백을 제거한다.

[그림 8-6]의 시트에서 다양한 셀 범위 정보를 얻는 [예제 8-9]를 실행해봅니다.

그림 8-6 셀 범위 정보를 얻을 시트 예

	A	B	C	D	E	F
1						
2	0	10	20	30	40	
3	1	11	21	31	41	
4	2	12	22	32	42	
5						
6						
7						

예제 8-9 셀 범위 정보 얻기 [08-05.gs]

```
01  function myFunction08_05_01() {
02    const range = SpreadsheetApp.getActiveSheet().getRange('A2:E4');
03
04    console.log(range.getA1Notation()); //A2:E4
05    console.log(range.getRow()); //2
06    console.log(range.getColumn()); //1
07    console.log(range.getNumRows()); //3
08    console.log(range.getNumColumns()); //5
09    console.log(range.getLastRow()); //4
10    console.log(range.getLastColumn()); //5
11
12    console.log(range.isBlank()); //false
13    console.log(range.isPartOfMerge()); //false
14  }
```

셀 범위의 시작 행 번호, 시작 열 번호

셀 범위의 행 수, 열 수

셀 범위의 마지막 행 번호, 마지막 열 번호

셀 범위 행 또는 열에 관한 정보를 몇 가지 메서드로 얻을 수 있습니다. 각 메서드에 관해 확인해봅시다.

값을 얻고 입력하기

Range 클래스 멤버에서 사용 빈도가 높은 것은 당연히 셀의 값을 얻고 입력하는 메서드입니다. 그중에서도 가장 기본적인 것이 개별 셀을 얻는 **getValue 메서드**, 셀에 값을 입력하는 **setValue 메서드**입니다. 메서드 구문은 다음과 같습니다.

구문

Range 객체.getValue()

구문

Range 객체.setValue(값)

셀 범위에 관한 값을 얻거나 입력할 때 셀을 개별적으로 처리하면 셀 숫자만큼 스프레드시트에 대한 접근이 늘어납니다. 그러므로 셀 범위를 대상으로 할 때는 대상 셀 범위 값을 배열로 얻는 getValues 메서드나 배열을 대상 셀 범위에 입력하는 setValues 메서드를 사용해야 합니다. 사용 구문은 다음과 같습니다.

구문

```
Range 객체.getValues()
```

구문

```
Range 객체.setValues(배열)
```

getValues 메서드로 얻거나 setValues로 지정한 배열은 '행×열'의 2차원 배열입니다. 1행이 안쪽 배열에 대응하며 이를 배열로 정리하면 다음과 같은 형태가 됩니다.

```
[
  [값1-1, 값1-2, ...],
  [값2-1, 값2-2, ...],
  ...
  [값n-1, 값n-2, ...]
]
```

setValues 메서드에서는 대상이 되는 셀 범위의 행 수 및 열 수, 인수로 전달할 2차원 배열의 '세로(행)×가로(열)'의 요소 수가 일치해야 합니다.

> 💡 **NOTE**
>
> setValues 메서드에서는 대상이 되는 셀 범위의 '행 수 x 열 수', 인수인 2차원 배열의 '요소 수 x 요소 수'가 일치해야 합니다.

예시로 [그림 8-7] 시트에 [예제 8-10]을 실행해봅니다. 실행한 결과는 [그림 8-8]과 같습니다.

그림 8-7 값을 얻고 입력할 시트 예

	A	B	C	D	E
1	name	age	favorite1	favorite2	favorite3
2	Bob	25	apple	curry	video game
3					
4					
5					
6	Hello!				
7					
8					

예제 8-10 셀과 셀 범위의 값 얻기 및 입력 [08-05.gs]

```
01  function myFunction08_05_02() {
02    const sheet = SpreadsheetApp.getActiveSheet();
03
04    console.log(sheet.getRange('A6').getValue());
05    sheet.getRange('B6').setValue('GAS');
06
07    console.log(sheet.getRange('A1:E2').getValues());
08
09    const values = [
10      ['Tom', 32, 'orange', 'noodle', 'programming'],
11      ['Jay', 28, 'grape', 'kimchi', 'chess']
12    ];
13    sheet.getRange(3, 1, values.length, values[0].length).setValues(values);
14  }
```

A1:E2 셀 범위의 값을 배열로 얻는다.

2행×5열 셀 범위에 입력할 값을 2차원 배열로 준비한다.

입력할 셀 범위의 행 수와 열 수를 할당하기 위해 배열에 length 속성을 이용한다.

실행 결과

```
Hello!
[ [ 'name', 'age', 'favorite1', 'favorite2', 'favorite3' ],
  [ 'Bob', 25, 'apple', 'curry', 'video game' ] ]
```

그림 8-8 셀과 값 얻기 및 입력 결과

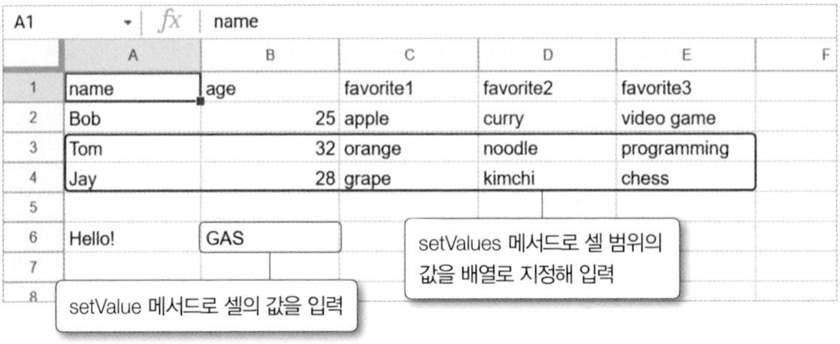

2차원 배열이 귀찮게 느껴질지도 모릅니다. 하지만 개별 셀의 값을 얻거나 입력을 for문으로 반복해서 실행하면 스프레드시트로의 접근 수는 '행×열'회가 됩니다. 그러나 배열을 사용해 데이터를 모아서 접근하면 그 횟수를 1회로 줄일 수 있습니다. 배열을 이용해 셀 범위의 값을 얻고 입력하는 것은 반드시 익혀야 할 테크닉이라 할 수 있습니다.

> **💡 NOTE**
>
> - 셀 범위의 값을 얻고 입력할 때는 2차원 배열을 사용합니다.
> - 배열 데이터는 Array 객체의 멤버를 사용해 다양한 처리를 간단히 수행할 수 있습니다. 다음 절에서 몇 가지 테크닉을 소개하므로 참고하기 바랍니다.

수식 입력하기

셀 범위에 값을 입력할 때는 `setValue` 메서드 또는 `setValues` 메서드를 사용했습니다. 수식을 입력할 때는 `setFormula` 메서드, `setFormulaR1C1` 메서드, `setFormulas` 메서드, `setFormulasR1C1` 메서드를 사용합니다. 각 메서드의 사용 구문은 다음과 같으며 모두 수식은 문자열로 입력합니다.

Range 객체.setFormula(A1 형식 수식)

Range 객체.setFormulaR1C1(R1C1 형식 수식)

Range 객체.setFormulas(A1 형식 수식 배열)

Range 객체.setFormulasR1C1(R1C1 형식 수식 배열)

네 종류의 메서드는 각각 A1 형식 또는 R1C1 형식, 단일 인수인지 배열 인수인지에 따라 구분해서 사용합니다. A1 형식은 A1, B2:E5와 같이 열을 알파벳, 행을 숫자로 하여 셀의 절대 주소를 표현하는 형식입니다. R1C1 형식은 R[1]C[2]와 같이 현재 대상인 셀에서 상대적인 위치를 행 방향으로 R에 이어지는 수치, 열 방향으로 C에 이어지는 수치로 표현합니다.

수식 입력에 관한 몇 가지 예시를 확인해봅니다. [그림 8-9] 시트에 [예제 8-11]을 실행합니다. 실행 결과는 [그림 8-10]과 같습니다.

그림 8-9 수식을 입력할 시트 예

	A	B	C	D	E
1	품명	수량	단가	금액	
2	apple	6	1280		
3	orange	24	550		
4	grape	3	2580		
5	계				
6					
7					

예제 8-11 수식 입력 [08-05.gs]

```
01  function myFunction08_05_03() {
02    const sheet = SpreadsheetApp.getActiveSheet();
03
04    sheet.getRange('B5:D5').setFormulas([[
05      '=SUM(B2:B4)',
06      '=SUM(C2:C4)',
07      '=SUM(D2:D4)'
08    ]]);
09    sheet.getRange('D2:D4').setFormulaR1C1('=RC[-2]*RC[-1]');
10  }
```

setFormulas 메서드로
수식을 배열로 입력

setFormulaR1C1 메서드로
수식을 여러 셀에 입력

그림 8-10 수식을 입력한 시트

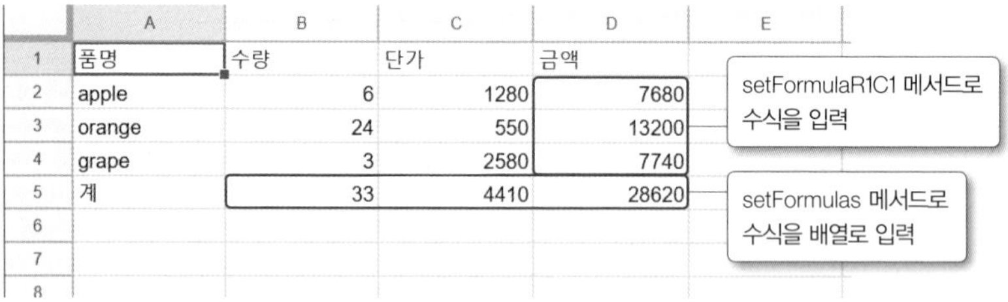

	A	B	C	D	E
1	품명	수량	단가	금액	
2	apple	6	1280	7680	
3	orange	24	550	13200	
4	grape	3	2580	7740	
5	계	33	4410	28620	
6					
7					
8					

setFormulaR1C1 메서드로
수식을 입력

setFormulas 메서드로
수식을 배열로 입력

setFormulaR1C1 메서드의 인수는 배열이 아니라 단일 수식입니다. 이 메서드의
대상을 단일 셀이 아닌 셀 범위로 설정했지만 이는 대상이 되는 범위의 모든 셀에
인수로 동일한 수식이 입력됩니다. 이 규칙에 관해서는 앞에서 설명한 setValue
메서드, 다음에 설명할 서식을 설정하는 여러 메서드에서도 마찬가지이므로 기억
해두기 바랍니다.

서식 설정하기

Range 클래스에서는 서식을 설정하기 위한 메서드를 제공합니다. 셀 범위에 단일
값을 적용하는 것과 셀 범위와 같은 크기의 2차원 배열로 설정하는 두 가지 종류

의 메서드를 제공합니다. [그림 8-11]의 시트를 예시로 서식 설정 몇 가지 예를 [예제 8-12]에서 실행해봅니다.

그림 8-11 서식을 설정할 시트 예

	A	B	C	D	E
1	품명	수량	단가	금액	
2	apple	6	1280	7680	
3	orange	24	550	13200	
4	grape	3	2580	7740	
5	계	33	4410	28620	
6					
7					
8					

예제 8-12 서식 설정 [08–05.gs]

```
01  function myFunction08_05_04() {
02    const sheet = SpreadsheetApp.getActiveSheet();
03    sheet.clearFormats();
04
05    //전체
06    const rangeTable = sheet.getDataRange();
07    rangeTable
08      .setBorder(false, true, false, true, true, null)
09      .setFontSize(14)
10      .setFontFamily('Consolas')
11      .setNumberFormat('#,##0');
12
13    //제목
14    const rangeHeader = sheet.getRange('A1:D1');
15    rangeHeader
16      .setBackgrounds([['yellow','yellow','yellow','orange']])
17      .setHorizontalAlignment('center');
18
19    //합계
20    const rangeTotal = sheet.getRange('A5:D5');
21    rangeTotal.setFontWeight('bold');
22
```

```
23      //품명
24      const rangeItemName = sheet.getRange('A2:A5');
25      rangeItemName.setFontColors([['red'],['orange'],['purple'],['glay']]);
26   }
```

실행 결과는 [그림 8-12]와 같습니다. 각 메서드가 설정하는 서식을 확인해봅니다.

그림 8-12 서식 설정 후의 시트

	A	B	C	D	E
1	품명	수량	단가	금액	
2	apple	6	1,280	7,680	
3	orange	24	550	13,200	
4	grape	3	2,580	7,740	
5	계	33	4,410	28,620	
6					

서식 설정에 관한 메서드도 값이나 수식과 마찬가지로 스프레드시트에 접근합니다. 셀 범위로 모아서 실행하면 실행 시간을 줄일 수 있습니다.

셀 범위 정렬 및 중복 제거하기

sort 메서드는 셀 범위를 정렬하는 메서드입니다. 다음과 같이 열 번호를 지정하면 셀 범위를 지정한 해당 열을 키로 해서 오름차순으로 정렬합니다.

구문

Range 객체.sort(열 번호)

여러 열을 키로 하거나 내림차순으로 정렬하고 싶을 때는 다음과 같이 정렬 규칙을 정한 객체를 배열로 지정합니다. ascending 속성을 true로 하면 오름차순, false로 하면 내림차순으로 정렬합니다.

```
Range 객체.sort([
  {column: 열 번호, ascending: true/false},
  {column: 열 번호, ascending: true/false},
  ...
])
```

removeDuplicates 메서드는 행 중복을 삭제하는 편리한 메서드입니다. 중복된 데이터를 가지고 있을 때 한 개 행만 남겨두고 남은 행들을 삭제할 수 있습니다.

구문

```
Range 객체.removeDuplicates([열 번호 배열])
```

인수에는 중복 여부를 검사할 대상 열을 열 번호 배열로 지정합니다. 열 번호 배열을 생략하면 모든 열이 검사 대상이 되고 모든 열이 일치하는 경우 삭제 대상이 됩니다.

sort 메서드와 removeDuplicates 메서드 실행 예시를 확인해봅니다. [그림 8-13] 시트에 [예제 8-13]과 같이 정렬 및 중복 삭제를 실행합니다. 결과는 [그림 8-14]와 같습니다.

그림 8-13 정렬과 중복 제거용 시트 예

	A	B	C	D	
1	team	month	sales		
2	A	2020/6	6,908		
3	A	2020/6	6,908		
4	A	2020/6	7,334		
5	A	2020/5	6,771		
6	B	2020/6	6,503		
7	B	2020/6	6,503		
8	B	2020/5	9,962		
9	B	2020/4	7,578		
10					
11					
12					

예제 8-13 셀 범위 정렬과 중복 삭제 [08-05.gs]

```
01  function myFunction08_05_05() {
02    const sheet = SpreadsheetApp.getActiveSheet();
03    const row = sheet.getLastRow() - 1; //제목 제외
04    const column = sheet.getLastColumn();
05
06    const range = sheet.getRange(2, 1, row, column);    ── 제목 행을 제외한 데이터
07    range.sort([                                             범위를 얻는다.
08      {column: 1, ascending: true},
09      {column: 2, ascending: false}                    ── A열 오름차순, B열 내림차순으
10    ]).removeDuplicates();                                로 정렬하고 중복을 제거한다.
11  }
```

그림 8-14 정렬과 중복 제거를 마친 시트

	A	B	C	D	
1	team	month	sales		
2	A	2020/6	6,908		
3	A	2020/6	7,334		
4	A	2020/5	6,771		
5	B	2020/6	6,503		
6	B	2020/5	9,962		
7	B	2020/4	7,578		
8					

A열 오름차순, B열 내림차순으로 정렬되고 중복되는 행이 삭제됨

[예제 8-13]에서 sort 메서드와 removeDuplicates 메서드를 연속해서 사용한 것을 주의합시다. sort 메서드는 셀 범위를 정렬하고 반환값으로 정렬된 후의 Range 객체를 반환하므로 계속해서 Range 객체에 대해 removeDuplicates 메서드를 실행할 수 있습니다.

이렇게 스프레드시트의 객체를 얻은 뒤 연속해서 메서드를 기술하는 방법을 **메서드 체인**method chain이라 부릅니다. 메서드 체인을 잘 활용하면 코드양을 상당히 줄일 수 있습니다.

8.6 배열을 사용한 데이터 처리

배열을 사용한 데이터 추가와 삭제

앞에서 설명한 것처럼 시트 데이터는 배열로 모아서 얻거나 입력하면 스프레드시트 접근 횟수(실행 시간)를 효과적으로 줄일 수 있습니다. 그렇기 때문에 시트 데이터에 무언가 처리를 하고 싶을 때는 다음과 같은 순서를 따르는 것이 좋습니다.

① 시트 데이터를 배열로 얻는다.
② 배열 상태에서 처리한다.
③ 처리한 배열 데이터를 모아서 시트에 입력한다.

이번 절에서는 이 과정에서 사용할 수 있는 Array 객체의 멤버를 사용한 몇 가지 테크닉을 소개합니다.

먼저 시트 데이터를 1행 단위로 추가, 삽입, 삭제할 때는 Array 객체의 **push 메서드**, **pop 메서드**, **splice 메서드**, **shift 메서드**, **unshift 메서드**가 효과적입니다. 각 메서드의 역할은 7장에서 다시 확인 바랍니다. 예시로 [그림 8-15] 시트에 [예제 8-14]를 실행해봅니다. 실행 결과는 [그림 8-16]과 같습니다.

그림 8-15 배열을 사용해 처리할 시트 예

	A	B	C	D	E	F
1	name	age	favorite1	favorite2	favorite3	
2	Bob	25	apple	curry	video game	
3						
4						
5						
6						
7						
8						

예제 8-14 배열을 사용한 시트 데이터 추가, 삽입, 삭제 [08–06.gs]

```
01  function myFunction08_06_01() {
02    const sheet = SpreadsheetApp.getActiveSheet();
03    const values = sheet.getDataRange().getValues();    시트의 데이터 범위 값을
04                                                        2차원 배열로 얻는다.
05    values.push(['Tom', 32, 'orange', 'noodle', 'programming']);
06    console.log(values);
07                                        values에 1행만큼 데이터를 추가한다.
08    values.splice(1, 1, ['Jay', 28, 'grape', 'kimchi', 'chess']);
09    console.log(values);
10                                        values의 인덱스 1 위치의 행 데이터를
11    values.shift();                     인수로 지정한 행 데이터로 치환한다.
12    console.log(values);        values의 가장 첫 행(제목
13                                행)의 데이터를 삭제한다.
14    sheet.clearContents();     시트의 모든 콘텐츠를 초기화한다.
15    sheet.getRange(1, 1, values.length, values[0].length).setValues(values);
16  }
                                          시트의 A1을 기준으로 하는 셀 범위에
                                          values의 데이터를 입력한다.
```

실행 결과

```
[ [ 'name', 'age', 'favorite1', 'favorite2', 'favorite3' ],
  [ 'Bob', 25, 'apple', 'curry', 'video game' ],
  [ 'Tom', 32, 'orange', 'noodle', 'programming' ] ]
[ [ 'name', 'age', 'favorite1', 'favorite2', 'favorite3' ],
  [ 'Jay', 28, 'grape', 'kimchi', 'chess' ],
  [ 'Tom', 32, 'orange', 'noodle', 'programming' ] ]
[ [ 'Jay', 28, 'grape', 'kimchi', 'chess' ],
  [ 'Tom', 32, 'orange', 'noodle', 'programming' ] ]
```

그림 8-16 배열을 사용해 데이터를 추가, 삽입, 삭제한 시트

	A	B	C	D	E	
1	Jay	28	grape	kimchi	chess	splice 메서드로 치환한 데이터
2	Tom	32	orange	noodle	programming	push 메서드로 추가한 데이터
3						
4						

shift 메서드로 제목행을 삭제

특히 appendRow 메서드 대신 사용할 수 있는 push 메서드, 제목 행을 삭제할 수 있는 shift 메서드는 자주 사용하게 될 것입니다.

배열을 사용한 데이터 검색

시트 데이터에서 특정값을 키로 하여, 해당 키가 존재하는 행 번호 또는 그 행의 다른 열 값을 얻어야 할 때가 있을 것입니다. 스프레드시트 함수로 비교하자면 VLOOKUP 함수와 같은 검색 처리를 말합니다. 이런 경우 사용할 수 있는 것이 Array 객체의 **indexOf 메서드**입니다. 그리고 **flat 메서드**를 이용하면 2차원 배열을 1차원으로 만들 수 있으며 필요에 따라 7장의 내용도 복습하길 바랍니다.

예시로 [그림 8-17]과 같은 시트를 생각해봅니다. 어떤 사람이 noodle을 좋아하는지 확인할 것입니다. 처리 흐름은 다음과 같으며 이를 GAS로 구현한 것이 [예제 8-15]입니다.

① D열에서 noodle이라는 키로 검색한 뒤 해당 행의 번호를 얻는다.

② 해당 행 번호 각 열의 값을 구한다

그림 8-17 indexOf 메서드로 데이터를 검색할 시트 예

	A	B	C	D	E	F
1	name	age	favorite1	favorite2	favorite3	
2	Bob	25	apple	curry	video game	
3	Tom	32	orange	noodle	programming	
4	Jay	28	grape	kimchi	chess	
5						
6						

예제 8-15 indexOf 메서드로 데이터를 검색 [08-06.gs]

```
01  function myFunction08_06_02() {
02    const sheet = SpreadsheetApp.getActiveSheet();
03    const values = sheet.getDataRange().getValues();    ──  시트 데이터를 1차원
04                                                            배열 values로 얻는다.
```

```
05      const keys = sheet.getRange(1, 4, sheet.getLastRow()).getValues().flat();
06      console.log(keys);
07
08      const favorite = 'noodle';
09      console.log(keys.includes(favorite));
10
11      const row = keys.indexOf(favorite)
12      console.log(row);
13
14      const [name, age] = values[row];
15      console.log(`${favorite}을(를) 좋아하는 사람은 ${age}살 ${name}입니다.`);
16    }
```

> 검색 키가 되는 D열을 2차원 배열로 얻은 뒤 flat 메서드로 1차원화해 keys로 한다.

> noodle의 존재 여부만 판정한다면 include 메서드로 가능하다.

> indexOf 메서드를 이용해 noodle의 인덱스를 row로 얻는다.

> 분할 대입을 사용해 name과 age를 얻는다.

실행 결과

```
[ 'favorite2', 'curry', 'noodle', 'kimchi' ]
true
2
noodle을(를) 좋아하는 사람은 32살 Tom입니다.
```

데이터를 검색하는 다른 방법으로는 반복 메서드인 **find 메서드**를 사용할 수 있습니다. [예제 8-16]을 실행해 확인해봅니다.

예제 8-16 find 메서드로 데이터를 검색 [08-06.gs]

```
01    function myFunction08_06_03() {
02      const sheet = SpreadsheetApp.getActiveSheet();
03      const values = sheet.getDataRange().getValues();
04
05      const favorite = 'noodle';
06      const target = values.find(record => {
07        const [name, age, favorite1, favorite2, favorite3] = record;
08        return favorite2 === favorite;
09      });
10      console.log(target);
11
```

> values를 검색해 조건에 일치한 행의 1차원 배열을 target으로 얻는다.

```
12      const [name, age] = target;
13      console.log(`${favorite}을(를) 좋아하는 사람은 ${age}살 ${name}입니다.`);
14    }
```

실행 결과

```
['Tom', 32, 'orange', 'noodle', 'programming']
noodle을(를) 좋아하는 사람은 32살 Tom입니다.
```

[예제 8-15], [예제 8-16]에서는 조건과 처음 일치하는 한 행만 검색합니다. 여러 행을 추출하는 방법은 다음 절에서 설명합니다.

배열을 사용한 데이터 추출

시트 데이터에서 특정 조건에 맞는 행만 추출할 때는 **filter 메서드**를 사용합니다. 예를 들어 앞의 [그림 8-16] 시트에서 age 열의 값이 30 미만인 데이터만 추출해 다른 시트에 쓰는 상황을 생각해봅니다(예제 8-17).

예제 8-17 시트 데이터 추출 [08-06.gs]

```
01    function myFunction08_06_04() {
02
03      const ss = SpreadsheetApp.getActiveSpreadsheet();
04      const values = ss.getActiveSheet().getDataRange().getValues();
05      const header = values.shift();
06
07      const targetValues = values.filter(record => {
08        const [name, age, favorite1, favorite2, favorite3] = record;
09        return age > 25;
10      });
11
12      targetValues.unshift(header);
13      const targetSheet = ss.getSheetByName('출력 시트');
```

> 추출 대상 2차원 배열에서 제목 행 데이터를 추출해 header를 얻는다.

> 조건에 일치한 행 데이터만 가진 1차원 배열을 구성해 targetValues로 한다.

> 제목 행 데이터를 먼저 삽입한다.

```
14    targetSheet
15      .getRange(1, 1, targetValues.length, targetValues[0].length)
16      .setValues(targetValues);
17  }
```

스크립트를 실행하면 [그림 8-18]과 같이 '출력 시트'에 추출한 데이터를 입력할
수 있습니다.

그림 8-18 추출한 데이터를 입력한 시트

	A	B	C	D	E	
1	name	age	favorite1	favorite2	favorite3	
2	Tom	32	orange	noodle	programming	
3	Jay	28	grape	kimchi	chess	
4						
5						
6						

이렇게 2차원 배열로 시트 데이터를 다룸으로써 다양한 처리를 배열에서 구현할
수 있습니다. 그중에서도 반복 메서드는 호환성이 좋고 효율적인 코드를 작성할
수 있습니다. 배열을 이용한 데이터 처리보다 실행 속도도 크게 향상되므로 꼭 활
용하기 바랍니다.

8.7 커스텀 함수

커스텀 함수

스프레드시트에서는 SUMIFS 함수나 VLOOKUP 등 편리한 표준 함수를 제공하지만 GAS를 사용하면 독자적으로 스프레드시트용 함수를 만들 수도 있습니다. 이를 **커스텀 함수**custom function라 부릅니다. 스크립트로 작성한 커스텀 함수는 스프레드시트 셀에 다음과 같이 입력해 호출할 수 있습니다. 스프레드시트의 표준 함수와 같습니다.

구문

=함수명(인수)

셀 주소를 인수로 지정하면 해당 셀의 값을 커스텀 함수에 인수로 전달합니다. 인수가 셀 범위일 때는 커스텀 함수에 2차원 배열이 전달됩니다. 그리고 커스텀 함수에 반환값이 설정되어 있다면 해당 값이 입력된 셀에 표시됩니다. 커스텀 함수를 만들기 위해서는 다음 몇 가지 규칙을 지켜야 합니다.

- 커스텀 함수는 스프레드시트의 컨테이너 바운드 스크립트다.
- 글로벌 함수다.
- 프라이빗 함수가 아니다.

실제 커스텀 함수를 만들어봅니다. [예제 8-18]은 인수로 전달된 금액에 부가세 포함 가격을 반환하는 커스텀 함수인 TAX_INCLUDE입니다. 스크립트를 저장하면 [그림 8-19]와 같이 TAX_INCLUDE 함수를 사용할 수 있게 됩니다.

예제 8-18 커스텀 함수 [08-07.gs]

```
01    /**
02     * 부가세 포함 가격을 반환하는 커스텀 함수
03     *
04     * @param {Number} price - 가격
05     * @param {Number} taxRate - 세율(부가세율 0.1)
06     * @return {Number} - 부가세 포함 가격
07     * @customfunction
08     */
09    function TAX_INCLUDE(price, taxRate = 0.1) {
10      return price * (1 + taxRate);
11    }
```

그림 8-19 커스텀 함수 TAX_INCLUDE 사용 결과

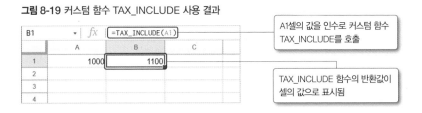

[예제 8-18]과 같이 도큐멘테이션 코멘트에 @customfunction을 포함하면 스프레드시트의 보완 후보로 표시됩니다. 수식을 중간까지 입력한 상태에서 [그림 8-20]과 같이 커스텀 함수의 설명이 표시됩니다. 또한 [Tab] 키로 선택해 함수 종류를 확정하면 [그림 8-21]과 같이 인수, 사용 예, 개요 정보가 표시됩니다.

그림 8-20 커스텀 함수 후보 표시

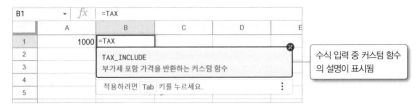

그림 8-21 커스텀 함수의 세부정보 표시

> **NOTE**
>
> 스프레드시트의 컨테이너 바운드 스크립트에 선언된 함수는 의도치 않게 커스텀 함수로 동작하기
> 도 합니다. 스크립트 내부에서만 호출되도록 하려면 함수명 끝에 _(언더스코어)를 붙여 프라이빗
> 함수로 만드는 것이 좋습니다.

이번 장에서는 GAS에서 스프레드시트를 조작하는 Spreadsheet 서비스의 기본
이 되는 클래스와 주요 멤버에 관해 설명했습니다. 여기에서 소개한 내용만으로
도 다양한 도구를 개발할 수 있을 것입니다. 꼭 실무에서 활용할 수 있는 스크립
트 작성에 도전해보기 바랍니다.

스프레드시트는 GAS를 이용한 시스템의 데이터베이스로서 다른 애플리케이션
과 연동하는 허브 역할을 합니다. 만약 충분히 이해되지 않은 부분이 있다면 복습
을 해두는 것이 좋습니다.

다음 장에서는 지메일 애플리케이션을 다룹니다. 스프레드시트나 다른 애플리케
이션에서 작성한 결과를 메일로 전송하거나 메일로 수신한 내용을 스프레드시트
에 축적하는 등 'GAS다운 동작'을 구현할 수 있게 될 것입니다.

Chapter

9

지메일

Gmail 서비스

Gmail 서비스는 GAS로 지메일을 조작하기 위한 클래스와 멤버를 제공하는 서비스입니다. Gmail 서비스에서 제공하는 클래스와 멤버를 이용하면 수신 메시지 또는 수신 메시지에 관한 정보를 얻을 수 있고 지메일을 통해 메시지를 전송할 수도 있습니다. 제공하는 클래스는 Spreadsheet 서비스만큼 많지는 않습니다. 주로 톱 레벨 객체인 GmailApp 클래스, 스레드를 조작하는 GmailThread 클래스, 메시지를 조작하는 GmailMessage 클래스를 사용하는 경우가 많습니다. Gmail 서비스의 주요 클래스를 [표 9-1]에 정리했습니다.

표 9-1 Gmail 서비스의 주요 클래스

클래스	설명
GmailApp	Gmail 서비스의 톱 레벨 객체
GmailThread	스레드 조작 기능 제공
GmailMessage	메시지 조작 기능 제공
GmailDraft	임시 메시지 조작 기능 제공
GmailAttatchment	메시지 첨부 파일 조작 기능 제공

이번 장에서는 GmailApp 클래스, GmailThread 클래스, GmailMessage 클래스에 관해 소개합니다.

> 💡 NOTE
>
> 메시지 첨부 파일을 다루는 GmailAttachment 클래스에 관해서는 18장에서 소개합니다.

스레드와 메시지

Gmail 서비스를 잘 사용하기 위해서는 지메일에서 중요한 개념인 스레드[thread]와 메시지[message]에 관해 정확하게 이해해야 합니다. 먼저 지메일에서는 메일 한 통을 **메시지**[message]라 부릅니다. 지메일에서는 메시지에 대한 답장 등, 주고받은 일련의 메시지를 자동으로 모을 수 있습니다. 그리고 모인 일련의 메시지를 **스레드**[thread]라 부릅니다. 스레드는 여러 메시지의 집합입니다. 실제 지메일 화면을 보면 지메일 서비스의 각 클래스가 GmailApp → GmailThread → GmailMessage → Gmail Attachment라는 계층으로 구성됨을 알 수 있습니다(그림 9-1).

그림 9-1 지메일 화면과 Gmail 서비스의 클래스

GAS에서 GmailApp으로 스레드를 얻는 경우 메서드들은 다음과 같이 배열로 스레드를 얻습니다. 인덱스 0에는 가장 새로운 스레드가 저장되며 이후 인덱스에는 새로운 순으로 저장됩니다.

[스레드 0, 스레드 1, ..., 스레드 m]

배열의 요소인 스레드에는 여러 메시지가 포함되어 있습니다. 각 스레드에서 메시지를 꺼내면 다음과 같이 배열을 얻을 수 있습니다. 인덱스 0에는 스레드 중 가장 먼저 전송된 메시지가 저장되고 이후 답장 메시지나 관련 메시지가 순서대로 저장됩니다.

```
[메시지 0, 메시지 1, ..., 메시지 n]
```

뒤에서 한 번 더 설명하지만 getMessagesForThreads 메서드로 메시지를 얻었을 때는 다음과 같은 2차원 배열로 얻게 됩니다.

```
[
  [메시지 0-0, 메시지 0-1, ...]
  [메시지 1-0, 메시지 1-1, ...]
  ...
  [메시지 m-0, 메시지 m-1, ...]
]
```

이렇게 스레드와 메시지는 배열로 함께 다루게 됩니다. 스프레드시트와 마찬가지로 지메일을 다룰 때도 배열 조작이 중요한 포인트임을 알 수 있습니다.

조작 대상이 되는 객체

Gmail 서비스에서는 답장하기, 전달하기, 모두 읽기, 읽지 않기, 별표 붙이기, 아카이브하기, 휴지통으로 옮기기 등 다양한 조작을 수행할 수 있습니다. 하지만 이 조작들의 대상이 스레드인지, 메시지인지 정리해두어야 합니다.

예를 들어 아카이브를 하거나 중요 표시를 붙이는 것은 스레드를 대상으로 합니다. 메시지를 보내고 별표를 붙이는 것은 메시지를 대상으로 합니다. 그리고 휴지통으로 옮기기, 읽은 상태로 변경하기 등은 GmailThread 클래스, GmailMessage

클래스 모두에서 메서드를 제공합니다. 각 조작의 대상 객체는 [표 9-2]와 같습니다.

표 9-2 지메일 조작 대상 객체

조작	GmailApp	스레드	메시지
새 메일을 전송한다.	○		
답장한다.			○
전달한다.			○
받은편지함으로 이동한다.		○	
보관함으로 이동한다.		○	
스팸함으로 이동한다.		○	
휴지통으로 이동한다.		○	○
중요 표시를 한다/해제한다.		○	
읽음 상태로 한다/읽지 않음 상태로 한다.		○	○
별표 상태/별표 없음 상태로 한다.			○

> 💡 **NOTE**
>
> GmailThread 클래스, GmailMessage 클래스는 단일 스레드 또는 메서드를 조작 대상으로 합니다. 이러한 스레드나 메시지의 배열을 모아서 조작하기 위한 메서드를 GmailApp 클래스에서 제공합니다.
>
> Gmail 서비스는 어떤 객체에 어떤 클래스와 메서드를 사용해야 하는지 혼동하기 쉬우므로 주의가 필요합니다.

GmailApp 클래스

GmailApp 클래스는 Gmail 서비스의 최상위에 위치하는 톱 레벨 객체입니다. GmailApp 클래스에서는 바로 하위 객체에 해당하는 스레드를 얻을 뿐만 아니라 새로운 메시지를 보내고, 스레드를 검색하고, 스레드나 메시지를 모아서 조작하는 등 많은 멤버를 제공합니다. 주요 멤버는 [표 9-3]과 같습니다.

표 9-3 GmailApp 클래스의 주요 멤버

분류	멤버	반환값	설명
메시지 전송	sendEmail(recipient, subject, body[, options])	GmailApp	받는사람 recipient, 제목 subject, 본문 body로 메시지를 전송한다.
임시 메일 작성	createDraft(recipient, subject, body[, options])	GmailDraft	받는사람 recipient, 제목 subject, 본문 body로 임시 메시지를 작성한다.
카운트	getInboxUnreadCount()	Integer	받은편지함에서 읽지 않은 스레드의 수를 얻는다.
	getStarredUnreadCount()	Integer	별표가 붙은 읽지 않은 스레드의 수를 얻는다.
스레드 얻기	getInboxThreads([start, max])	GmailThread[]	받은편지함의 인덱스 start에서 max까지의 스레드를 얻는다.
	getSpamThreads([start, max])	GmailThread[]	스팸 메일 인덱스 start에서 max까지의 스레드를 얻는다.
	getStarredThreads([start, max])	GmailThread[]	별표가 붙은 메시지를 포함하는 인덱스 start에서 max까지의 스레드를 얻는다.
	getThreadById(id)	GmailThread	id로 스레드를 얻는다.

	getTrashThreads([start, max])	GmailThread[]	휴지통 인덱스 start에서 max까지의 스레드를 얻는다.
	search(query[, start, max])	GmailThread[]	지메일을 query로 검색해 인덱스 start에서 max까지의 스레드를 얻는다.
스레드 조작	markThreadsImportant (threads)	GmailApp	threads 배열 모두를 중요로 설정한다.
	markThreadsRead (threads)	GmailApp	threads 배열 모두를 읽음으로 설정한다.
	markThreadsUnimportant (threads)	GmailApp	threads 배열을 모두 아카이브로 이동한다.
	moveThreadsToInbox (threads)	GmailApp	threads 배열을 모두 받은편지함으로 이동한다.
	moveThreadsToSpam (threads)	GmailApp	threads 배열을 모두 스팸함으로 이동한다.
	moveThreadsToTrash (threads)	GmailApp	threads 배열을 모두 휴지통으로 이동한다.
메시지 얻기	getDraftMessages()	GmailMessage[]	모든 임시 메시지를 얻는다.
	getMessageById(id)	GmailMessage	id로 메시지를 얻는다.
	getMessagesForThreads (threads)	GmailMessage[][]	threads 배열의 모든 메시지를 얻는다.
메시지 조작	markMesagesRead (messages)	GmailApp	messages 배열을 읽음 상태로 한다.
	markMessagesUnread (messages)	GmailApp	message 배열을 읽지 않음 상태로 한다.
	moveMessagesToTrash (messages)	GmailApp	messages 배열 모두를 휴지통으로 이동한다.
	startMessages(messages)	GmailApp	messages 배열 모두에 별표를 붙인다.
	unstartMessages(messages)	GmailApp	messages 배열 모두에서 별표를 해제한다.

GmailApp 클래스의 멤버 사용 예로 읽지 않은 스레드의 수를 카운트하는 몇 가지 메서드를 사용해봅니다. [예제 9-1]을 실행하면 받은편지함, 별표편지함, 스팸함에 포함된 스레드 중 읽지 않은 스레드의 수를 얻을 수 있습니다.

예제 9-1 읽지 않은 스레드 수 [09-02.gs]

```
01  function myFunction09_02_01() {
02    console.log(GmailApp.getInboxUnreadCount());  //받은편지함의 읽지 않은 스레드 수
03    console.log(GmailApp.getStarredUnreadCount());  //별표편지함의 읽지 않은 스레드 수
04    console.log(GmailApp.getSpamUnreadCount());  //스팸함의 읽지 않은 스레드 수
05  }
```

새 메시지 전송하기

Gmail 서비스에서 가장 사용 빈도가 높은 기능은 새 메시지 전송일 것입니다. 지메일에서 새 메시지를 전송할 때는 GmailApp 클래스의 sendEmail 메서드를 사용합니다. 구문은 다음과 같습니다.

구문

GmailApp.sendEmail(받는사람, 제목, 본문[, 옵션])

필수 인수인 받는사람 메일 주소, 제목, 본문을 각각 문자열로 지정합니다. 옵션으로는 보낸사람 주소나 참조, 첨부 파일 등 [표 9-4]의 파라미터를 객체로 지정합니다.

표 9-4 메시지 전송 옵션

옵션명	데이터명	설명
attachments	BlobSource[]	첨부 파일 배열
bcc	String	숨은참조(BCC)에 설정한 메일 주소
cc	String	참조(CC)에 설정한 메일 주소

from	String	보낸사람 메일 주소(앨리어스로 설정되어 있는 주소만)
htmlBody	String	지정되어 있는 경우, 받는 쪽에서 HTML 메일을 표시할 수 있을 때는 본문 대신 사용
name	String	보낸사람 이름
noReply	Boolean	전송한 메시지에 답변이 필요하지 않을 때는 true를 설정
replyTo	String	디폴트로 설정한 답변 받을 메일 주소

bcc, cc, replyTo에 여러 메일 주소를 지정할 때는 문자열 안에서 콤마로 구분합니다. noReply를 true로 설정하면 보내는 쪽이 noreply@~로 표기됩니다. 실제로 새 메시지를 전송해봅니다. [예제 9-2]에서 받는사람과 참조(CC) 주소는 테스트로 이용 가능한 실제 주소로 지정하기 바랍니다.

예제 9-2 새 메시지 전송 [09-02.gs]

```
01  function myFunction09_02_02() {
02    const recipient = 'bob@example.com';
03    const subject = '샘플 메일';
04
05    let body = '';
06    body += '샘플님\n';
07    body += '\n';
08    body += '이 메일은 샘플 메일입니다.\n';
09    body += '확인 바랍니다。';
10
11    const options = {
12      cc: 'tom@example.com, ivy@example.com',
13      name: 'GAS로부터 전송'
14    };
15
16    GmailApp.sendEmail(recipient, subject, body, options);
17  }
```

본문을 작성할 때 줄바꿈할 위치에는 이스케이프 시퀀스(\n)를 사용한다.

옵션으로 CC, 보낸사람을 설정한다.

sendEmail 메서드로 메시지를 전송한다.

실행 결과로 [그림 9-2]의 메시지가 수신지에 전달됩니다. 인수나 옵션이 실제 메시지의 어떤 부분에 반영되는지 확인해봅니다.

그림 9-2 sendEmail 메서드로 전송한 메시지

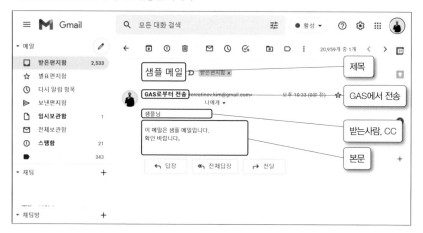

> **💡 NOTE**
>
> - sendEmail 메서드에서는 attachments 옵션을 설정해 파일을 첨부할 수 있습니다. 자세한 내용은 18장에서 소개합니다.
> - GAS에서는 Mail 서비스의 sendEmail 메서드를 사용해 메시지를 전송할 수도 있습니다. 하지만 Mail 서비스는 메시지 전송 외의 기능은 제공하지 않습니다. 특별한 요청이 없는 한 Gmail 서비스를 사용하는 것이 좋습니다.

자동으로 메일 전송이 가능한 도구를 만들 수 있다는 점은 편리합니다. 그러나 GAS 정책에 따라 하루 전송 건수가 100건에서 1,500건으로 제한되어 있다는 점은 기억해두길 바랍니다.

임시 메시지 작성하기

메시지를 전송하기 전에 그 내용을 확인하고 싶을 때는 createDraft 메서드를 사용하면 좋습니다. 임시 메시지만 작성하고 전송은 하지 않으므로 확인 후 수동으로 전송하는 등으로도 활용할 수 있습니다.

구문

```
GmailApp.createDraft(받는사람, 제목, 본문[, 옵션])
```

지정한 인수는 sendEmail과 동일합니다. 옵션으로 지정할 수 있는 항목도 마찬가지므로 [표 9-4]의 항목을 사용하기 바랍니다. 예시로 [예제 9-3]을 실행해봅니다. [예제 9-2]의 메시지를 임시로 작성하고 이번에도 수신지나 CC 주소는 테스트에 이용 가능한 실제 주소로 지정하기 바랍니다.

예제 9-3 임시 메시지 작성 [09-02.gs]

```javascript
01  function myFunction09_02_03() {
02    const recipient = 'bob@example.com';
03    const subject = '샘플 메일';
04
05    let body = '';
06    body += '샘플님\n';
07    body += '\n';
08    body += '이 메일은 샘플 메일입니다.\n';
09    body += '확인 바랍니다.';
10
11    const options = {
12      cc: 'tom@example.com, ivy@example.com',
13      name: 'GAS로부터 전송'
14    };
15
16    GmailApp.createDraft(recipient, subject, body, options);
17  }
```

createDraft 메서드로 임시 메시지를 작성한다.

그림 9-3 createDraft 메서드로 작성한 임시 메시지

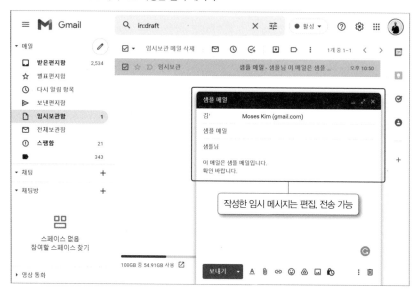

시스템 라벨을 이용해 스레드 얻기

GmailApp 클래스의 하나 더 중요한 역할로 스레드 얻는 것을 들 수 있습니다. 스레드를 얻는 주요한 방법은 다음 세 가지입니다.

- 시스템 라벨을 이용해 스레드를 얻는다.
- ID을 이용해 스레드를 얻는다.
- 검색해서 스레드를 얻는다.

시스템 라벨을 이용해 스레드를 얻는 방법을 확인해봅니다. 시스템 라벨은 받은편지함, 임시보관함, 스팸함과 같은 조건이 부여된 라벨입니다. [그림 9-4]와 같은 지메일 화면에서 각 항목을 클릭하면 해당하는 스레드 목록을 확인할 수 있습니다.

그림 9-4 시스템 라벨

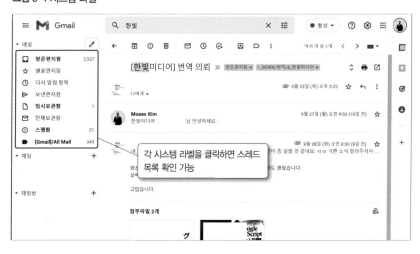

GAS에서는 [표 9-5]에 정리한 시스템 라벨에 대한 스레드를 얻는 메서드를 제공합니다.

표 9-5 시스템 라벨 및 얻기 메서드

시스템 라벨	얻기 메서드
받은편지함	getInboxThreads
별표편지함	getStarredThreads
임시보관함	getDraftMessages
스팸함	getSpamThreads
휴지통	getTrashThreads

> 💡 **NOTE**
>
> 임시보관함은 전송 전에는 스레드에 포함되지 않습니다. 따라서 메시지의 배열만 얻을 수 있습니다.

시스템 라벨에서 스레드를 얻는 대표적인 메서드로 받은편지함에서 스레드를 배열로 얻는 getInboxThreads 메서드를 설명합니다. 구문은 다음과 같습니다.

구문

```
GmailApp.getInboxThreads([시작 위치, 최대 취득 수])
```

받은편지함의 스레드는 최신 스레드부터 순서대로 인덱스가 부여됩니다. 스레드를 어느 인덱스부터 얻을지는 시작 위치로 지정합니다. 최신 스레드부터 순서대로 얻을 때는 0을 지정합니다. 그리고 그 위치부터 최대 몇 개의 스레드를 얻는가를 최대 취득 수로 지정합니다. 두 인수 모두 생략할 수 있으며 모두 생략하면 전체 스레드를 얻을 수 있습니다. [표 9-5]의 다른 메서드도 시작 위치와 최대 취득수 지정 방법은 동일합니다.

사용 예를 확인해봅니다. [예제 9-4]를 실행하면 받은편지함의 최신 스레드 세 개에 대한 최초 메시지 제목이 표시됩니다. **getFirstMessageSubject 메서드**는 스레드의 최초 메시지 제목을 얻는 메서드입니다.

예제 9-4 받은편지함의 스레드 얻기 [09-03.gs]

```
01  function myFunction09_03_01() {
02    const threads = GmailApp.getInboxThreads(0, 3);      받은편지함의 최신
                                                           스레드 3건을 얻는다.
03
04    for (const thread of threads) {                      threads의 모든 스레드에
05      console.log(thread.getFirstMessageSubject());      대해 첫 메시지의 제목을
                                                           로그에 출력한다.
06    }
07  }
```

GAS의 정책에 따라 메일 읽기와 쓰기(전송 제외)는 하루 20,000건에서 50,000건까지 제한이 있다는 점을 주의하기 바랍니다. 예를 들어 무료 구글 계정에서 스레드 최대 취득 수를 100건으로 설정하고 5분에 한 번씩 스크립트를 실행하면, 하루에 288회 실행되므로 경우에 따라서는 할당량 초과로 에러가 발생합니다. 따라서 최대 취득 수 및 1일당 실행 횟수는 필요 이상으로 많이 설정하지 않도록 합니다.

 NOTE

1일당 스레드 취득 제한을 넘기지 않도록 주의합니다.

ID를 이용해 스레드 얻기

스레드에는 저마다 고유한 ID가 부여됩니다. 스레드 ID를 알고 있다면 **getThreadById 메서드**를 사용해 스레드를 얻을 수 있습니다.

```
GmailApp.getThreadById(ID)
```

실제 ID를 이용해 스레드를 얻어봅니다. [예제 9-5]를 봅시다. `getId` 메서드는
스레드 ID를 얻는 메서드입니다.

예제 9-5 ID를 이용해 스레드 얻기 [09-03.gs]

```
01  function myFunction09_03_02() {
02    const threads = GmailApp.getInboxThreads(0, 1);
03    const id = threads[0].getId();
04
05    const thread = GmailApp.getThreadById(id);   ─── 스레드 ID를 이용해
                                                       스레드를 얻는다.
06    console.log(thread.getFirstMessageSubject()); //샘플 메일
07  }
```

스크립트를 실행하면 받은편지함 최신 스레드의 최신 메시지 제목이 로그에 출력
됩니다. 스레드 ID는 사전에 `getId` 메서드로 얻어야 합니다. 따라서 스프레드시
트 등에 무언가의 처리를 수행한 스레드 ID를 저장한 뒤 이를 재사용하는 경우가
많습니다.

스레드 검색하기

지메일의 특징 중 하나는 검색 기능입니다. 다양한 검색 연산자를 사용해 수많은
메일 중에서 원하는 메일을 빠르게 찾아낼 수 있습니다. GAS에서도 **search 메서
드**를 사용해 검색 기능을 그대로 이용할 수 있습니다. search 메서드 구문은 다음
과 같습니다.

구문

```
GmailApp.search(쿼리[, 시작 위치, 최대 취득 수])
```

시작 위치, 최대 취득 수는 앞에서 설명한 getInboxThreads 메서드와 지정 방법이 동일합니다. 두 인수는 생략할 수 있으며 GAS의 할당 정책을 고려했을 때는 지정하는 것이 좋습니다. **쿼리**query는 지메일 검색 조건을 지정하는 문자열이며 지메일 화면에서는 [그림 9-5]에 나타난 검색 박스에 입력하는 것과 같습니다.

그림 9-5 지메일의 검색 박스

검색 대상 키워드만으로도 검색할 수 있지만 [표 9-6]의 검색 연산자를 사용하면 더욱 상세히 검색할 수 있습니다.

표 9-6 지메일 검색 연산자

검색 연산자	설명	예시
from:	보낸사람을 지정한다.	from:Bob
to:	받는사람을 지정한다.	to:Tom
cc:	참조 필드의 받는사람을 지정한다.	cc:Ivy
bcc:	숨은참조 필드의 받는사람을 지정한다.	bcc:Joy
subject:	제목을 검색 대상으로 한다.	subject: 샘플 메일
filename:	첨부 파일명을 검색 대상으로 한다.	filename:text.csv
OR 또는 {}	'또는'을 의미하는 OR 조건을 지정한다.	from:Bob Or from:Tom {from: Bob from:Tom}
공백	'그리고'를 의미하는 AND 조건을 지정한다.	from:Bob from:Tom

–	제외, 부정을 나타내는 NOT 조건을 지정한다.	–from:Bob	
""	완전 일치	"http://hanbit.co.kr에서 설문이 전송되었습니다."	
()	그룹화	to:(Bob Tom)	
is:	지정한 상태의 스레드를 검색한다.	is:unread	읽지 않음
		is:read	읽음
		is:imporant	중요 표시됨
		is:starred	별표 표시됨
		is:sent	보냄
in:	지정한 위치를 검색한다.	in:anywhere	모든 보관함
		in:inbox	받은편지함
		in:drafts	임시보관함
		in:spam:	스팸함
		in:trash	휴지통
has:	첨부나 링크를 가진 스레드를 검색한다.	has:attachment	첨부 파일
		has:spreadsheet	스프레드시트 링크
		has:drive	드라이브 링크
after:	지정일 이후를 검색한다.	after:2021/09/01	
before:	지정일 이전을 검색한다.	before:2021/09/01	

search 메서드 사용 예를 확인해봅니다. [예제 9-6]을 실행하면 읽지 않은 상태의 '설문폼에서 전송되었습니다.'라는 키워드를 포함한 스레드를 최신 스레드부터 10건 추출해 그 제목을 로그에 출력합니다.

예제 9-6 search 메서드를 이용한 스레드 검색 [09–03.gs]

> 읽지 않음 상태의 '설문폼에서 전송되었습니다.'를 포함한 검색 조건

```
01  function myFunction09_03_03() {
02    const query = 'is:unread "설문폼에서 전송되었습니다."'
03    const threads = GmailApp.search(query, 0, 10);
04
```

> query를 이용하여 검색해 최신 10건의 스레드를 얻는다.

```
05      for (const thread of threads) {
06          console.log(thread.getFirstMessageSubject());
07      }
08  }
```

> threads의 모든 스레드에 대한 최초 메시지의 제목을 로그에 출력한다.

이렇게 search 메서드를 이용하면 쿼리 사용에 따라 다양한 조건으로 스레드를 추출할 수 있습니다.

GmailThread 클래스

GmailThread 클래스는 스레드를 다루는 기능을 제공하는 클래스입니다. 주로 스레드에 포함된 메시지를 얻거나, 스레드의 정보를 얻거나, 스레드를 조작하는 등의 역할을 합니다. 클래스의 주요 멤버는 [표 9-7]과 같습니다.

표 9-7 GmailThread 클래스의 주요 멤버

멤버	반환값	설명
createDraftReply(body[, options])	GmailDraft	스레드 마지막 메시지의 보낸사람에게 body를 본문으로 해 임시 답장 메시지를 작성한다.
createDraftReplyAll(body[, options])	GmailDraft	스레드 마지막 메시지의 모든 사람에게 body를 본문으로 해 임시 답장 메시지를 작성한다.
getFirstMessageSubject()	String	스레드 내 첫 메시지의 제목을 얻는다.
getId()	String	스레드의 ID를 얻는다.
getLastMessageDate()	Date	스레드 최신 메시지의 날짜 및 시간을 얻는다.
getMessageCount()	Integer	스레드 안의 메시지 수를 얻는다.
getMessages()	GmailMessage[]	스레드의 메시지를 얻는다.
getPermalink()	String	스레드의 영구 링크를 얻는다.
hasStarredMessages()	Boolean	스레드에 별표한 메시지가 포함되어 있는지 판정한다.
isImportant()	Boolean	스레드에 중요 메시지가 표함되어 있는지 판정한다.
isInInbox()	Boolean	스레드가 받은편지함에 있는지 판정한다.
isInSpam()	Boolean	스레드가 스팸함에 있는지 판정한다.
isInTrash()	Boolean	스레드가 휴지통에 있는지 판정한다.

isUnread()	Boolea	스레드에 읽지 않은 메시지가 있는가를 판정한다.
markImportant()	GmailThread	스레드를 중요한 메일로 분류한다.
markRead()	GmailThread	스레드를 읽음 상태로 한다.
markUnimportant()	GmailThread	스레드를 중요하지 않은 상태로 한다.
markUnread()	GmailThread	스레드를 읽지 않은 상태로 한다.
moveToArchive()	GmailThread	스레드를 보관함으로 이동한다.
moveToInbox()	GmailThread	스레드를 받은편지함으로 이동한다.
moveToSpam()	GmailThread	스레드를 스팸함으로 이동한다.
moveToTrash()	GmailThread	스레드를 휴지통으로 이동한다.
reply(body[, options])	GmailThread	스레드 마지막 메시지의 보낸사람에게 body를 본문으로 해 답장을 보낸다.
replyAll(body[, option])	GmailThread	스레드의 마지막 메시지의 모든 사용자에게 body를 본문으로 해 답장을 보낸다.

스레드의 정보를 얻어봅니다. [예제 9–7]은 '스레드와 메시지를 확인한다.'는 제목의 스레드를 얻고 해당 스레드에 관한 여러 정보도 얻습니다.

예제 9-7 스레드 정보 얻기 [09–04.gs]

```
01  function myFunction09_04_01() {
02    const query = 'subject:스레드와 메시지를 확인한다.';
03    const threads = GmailApp.search(query, 0, 1);
04
05    console.log(threads[0].getFirstMessageSubject()); //스레드와 메시지를 확인한다
06    console.log(threads[0].getId()); // 스레드 ID
07    console.log(threads[0].getLastMessageDate()); //최신 메시지의 날짜 및 시간
08    console.log(threads[0].getMessageCount()); //3
09    console.log(threads[0].getPermalink()); //스레드 영구 링크
10    console.log(threads[0].hasStarredMessages()); //false
11    console.log(threads[0].isImportant()); //true
12    console.log(threads[0].isInChats()); //false
13    console.log(threads[0].isInInbox()); //true
```

```
14    console.log(threads[0].isInSpam()); //false
15    console.log(threads[0].isInTrash()); //false
16    console.log(threads[0].isUnread()); //false
17  }
```

스레드 조작하기

GmailThread 클래스의 메서드를 사용해 중요 표시를 하거나 휴지통으로 이동하는 등의 스레드 조작을 할 수 있습니다. 예시로 [예제 9-8]을 실행해봅니다. 제목이 '스레드와 메시지를 확인한다.'인 스레드에 중요 표시를 하고 읽지 않은 상태로 한 뒤 받은편지함으로 이동합니다. 실행 결과는 [그림 9-6]과 같습니다.

예제 9-8 스레드 조작 [09-04.gs]

```
01  function myFunction09_04_02() {
02    const query = 'subject:스레드와 메시지를 확인한다.';
03    const threads = GmailApp.search(query, 0, 1);
04
05    threads[0].markImportant();
06    threads[0].markUnread();
07    threads[0].moveToInbox();
08  }
```

그림 9-6 스레드 조작 결과

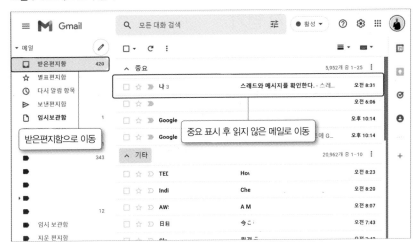

예시에서는 대상 스레드가 하나였지만 검색 등을 통해 배열로 얻은 스레드 집합일 때는 어떻게 하면 좋을까요? for...of문 메서드 등을 사용할 수도 있지만 GmailApp 클래스의 메서드를 활용하면 배열 안의 스레드를 모아서 조작할 수 있습니다. [예제 9-9]에서 threads 배열 안의 모든 스레드에 [예제 9-8]과 같은 조작을 해봅니다.

예제 9-9 배열 안의 모든 스레드 조작 [09-04.gs]

```
01  function myFunction09_04_03() {
02    const query = 'subject:스레드와 메시지를 확인한다.';
03    const threads = GmailApp.search(query, 0, 1);
04
05    GmailApp.markThreadsImportant(threads);
06    GmailApp.markThreadsUnread(threads);
07    GmailApp.moveThreadsToInbox(threads);
08  }
```

> 인수에 스레드 배열을 지정해 배열 안의 모든 스레드를 조작한다.

단일 스레드를 조작할 때는 GmailThread 클래스의 멤버로, 배열로 모아서 스레드를 조작할 때는 GmailApp 클래스의 멤버로 구분해서 사용하면 좋습니다.

9.5 메시지 얻기

스레드에서 메시지 얻기

수신한 메일 정보나 내용을 모으기 위해서는 메시지를 얻어야 합니다. 메시지를 얻는 메서드는 GmailApp 클래스, GmailThread 클래스에서 제공하므로 이들을 모두 능숙하게 구분해서 사용할 수 있도록 합시다. 메시지는 주로 다음 방법으로 얻을 수 있습니다.

- 스레드에서 메시지를 얻는다.
- ID를 이용해 메시지를 얻는다.
- 스레드 배열에서 메시지를 얻는다.

첫 번째 방법은 GmailThread 클래스의 메서드, 두 번째와 세 번째 방법은 GmailApp 클래스의 메서드를 이용합니다.

먼저 스레드에서 메시지를 얻는 **getMessages 메서드** 사용 방법부터 확인해봅니다. getMessages 메서드는 대상이 되는 스레드에 포함된 메시지를 배열로 얻습니다.

구문

```
GmailThread 객체.getMessages()
```

사용 예시로 [예제 9-10]을 확인해봅니다. 받은편지함의 최신 스레드에 포함된 메시지를 배열 messages로 얻고 getSubject 메서드로 메시지의 제목을 얻습니다.

예제 9-10 스레드에서 메시지 얻기 [09—05.gs]

```
01   function myFunction09_05_01() {
02     const threads = GmailApp.getInboxThreads(0, 1);
03     const messages = threads[0].getMessages();
04     console.log(messages[0].getSubject()); //샘플 메일
05   }
```

받은편지함의 최신 스레드를 배열로 얻는다.

스레드에 포함된 메시지를 배열로 얻는다.

ID를 이용해 메시지 얻기

스레드와 마찬가지로 메시지에도 고유한 ID가 부여됩니다. 메시지 ID를 알면 **getMessageById 메서드**를 이용해 특정한 메시지를 직접 얻을 수 있습니다.

구문

```
GmailApp.getMessageById(id)
```

메시지 ID를 이용해 메시지를 얻는 예시로 [예제 9-11]을 확인해봅니다.

예제 9-11 메시지 ID로 메시지 얻기 [09—05.gs]

```
01   function myFunction09_05_02() {
02     const threads = GmailApp.getInboxThreads(0, 1);
03     const messages = threads[0].getMessages();
04     const id = messages[0].getId();
05
06     const message = GmailApp.getMessageById(id);
07     console.log(message.getSubject()); //샘플 메일
08   }
```

받은편지함 최신 스레드의 메시지를 배열로 얻는다.

첫 번째 메시지의 ID를 얻는다.

ID로 메시지를 얻는다.

getId 메서드는 메시지의 ID를 얻는 메서드입니다. 그리고 메시지 ID는 메시지에 무언가 처리를 할 때, 스프레드시트 등에 기록하는 용도에 적합합니다.

스레드 배열에서 메시지 얻기

getMeesages 메서드에서는 단일 스레드에 포함된 메시지를 얻었습니다. GmailApp 클래스의 **getMessagesForThreads 메서드**를 사용하면 스레드 배열에서 직접 메시지를 얻을 수 있습니다.

이때 메시지는 [스레드_인덱스][메시지_인덱스]로 참조할 수 있는 2차원 배열이 됩니다. getMessagesForThreads 메서드 사용 구문은 다음과 같습니다.

구문

```
GmailApp.getMessagesForThreads(스레드 배열)
```

getMessagesForThreads 메서드 사용 예시로 [예제 9-12]를 확인해봅니다. 받은 편지함의 최신 스레드 두 개에 포함된 모든 메시지의 제목을 출력합니다.

예제 9-12 스레드 배열에서 메시지 모아서 얻기 [09-05.gs]

```
01  function myFunction09_05_03() {
02    const threads = GmailApp.getInboxThreads(0, 2);        받은편지함에서 최신 스레드
                                                            두 개를 threads로 얻는다.
03    const messagesForThreads = GmailApp.getMessagesForThreads(threads);
04
05    for (const [i, thread] of messagesForThreads.entries()) {    스레드의 threads 배열에
                                                            서 메시지의 messages
06      for (const [j, message] of thread.entries()) {      2차원 배열을 추출한다
07        console.log(`[${i}][${j}]: ${message.getSubject()}`);
08      }                                                   meessages 2차원 배열
                                                            안의 모든 메시지의 제목
09    }                                                     을 로그에 출력한다.
10  }
```

실행 결과

```
[0][0]: 샘플 메일
[1][0]: 스레드와 메시지를 확인한다.
[1][1]: Re: 스레드와 메시지를 확인한다.
[1][2]: Re: 스레드와 메시지를 확인한다.
```

getMessagesForThreads 메서드로 모아서 얻음으로써 코드가 간단해짐은 물론이고 지메일 접근 횟수도 줄일 수 있다는 장점이 있습니다. 능숙하게 활용해봅시다.

GmailMessage 클래스

`GmailMessage` 클래스는 메시지를 다루는 기능을 제공하며 메시지에서 다양한 데이터를 얻는 메서드나 메시지를 조작하는 메서드들을 포함하고 있습니다. 주요 멤버는 [표 9-8]과 같습니다.

표 9-8 GmailMessage 클래스의 주요 멤버

멤버	반환값	설명
createDraftReply(body[, options])	GmailDraft	메시지를 보낸사람에게 body가 본문인 임시 답장 메시지를 작성한다.
createDraftReplyAll(body[, options])	GmailDraft	메시지의 모든 사람에게 body가 본문인 임시 답장 메시지를 작성한다.
forward(recipient[, option])	GmailMessage	recipient에 메시지를 전송한다.
getAttachments([option])	GmailAttachments[]	메시지의 모든 첨부 파일을 얻는다.
getBcc()	String	메시지의 숨은 참조를 얻는다.
getBody()	String	메시지의 본문을 얻는다.
getCc()	String	메시지의 참조를 얻는다.
getDate()	Date	메시지의 날짜 및 시간을 얻는다.
getFrom()	String	메시지의 보낸사람을 얻는다.
getId()	String	메시지 ID를 얻는다.
getPlainBody()	String	메시지 본문을 플레인 텍스트(plain text)로 얻는다.
getRawContent()	String	메시지의 로 데이터(raw data)를 얻는다.
getReplyTo()	String	메시지의 ReplyTo(대부분은 보낸사람) 주소를 얻는다.
getSubject()	String	메시지 제목을 얻는다.

getThread()	GmailThread	메시지가 포함된 스레드를 얻는다.
getTo()	String	메시지의 받는 사람을 얻는다.
isDraft()	Boolean	메시지가 임시 메시지인가 판정한다.
isInInbox()	Boolean	메시지가 받은편지함에 있는가 판정한다.
isInTrash()	Boolean	메시지가 휴지통에 있는가 판정한다.
isStarred()	Boolean	메시지가 별표 상태인가 판정한다.
isUnread()	Boolean	메시지가 읽지 않음 상태인가 판정한다.
markRead()	GmailMessage	메시지를 읽음 상태로 한다.
markUnread()	GmailMessage	메시지를 읽지 않음 상태로 한다.
moveToTrash()	GmailMesage	메시지를 휴지통으로 이동한다.
reply(body[, options])	GmailMessage	메시지를 보낸사람에게 body가 본문인 답장을 보낸다.
replyAll(body[, option])	GmailMessage	메시지의 모든 사용자에게 body가 본문인 답장을 보낸다.
star()	GmailMessage	메시지에 별표를 붙인다.
unstart()	GmailMessage	메시지의 별표를 지운다.

GmailMessage 클래스의 메서드를 사용하면 메시지 본문, 제목은 물론 다양한 데이터를 얻을 수 있습니다. [예제 9-13]을 실행해 받은편지함 최신 스레드의 첫 번째 메시지로부터 다양한 데이터를 얻어봅니다.

예제 9-13 메시지에서 다양한 데이터 얻기 [09—06.gs]

```
01  function myFunction09_06_01() {
02    const threads = GmailApp.getInboxThreads(0, 1);
03    const message = GmailApp.getMessagesForThreads(threads)[0][0];
04
05    console.log(message.getId()); //메시지 ID
06    console.log(message.getDate()); //메시지 날짜 및 시간 (한국 표준시)
07    console.log(message.getSubject()); //샘플 메일
08
09    console.log(message.getFrom()); //보낸사람
```

```
10    console.log(message.getTo()); //To 주소
11    console.log(message.getCc()); //Cc 주소
12    console.log(message.getBcc()); //Bcc 주소
13    console.log(message.getReplyTo()); //ReplyTo 주소
14
15    console.log(message.isDraft()); //false
16    console.log(message.isInChats()); //false
17    console.log(message.isInInbox()); //true
18    console.log(message.isInTrash()); //false
19    console.log(message.isStarred()); //false
20    console.log(message.isUnread()); //false
21  }
```

메시지 본문 얻기

메시지 본문을 얻는 메서드는 **getBody 메서드**와 **getPlainBody 메서드**입니다. 사용 구문은 각각 다음과 같습니다.

구문

GmailMessage 객체.getBody()

구문

GmailMessage 객체.getPlainBody()

두 메서드의 차이는 HTML 메일에 대한 동작입니다. **getBody** 메서드는 HTML 태그를 포함해 메시지 본문을 얻지만 **getPlainBody** 메서드는 HTML 태그를 제외한 순수한 텍스트 부분만 얻습니다. 받은편지함에 [그림 9-7]과 같은 HTML 메일을 준비한 뒤 [예제 9-14]를 실행해보면 두 메서드의 차이를 알 수 있습니다.

그림 9-7 HTML 메일 예시

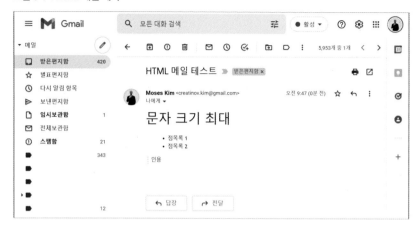

예제 9-14 메시지 본문 얻기 [09—06.gs]

```
01  function myFunction09_06_02() {
02    const threads = GmailApp.getInboxThreads(0, 1);
03    const message = GmailApp.getMessagesForThreads(threads)[0][0];
04
05    console.log(message.getBody());      메시지 본문을 HTML 태그도 포함해서 얻는다.
06    console.log(message.getPlainBody()); 메시지 본문을 순수한 텍스트만 얻는다.
07  }
```

실행 결과

```
<div dir="ltr"><div class="gmail_default" style="font-family:&quot;trebuchet
ms&quot;,sans-serif"><font size="6">문자 크기 최대</font></div><div
class="gmail_default" style="font-family:&quot;trebuchet ms&quot;,sans-
serif"><ul><li>점목록 1</li><li>점목록 2</li></ul><blockquote class="gmail_
quote" style="margin:0px 0px 0px 0.8ex;border-left:1px solid
rgb(204,204,204);padding-left:1ex">인용</blockquote><div><br></div><div> </
div><div></div></div></div>
```

문자 크기 최대

 - 점목록 1

대부분 플레인 텍스트를 얻는 경우가 많으므로 항상 getPlainBody 메서드를 사용하고 싶을 것입니다. 하지만 getPlainBody 메서드는 getBody 메서드보다 실행 시간이 길기 때문에 상황에 맞춰 구분해서 사용하는 것이 좋습니다

메시지 답장과 전달

메시지 답장을 보낼 때는 reply 메서드, 모든 사람에게 답장을 보낼 때는 replyAll 메서드를 사용합니다. 그리고 메시지를 전달할 때는 forward 메서드를 사용합니다. 사용 구문은 각각 다음과 같습니다.

구문

GmailMessage 객체.reply(본문[, 옵션])

구문

GmailMessage 객체.replyAll(본문[, 옵션])

구문

GmailMessage 객체.forward(받는 사람[, 옵션])

모든 메서드에서 옵션은 생략할 수 있습니다. 설정하는 경우에는 sendEmail 메서드와 같이 설정합니다(표 9-4). 메시지 답장과 전달 사용 예시로 [예제 9-15]를 확인해봅니다. 받은편지함 최신 스레드의 최신 메시지를 대상으로 하여 모든 사람에게 답장과 전달을 합니다. 전달 대상 주소는 실제 사용 가능한 메일 주소로 지정합니다.

예제 9-15 메시지 답장과 전달 [09−06.gs]

```
01  function myFunction09_06_03() {
02    const threads = GmailApp.getInboxThreads(0, 1);
03    const message = GmailApp.getMessagesForThreads(threads)[0][0];
04
05    let replyBody = '';
06    replyBody += '모두에게 답장합니다.\n';
07    replyBody += '확인 바랍니다.';
08    message.replyAll(replyBody);
09
10    const recipient = 'bob@example.com';
11    message.forward(recipient);
12  }
```

> 답장 메시지 본문을 작성하고 모든 사람에게 답장한다.

> 메시지를 지정한 주소로 전달한다.

💡 **NOTE**

reply 메서드 및 replyAll 메서드는 GmailThread 클래스에서도 제공합니다. 스레드에 사용하면 스레드의 마지막 메시지에 대한 답장을 보냅니다. 그리고 GmailThread 클래스와 GmailMessage 클래스에서 제공하는 createDraftReply 메서드와 createDraftReplyAll 메서드를 사용하면 임시 답장을 작성할 수 있습니다. 경우에 따라 구분해서 사용하기 바랍니다.

메시지 조작하기

GmailMessage 클래스에서는 메시지에 별표를 붙이거나 읽음 또는 읽지 않음 상태 등으로 조작할 수 있습니다. 예시로 [예제 9−16]을 확인해봅니다. 받은편지함 최신 스레드의 세 번째 메시지에 별표를 붙였으며 실행 결과는 [그림 9−8]과 같습니다.

예제 9-16 메시지에 별표 붙이기 [09-06.gs]

```
01  function myFunction09_06_04() {
02    const threads = GmailApp.getInboxThreads(0, 1);
03    const message = GmailApp.getMessagesForThreads(threads)[0][2];
04
05    message.star();
06  }
```

05번 줄 `message.star();` — 메시지에 별표를 붙인다.

03번 줄 — 받은편지함 최신 스레드의 세 번째 메시지를 얻는다.

그림 9-8 별표를 붙인 메시지

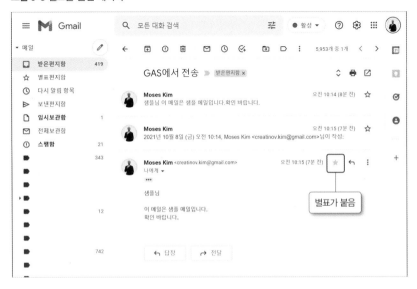

배열에 포함된 모든 메시지를 대상으로 조작하고 싶을 때는 GmailApp 클래스에서 사용하는 메서드를 사용할 수 있습니다. [예제 9-17]에서는 배열 messages 안의 모든 메시지에 별표를 붙입니다.

예제 9-17 배열 안의 모든 메시지에 별표 붙이기 [09-06.gs]

```
01  function myFunction09_06_05() {
02    const threads = GmailApp.getInboxThreads(0, 1);
03    const messages = threads[0].getMessages();
```

03번 줄 — 받은편지함 최신 스레드의 메시지를 배열로 얻는다.

```
04
05    GmailApp.starMessages(messages);
06  }
```

> messages 배열 안의 모든 메시지에 별표를 붙인다.

이번 장에서는 GAS로 지메일을 조작하는 Gmail 서비스와 그 주요 클래스, 멤버에 관해 설명했습니다. 받은 메일을 스프레드시트 등에 모으거나 시스템 결과를 아웃풋으로서 메일로 전송하는 등 업무 흐름의 시작점이나 종료점으로 활용할 수 있을 것입니다. 이렇게 메일 조작을 간단히 자동화 시스템에 조합할 수 있다는 것이 GAS의 큰 특징입니다.

다음 장에서는 구글 드라이브를 다룹니다. 스프레드시트, 문서를 시작으로 구글 드라이브에 저장된 다양한 파일이나 폴더를 조작하는 방법을 살펴봅니다.

Chapter

10

드라이브

10.1 Drive 서비스

Drive 서비스

Drive 서비스는 GAS로 구글 드라이브를 조작하기 위한 클래스와 멤버를 제공하는 서비스입니다. Drive 서비스를 사용하면 드라이브 안의 폴더, 파일 정보를 얻거나 추가, 삭제 및 정보 변경 등을 할 수 있습니다. Drive 서비스에서 제공하는 주요 클래스는 [표 10-1]과 같습니다. Drive 서비스 각 클래스의 역할은 명확하게 구분되어 있습니다.

표 10-1 Drive 서비스의 주요 클래스

클래스	설명
DriveApp	Drive 서비스의 톱 레벨 객체
Folder	구글 드라이브 안 폴더 조작 기능 제공
FolderIterator	구글 드라이브 안 폴더에 대한 반복 처리 기능 제공
File	구글 드라이브 안 파일 조작 기능 제공
FileIterator	구글 드라이브 안 파일에 대한 반복 처리 기능 제공

Drive 서비스의 클래스는 DriveApp → Folder → File의 계층 구조로 되어 있습니다. 실제 구글 드라이브 화면과 비교하면 [그림 10-1]과 같습니다.

그림 10-1 구글 드라이브 화면과 Drive 서비스 클래스

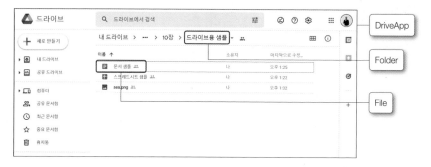

FolderIterator 클래스, FileIterator 클래스는 각각 폴더와 파일의 집합을 컬렉션^{collection}으로 다루며 반복 처리를 지원합니다. 폴더와 파일은 배열에 저장해서 조작하는 것도 가능하나 컬렉션을 사용하면 더 간단히 조작할 수 있습니다.

> **NOTE**
>
> Drive 서비스에서는 Folder나 File 객체의 집합을 컬렉션으로 다룰 수 있습니다.

10.2 DriveApp 클래스

DriveApp 클래스

DriveApp 클래스는 Drive 서비스의 최상위에 위치하는 톱 레벨 객체입니다. 사용자 드라이브 내 전체에 관한 조작 또는 사용자의 '내 드라이브(루트 폴더라 부르기도 합니다)'를 조작하는 기능을 제공합니다. 클래스의 주요 멤버는 [표 10-2]와 같습니다.

표 10-2 DriveApp 클래스의 주요 멤버

멤버	반환값	설명
createFolder(name)	Foler	루트 폴더에 name 폴더를 작성한다.
getFileById(id)	File	id를 이용해 파일을 얻는다.
getFiles()	FileIterator	드라이브 내 모든 파일의 컬렉션을 얻는다.
getFilesByName(name)	FileIterator	드라이브에서 파일명이 name인 파일의 컬렉션을 얻는다.
getFilesByType(mimeType)	FileIterator	드라이브에서 MIME 타입이 mimeType인 파일의 컬렉션을 얻는다.
getFolderById(id)	Folder	id를 이용해 폴더를 얻는다.
getFolders()	FolderIterator	드라이브 내 모든 폴더의 컬렉션을 얻는다.
getFoldersByName(name)	FoderIterator	드라이브 내 폴더명이 name인 폴더의 컬렉션을 얻는다.
getRootFolder()	Folder	루트 폴더를 얻는다.
getStorageLimit()	Integer	드라이브에 저장 가능한 용량을 바이트값으로 얻는다.
getStorageUsed()	Integer	드라이브에서 사용 중인 용량을 바이트값으로 얻는다.
getTrashedFiles()	FileIterator	휴지통 안 모든 파일의 컬렉션을 얻는다.

getTrashedFolders()	FolderIterator	휴지통 안 모든 폴더의 컬렉션을 얻는다.
searchFiles(params)	FileIterator	드라이브 내에서 검색 조건 params와 일치하는 파일의 컬렉션을 얻는다.
searchFolders(params)	FolderIterator	드라이브 내에서 검색 조건 params와 일치하는 폴더의 컬렉션을 얻는다.

폴더 ID와 파일 ID

구글 드라이브에서는 폴더나 파일이 작성되는 시점 또는 업로드되는 시점에 이들을 유일하게 식별할 수 있는 ID를 부여합니다. 폴더 ID, 파일 ID는 브라우저에서 열었을 때 URL의 일부를 구성하므로 URL을 통해 확인할 수 있습니다. 먼저 폴더 ID는 구글 드라이에서 그 폴더를 열 때의 URL에서 얻을 수 있습니다(그림 10-2). 다음 URL의 {ID} 부분이 폴더 ID가 됩니다.

https://drive.google.com/drive/u/1/folders/{ID}

그림 10-2 폴더의 URL과 ID

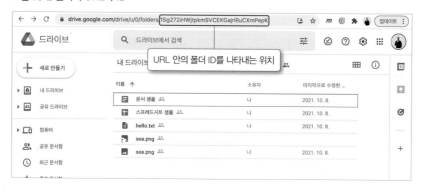

스프레드시트나 문서 등 구글 애플리케이션 아이템에서는 스프레드시트 ID나 문서 ID가 그대로 파일 ID가 됩니다. 구글 애플리케이션이 아닌 PDF나 이미지 파일의 경우에는 구글 드라이브의 미리보기 상태에서 [새 창에서 열기]를 클릭해 열

었을 때(그림 10-3) 표시되는 URL에서 얻을 수 있습니다(그림 10-4). 다음의
{ID} 부분이 파일 ID입니다.

https://drive.google.com/file/d/{ID}/view

그림 10-3 [새 창에서 열기] 클릭

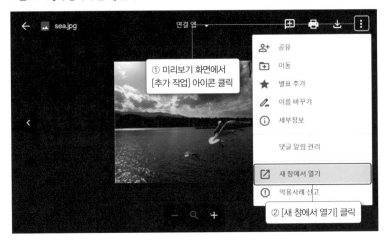

그림 10-4 파일 URL과 ID

> 💡 **NOTE**
>
> 폴더와 파일에는 고유 ID가 부여되며 URL에서 추출할 수 있습니다.

ID를 이용해 폴더나 파일을 얻을 때는 각각 **getFolderById 메서드, getFileById 메서드**를 사용합니다. 구문은 다음과 같습니다.

구문

```
DriveApp.getFolderById(폴더 ID)
```

구문

```
DriveApp.getFileById(파일 ID)
```

이 메서드들을 사용한 [예제 10-1]을 확인해봅니다. 폴더 ID와 파일 ID는 여러분이 사용하는 환경에서 얻어 xxxxxxxx에 입력한 뒤 실행합니다. getName 메서드는 폴더명 또는 파일명을 얻는 메서드입니다.

예제 10-1 ID를 이용해 폴더와 파일 얻기 [10−02.gs]

```
01  function myFunction10_02_01() {
02    const folderId = 'xxxxxxxx';
03    const folder = DriveApp.getFolderById(folderId);
04
05    console.log(folder.getName()); //드라이브용 샘플
06
07    const fileId = 'xxxxxxxx';
08    const file = DriveApp.getFileById(fileId);
09
10    console.log(file.getName()); //sea.png
11  }
```

루트 폴더 조작

DriveApp 클래스는 '내 드라이브' 즉, **루트 폴더**를 조작하는 데 이용할 수 있는 몇 가지 멤버를 제공합니다. 먼저 루트 폴더를 얻을 때는 **getRootFolder 메서드**를 사용합니다. 사용 구문은 다음과 같습니다.

구문

```
DriveApp.getRootFolder()
```

간단한 예시를 [예제 10-2]에 나타냈습니다.

예제 10-2 루트 폴더 얻기 [10-02.gs]

```
01  function myFunction10_02_02() {
02    const root = DriveApp.getRootFolder();
03    console.log(root.getName()); //내 드라이브
04  }
```

본래 폴더에 파일이나 폴더를 만들거나 삭제하는 등의 조작을 할 때는 Folder 객체를 얻은 뒤 해당 객체를 대상으로 실행하는 것이 기본입니다. 하지만 루트 폴더는 DriveApp 클래스의 메서드를 이용하면 폴더를 얻지 않고도 조작할 수 있습니다.

폴더를 만들 때는 createFolder 메서드, 파일을 만들 때는 createFile 메서드를 사용합니다. 각 메서드의 사용 구문은 다음과 같습니다.

구문

```
DriveApp.createFolder(폴더명)
```

구문

```
DriveApp.createFile(파일명, 내용[, MIME 타입])
```

createFile 메서드 내용은 문자열로 지정합니다. 따라서 이를 이용하면 텍스트 파일이 만들어집니다. MIME 타입을 이용해 파일 형식을 지정할 수 있으며 이에 관해서는 10.5절에서 자세히 설명합니다. [예제 10-3]은 메서드 사용 예시입니다. 스크립트를 실행하면 [그림 10-5]와 같이 내 드라이브에 폴더와 파일이 추가됩니다. 파일을 더블 클릭하면 미리보기에서 내용을 확인할 수 있습니다.

예제 10-3 루트 폴더에 폴더와 파일을 추가 [10-02.gs]

```
01  function myFunction10_02_03() {
02    const folderName = '작성한_폴더';
03    DriveApp.createFolder(folderName);        ── 루트 폴더에 새 폴더를 작성한다.
04
05    const fileName = '작성한_파일.txt';
06    const content = 'Hello Drive!';
07    DriveApp.createFile(fileName, content)     ── 루트 폴더에 새 파일을 작성한다.
08  }
```

그림 10-5 루트 폴더에 폴더와 파일을 추가

폴더나 파일을 만들 위치가 크게 중요하지 않을 때는 루트 폴더를 대상으로 하면 간단하게 스크립트를 작성할 수 있습니다.

10.3 폴더 조작하기 - Folder 클래스

Folder 클래스

Folder 클래스는 이름 그대로 폴더를 조작하는 기능을 제공하는 클래스입니다. 폴더 정보 취득 또는 설정, 폴더 아래에 있는 폴더나 파일을 얻는 멤버로 구성되어 있습니다. 클래스의 주요 멤버는 [표 10-3]과 같습니다.

표 10-3 Folder 클래스의 주요 멤버

멤버	반환값	설명
createFile(blob)	File	폴더에 blob 블롭으로 파일을 만든다.
createFile(name, content[, mimeType])	File	폴더에 content 문자열로 파일을 만든다.
createFolder(name)	Folder	폴더에 name 폴더를 만든다.
createShortcut(targetId)	File	폴더에 targetId를 파일 ID로 하는 파일의 바로 가기를 만든다.
getDateCreated()	Date	폴더 작성 날짜 및 시간을 얻는다.
getDescription()	String	폴더 설명을 얻는다.
getFiles()	FileIterator	폴더 내 모든 파일의 컬렉션을 얻는다.
getFilesByName(name)	FileIterator	폴더 내 파일명이 name인 파일의 컬렉션을 얻는다.
getFilesByMineType(mimeType)	FileIterator	폴더 내 MIME 타입이 mimeType인 파일의 컬렉션을 얻는다.
getFolders()	FolderIterator	폴더 내 모든 폴더의 컬렉션을 얻는다.
getFoldersByName(name)	FolderIterator	폴더 내 폴더명이 name인 폴더의 컬렉션을 얻는다.
getId ()	String	폴더 ID를 얻는다.
getLastUpdated()	Date	폴더의 마지막 변경 날짜 및 시간을 얻는다.

getName()	String	폴더명을 얻는다.
getParents()	FolderIterator	폴더의 부모 폴더 컬렉션을 얻는다.
getUrl()	String	폴더 URL을 얻는다.
isStarred()	Boolean	폴더에 별표가 붙어 있는가 판정한다.
isTrashed()	Boolean	폴더가 휴지통에 있는가 판정한다.
moveTo(destination)	Folder	폴더를 destination 폴더로 이동한다.
searchFiles(params)	FileIterator	폴더 내 검색 조건 params와 일치하는 파일의 컬렉션을 얻는다.
searchFolders(params)	FolderIterator	폴더 내 검색 조건 params와 일치하는 폴더의 컬렉션을 얻는다.
setDescription(desciption)	Folder	폴더 설명을 설정한다.
setName(name)	Folder	폴더 이름을 설정한다.
setStarred(starred)	Folder	폴더에 별표를 붙일 것인가를 true/false로 설정한다.
setTrashed(trashed)	Folder	폴더가 휴지통에 있는가를 true/false로 설정한다.

그럼 각종 폴더 정보를 얻어봅시다. 임의의 폴더 ID를 설정하고 [예제 10-4]를 실행하면 다양한 정보가 로그에 출력됩니다.

예제 10-4 폴더 정보 얻기 [10-03.gs]

```
01  function myFunction10_03_01() {
02    const id = 'xxxxxxxx';
03    const folder = DriveApp.getFolderById(id);
04
05    console.log(folder.getId()); //폴더 ID
06    console.log(folder.getUrl()); //파일 ID
07    console.log(folder.getName()); //드라이브용 샘플
08    console.log(folder.getDescription()); //드라이브용 샘플 설명
09
10    console.log(folder.getDateCreated()); //생성 날짜 및 시간(한국 표준시)
11    console.log(folder.getLastUpdated()); //최근 업데이트 날짜 및 시간(한국 표준시)
12
```

```
13    console.log(folder.isStarred()); //true
14    console.log(folder.isTrashed()); //false
15  }
```

폴더와 파일 작성

Folder 객체를 대상으로 createFolder 메서드와 createFile 메서드를 실행하면
해당 폴더 안에 폴더나 파일을 추가하거나 새로 만들 수 있습니다. createFolder
메서드 사용 구문은 다음과 같습니다.

구문

Folder 객체.createFolder(폴더명)

사용 예시를 하나 소개합니다. [예제 10-5]는 대상이 되는 폴더 안에 01~10이라
는 이름의 폴더를 만드는 스크립트입니다. 스크립트를 실행하면 [그림 10-6]과
같이 여러 폴더가 만들어집니다.

예제 10-5 폴더 안에 여러 폴더 만들기 [10-03.gs]

```
01  function myFunction10_03_02() {
02    const id = 'xxxxxxxx';
03    const folder = DriveApp.getFolderById(id);
04
05    for (let i = 1; i <= 10; i++) {
06      const name = String(i).padStart(2, '0');    ── i를 0으로 메꿔서 두 자리
07      folder.createFolder(name);                       문자열을 만든다.
08    }                                            ── 대상 폴더에 폴더를 새로 만든다.
09  }
```

그림 10-6 대상 폴더 안에 여러 폴더를 만듦

폴더에 파일을 만들 때는 다음 **createFile 메서드**를 사용합니다.

구문

```
Folder 객체.createFile(파일명, 내용[, MIME 타입])
```

'내용'에는 문자열을 지정하며 텍스트 파일을 만들 때 사용합니다. MIME 타입은 생략할 수 있으나 가독성을 위해 가급적 지정할 것을 권장합니다.

> **💡 NOTE**
>
> createFile 메서드의 인수에 Blob 객체를 지정해 바이너리 파일을 만들 수도 있습니다. 자세한 내용은 18장에서 소개합니다. 파일 바로가기를 만들 때는 createShortcut 메서드를 사용합니다. 지정한 파일 ID에 대한 바로가기를 폴더에 만들 수 있습니다.

구문

```
Folder 객체.createShortcut(파일 ID)
```

파일과 바로가기를 만드는 예시로 [예제 10-6]을 실행해봅니다.

예제 10-6 폴더 안에 파일과 바로가기 만들기 [10-03.gs]

```
01  function myFunction10_03_03() {
02    const id = '********'; //폴더 ID
03    const folder = DriveApp.getFolderById(id);
04
05    const name = 'hello.txt';
06    const content = 'Hello GAS!';
07    folder.createFile(name, content, MimeType.PLAIN_TEXT);    ── 폴더에 텍스트
                                                                    파일을 만든다.
08
09    const targetId = '********'; //파일ID
10    folder.createShortcut(targetId);    ── 폴더에 지정한 파일의
                                             바로가기를 만든다.
11  }
```

그림 10-7 폴더 안에 만든 파일과 바로가기

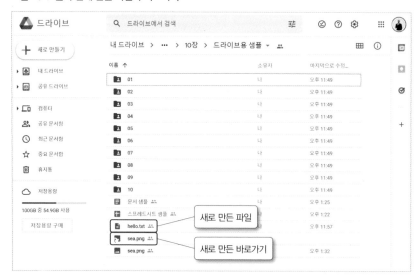

10.4 파일 조작하기 - File 클래스

File 클래스

File 클래스는 파일을 조작하는 기능을 제공하는 클래스입니다. 파일 정보를 얻거나 설정하는 메서드를 제공합니다. 클래스의 주요 멤버는 [표 10-4]와 같습니다.

표 10-4 File 클래스의 주요 멤버

멤버	반환값	설명
getDateCreated()	Date	파일 작성 날짜 및 시간을 얻는다.
getDescription()	String	파일 설명을 얻는다.
getDownloadUrl()	String	파일 다운로드 URL을 얻는다.
getId()	String	파일 ID를 얻는다.
getLastUpdated()	Date	파일의 최종 업데이트 날짜 및 시간을 얻는다.
getMimeType()	String	파일의 MIME 타입을 얻는다.
getName()	String	파일 이름을 얻는다.
getParents()	FolderIterator	파일의 부모 폴더 컬렉션을 얻는다.
getSize()	Integer	파일 용량을 바이트 단위로 얻는다.
getTargetId()	String	바로가기의 파일 ID를 얻는다.
getTargetMimeType()	String	바로가기의 MIME 타입을 얻는다.
getUrl()	String	파일을 여는 URL을 얻는다.
isStarred()	Boolean	파일에 별표가 붙어 있는가를 판정한다.
isTrashed()	Boolean	파일이 휴지통에 있는가를 판정한다.
makeCopy([name][, destination])	File	파일을 name 파일명으로 destination에 복사한다.
moveTo(destination)	File	파일을 destination 폴더로 이동한다.
setDescription(description)	File	파일 설명을 설정한다.

setName(name)	File	파일명을 설정한다.
setStarred(starred)	File	파일에 별표 붙이는 것을 true/false로 설정한다.
setTrashed(trashed)	File	파일이 휴지통에 있는가를 true/false로 설정한다.

파일에 관한 여러 가지 정보를 얻어봅니다. 임의의 파일 ID를 설정한 뒤 [예제 10-7]을 실행하면 파일의 여러 정보가 로그로 출력됩니다.

예제 10-7 파일 정보 얻기 [10-04.gs]

```
01  function myFunction10_04_01() {
02    const id = 'xxxxxxxx';
03    const file = DriveApp.getFileById(id);
04
05    console.log(file.getId()); //파일 ID
06    console.log(file.getName()); //sea,png
07    console.log(file.getDescription()); //바다 사진
08    console.log(file.getMimeType()); //image/jpeg
09    console.log(file.getSize()); //1412243
10
11    console.log(file.getUrl()); //파일을 여는 URL
12    console.log(file.getDownloadUrl()); //다운로드 URL
13
14    console.log(file.getDateCreated()); //생성 날짜 및 시간(한국 표준시)
15    console.log(file.getLastUpdated()); //최근 업데이트 날짜 및 시간(한국 표준시)
16
17    console.log(file.isStarred()); //false
18    console.log(file.isTrashed()); //false
19  }
```

파일 복사/이동/삭제

File 객체 메서드를 사용하면 드라이브 안 파일 복사, 휴지통으로 파일을 이동하는 등의 조작을 할 수 있습니다. 파일을 복사할 때는 **makeCopy 메서드**를 사용합니다.

구문

File 객체.makeCopy([파일명][, 폴더])

인수로는 복사한 파일의 파일명, 복사할 폴더를 나타내는 Folder 객체를 지정할 수 있습니다. 이 인수들을 모두 생략하면 각각 같은 이름 또는 '~의 사본'이라는 파일명을 가진 파일이 생기고, 원래 File 객체가 위치한 폴더가 지정됩니다.

파일을 옮길 때는 **moveTo 메서드**를 사용합니다. 인수로 지정한 Folder 객체로 대상 파일이 이동합니다.

구문

File 객체.moveTo(폴더)

그리고 파일을 휴지통으로 이동시킬 때는 **setTrashed 메서드**를 사용합니다.

구문

File 객체.setTrashed(논리값)

인수에 **true**를 지정하면 해당 파일이 휴지통에 들어갑니다. **false**로 설정하면 해당 파일은 휴지통에서 원래 폴더로 복원됩니다.

예제 10-8 파일 복사/이동/삭제 [10-04.gs]

```
01  function myFunction10_04_02() {
02    const id = '********'; //파일 ID
03    const file = DriveApp.getFileById(id);
```

```
04
05    const movedFile = file.makeCopy('sea[사본_다른_폴더로_이동].png');
06    const destinationId = '********'; //이동할 폴더 ID
07    const destination = DriveApp.getFolderById(destinationId);
08    movedFile.moveTo(destination); ──────────┐ 파일을 지정한 폴더로 옮긴다.
09
10    const trashedFile = file.makeCopy('sea[사본_휴지통으로_이동].png');
11    trashedFile.setTrashed(true); ──────────┐ 파일을 휴지통에 넣는다.
12  }
```

예제를 실행하면 sea.png의 사본인 sea[사본_다른_폴더로_이동].png는 폴더
ID로 지정한 폴더로 이동하고 sea[사본_휴지통으로_이동].png는 휴지통에 있
는 것을 확인할 수 있습니다.

> 💡 NOTE
>
> 이전에는 여러 폴더에 동일한 파일이 존재할 수 있었지만 지금은 한 파일은 유일한 하나의 폴더에
> 만 존재하도록 드라이브 사양이 변경되었습니다. 이를 보완하기 위해 바로가기 파일을 제공합니다.
> 따라서 Folder 클래스에서 제공되던 addFile 메서드, addFolder 메서드, removeFile 메서드,
> removeFolder 메서드 사용 또한 권장하지 않습니다.

폴더와 파일 컬렉션 조작하기

폴더와 파일을 컬렉션으로 얻기

Drive 서비스에서는 파일과 폴더를 컬렉션으로 다루기 위한 많은 메서드를 제공합니다. 드라이브 전체에서 얻을 때는 DriveApp 클래스의 메서드, 특정한 폴더 아래에서 얻을 때는 Folder 클래스의 메서드를 사용합니다. 이 메서드들의 역할과 적용 대상은 [표 10-5]와 같습니다.

표 10-5 폴더와 파일 컬렉션을 얻는 메서드

메서드	설명	DriveApp	Folder
getFiles()	모든 파일	○	○
getFolders()	모든 폴더	○	○
getFilesByName(name)	해당하는 파일명의 파일	○	○
getFoldersByName(name)	해당하는 폴더명의 폴더	○	○
getFilesByType(mimeType)	해당하는 MIME 타입의 파일	○	○
getTrashedFiles()	휴지통 안의 파일	○	
getTrashedFolders()	휴지통 안의 폴더	○	
searchFiles(params)	검색 조건과 일치하는 파일	○	○
searchFolders(params)	검색 조건과 일치하는 폴더	○	○

이 메서드들을 이용하면 각각 FolderIterator 객체, FileIterator 객체라 불리는 폴더 또는 파일의 컬렉션을 얻을 수 있습니다. 실제로 폴더 및 파일을 조작할 때는 이 컬렉션에서 개별 객체를 꺼내야 합니다.

폴더나 파일 컬렉션 반복 처리

FolderIterator 클래스와 FileIterator 클래스는 각각 폴더와 파일의 컬렉션을 조작하는 기능을 제공합니다. 컬렉션 안의 반복 처리를 구현하기 위해 [표 10-6] 멤버들을 제공합니다.

표 10-6 FolderIterator 클래스 및 FileIterator 클래스의 주요 멤버

멤버	반환값	설명
hasNext()	Boolean	다음 폴더 또는 파일이 존재하는지 판정한다.
next()	Folder/File	다음 폴더 또는 파일을 얻는다.

next 메서드는 폴더 또는 파일 컬렉션에 대한 반복 처리에서 꺼내지 않은 폴더나 파일을 꺼냅니다. 구문은 다음과 같습니다.

구문

```
FolderIterator 객체.next()
FileIterator 객체.next()
```

그러나 next 메서드로 다음 파일이나 폴더를 찾을 수 없을 때는 '다음 객체를 얻을 수 없습니다. 이터레이터의 마지막에 도달했습니다.'라는 예외가 발생합니다. 이를 방지하기 위해 다음 폴더 또는 파일이 존재하는가를 판정하는 hasNext 메서드를 사용합니다.

구문

```
FolderIterator 객체.hasNext()
FileIterator 객체.hasNext()
```

hasNext 메서드를 while문을 이용한 조건식에 지정하면 예외를 발생시키지 않고 폴더나 파일 컬렉션의 모든 요소에 대한 반복 처리를 할 수 있습니다. [예제 10-9]는 지정한 폴더 아래의 폴더를 컬렉션으로 얻은 뒤 그 폴더명을 로그에 출

력합니다.

예제 10-9 파일 복사/이동/삭제 [10-05.gs]

```
01  function myFunction10_05_01() {
02    const id = 'xxxxxxxx'; //폴더 ID
03    const targetFolder = DriveApp.getFolderById(id);
04
05    const subFolders = targetFolder.getFolders();
06    while (subFolders.hasNext()) {
07      const folder = subFolders.next();
08      console.log(folder.getName());
09    }
10  }
```

> targetFolder 아래의 폴더를 컬렉션으로 얻는다.

> 폴더 컬렉션에서 모든 폴더를 꺼내 폴더명을 출력한다.

MIME 타입을 이용한 파일 얻기

MIME 타입이란 파일 형식을 식별하기 위한 코드 체계입니다. 예를 들어 HTML 파일이면 text/html, JPEG 이미지라면 image/jpeg와 같이 표기합니다. 구글 드라이브 안 또는 폴더 안에서 특정한 MIME 타입의 파일 컬렉션을 얻을 때는 getFilesByType 메서드를 사용합니다 구문은 다음과 같습니다.

구문

DriveApp.getFilesByType(MIME 타입)
Folder 객체.getFilesByType(MIME 타입)

MIME 타입은 앞에서 설명한 일반적으로 이용되는 문자열 표기를 지정해 이용할 수 있지만 GAS에서는 MIME 타입의 Enum으로 Enum MimeType을 제공합니다. Enum이란 **열거형**이라 부르기도 하며 관련된 일련의 정적 속성을 정의한 것입니다. 다음 구문으로 각 속성값을 꺼낼 수 있습니다.

구문

Enum명.속성

예를 들어 MimeType.JPEG는 문자열 image/jpeg를 꺼내고, MimeType.GOOGLE_ SHEETS는 문자열 application/vnd.google-apps.spreadsheet를 꺼낼 수 있습니다. Enum MimeType의 멤버는 [표 10-7]과 같습니다.

표 10-7 Enum MimeType의 속성

속성	값	설명
GOOGLE_APPS_SCRIPT	application/vnd.google-apps.script	GAS 스크립트 파일
GOOGLE_APPS_DRAWINGS	application/vnd.google-apps.drawing	구글 드로잉 파일
GOOGLE_APPS_DOCS	application/vnd.google-apps.document	구글 문서 파일
GOOGLE_APPS_FORMS	application/vnd.google-apps.form	구글 설문 파일
GOOGLE_APPS_SHEETS	application/vnd.google-apps.spreadsheet	구글 스프레드시트 파일
GOOGLE_APPS_SLIDES	application/vnd.google-apps.presentation	구글 프레젠테이션 파일
FOLDER	application/vnd.googleapps.folder	구글 드라이브 폴더
BMP	image/bmp	BMP 이미지(.bmp)
GIF	image/gif	GIF 이미지(.gif)
JPEG	image/jpeg	JPEG 이미지(.jpg)
PNG	image/png	PNG 이미지(.png)
SVG	image/svg+xml	SVG 이미지(.svg)
PDF	application/pdf	PDF 파일(.pdf)
CSS	text/css	CSS 파일(.css)
CSV	text/csv	CSV 파일(.csv)
HTML	text/html	HTML 파일(.html)
JAVASCRIPT	application/javascript	자바스크립트 파일(.js)
PLAIN_TEXT	text/plain	텍스트 파일(.txt)

RTF	application/rtf	리치 텍스트 파일(.rtf)
OPENDOCUMENT_GRAPHICS	application/vnd.oasis.opendocument.graphics	OpenDocument 그래픽 파일(.odg)
OPENDOCUMENT_PRESENTATION	application/vnd.oasis.opendocument.presentation	OpenDocument 프레젠테이션 파일(.odp)
OPENDOCUMENT_SPREADSHEET	application/vnd.oasis.opendocument.spreadsheet	OpenDocument 스프레드 파일(.ods)
OPENDOCUMENT_TEXT	application/vnd.oasis.opendocument.text	OpenDocument 워드 파일(.odt)
MICROSOFT_EXCEL	application/vnd.openxmlformatsofficedocument.spreadsheetml.sheet	Excel 파일(.xlsx)
MICROSOFT_EXCEL_LEGACY	application/vnd.ms-excel	Excel 파일(.xls)
MICROSOFT_POWERPOINT	application/vnd.openxmlformatsofficedocument.presentationml.presentation	PowerPoint 파일(.pptx)
MICROSOFT_POWERPOINT_LEGACY	application/vnd.mspowerpoint	PowerPoint 파일().ppt)
MICROSOFT_WORD	application/vnd.openxmlformatsofficedocument.wordprocessingml.document	Word 파일(.docx)
MICROSOFT_WORD_LEGACY	application/msword	Word 파일(.doc)
ZIP	application/zip	ZIP 파일(.zip)

> 💡 NOTE
>
> Enum MimeType은 Base 서비스에서 제공하는 Enum입니다. Base 서비스에서는 이외에도 Button이나 ButtonSet과 같은 Enum도 제공합니다.

실제로 MIME 타입을 이용해서 파일을 얻어봅니다. [예제 10-10]은 JPEG 파일만 얻어서 해당 파일명을 로그에 출력합니다.

예제 10-10 MIME 타입을 이용해 파일 얻기 [10-05.gs]

```
01  function myFunction10_05_02() {
02    const id = 'xxxxxxxx'; //폴더 ID
03    const targetFolder = DriveApp.getFolderById(id);
04
05    const files = targetFolder.getFilesByType(MimeType.JPEG);
06    while (files.hasNext()) {
07      const file = files.next();
08      console.log(file.getName());
09    }
10  }
```

> targetFolder 아래의 JPEG 파일을 컬렉션으로 얻는다.

> files 안의 모든 파일의 파일명을 로그에 출력한다.

검색을 이용한 폴더, 파일 얻기

searchFolders 메서드 또는 searchFiles 메서드를 사용하면 구글 드라이브 안 또는 폴더 안을 특정 조건으로 검색해 그 결과를 폴더나 파일 컬렉션으로 얻을 수 있습니다. 각 메서드의 사용 구문은 다음과 같습니다.

구문

```
DriveApp.searchFolders(검색 조건)
Folder 객체.searchFolders(검색 조건)
```

구문

```
DriveApp.searchFiles(검색 조건)
Folder 객체.searchFiles(검색 조건)
```

검색 조건은 [표 10-8]의 필드와 [표 10-9]의 연산자를 조합한 문자열로 지정합니다.

표 10-8 검색 조건의 주요 필드

속성	값	설명
title	string	이름
fullText	string	이름, 설명, 내용 및 인덱스 가능한 모든 텍스트
mimeType	string	MIME 타입
trashed	boolean	휴지통에 있는가
starred	boolean	별표가 붙어 있는가
parents	collection	부모 폴더 폴더 ID의 컬렉션

표 10-9 검색 조건에 사용하는 연산자

연산자	설명
contains	문자열을 포함하고 있다.
=	같다.
!=	같지 않다.
in	요소가 컬렉션 안에 포함되어 있다.
and	그리고
or	또는
not	부정

사용 예시를 확인해봅니다. [예제 10-11]은 '샘플'을 폴더명에 포함하고 별표가 붙어 있는 폴더를 검색해 그 이름을 출력합니다.

예제 10-11 드라이브 안의 폴더를 검색 [10-05.gs]

```
01  function myFunction10_05_03() {
02    const params = 'title contains "샘플" and starred = true';
03
04    const folders = DriveApp.searchFolders(params);
05    while (folders.hasNext()) {
06      const folder = folders.next();
07      console.log(folder.getName());
08    }
09  }
```

> 조건으로 [폴더명에 '샘플'을 포함하고 별표가 붙어 있다]를 설정한다.

> 드라이브 안의 폴더를 param 검색 조건으로 검색한다.

[예제 10-12]는 파일 검색 예시입니다. '샘플'이라는 텍스트가 파일명, 내용, 세부 사항 등에 포함되어 있으며 지정한 폴더 ID를 부모 폴더로 갖는 파일을 검색합니다.

예제 10-12 드라이브 안의 파일 검색 [10-05.gs]

```
01  function myFunction10_05_04() {
02    const params = 'fullText contains "샘플" and "xxxxxxxx" in parents';
03
04    const files = DriveApp.searchFiles(params);
05    while (files.hasNext()) {
06      const file = files.next();
07      console.log(`${file.getName()}: ${file.getMimeType()}`);
08    }
09  }
```

> 조건으로 [텍스트 '샘플'을 포함하고 지정한 폴더를 부모 폴더로 갖는다]를 설정한다.

> 드라이브 안의 파일을 param 검색 조건으로 검색한다.

> 💡 **NOTE**
>
> 검색 조건 지정 필드에는 이외에도 최근 업데이트 날짜 및 시간, 파일 소유자나 편집자 등을 지정할 수 있습니다. 자세한 내용은 Google Drive APIs 문서를 참고 바랍니다.
>
> https://developers.google.com/drive/api/v2/ref-search-terms

10.6 폴더와 파일 공유 및 권한 조작하기

폴더와 파일의 권한

구글 드라이브의 폴더나 파일은 각각에 대해 공유 범위나 권한 종류를 설정할 수 있습니다. Drive 서비스의 기능을 이용해 이 조작을 수행할 수 있습니다. 먼저 폴더나 파일에 접근할 수 있는 경우의 권한의 종류는 Drive 서비스에서 Enum Permission으로 관리합니다. [표 10-10]을 참고 바랍니다.

표 10-10 Enum Permission과 권한 종류

멤버	명칭	설명
OWNER	소유자	모든 권한을 갖는다.
EDIT	편집자	뷰어(코멘트 가능) 권한과 편집 및 공유 권한을 갖는다.
COMMENT	뷰어(코멘트 가능)	뷰어 권한과 코멘트 작성 권한을 갖는다.
VIEW	뷰어	보기 및 복사 권한을 갖는다.
ORGANIZER	관리자	공유 드라이브 관리 권한을 갖는다.
FILE_ORGANIZER	콘텐츠 관리자	공유 드라이브의 콘텐츠 관리 권한을 갖는다.
NONE	권한 없음	아무런 권한을 갖지 않는다.

드라이브 아래에 폴더나 파일을 만드는 경우 이를 만든 사용자가 소유자가 되며 그 이외의 사용자는 NONE, 즉 아무런 권한도 갖지 않는 상태가 됩니다. 드라이브에서 공유를 함으로써 편집이나 보기 권한을 부여할 수 있습니다.

공유 드라이브는 구글 워크스페이스 비즈니스 스탠다드Google Workspace Business Standard 플랜에서 사용할 수 있으며 관리자와 콘텐츠 관리자라는 전용 권한을 제공합니다. 하지만 이 두 가지 권한은 집필 시점에서는 GAS의 Drive 서비스를 이

용해서 조작할 수 없습니다.

Drive 서비스의 Folder 클래스 및 File 클래스에서는 폴더나 파일의 권한을 조
작하는 멤버를 제공합니다. 주요 멤버는 [표 10-11]과 같습니다.

표 10-11 폴더, 파일의 권한을 조작하는 주요 멤버

멤버	Folder	File	반환값	설명
addEditor(email)	○	○	Folder/File	사용자 또는 메일 주소를 편집자로 추가한다.
addCommenter(email)		○	File	사용자 또는 메일 주소를 뷰어(코멘트 가능)으로 추가한다.
addViewer(email)	○	○	Folder/File	사용자 또는 메일 주소를 뷰어로 추가한다.
addEditors(emailAddresses)	○	○	Folder/File	배열로 주어진 메일 주소를 모두 편집자로 추가한다.
addCommenters(emailAddresses)		○	File	배열로 주어진 메일 주소를 모두 뷰어(코멘트 가능)으로 추가한다.
addViewers(emailAddresses)	○	○	Folder/File	배열로 주어진 메일 주소를 모두 편집자로 추가한다.
getAccess(email)	○	○	Permission	사용자 또는 메일 주소의 권한을 얻는다.
getOwner()	○	○	User	소유자를 사용자로 얻는다.
getEditors()	○	○	User[]	편집자를 사용자 매열로 얻는다.
getViewers()	○	○	User[]	뷰어를 사용자 배열로 얻는다.
isShareableByEditors()	○	○	Boolean	편집자가 공유 조작이 가능한지 판정한다.
removeEditor(email)	○	○	Folder/File	사용자 또는 메일 주소를 편집자에서 삭제한다.
removeCommenter(email)		○	File	사용자 또는 메일 주소를 뷰어(코멘트 가능)에서 삭제한다.
removeViewer(email)	○	○	Folder/File	사용자 또는 메일 주소를 뷰어에서 삭제한다.
revokePermissions(email)	○	○	Folder/File	사용자 또는 메일 주소의 권한을 회수한다.

setOwner(email)	○	○	Folder/File	사용자 또는 메일 주소를 소유자로 한다.
setShareableByEditors (shareable)	○	○	Folder/File	편집자가 공유 조작 가능하도록 설정한다.

구글 드라이브에서는 폴더에 뷰어(코멘트 가능) 권한을 설정할 수 있지만 GAS 에서는 해당 메서드를 제공하지 않습니다. 그 외 메서드들은 폴더와 파일에 공통 으로 사용됩니다.

> **💡 NOTE**
>
> [표 10-11]의 설명란에서 '사용자 또는 메일 주소~'로 표기한 메서드는 인수로 메일 주소를 나타 내는 문자열뿐만 아니라 사용자를 나타내는 User 객체를 인수로 지정할 수 있습니다. 하지만 이 User 객체와 16장에서 소개할 Base 서비스의 User 객체는 다른 것입니다. Drive 서비스의 User 객체에서는 getEmail 메서드뿐만 아니라 getName 메서드, getDomain 메서드, getPhotoUrl 메서드를 제공합니다.

권한 정보를 얻을 수 있는 몇 가지 멤버의 동작을 확인해봅니다. [예제 10-13]은 여러분의 환경에서 사용할 수 있는 임의의 메일 주소, 폴더 ID, 파일 ID를 지정 해 실행하기 바랍니다.

예제 10-13 폴더, 파일의 권한 정보 얻기 [10-06.gs]

```
1   function myFunction10_06_01() {
2     const email = '***@*********'; //메일 주소
3
4     const folderId = 'xxxxxxxx'; //폴더 ID
5     const folder = DriveApp.getFolderById(folderId);
6
7     console.log(folder.getAccess(email).toString()); //지정한 사용자의 권한
8     console.log(folder.getOwner().getEmail()); //소유자의 메일 주소
9     console.log(folder.getEditors().length); //편집자 수
```

```
10    console.log(folder.getViewers().length); //뷰어 수
11    console.log(folder.isShareableByEditors()); //True 또는 False
12
13    const fileId = 'xxxxxxxx'; //파일 ID
14    const file = DriveApp.getFileById(fileId);
15
16    console.log(file.getAccess(email).toString()); //지정한 사용자의 권한
17    console.log(file.getOwner().getEmail()); //소유자의 메일 주소
18    console.log(file.getEditors().length); //편집자 수
19    console.log(file.getViewers().length); //뷰어 수
20    console.log(file.isShareableByEditors()); //True 또는 False
21  }
```

폴더와 파일 권한 변경하기

폴더, 파일의 권한을 추가할 때는 addEditor 메서드, addCommenter 메서드, addViewer 메서드를 각각 사용합니다. 각 메서드는 폴더 또는 파일의 편집자, 뷰어(코멘트 가능), 뷰어의 권한을 인수로 지정한 메일 주소의 사용자에게 부여합니다. 단, 뷰어(코멘트 가능) 권한은 폴더에 부여할 수 없습니다. 각 메서드의 사용 구문은 다음과 같습니다.

구문

```
Folder 객체.addEditor(메일 주소)
Folder 객체.addViewer(메일 주소)

File 객체.addEditor(메일 주소)
File 객체.addCommenter(메일 주소)
File 객체.addViewer(메일 주소)
```

인수는 메일 주소를 문자열로 지정할 수 있으며 앞의 NOTE에서 설명한 것처럼 Drive 서비스의 User 객체로 지정할 수도 있습니다. [예제 10-14]를 여러분의

환경에서 사용할 수 있는 메일 주소나 폴더 ID, 파일 ID를 지정한 뒤 실행해봅니다. 지정한 메일 주소의 사용자가 폴더의 편집자, 파일의 뷰어(코멘트 가능)으로 추가된 것을 드라이브에서 확인할 수 있을 것입니다.

예제 10-14 폴더 및 파일 권한을 추가 [10-06.gs]

```
01  function myFunction10_06_02() {
02    const email = '***@*********'; //메일 주소
03
04    const folderId = 'xxxxxxxx'; //폴더 ID
05    const folder = DriveApp.getFolderById(folderId);
06    folder.addEditor(email);                        ← 지정한 메일 주소의 사용자를 폴더
07                                                       편집자로 추가한다.
08    const fileId = 'xxxxxxxx'; //파일 ID
09    const file = DriveApp.getFileById(fileId);
10    file.addCommenter(email);                       ← 지정한 메일 주소의 사용자를 파일의
11  }                                                    뷰어(코멘트 가능)으로 추가한다.
```

폴더 및 파일의 권한을 삭제할 때는 removeEditor 메서드, removeCommenter 메서드, removeViewer 메서드를 사용합니다. 각 메서드는 지정한 사용자에 대해 편집자, 뷰어(코멘트 가능), 뷰어의 권한을 삭제합니다.

구문

```
Folder 객체.removeEditor(메일 주소)
Folder 객체.removeViewer(메일 주소)

File 객체.removeEditor(메일 주소)
File 객체.removeCommenter(메일 주소)
File 객체.removeViewer(메일 주소)
```

인수에 대상 사용자의 메일 주소를 문자열로 지정합니다. 또는 Drive 서비스의 User 객체를 지정할 수도 있습니다. [예제 10-15]를 실행하면 [예제 10-14]에서 사용자에게 부여한 폴더의 편집자, 파일의 뷰어(코멘트 가능) 권한을 삭제합니다.

예제 10-15 폴더 및 파일의 권한을 삭제 [10-06.gs]

```
01  function myFunction10_06_03() {
02    const email = '***@*********'; //메일 주소
03
04    const folderId = 'xxxxxxxx'; //폴더 ID
05    const folder = DriveApp.getFolderById(folderId);
06    folder.removeEditor(email);
07
08    const fileId = 'xxxxxxxx'; //파일 ID
09    const file = DriveApp.getFileById(fileId);
10    file.removeCommenter(email);
11  }
```

> 지정한 메일 주소의 사용자에 대해 폴더 편집자 권한을 삭제한다.

> 지정한 메일 주소의 사용자에 대해 파일 뷰어(코멘트 가능) 권한을 삭제한다.

> 💡 **NOTE**
>
> 이번 절에서 소개한 편집자, 뷰어 추가 및 삭제 관련 메서드는 Spreadsheet 클래스, Document 클래스, Form 클래스, Presentation 클래스에서도 제공합니다. 하지만 뷰어(코멘트 가능) 추가, 삭제는 File 클래스에서만 제공합니다.

폴더 및 파일 공유 범위

드라이브 안의 폴더나 파일에는 사용자 단위뿐만 아니라 5단계로 나눠진 공유 범위를 이용해서 권한을 한번에 부여할 수 있습니다. 공유 범위 단계는 Drive 서비스의 Enum Access로 정리되어 있습니다. [표 10-12]를 확인해봅니다.

표 10-12 Enum Access의 멤버와 공유 범위

멤버	설명
ANYONE	인터넷상 누구나 검색해서 접근할 수 있다.
ANYONE_WITH_LINK	링크를 아는 모든 사람이 접근할 수 있다.
DOMAIN	도메인 안의 모든 사람이 검색해서 접근할 수 있다.
DOMAIN_WITH_LINK	도메인 안의 링크를 아는 모든 사람이 접근할 수 있다.
PRIVATE	허가된 사용자만 접근할 수 있다.

기본적으로는 폴더나 파일 작성시에는 PRIVATE 즉, 허가된 사용자만 접근할 수 있는 상태가 됩니다. DOMAIN 및 DOMIAN_WITH_LINK는 구글 워크스페이스를 사용하는 조직에서만 사용할 수 있으며 도메인 안에서만 접근할 수 있습니다. ANYONE 및 ANYONE_WITH_LINK의 경우 사용자는 로그인을 하지 않아도 접근할 수 있습니다. 폴더 및 파일의 공유 범위를 조작하는 주요 멤버는 [표 10-13]과 같습니다. 이들은 모두 Folder 클래스, File 클래스에서 공통으로 제공됩니다.

표 10-13 폴더 및 파일의 공유 범위를 조작하는 주요 멤버

멤버	반환값	설명
getSharingAccess()	Access	공유 범위를 얻는다.
getSharingPermission()	Permission	공유 범위의 권한을 얻는다.
setSharing(accessType, permissionType)	Folder/File	공유 범위와 권한을 설정한다.

폴더 및 파일의 공유 범위 정보를 얻는 예시를 확인해봅시다. 여러분의 환경에 맞는 임의의 폴더 ID, 파일 ID를 지정한 뒤 [예제 10-16]을 실행합니다.

예제 10-16 폴더 및 파일의 공유 범위 정보 얻기 [10-06.gs]

```
 1   function myFunction10_06_04() {
 2     const folderId = 'xxxxxxxx'; //폴더 ID
 3     const folder = DriveApp.getFolderById(folderId);
 4
 5     console.log(folder.getSharingAccess().toString()); //공유 범위
 6     console.log(folder.getSharingPermission().toString()); //권한
 7
 8     const fileId = 'xxxxxxxx'; //파일 ID
 9     const file = DriveApp.getFileById(fileId);
10
11     console.log(file.getSharingAccess().toString()); //공유 범위
12     console.log(file.getSharingPermission().toString()); //권한
13   }
```

공유 범위를 아무것도 설정하지 않았다면 공유 범위는 PRIVATE, 권한은 NONE 으로 출력됩니다.

폴더 및 파일 공유 범위 설정하기

폴더 및 파일의 공유 범위를 설정할 때는 Folder 클래스 또는 File 클래스의 setSharing 메서드를 사용합니다. 사용 구문은 다음과 같습니다.

구문

```
Folder 객체.setSharing(공유 범위, 권한)
File 객체.setSharing(공유 범위, 권한)
```

인수의 공유 범위는 Enum Access의 멤버, 권한은 Enum Permission의 멤버 중 하나를 지정합니다. [예제 10-17]에 여러분의 환경에 맞는 임의의 폴더 ID, 파일 ID를 지정하고 실행해봅니다. 그 뒤 드라이브에서 공유 범위와 그 권한이 설정되었는지 확인해봅니다.

예제 10-17 폴더 및 파일의 공유 범위를 설정 [10-06.gs]

```
01  function myFunction10_06_05() {
02    const folderId = 'xxxxxxxx'; //폴더 ID
03    const folder = DriveApp.getFolderById(folderId);
04    folder.setSharing(DriveApp.Access.ANYONE, DriveApp.Permission.VIEW);
05
06    const fileId = 'xxxxxxxx'; //파일 ID
07    const file = DriveApp.getFileById(fileId);
08      file.setSharing(DriveApp.Access.ANYONE_WITH_LINK, DriveApp.
      Permission.COMMENT);
09  }
```

> 모든 사용자가 폴더를 볼 수 있도록 설정한다.

> 파일의 링크를 아는 모든 사용자가 댓글을 작성할 수 있도록 설정한다.

공유 범위에 관한 권한을 삭제할 때는 setSharing 메서드에서 공유 범위를 PRIVATE로 합니다.

이번 장에서는 GAS로 구글 드라이브를 조작하는 Drive 서비스와 클래스, 멤버에 관해 설명했습니다. 이를 이용하면 폴더나 파일 얻기, 작성 및 복사, 휴지통으로 보내기 등의 조작을 할 수 있습니다. 그리고 이 조작들을 조합해 여러 폴더를 자동으로 만들거나 특정 MIME 타입 파일을 리스트업하는 편리한 도구를 만들 수도 있으므로 꼭 시도해보기 바랍니다.

다음 장에서는 구글 캘린더를 다룹니다. GAS를 이용하면 매우 간단하게 캘린더를 조작할 수 있으며 스프레드시트나 지메일 정보를 기반으로 하여 캘린더에 이벤트를 등록하거나, 이벤트 정보를 추출해 스프레드시트로 집계하는 도구로도 활용할 수 있습니다.

Chapter

11

캘린더

11.1 Calendar 서비스

Calendar 서비스

Calendar 서비스는 GAS로 구글 캘린더를 조작할 수 있는 클래스와 멤버를 제공하는 서비스입니다. Calendar 서비스를 사용하면 캘린더에서 이벤트 정보를 얻거나 캘린더 이벤트를 추가 및 삭제할 수 있습니다. Calendar 서비스에서 제공하는 주요 클래스는 [표 11-1]과 같습니다.

표 11-1 Calendar 서비스의 주요 클래스

클래스	설명
CalendarApp	Calendar 서비스의 톱 레벨 객체
Calendar	캘린더를 조작하는 기능을 제공
CalendarEvent	단일 이벤트를 조작하는 기능을 제공

이번 장에서는 톱 레벨 객체인 CalendarApp 클래스, 캘린더를 조작하는 Calendar 클래스, 이벤트를 조작하는 CalendarEvent 클래스에 관해 살펴봅니다. Calendar 서비스에는 이외에도 반복 이벤트를 조작하는 CalendarEventSeries 클래스, 이벤트 게스트를 조작하는 EventGuest 클래스 등이 있습니다.

Calendar 서비스 클래스는 CalendarApp → Calendar → CalendarEvent 계층 구조로 되어 있으며 실제 구글 캘린더 화면에서 보면 [그림 11-1]과 같습니다.

Calendar 서비스를 사용하는 목적은 주로 이벤트 작성, 정보 얻기 및 조작입니다. CalendarApp 클래스의 멤버로 캘린더를 얻고 해당 캘린더에 대해 Calendar 클래스의 멤버로 이벤트를 얻는 것이 기본적인 흐름입니다. 캘린더나 이벤트는 배열로 얻을 수 있으므로 Calendar 서비스에서도 배열 조작은 매우 중요한 포인트입니다.

그림 11-1 구글 캘린더 화면과 Calendar 서비스 클래스

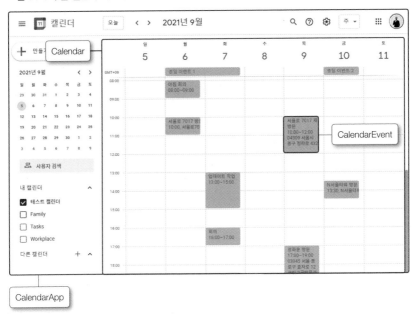

캘린더나 이벤트를 생성하거나 얻을 때 사용하는 옵션은 객체 형식으로 설정합니다. 객체를 다루는 방법에 관해서도 확인해둡시다.

11.2 CalendarApp 클래스

CalendarApp 클래스

CalendarApp 클래스는 Calendar 서비스의 최상위에 위치하는 톱 레벨 객체입니다. 사용자가 접근할 수 있는 캘린더 정보를 얻거나 캘린더를 만드는 기능을 제공합니다. CalendarApp 클래스의 주요 멤버는 [표 11-2]와 같습니다.

표 11-2 CalendarApp 클래스의 주요 멤버

멤버	반환값	설명
createCalendar(name, options)	Calendar	새로운 name 캘린더를 작성한다.
getAllCalendars()	Calendar[]	사용자가 소유하거나 보고 있는 모든 캘린더를 얻는다.
getAllOwnedCalendars()	Calendar[]	사용자가 소용한 모든 캘린더를 얻는다.
getCalendarById(id)	Calendar	id를 이용해 캘린더를 얻는다.
getCalendarsByName(name)	Calendar[]	캘린더명이 name인 모든 캘린더를 얻는다.
getDefaultCalendar()	Calendar	사용자의 기본 캘린더를 얻는다.

캘린더 얻기

CalendarApp 클래스의 중요한 역할 중 하나는 캘린더를 얻는 것입니다. 캘린더를 얻는 방법은 다음과 같습니다.

- 캘린더 ID를 이용해 얻기
- 기본 캘린더 얻기
- 소유 또는 보기 권한을 가진 캘린더 얻기

다른 구글 애플리케이션 아이템과 마찬가지로 캘린더에도 고유한 ID가 부여됩니다. 구글 캘린더 화면에서 ID를 얻고자 하는 캘린더의 오른쪽에 있는 리더 아이콘[⋮]을 클릭해서 메뉴를 열고 [설정 및 공유]를 선택합니다(그림 11-2). [설정] 화면 왼쪽 메뉴에서 [캘린더 통합]을 클릭하면 화면이 스크롤되고 캘린더 ID를 확인할 수 있습니다(그림 11-3).

그림 11-2 구글 캘린더에서 캘린더 설정 열기

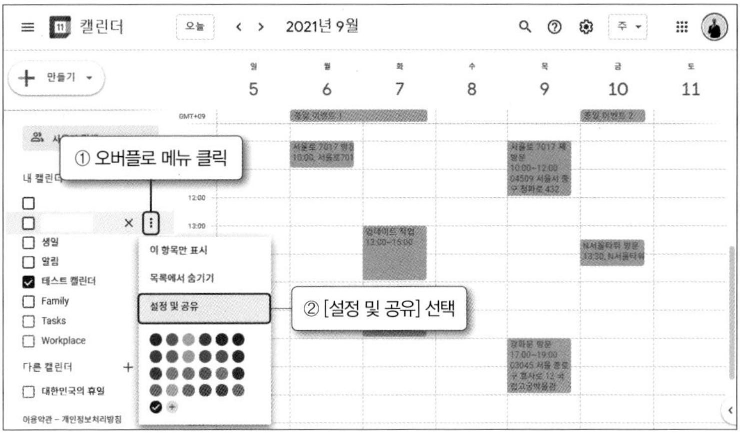

그림 11-3 [캘린더 통합]에서 캘린더 ID 확인

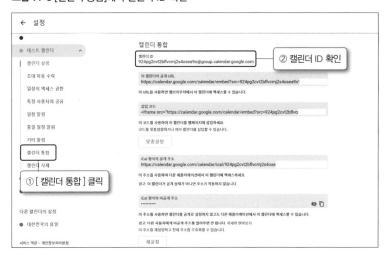

기본 캘린더에서는 사용자의 구글 계정의 주소 자체가 캘린더 ID, 다른 캘린더에서는 xxxxxxxx@group.calendar.google.com 형식의 캘린더 ID가 부여됩니다. 캘린더 ID를 이용해 캘린더를 얻을 때는 **getCalendarById 메서드**를 사용합니다. 구문은 다음과 같습니다.

구문

```
CalendarApp.getCalendarById(캘린더 ID)
```

사용자 기본 캘린더는 다음 **getDefaultCalendar 메서드**로 직접 얻을 수 있습니다.

구문

```
CalendarApp.getDefaultCalendar()
```

[예제 11-1]에서 이 메서드들의 동작을 확인해봅니다.

예제 11-1 ID를 이용한 캘린더 얻기와 기본 캘린더 얻기 [11-02.gs]

```
01  function myFunction11_02_01() {
02    const id = '********@group.calendar.google.com';
03    const calendar = CalendarApp.getCalendarById(id);
04    console.log(calendar.getName()); //지정한 캘린더 제목
05
06    const defaultCalendar = CalendarApp.getDefaultCalendar();
07    console.log(defaultCalendar.getName()); //기본 캘린더 제목
08  }
```

getName 메서드는 캘린더의 제목을 얻는 메서드입니다. 캘린더 ID를 실제의 것으로 수정한 뒤 실행하면 로그에 캘린더 ID를 이용한 캘린더와 기본 캘리더를 얻은 것을 확인할 수 있습니다.

접근 가능한 캘린더를 배열로 얻기

사용자가 소유한 캘린더 및 접근 가능한 캘린더를 얻을 때는 각각 getAllOwned
Calendars 메서드, getAllCalendars 메서드를 사용합니다. 메서드 사용 구문은 다
음과 같습니다.

구문

```
CalendarApp.getAllOwnedCalendars()
```

구문

```
CalendarApp.getAllCalendars()
```

두 구문 모두 반환값은 배열입니다. 예시로 getAllCalendars 메서드를 사용해
모든 캘린더를 얻어봅니다(예제 11-2).

예제 11-2 접근 가능한 모든 캘린더를 배열로 얻기 [11-02.gs]

```
01  function myFunction11_02_02() {
02    const calendars = CalendarApp.getAllCalendars();    ── 사용자가 접근할 수 있는
03                                                            캘린더를 배열로 얻는다.
04    for (const calendar of calendars) {
05      console.log(calendar.getName());    ── calendars의 모든 캘린더
06    }                                        제목을 로그에 출력한다.
07  }
```

예제를 실행하면 접근 가능한 모든 캘린더 이름이 로그에 출력됩니다.

캘린더 만들기

새로운 캘린더를 만들 때는 **createCalendar 메서드**를 사용합니다. 사용 구문은
다음과 같습니다.

```
CalendarApp.createCalendar(제목[, 옵션])
```

옵션은 [표 11-3]에 나타낸 옵션을 객체 형식으로 지정할 수 있습니다. 옵션 자체는 생략할 수 있지만 timeZone의 기본값이 UTC로 설정되어 있으므로 한국 표준시(Asia/Seoul)로 설정하려면 옵션을 사용해야 합니다.

표 11-3 carateCalendar 메서드의 옵션

옵션	타입	설명
timeZone	String	캘린더의 시간대(기본값: UTC)
color	String	16진수의 색상 문자열(#RRGGBB) 또는 Enum CalendarApp. Colors의 값으로 지정
hidden	Boolean	캘린더 숨김 여부(기본값: false)
selected	Boolean	캘린더 선택 여부(기본값: true)

hidden과 selected는 비슷해 보이지만 전혀 다른 항목입니다. hidden을 true로 설정하면 해당 캘린더는 구글 캘린더의 캘린더 목록에서 이름이 표시되지 않습니다. selected는 false로 설정해도 캘린더 목록에는 표시되지만 이벤트가 표시되지 않습니다. 일반적인 캘린더 이벤트 표시/숨김에는 selected가 관여합니다.

> 💡 **NOTE**
>
> hidden 항목은 구글 캘린더 화면 오른쪽 위에 보이는 기어 모양 아이콘[⚙]의 설정 메뉴에서 [설정]을 선택해 조정할 수 있습니다. 왼쪽 메뉴에 표시된 캘린더 목록에 마우스 커서를 올리면 표시되는 눈 모양 아이콘[◉]으로 캘린더 숨김을 전환할 수 있습니다.

실제로 캘린더를 만들어봅시다. [예제 11-3]을 실행하면 [그림 11-4]와 같은 캘린더가 만들어집니다.

예제 11-3 새 캘린더 작성 [11–02.gs]

```
01  function myFunction11_02_03() {
02    const name = '테스트 캘린더';
03    const options = {
04      timeZone: 'Asia/Seoul',
05      color: CalendarApp.Color.INDIGO
06    };
07
08    CalendarApp.createCalendar(name, options);
09  }
```

options에 시간대와 색상을 설정한다.

그림 11-4 createCalendar 메서드로 만든 캘린더

11.3 캘린더 조작하기 - Calendar 클래스

Calendar 클래스

Calendar 클래스는 이름 그대로 캘린더를 다루는 기능을 제공하는 클래스입니다. 가장 주요한 역할은 캘린더 이벤트를 얻고, 이벤트를 추가하고 삭제하는 기능 제공입니다. 캘린더 설정을 얻거나 변경하는 메서드도 제공합니다. Calendar 클래스의 주요 멤버는 [표 11-4]와 같습니다.

표 11-4 Calendar 클래스의 주요 멤버

멤버	반환값	설명
createAllDayEvent(title, startDate, endDate[, options])	CalendarEvent	startDate에서 endDate 날짜까지 종일 이벤트 title을 만든다.
createAllDayEvent(title, date[, options])	CalendarEvent	date 날짜에 종일 이벤트 title을 만든다.
createEvent(title, startTime, endTime[, options])	CalendarEvent	startTime부터 endTime 기간까지 이벤트 title을 만든다.
createEventFromDescription(description)	CalendarEvent	자유 형식으로 기술해 이벤트를 만든다.
deleteCalendar()	void	캘린더를 삭제한다.
getColor()	String	캘린더 색상을 얻는다.
getDescription()	String	캘린더 설명을 얻는다.
getEventById(iCalId)	CalendarEvent	캘린더에서 iCalId를 이용해 이벤트를 얻는다.
getEvents(startTime, endTime[, options])	CalendarEvent[]	startTime에서 endTime 기간 사이의 모든 이벤트를 얻는다.
getEventsForDay(date[, options])	CalendarEvent[]	date 날짜 및 시간의 모든 이벤트를 얻는다.

getId()	String	캘린더 ID를 얻는다.
getName()	String	캘린더의 이름을 얻는다.
getTimeZone()	String	캘린더 시간대를 얻는다.
isHidden()	Boolean	캘린더가 리스트에서 숨겨져 있는지 판정한다.
isMyPrimaryCalendar()	Boolean	캘린더가 사용자의 기본 캘린더인지 판정한다.
isOwnedByMe()	Boolean	사용자가 캘린더를 소유했는지 판정한다.
isSelected()	Boolean	캘린더가 선택되어 있는지 판정한다.
setColor(color)	Calendar	캘린더의 색상을 color로 설정한다.
setDescription(description)	Calendar	캘린더의 설명을 description으로 설정한다.
setHidden(hidden)	Calendar	캘린더를 숨긴다.
setName(name)	Calendar	캘린더의 이름을 설정한다.
setSelected(selected)	Calendar	캘린더의 선택 상태를 설정한다.
setTimeZone(timeZone)	Calendar	캘린더 시간대를 설정한다.

> 💡 **NOTE**
>
> 이벤트 얻기, 이벤트 만들기를 비롯해 Calendar 클래스의 메서드 대부분은 CalendarApp 클래스에서도 제공합니다. CalendarApp 클래스에서 이 메서드들을 사용할 때 그 대상은 기본 캘린더가 됩니다.

캘린더 정보를 얻는 예시로 [예제 11-4]를 실행해봅니다. 지정한 캘린더의 각종 정보가 로그에 출력됩니다.

예제 11-4 캘린더 정보 얻기 [11-03.gs]

```
01  function myFunction11_03_01() {
02    const id = '*******@group.calendar.google.com';
03    const calendar = CalendarApp.getCalendarById(id);
04
```

```
05    console.log(calendar.getName()); //샘플 캘린더
06    console.log(calendar.getId()); //캘린더 ID
07    console.log(calendar.getDescription()); //샘플용 캘린더입니다
08    console.log(calendar.getTimeZone()); //Asia/Seoul
9     console.log(calendar.getColor()); //#7BD148
10
11    console.log(calendar.isMyPrimaryCalendar()); //false
12    console.log(calendar.isOwnedByMe()); //true
13
14    console.log(calendar.isHidden()); //false
15    console.log(calendar.isSelected()); //true
16  }
```

기간 내 이벤트 얻기

캘린더에서 기간 내의 이벤트를 얻을 때는 **getEvents 메서드** 또는 **getEventsFor Day 메서드**를 사용합니다. getEvents 메서드는 지정한 시작 날짜 및 시간부터 종료 날짜 및 시간에 포함되는 모든 이벤트를 배열로 얻습니다. getEventsForDay 메서드는 지정한 날짜에 포함된 모든 이벤트를 배열로 얻습니다. 각 메서드의 사용 구문은 다음과 같습니다.

구문

Calendar 객체.getEvents(시작 날짜 및 시간, 종료 날짜 및 시간[, 옵션])

구문

Calendar 객체.getEventsForDay(날짜[, 옵션])

두 메서드 모두 [표 11-5]의 옵션을 설정해서 더욱 세세하게 필터링할 수 있습니다.

표 11-5 getEvents 메서드, getEventsForDay의 옵션

옵션	타입	설명
start	Integer	얻을 시작 위치
max	Integer	얻을 최대 숫자
author	String	이벤트 작성자의 메일 주소
search	String	지정한 키워드를 포함하는 이벤트를 얻는다.

[그림 11-5]의 캘린더를 예시로 이벤트를 얻어봅니다.

그림 11-5 이벤트를 얻을 캘린더

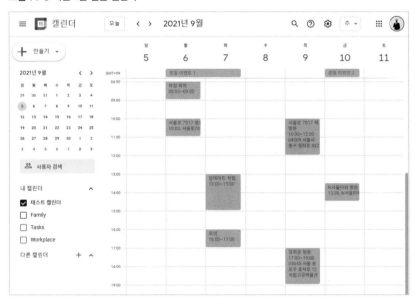

[예제 11-5]는 getEvents 메서드를 사용해 2021/9/6 10:30~2021/9/10 14:00
의 이벤트를 얻는 스크립트입니다. '서울로 7017 방문'은 9/6 10:00~11:00의
이벤트, 'N서울타워 방문'은 9/10 13:30~14:30의 이벤트로, 모두 지정한 기간
에서 조금 벗어나지만 얻을 수 있습니다. 한편 9/6 8:00~9:00의 '아침 회의'는
얻어지지 않습니다.

예제 11-5 getEvents 메서드를 사용해 기간 안의 이벤트 얻기 [11-03.gs]

```
01  function myFunction11_03_02() {
02    const id = '********@group.calendar.google.com';
03    const calendar = CalendarApp.getCalendarById(id);
04
05    const startDate = new Date('2021/9/6 10:30');        이벤트 얻는 기간을 설정한다.
06    const endDate = new Date('2021/9/10 14:00');
07    const events = calendar.getEvents(startDate, endDate);
08
09    for (const event of events) console.log(event.getTitle());
10  }                                                      지정한 기간의 이벤트를 배열로 얻는다.
```

실행 결과

종일 이벤트 1
서울로 7017 방문
업데이트 작업
회의
종일 이벤트 2
N서울타워 방문

계속해서 [예제 11-6]은 getEventsForDay 메서드를 이용해 이벤트를 얻는 예시입니다. 2021/9/7의 일정 중 '회의'라는 키워드를 포함한 것만 얻습니다.

예제 11-6 getEventsForDay 메서드를 이용해 지정한 날짜의 이벤트 얻기 [11-03.gs]

```
01  function myFunction11_03_03() {
02    const id = '********@group.calendar.google.com';      지정한 날짜의 이벤트
03    const calendar = CalendarApp.getCalendarById(id);      중 '회의'를 포함하는 것
04                                                           을 배열로 얻는다.
05    const date = new Date('2021/9/7');
06    const options = {search: '회의'};
07    const events = calendar.getEventsForDay(date, options);
08
09    for (const event of events) console.log(event.getTitle());
10  }
```

회의

이벤트 만들기

이벤트를 만들 때는 일반 이벤트인 경우에는 **createEvent 메서드**, 종일 이벤트인 경우에는 **createAllDayEvent 메서드**를 사용합니다. 각 메서드의 사용 구문은 다음과 같습니다.

구문

Calendar 객체.createEvent(제목, 시작 날짜 및 시간, 종료 날짜 및 시간[, 옵션])

구문

Calendar 객체.createAllDayEvent(제목, 날짜[, 옵션])
Calendar 객체.createAllDayEvent(제목, 시작 날짜, 종료 날짜[, 옵션])

옵션에는 [표 11-6]의 정보 또는 설정을 객체 형식으로 지정합니다.

표 11-6 createEvent 메서드, createAllDayEvent 메서드의 옵션

옵션	타입	설명
description	String	이벤트 설명
location	String	이벤트 위치
guests	String	게스트로 추가할 전자메일 주소를 콤마로 구분한 리스트
sendInvites	Boolean	초대 메일 전송 여부(기본: false)

[예제 11-7]에서는 createEvent 메서드를 사용해 이벤트를 만듭니다. 예제를 실행하면 [그림 11-6]의 이벤트를 캘린더 ID를 지정한 캘린더에 만듭니다.

예제 11-7 createEvent 메서드를 이용해 이벤트 만들기 [11-03.gs]

```
01  function myFunction11_03_04() {
02    const id = '*******@group.calendar.google.com';
03    const calendar = CalendarApp.getCalendarById(id);
04
05    const title = '광화문 방문';
06    const startTime = new Date('2021/9/9 17:00');
07    const endTime = new Date('2021/9/9 19:00');
08    const options = {
09      description: '저녁 시간에 늦지 않기',
10      location: '03045 서울 종로구 효자로 12 국립고궁박물관',
11      guests: 'guest@example.com',
12      sendInvites: true
13    };
14
15    calendar.createEvent(title, startTime, endTime, options);
16  }
```

이벤트의 제목, 기간을 지정

옵션 설정

그림 11-6 createEvent 메서드로 추가한 이벤트

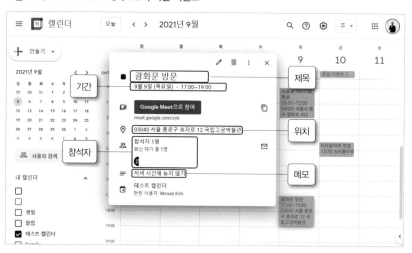

구글 캘린더의 언어를 English로 전환하면 Lunch with Mary, Friday at 1PM과 같이 자유 형식으로 기술한 이벤트를 작성할 수 있는 Quick Add 기능을 사용할 수 있습니다. GAS에서는 createEventFromDescription 메서드를 사용해 Quick Add 기능을 이용한 이벤트를 작성할 수 있으나 한국어에서는 예상대로 동작하지 않을 수도 있습니다.

11.4 이벤트 조작하기 - CalendarEvent 클래스

CalendarEvent 클래스

CalendarEvent 클래스는 이벤트를 다루는 멤버를 제공하는 클래스입니다. 이벤트 정보를 얻거나, 이벤트 내용 및 설정을 변경하는 멤버를 제공합니다. [표 11-7] 은 CalendarEvent 클래스의 주요 멤버입니다.

표 11-7 CalendarEvent 클래스의 주요 멤버

멤버	반환값	설명
addGuest(email)	CalendarEvent	이벤트에 참석자 email을 추가한다.
deleteEvent()	void	이벤트를 삭제한다.
getAllDayEndDate()	Date	종일 이벤트의 종료일을 얻는다.
getAllDayStartDate()	Date	종일 이벤트의 시작일을 얻는다.
getColor()	String	이벤트 색상을 얻는다.
getCreators()	String[]	이벤트 작성자를 얻는다.
getDateCreated()	Date	이벤트 작성일을 얻는다.
getDescription()	String	이벤트 설명을 얻는다.
getEndTime()	Date	이벤트 종료 날짜 및 시간을 얻는다.
getId()	String	이벤트 ID를 얻는다.
getLastUpdated()	Date	이벤트 마지막 업데이트 날짜 및 시간을 얻는다.
getLocation()	String	이벤트 장소를 얻는다.
getOriginalCalendarId()	String	이벤트가 최초로 작성된 캘린더 ID를 얻는다.
getStartTime()	Date	이벤트 시작 날짜 및 시간을 얻는다.
getTitle()	String	이벤트 제목을 얻는다.
isAllDayEvent()	Boolean	종일 이벤트인지 판정한다.

isOwnedByMe( )	Boolean	사용자가 이벤트의 소유자인지 판정한다.
removeGuest(email)	CalendarEvent	이벤트로부터 참석자 email을 삭제한다.
setAllDayDate(date)	CalendarEvent	종일 이벤트 날짜를 설정한다.
setColor(color)	CalendarEvent	이벤트를 color 색상으로 설정한다.
setDescription(description)	CalendarEvent	이벤트 설명을 설정한다.
setLocation(location)	CalendarEvent	이벤트 장소를 설정한다.
setMyStatus(status)	CalendarEvent	사용자의 이벤트 상태를 설정한다.
setTime(startTime, endTime)	CalendarEvent	이벤트 기간을 startTime부터 endTime 으로 설정한다.
setTitle(title)	CalendarEvent	이벤트 제목을 설정한다.
setTime(start, end)	CalendarEvent	이벤트 기간을 start에서 end로 설정한다.
setTitle(title)	CalendarEvent	이벤트 제목을 설정한다.

[예제 11-8]을 실행해 이벤트 정보를 얻어봅니다.

예제 11-8 이벤트 정보 얻기 [11-04.gs]

```
01   function myFunction11_04_01() {
02     const id = '********0@group.calendar.google.com';
03     const calendar = CalendarApp.getCalendarById(id);
04     const date = new Date('2021/9/9');
05     const event = calendar.getEventsForDay(date)[0];
06
07     console.log(event.getTitle()); //광화문 방문
08     console.log(event.getStartTime()); //시작시간(한국 표준시)
09     console.log(event.getEndTime()); //종료시간(한국 표준시)
10     console.log(event.getLocation()); //03045 서울 종로구 효자로 12 국립고궁박물관
11     console.log(event.getDescription()); //저녁 시간에 늦지 않기
12
13     console.log(event.getId()); //이벤트 ID
14     console.log(event.isAllDayEvent()); //false
```

```
15      console.log(event.isOwnedByMe()); //true
16
17      console.log(event.getCreators()); //이벤트 생성자 배열
18      console.log(event.getOriginalCalendarId()); //처음 생성된 캘린더 ID
19      console.log(event.getLastUpdated()); //업데이트 시간(한국 표준시)
20    }
```

이벤트 ID와 이벤트 얻기

캘린더 이벤트에는 고유 ID가 할당되어 있으며 다음 구문의 **getId 메서드**로 얻을 수 있습니다.

구문

```
CalendarEvent 객체.getId()
```

그리고 ID를 알면 CalendarApp 클래스 또는 Calendar 클래스의 **getEventById 메서드**를 이용해 직접 이벤트를 얻을 수 있습니다. 각 메서드의 사용 구문은 다음과 같습니다.

구문

```
CalendarApp.getEventById(이벤트 ID)
Calendar 객체.getEventById(이벤트 ID)
```

단, CalendarApp 클래스의 getEventById 메서드로는 기본 캘린더의 이벤트만 얻을 수 있으므로 주의해야 합니다. [예제 11-9]를 확인해봅니다. 이벤트 ID는 URL 등에서 얻을 수 없으므로 getId 메서드를 이용해서 얻은 ID를 재사용해야 합니다.

예제 11-9 이벤트 ID와 이를 이용한 이벤트 얻기 [11-04.gs]

```
01  function myFunction11_04_02() {
02    const id = '********0@group.calendar.google.com';
03    const calendar = CalendarApp.getCalendarById(id);
04    const date = new Date('2021/9/9');
05    const event = calendar.getEventsForDay(date)[0];
06    const iCalId = event.getId();                       ─── 이벤트 ID를 얻는다.
07
08    const eventById = calendar.getEventById(iCalId);    ─── 이벤트 ID로 이벤트
09    console.log(eventById.getTitle()); //광화문 방문          를 얻는다.
10  }
```

이벤트 색 설정하기

이벤트 정보는 대부분 이벤트 생성 시 설정할 수 있지만 CalendarEvent 클래스의 메서드를 사용하면 이벤트를 생성한 후에도 정보를 변경할 수 있습니다. 그중에서 이벤트 색은 이벤트 생성 시 설정할 수 없으므로 생성 후에 **setColor 메서드**를 사용해 설명해야 합니다. 이벤트 생성 후 색상을 변경하는 예시로 [예제 11-10]을 확인해봅니다.

예제 11-10 이벤트 색상 변경 [11-04.gs]

```
01  function myFunction11_04_03() {
02    const id = '********0@group.calendar.google.com';
03    const calendar = CalendarApp.getCalendarById(id);
04
05    const title = '서울로 7017 재방문';
06    const startTime = new Date('2021/9/10 10:00');
07    const endTime = new Date('2021/9/10 12:00');
08    const options = {
09      description: '서울로 7017 재방문',
10      location: '04509 서울시 중구 청파로 432'
11    };
```

```
12
13      const event = calendar.createEvent(title, startTime, endTime, options);
14      console.log(event.getColor()); //
15
16      event.setColor(CalendarApp.EventColor.RED);
17      console.log(event.getColor()); //11
18  }
```

> 새로운 이벤트를 만든다.

> 이벤트의 기본 색상은 없다(빈 문자).

> 이벤트 색상을 빨강으로 설정한다.

예제를 실행하면 [그림 11-7]과 같이 작성한 이벤트의 색상을 변경할 수 있습니다. 이벤트 색상은 CalendarApp 클래스의 Enum EventColor로 설정하고 getColor 메서드로 대응하는 수치를 얻을 수 있습니다. 기본 색에서는 빈 문자를 반환합니다.

> 💡 **NOTE**
>
> Enum EventColor에 관해서는 다음 공식 문서를 참고 바랍니다.
> https://developers.google.com/apps-script/reference/calendar/event-color

그림 11-7 작성한 이벤트의 색을 변경

이번 장에서는 GAS로 구글 캘린더를 조작하는 Calendar 서비스와 그 주요 클래스 및 멤버에 관해 설명했습니다. Calendar 서비스를 활용하면 캘린더의 이벤트를 스프레드시트에 쓰거나 지메일로 수신한 메일에서 이벤트를 작성하는 등의 기능을 구현할 수 있습니다.

다음 장에서는 구글 문서를 다룹니다. 간단한 텍스트뿐만 아니라 문서 처리까지 다양한 조작을 할 수 있게 될 것입니다.

Chapter

12

문서

Document 서비스

Document 서비스는 GAS로 구글 문서를 저작하는 클래스와 멤버를 제공하는 서비스입니다. Document 서비스를 사용하면 문서 상의 텍스트를 얻거나 편집 및 서식 설정, 단락이나 리스트 아이템 요소 추가 등 구글 문서를 다양하게 조작할 수 있습니다.

이번 장에서는 Document 서비스 중에서 [표 12-1]에 나타낸 클래스에 관해 설명합니다. 이 클래스들만 해도 그 숫자가 많지만 이외에도 표를 다루는 Table 클래스, 각주 섹션을 다루는 FootnoteSection 클래스, 삽입 이미지를 조작하는 InlineImage 클래스 등 다양한 클래스를 제공합니다.

표 12-1 Document 서비스의 주요 메서드

클래스	설명
DocumentApp	Document 서비스의 톱 레벨 객체
Document	문서를 조작하는 기능 제공
HeaderSection	머리글(header) 섹션을 조작하는 기능 제공
Body	문서 본문을 조작하는 기능 제공
FooterSection	바닥글(footer) 섹션을 조작하는 기능 제공
Paragraph	단락을 조작하는 기능 제공
ListItem	리스트 아이템을 조작하는 기능 제공
Text	텍스트를 조작하는 기능 제공
RangeElement	찾기 등 요소 범위를 조작하는 기능 제공

구글 문서의 문서 구조

앞에서 소개한 클래스들을 잘 사용하기 위해서는 구글 문서의 구조에 관해 이해해야 합니다. 구글 문서의 구성 요소는 다음과 같이 크게 다섯 계층으로 분류할 수 있습니다.

- DocumentApp
- 문서: 문서 전체
- 섹션: 바디, 머리글, 바닥글 등의 영역
- 단락: 단락, 리스트 아이템 등 콘텐츠 요소를 포함하는 상자 같은 것
- 콘텐츠: 텍스트, 이미지 등의 요소

문서는 그 안에 본체 영역을 나타내는 본문, 머리글, 바닥글로 구성된 **섹션**을 가지며 섹션은 그 안에 **단락**을 몇 개 가질 수 있습니다. 그리고 단락은 그 안에 텍스트나 이미지 등의 콘텐츠를 배치할 수 있습니다. 즉, 구글 문서는 상자를 겹쳐둔 것처럼 중첩 구조로 되어 있습니다.

이를 바탕으로 Document 서비스 각 클래스의 위치 관계를 [그림 12-1]에 나타냈습니다. 각 클래스마다 고유의 멤버를 가지고 있으며 같은 계층의 클래스에는 동일한 메서드도 여럿 존재한다는 것을 염두에 두기 바랍니다.

그림 12-1 Document 서비스의 클래스 계층 구조

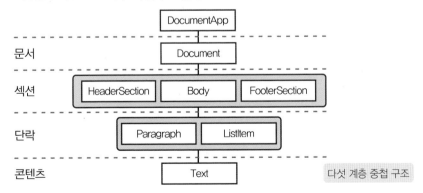

실제 구글 문서의 화면에서 각 클래스의 위치 관계를 [그림 12-2]에 나타냈으므로 함께 참고하기 바랍니다.

그림 12-2 구글 문서의 화면과 Document 서비스의 클래스

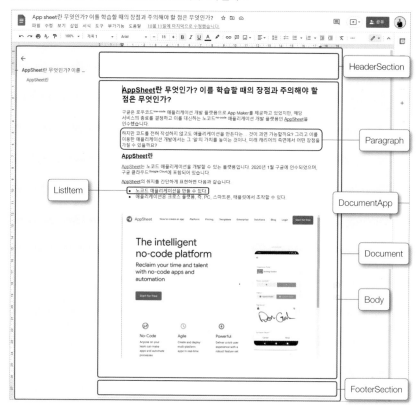

Text 객체와 문자열

Document 서비스를 이용한 조작의 최종 목적은 주로 문자열 얻기, 편집, 서식 설정 등일 것입니다. 그러나 한 가지 주의해야 할 점은 '텍스트=문자열'이 아니라는 것입니다. Document 서비스의 텍스트는 Text 객체를 의미하며 이는 문자열 타입의 값이 아닙니다. 실제로는 Text 객체에 포함되어 있는 문자열을 getText 같은

멤버를 이용해서 조작하게 됩니다. 그리고 문자열 조작은 Text 객체뿐만 아니라 Body 객체, Paragraph 객체에서도 수행할 수 있으므로 상황에 따라 대상이 되는 객체와 사용할 메서드를 선택해야 합니다.

12.2 DocumentApp 클래스

DocumentApp 클래스

DocumentApp 클래스는 Document 서비스의 최상위에 위치하는 톱 클래스 객체입니다. 주요 멤버는 [표 12-2]와 같습니다. DocumentApp 클래스는 주로 신규 문서 작성 및 문서 얻기와 관련된 역할을 합니다.

표 12-2 DocumentApp 클래스의 주요 멤버

멤버	반환값	설명
create(name)	Document	새로운 문서 name을 만든다.
getActiveDocument()	Document	활성화된 문서를 얻는다.
getUi()	Ui	문서의 Ui 객체를 얻는다.
openById(id)	Document	지정한 id의 문서를 연다.
openByUrl(url)	Document	지정한 url의 문서를 연다.

문서 얻기

문서는 다음 세 가지 방법으로 얻을 수 있습니다.

- 활성화된 문서를 얻는다.
- ID를 이용해 문서를 얻는다.
- URL을 이용해 문서를 얻는다.

구글 문서에서는 [그림 12-3]과 같이 메뉴에서 [도구] → [스크립트 편집기]를 선택해 컨테이너 바운드 스크립트를 만들 수 있습니다.

그림 12-3 문서에서 컨테이너 바운드 스크립트 열기

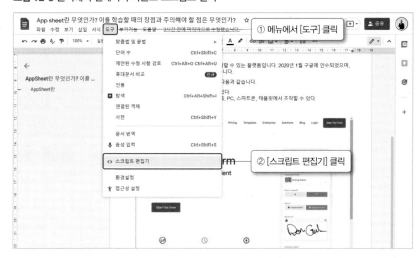

컨테이너 바운드 스크립트에서 다음 구문의 **getActiveDocument 메서드**를 사용하면 바인드된 문서를 얻을 수 있습니다.

구문

```
DocumentApp.getActiveDocument()
```

그리고 바인드되지 않은 문서를 얻을 때는 ID를 이용하는 **openById 메서드** 또는 URL을 이용해 얻는 **openByUrl 메서드**를 사용해야 합니다. 각 메서드의 사용 구문은 다음과 같습니다.

구문

```
DocumentApp.openById(ID)
```

구문

```
DocumentApp.openByUrl(URL)
```

문서도 스프레드시트 등 다른 아이템과 마찬가지로 해당 아이템을 여는 고유 URL을 제공하며 문서 ID가 그 URL의 일부를 구성합니다. 다음의 {ID} 부분이 문서 ID에 해당합니다.

https://docs.google.com/document/d/{ID}/edit#

그림 12-4 문서의 URL과 ID

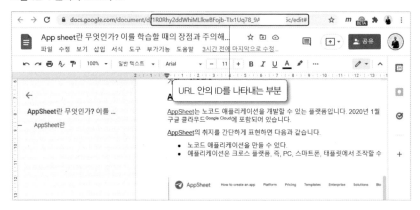

실제 문서를 얻어봅니다. [예제 12-1]의 URL과 ID는 여러분의 환경에 맞춰 입력합니다. 예제를 실행하면 각각 getName 메서드로 얻은 문서명이 표시됩니다.

예제 12-1 문서 얻기 [12-02.gs]

```
01  function myFunction12_02_01() {
02    const activeDocument = DocumentApp.getActiveDocument();
03    console.log(activeDocument.getName()); //문서명
04
05    const url = 'https://docs.google.com/document/d/********/edit#'; //URL
06    const documentByUrl = DocumentApp.openByUrl(url);
07    console.log(documentByUrl.getName()); //문서명
08
09    const id = '********'; //문서ID
10    const documentById = DocumentApp.openById(id);
11    console.log(documentById.getName()); //문서명
12  }
```

12.3 문서 조작하기 - Document 클래스

Document 클래스

Document 클래스는 문서 자체를 조작하는 기능을 제공하는 클래스입니다. [표 12-3]과 같이 주로 문서의 정보를 얻는 메서드, 문서 하위 요소인 섹션을 얻는 메서드 등으로 구성되어 있습니다.

표 12-3 Document 클래스의 주요 멤버

멤버	반환값	설명
addFooter()	FooterSection	문서에 바닥글 섹션을 추가한다.
addHeader()	HeaderSection	문서에 머리글 섹션을 추가한다.
getBody()	Body	문서의 본문을 얻는다.
getFooter()	FooterSection	문서의 바닥글 섹션을 얻는다.
getHeader()	HeaderSection	문서의 머리글 섹션을 얻는다.
getId()	String	문서의 ID를 얻는다.
getLanguage()	String	문서의 언어 코드를 얻는다.
getName()	String	문서의 이름을 얻는다.
getUrl()	String	문서의 URL을 얻는다.
saveAndClose()	void	문서를 저장한다.
setName(name)	Document	문서의 이름을 설정한다.
setLanguage(languageCode)	Document	문서의 언어 코드를 설정한다.

문서 정보 및 문서 하위 섹션을 얻는 스크립트 예시로 [예제 12-2]를 확인해봅니다.

예제 12-2 문서 정보 얻기 [12-03.gs]

```
01  function myFunction12_03_01() {
02    const id = '*******';
03    const document = DocumentApp.openById(id);
04
05    console.log(document.getName()); //문서 이름
06    console.log(document.getId()); //문서 ID
07    console.log(document.getUrl()); //문서 URL
08    console.log(document.getLanguage()); //ko
09
10    console.log(document.getBody().getType().toString()); //BODY_SECTION
11    console.log(document.getHeader().getType().toString()); //HEADER_SECTION
12    console.log(document.getFooter().getType().toString()); //FOOTER_SECTION
13  }
```

getType 메서드는 대상이 되는 ElementType을 얻는 메서드입니다. Enum
ElementType에는 문서 자체를 나타내는 DOCUMENT, 문서 본문을 나타내는 BODY_
SECTION, 텍스트 요소를 나타내는 TEXT, 삽입된 이미지를 나타내는 INLINE_
IMAGE와 같이 Document 서비스가 다루는 모든 요소가 나열되어 있습니다. Enum
멤버에 관한 로그를 출력할 때는 [예제 12-2]와 같이 toString 메서드를 이용해
문자열로 바꾸어야 합니다.

문서를 조작하는 대상은 문서 본문, 즉 바디에 포함됩니다. 따라서 문서를 얻은
뒤 다음 구문의 **getBody 메서드**를 사용해 Body 객체를 얻은 상태에서 조작을 시작
하는 경우가 많습니다.

구문

```
Document 객체.getBody()
```

머리글 섹션과 바닥글 섹션 추가하기

새 문서를 작성했을 때는 문서 섹션에 머리글 섹션^{header section}과 바닥글 섹션^{footer} ^{section}이 존재하지 않습니다. 이 상태에서 getHeader 메서드, getFooter 메서드를 통해 얻은 값은 null이 됩니다. 그러므로 문서의 머리글, 바닥글 섹션을 조작할 때는 다음과 같이 **addHeader 메서드**와 **addFooter 메서드**를 사용해 각 섹션을 추가해야 합니다.

구문

```
Document 객체.addHeader()
```

구문

```
Document 객체.addFooter()
```

새 문서와 머리글 섹션, 바닥글 섹션을 추가하는 예시로 [예제 12-3]을 확인해봅니다. 예제를 실행하면 [그림 12-5]와 같이 머리글 섹션과 바닥글 섹션을 가진 새 문서를 작성합니다. 그리고 **create** 메서드를 이용해서 만든 새 문서는 내 드라이브에 만들어집니다.

예제 12-3 머리글 섹션과 바닥글 섹션 추가 [12-03.gs]

```
01  function myFunction12_03_02() {
02    const document = DocumentApp.create('새 문서');
03
04    document.addHeader().setText('머리글 섹션');
05    document.addFooter().setText('바닥글 섹션');
06  }
```

그림 12-5 머리글 섹션과 바닥글 섹션 추가

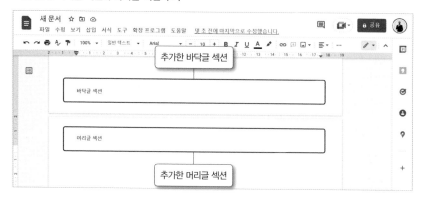

12.4 섹션 조작하기

섹션

섹션section은 문서의 요소를 배치하는 영역입니다. 주요 문서를 기술하는 본문인 바디, 머리글과 바닥글 등의 섹션으로 구성됩니다. Document 서비스에서는 각각을 조작하는 Body 클래스, HeaderSection 클래스, FooterSection 클래스를 제공합니다. [표 12-4]와 같이 각 섹션의 클래스는 공통 기능이 많으므로 유사한 클래스로 보면 더 빠르게 이해할 수 있습니다.

표 12-4 Body 클래스, HeaderSection 클래스, FooterSection 클래스의 주요 멤버

멤버	반환값	설명
appendHorizontalRule()	HorizontalRule	섹션 끝에 수평선을 추가한다.
appendListItem(listItem)	ListItem	섹션 끝에 리스트 아이템 listItem을 추가한다.
appendListItem(text)	ListItem	섹션 끝에 문자열 text를 리스트 아이템으로 추가한다(연속된 경우에는 같은 리스트 아이템으로 추가한다).
appendParagraph (paragraph)	Paragraph	섹션 끝에 단락 paragraph를 추가한다.
appendParagraph(text)	Paragraph	섹션 끝에 문자열 text를 내용으로 하는 새 단락을 추가한다.
appendTable(cells)	Table	섹션 끝에 2차원 배열 cells로 만든 테이블을 추가한다.
appendTable(table)	Table	섹션 끝에 테이블 table을 추가한다.
clear()	Body/ HeaderSection/ FooterSection	섹션의 내용을 지운다.
editAsText()	Text	섹션을 Text 객체로 얻는다.

findText(searchPattern[, from])	RangeElement	섹션 안을 from부터 찾기 시작해 처음으로 searchPattern 패턴과 매치하는 요소의 위치를 얻는다.
getChild(childIndex)	Element	인덱스 childIndex의 자녀 요소를 얻는다.
getChildIndex(child)	Integer	자녀 요소 child의 인덱스를 얻는다.
getListItems()	ListItem[]	섹션에 포함된 모든 리스트 아이템을 얻는다.
getNumChildren()	Integer	자녀 요소의 수를 얻는다.
getParagraphs()	Paragraph[]	섹션에 포함된 모든 단락(리스트 아이템 포함)을 얻는다.
getTables()	Table[]	섹션에 포함된 모든 표를 얻는다.
getText()	String	섹션 안의 내용을 텍스트로 얻는다.
getType()	ElementType	섹션의 ElementType을 얻는다.
insertHorizontalRule(childIndex)	HorizontalRule	인덱스 childIndex에 수평선을 추가한다.
insertListItem(childIndex, listItem)	ListItem	인덱스 childIndex에 ListItem을 삽입한다.
insertListItem(childIndex, text)	ListItem	인덱스 childIndex에 문자열 text를 리스트 아이템으로 추가한다(연속하는 경우에는 같은 리스트 아이템으로 추가된다).
insertParagraph(childIndex, paragraph)	Paragraph	인덱스 childIndex에 단락 paragraph를 삽입한다.
insertParagraph(childIndex, text)	Paragraph	인덱스 childIndex에 문자열 text를 내용으로 하는 새 단락을 삽입한다.
insertTable(childIndex, cells)	Table	인덱스 childIndex에 2차원 배열 cells에서 생성한 테이블을 삽입한다.
insertTable(childIndex, table)	Table	인덱스 childIndex에 테이블 table을 삽입한다.
removeChild(child)	Body/ HeaderSection/ FooterSection	자녀 요소 child를 삭제한다.
replaceText(searchPattern, replacement)	Element	searchPattern 패턴으로 찾아서 일치한 문자열과 replacement를 바꾼다.
setText(text)	Body/ HeaderSection/ FooterSection	섹션 내용을 문자열 text로 설정한다.

Body 클래스에서는 [표 12-5]와 같이 페이지의 여백이나 크기를 얻거나 설정하는 멤버, 페이지 추가 및 삽입 멤버를 제공하며 이 멤버들은 다른 섹션의 클래스에서는 제공되지 않습니다.

표 12-5 Body 클래스 전용 주요 멤버

멤버	반환값	설명
appendPageBreak()	PageBreak	바디 끝에 새 페이지를 추가한다.
getMarginBottom()	Number	페이지 여백 아래쪽 마진을 포인트로 얻는다.
getMarginLeft()	Number	페이지 여백 왼쪽 마진을 포인트로 얻는다.
getMarginRight()	Number	페이지 여백 오른쪽 마진을 포인트로 얻는다.
getMarginTop()	Number	페이지 여백 위쪽 마진을 포인트로 얻는다.
getPageHeight()	Number	페이지 세로(길이)를 포인트로 얻는다.
getPageWidth()	Number	페이지 가로(폭)를 포인트로 얻는다.
insertPageBreak(childIndex)	PageBreak	인덱스 childIndex에 새 페이지를 추가한다.
setMarginBottom (marginBottom)	Body	페이지 여백 아래쪽 마진을 포인트로 설정한다.
setMarginLeft(marginLeft)	Body	페이지 여백 왼쪽 마진을 포인트로 설정한다.
setMarginRight(marginRight)	Body	페이지 여백 오른쪽 마진을 포인트로 설정한다.
setMarginTop(marginTop)	Body	페이지 여백 위쪽 마진을 포인트로 설정한다.
setPageHeight(pageHeight)	Body	페이지 세로(길이)를 포인트로 설정한다.
setPageWidth(pageWidth)	Body	페이지 가로(폭)를 포인트로 설정한다.

[예제 12-4]를 실행해 각 섹션 정보를 얻어봅니다.

```
01  function myFunction12_04_01() {
02    const id = '********'; //문서 ID
03    const document = DocumentApp.openById(id);
04    const body = document.getBody();
05
06    console.log(body.getType().toString()); //BODY_SECTION
07    console.log(body.getNumChildren()); //41
08
09    console.log(body.getMarginTop()); //72
10    console.log(body.getMarginBottom()); //72
11    console.log(body.getMarginLeft()); //72
12    console.log(body.getMarginRight()); //72
13    console.log(body.getPageHeight()); //841.68
14    console.log(body.getPageWidth()); //595.4399999999999
15
16    const header = document.getHeader();
17    console.log(header.getType().toString()); //HEADER_SECTION
18    console.log(header.getNumChildren()); //2
19
20    const footer = document.getFooter();
21    console.log(footer.getType().toString()); // FOOTER_SECTION
22    console.log(footer.getNumChildren()); //1
23  }
```

단락, 리스트 아이템 얻기

섹션에서 단락, 리스트 아이템을 얻을 때는 getParagraphs 메서드, getListItems 메서드를 사용합니다. 바디에 대해서는 다음 구문으로 해당 아이템을 얻을 수 있습니다.

구문

Body 객체.getParagraphs()

Body 객체.getListItems()

이 메서드들을 이용하면 Paragraph 객체의 배열 또는 ListItem 객체의 배열을 얻을 수 있으며 각 요소를 조작할 때는 인덱스를 지정해서 추출해야 합니다. [예제 12-5]는 이 메서드들의 사용 예시입니다. Paragraphs 객체 및 ListItem 객체의 배열을 얻고 그 모든 요소에 대해 getType 메서드로 타입, getText 메서드로 텍스트 내용을 각각 로그에 출력합니다.

예제 12-5 단락, 리스트 아이템 얻기 [12-04.gs]

```
01  function myFunction12_04_02() {
02    const id = '********'; // 문서 ID
03    const document = DocumentApp.openById(id);
04    const body = document.getBody();
05
06    const paragraphs = body.getParagraphs();
07    for (const [i, paragraph] of paragraphs.entries()) {
08      console.log(`${i}: ${paragraph.getType().toString()}\n${paragraph.
    getText()}`);
09    }
10
11    console.log();
12
13    const listItems = body.getListItems();
14    for (const [i, listitem] of listItems.entries()) {
15      console.log(`${i}: ${listitem.getType().toString()}\n${listitem.getText()}`);
16    }
17  }
```

바디의 단락을 배열로 얻는다.

단락 배열의 모든 요소에 대한 타입과 텍스트 내용을 로그에 출력한다.

바디의 리스트 아이템을 배열로 얻는다.

목록 배열의 모든 요소에 대한 타입과 텍스트 내용을 로그에 출력한다.

실행 결과

```
0: PARAGRAPH
AppSheet란 무엇인가? 이를 학습할 때의 장점과 주의해야 할 점은 무엇인가?
1: PARAGRAPH
```

구글은 로우코드low-code 애플리케이션 개발 플랫폼으로 App Maker를 제공하고 있었지만 해당 서비스의 종료를 결정하고 이를 대신하는 노코드no-code 애플리케이션 개발 플랫폼인 AppSheet을 인수했습니다.

```
2: PARAGRAPH
```

하지만 코드를 전혀 작성하지 않고도 애플리케이션을 만든다는... 것이 과연 가능할까요? 그리고 이를 이용한 애플리케이션 개발에서는 그 '일'의 가치를 높이는 것이나, 미래 캐리어의 측면에서 어떤 장점을 가질 수 있을까요?

(중략)

```
6: LIST_ITEM
```

노코드 애플리케이션을 만들 수 있다.

```
7: LIST_ITEM
```

애플리케이션은 크로스 플랫폼, 즉, PC, 스마트폰, 태플릿에서 조작할 수 있다.

(중략)

```
0: LIST_ITEM
```

노코드 애플리케이션을 만들 수 있다.

```
1: LIST_ITEM
```

애플리케이션은 크로스 플랫폼, 즉, PC, 스마트폰, 태플릿에서 조작할 수 있다.

결과를 보면 paragraphs의 인덱스 6 및 7의 요소로 LIST_ITEM이 출력되는 것이 이상하게 느껴질 수도 있습니다. 실제로 getParagraphs 메서드에는 리스트 아이템도 포함되어 얻어집니다. 즉, getParagraphs 메서드에서는 줄바꿈 코드까지를 단위로 해서 모두 얻는 것으로 이해하면 좋습니다.

바디에 요소 추가하기

문서의 바디에 단락, 리스트 아이템, 수평선, 새 페이지 등을 추가할 때는 append Paragraph 메서드, appendListItem 메서드, appendHorizontalRule 메서드, appendPageBreak 메서드를 사용합니다.

Body 객체.appendParagraph(문자열)

Body 객체.appendListItem(문자열)

Body 객체.appendHorizontalRule()

Body 객체.appendPageBreak()

이 메서드들의 사용 예로 [예제 12-6]을 확인해봅니다. 예제를 실행하면 [그림 12-6]과 같은 문서를 만들 수 있습니다.

예제 12-6 바디에 요소 추가 [12-04.gs]

```
01  function myFunction12_04_03() {
02    const body = DocumentApp.create('새 문서[바디에 요소를 추가]').getBody();
03
04    body.appendParagraph('단락 1');
05    body.appendParagraph('단락 2');
06    body.appendHorizontalRule();
07    body.appendParagraph('');
08    body.appendListItem('리스트 아이템 1');
09    body.appendListItem('리스트 아이템 2');
10  }
```

문서를 만들고 그 바디를 얻어 body로 한다.

body에 단락, 수평선, 리스트 아이템을 추가한다.

그림 12-6 새 문서에 요소를 추가

> 📍 **NOTE**
>
> ● 리스트 아이템은 연속해서 추가하면 동일한 '리스트 ID'의 리스트 아이템으로 취급됩니다. 리스트 ID에 관해서는 다음 절에서 설명합니다.
>
> ● 머리글 섹션, 바닥글 섹션에서도 단락, 리스트 아이템, 수평선을 추가할 수 있습니다. 단 구조상 새 페이지는 추가할 수 없습니다.

12.5 단락 및 리스트 아이템 조작하기

단락 및 리스트 아이템

단락paragraph은 줄바꿈이 될 때까지의 범위를 말합니다. 구글 문서에서는 문자열이나 삽입 이미지 등 콘텐츠 요소를 모으는 중요한 역할을 담당합니다. Document 서비스에서 단락을 다루는 기능을 제공하는 것이 **Paragraph 클래스**입니다.

리스트 아이템list item은 단락과는 다른 타입의 요소이며 내부에 텍스트나 삽입 이미지를 포함할 수 있는 단락과 유사한 요소입니다. Document에서는 리스트 아이템을 다루는 기능을 **ListItem 클래스**로 제공합니다.

글꼴 종류나 크기, 굵은 서체 등의 서식 설정은 문자 단위로 수행합니다. 그러나 수평 정렬, 들여쓰기, 행 간격, 제목 스타일 등 단락 또는 리스트 아이템 단위로 적용되는 서식 설정도 있으므로 이 차이에 주의하기 바랍니다.

Paragraph 클래스와 **ListItem** 클래스에서는 공통으로 제공되는 멤버가 많습니다. [표 12-6]에 주요 멤버를 정리했습니다.

표 12-6 Paragragh 클래스, ListItem 클래스의 주요 멤버

멤버	반환값	설명
appendHoriontalRule()	HorizontalRule	단락 끝에 구분선을 추가한다.
appendPageBreak()	PageBreak	단락 끝에 새 페이지를 추가한다.
appendText(text)	Text	단락 끝에 문자열 또는 텍스트 text를 추가한다.
clear()	Paragraph/ListItem	단락 내용을 지운다(clear).
editAsText()	Text	단락을 Text 객체로 얻는다.

findText(searchPattern[, from])	RangeElement	단락 안을 from부터 찾기 시작해 처음으로 searchPattern에 일치한 요소의 위치를 얻는다.
getAlignment()	HorizontalAlignment	단락의 수평 방향 정렬 설정을 얻는다.
getChild(childIndex)	Element	인덱스 childIndex의 자녀 요소를 얻는다.
getChildIndex(child)	Integer	자녀 요소 child의 인덱스를 얻는다.
getHeading()	ParagraphHeading	단락의 제목 스타일을 얻는다.
getIndentEnd()	Number	단락의 오른쪽 인덴트를 포인트로 얻는다.
getIndentFirstLine()	Number	단락 첫 번째 행의 인덴트를 얻는다.
getIndentStart()	Number	단락의 왼쪽 인덴트를 포인트로 얻는다.
getLineSpacing()	Number	달락의 행 간격을 포인트로 얻는다.
getNumChildren()	Integer	자녀 요소의 수를 얻는다.
getParent()	ContainerElement	단락의 부모 요소를 얻는다.
getText()	String	단락의 내용을 텍스트로 얻는다.
getType()	ElementType	단락의 ElementType을 얻는다.
insertHorizontalRule(childIndex)	HorizontalRule	인덱스 childIndex에 구분선을 삽입한다.
insertPageBreak(childIndex)	PageBreak	인덱스 childIndex에 새 페이지를 삽입한다.
insertText(childIndex, text)	Text	인덱스 childIndex에 문자열 또는 text 텍스트를 삽입한다.
merge()	Paragraph/ListItem	같은 타입의 이전 요소와 병합한다.
removeChild(child)	Paragraph/ListItem	자녀 요소 child를 삭제한다.
removeFromParent()	Paragraph/ListItem	단락을 삭제한다.
replaceText(searchPattern, replacement)	Element	searchPattern 패턴으로 찾아서 일치하는 문자열을 replacement로 바꾼다.
setAlignment(alignment)	Paragraph/ListItem	단락의 수평 방향 정렬을 설정한다.
setHeading(heading)	Paragraph/ListItem	단락의 제목 스타일을 설정한다.
setIndentEnd(indentEnd)	Paragraph/ListItem	단락의 오른쪽 인덴트를 포인트로 설정한다.

setIndentFirstLine(indentFirstLine)	Paragraph/ListItem	단락 첫 번째 행의 인덴트를 포인트로 설정한다.
setIndentStart(indentStart)	Paragraph/ListItem	단락의 왼쪽 인덴트를 포인트로 설정한다.
setLineSpacing(multiplier)	Paragraph/ListItem	단락의 행 간격을 포인트로 설정한다.
setText(text)	void	단락의 내용을 문자열 text로 설정한다.

그리고 `ListItem` 클래스에서는 [표 12-7]과 같이 리스트 아이템을 조작하는 전용 멤버를 제공합니다.

표 12-7 ListItem 클래스 전용 주요 멤버

멤버	반환값	설명
getGlypyType()	GlyphType	리스트 아이템의 글리프(Glyph) 타입을 얻는다.
getListId()	String	리스트 아이템이 속한 리스트 ID를 얻는다.
getNestingLevel()	Integer	리스트 아이템의 중첩 레벨을 얻는다.
setGlyphType(glyphType)	ListItem	리스트 아이템의 글리프 타입을 설정한다.
setListId(listItem)	ListItem	리스트 아이템이 속한 리스트 ID를 listItem의 ID로 설정한다.
setNestingLevel(nestingLevel)	ListItem	리스트 아이템의 중첩 레벨을 설정한다.

[그림 12-7]의 문서를 예시로 하여 단락과 리스트 아이템 정보를 얻는 스크립트인 [예제 12-7]을 확인해봅니다.

그림 12-7 단락, 리스트 아이템 정보를 얻을 문서

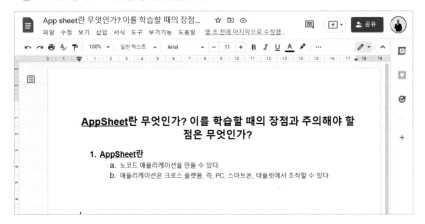

예제 12-7 단락, 리스트 아이템 정보 얻기 [12-05.gs]

```
01  function myFunction12_05_01() {
02    const id = '********'; //문서 ID
03    const document = DocumentApp.openById(id);
04    const body = document.getBody();
05
06    const paragraph = body.getParagraphs()[0];
07    console.log(paragraph.getText()); //AppSheet란 무엇인가? 그리고 (생략)
08    console.log(paragraph.getType().toString()); //PARAGRAPH
09    console.log(paragraph.getParent().getType().toString()); //BODY_SECTION
10    console.log(paragraph.getNumChildren()); //1
11
12    console.log(paragraph.getAlignment().toString()); //JUSTIFY
13    console.log(paragraph.getHeading().toString()); //Heading 1
14
15    console.log(paragraph.getIndentStart()); //28.34645669291339
16    console.log(paragraph.getIndentEnd()); //42.51968503937008
17    console.log(paragraph.getIndentFirstLine()); //85.03937007874016
18    console.log(paragraph.getLineSpacing()); //1.5
19
20    const listItem1 = body.getListItems()[0];
21    console.log(listItem1.getText()); //AppSheet란
```

```
22    console.log(listItem1.getType().toString()); //LIST_ITEM
23    console.log(listItem1.getParent().getType().toString()); //BODY_SECTION
24    console.log(listItem1.getNumChildren()); //1
25
26    console.log(listItem1.getAlignment()); //null
27    console.log(listItem1.getHeading().toString()); //HEADING2
28    console.log(listItem1.getIndentStart()); //36
29    console.log(listItem1.getIndentEnd()); //null
30    console.log(listItem1.getIndentFirstLine()); //18
31    console.log(listItem1.getLineSpacing()); //null
32
33    console.log(listItem1.getGlyphType().toString()); //NUMBER
34    console.log(listItem1.getNestingLevel()); //0
35    console.log(listItem1.getListId()); //kix.wyo6j1mswvrk
36
37    const listItem2 = body.getListItems()[1];
38    console.log(listItem2.getText()); //노코드 애플리케이션을 만들 수 있다
39    console.log(listItem2.getGlyphType().toString()); //LATIN_LOWER
40    console.log(listItem2.getNestingLevel()); //1
41    console.log(listItem2.getListId()); //kix.wyo6j1mswvrk
42  }
```

수평 맞춤, 들여쓰기, 줄 간격은 기본값에서 설정을 변경하지 않았을 경우 모두 null이 됩니다. 그리고 글리퍼 타입은 항목 기호 타입을 타내며 나타내며 Enum GlyphType에 지정되어 있습니다.

단락, 리스트 아이템 조작하기

단락이나 목록 아이템은 다양한 방법으로 조작할 수 있습니다. 예시로 [예제 12-8]을 확인해봅니다. 앞의 [그림 12-7]에서 문자열이나 단락, 리스트 아이템을 추가하거나 설정을 변경합니다. 예제를 실행하면 [그림 12-8]과 같이 되므로 어떤 명령이 어떤 조작을 담당하는지 확인해봅니다.

예제 12-8 단락, 리스트 아이템 조작 [12-05.gs]

```
01  function myFunction12_05_02() {
02    const id = '********'; //문서 ID
03    const document = DocumentApp.openById(id);
04    const body = document.getBody();
05
06    const paragraph1 = body.getParagraphs()[0];
07    paragraph1.appendText('???');                                    paragraph1에 텍스트를 추가한다.
08    console.log(paragraph1.getNumChildren()); //2
09                                                                     paragraph1의 요소 수는 2
10    const paragraph2 = body.appendParagraph('AppSheet의 특징');
11    paragraph2.setHeading(DocumentApp.ParagraphHeading.HEADING2);
12                                                                     바디에 새로운 단락을 추가하고
13    const listItem1 = body.getListItems()[0];                        제목 스타일을 '제목2'로 설정한다.
14    const listItem2 = body.appendListItem('기존 데이터소스와 연동');
15    listItem2.setListId(listItem1);
16  }                                                                  바디에 새로운 리스트 아이템을 추가하고
                                                                       리스트 ID를 listItem1과 같은 ID로 설정한다.
```

그림 12-8 단락, 리스트 아이템을 조작한 문서

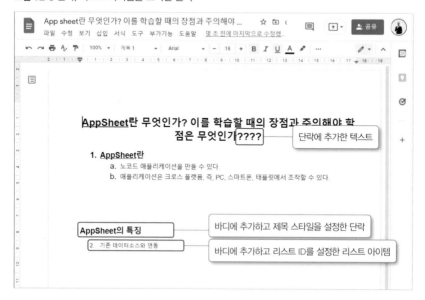

paragraph 객체에 appendText 메서드를 사용하면 해당 paragraph 객체 안에, 지정한 문자열을 포함한 Text 객체를 추가합니다. 따라서 이 예시의 getNumChildren 메서드에서는 1이 출력됩니다. 그리고 같은 리스트 ID를 가진 목록 아이템은 같은 목록에 속한 것으로 취급됩니다. [그림 12-8]과 같이 설령 위치가 붙어 있지 않아도 연속된 번호를 부여합니다.

텍스트 객체 조작하기

Text 클래스

구글 문서에서의 Text는 Text 객체를 나타내며 이는 단순한 문자열 값은 아닙니다. Text 객체는 문자열과 함께 문자열의 서식 설정, 연결 정보 등을 가진 풍부한 텍스트 영역입니다.

Document 서비스에서 Text 객체를 다루는 클래스가 Text 클래스입니다. Text 클래스는 Text 객체에 문자열을 추가 및 삭제하는 멤버, 서식이나 링크 정보를 얻거나 설정하는 멤버 등을 제공합니다. Text 클래스의 주요 멤버는 [표 12-8]과 같습니다.

표 12-8 Text 클래스의 주요 멤버

멤버	반환값	설명
appendText(text)	Text	문자열 text를 Text에 추가한다.
deleteText(startOffset, endOffsetInclusive)	Text	텍스트의 문자 위치 startOffset 부터 endOffsetInclusive까지 삭제한다.
findText(searchPattern[, from])	RangeElement	텍스트 안을 from부터 찾기를 시작해 처음으로 패턴 searchPattern에 일치한 요소의 위치를 얻는다.
getBackgroundColor([offset])	String	텍스트 배경 색상을 얻는다.
getFontFamily([offset])	String	텍스트 글꼴 종류를 얻는다.
getFontSize([offset])	Integer	텍스트 글꼴 크기를 얻는다.
getForegroundColor([offset])	String	텍스트 문자 색상을 얻는다.
getLinkUrl([offset])	String	텍스트 문자 링크 URL을 얻는다.
getParent()	ContainerElement	텍스트의 부모 요소를 얻는다.

getText()	String	텍스트 문자열을 얻는다.
getTextAlignment([offset])	TextAlignment	텍스트 배치를 얻는다.
getType()	ElementType	요소의 ElementType을 얻는다.
insertText(offset, text)	Text	텍스트의 문자 위치 offset에 문자열 text를 삽입한다.
isBold([offset])	Boolean	텍스트 굵게 설정을 판정한다.
isItalic([offset])	Boolean	텍스트 기울임 설정을 판정한다.
isStrikethrough([offset])	Boolean	텍스트 취소선 설정을 판정한다.
isUnderline([offset])	Boolean	텍스트 밑줄 설정을 판정한다.
merge()	Text	이전 텍스트 요소와 병합한다.
removeFromParent()	Text	요소를 삭제한다.
replaceText(searchPattern, replacement)	Element	searchPattern 패턴으로 찾아서 일치한 문자열을 replacement로 바꾼다.
setBackgroundColor([startOffset, endOffsetInclusive,]color)	Text	텍스트에 배경 색상을 설정한다.
setBold[startOffset, endOffsetInclusive,]bold)	Text	텍스트에 굵게를 설정한다.
setFontFamily([startOffset, endOffsetInclusive,] fontFamilyName)	Text	텍스트에 글꼴 종류를 설정한다.
setFontSize([startOffset, endOffsetInclusive,]size)	Text	텍스트에 글꼴 크기를 설정한다.
setForegroundColor([startOffset, endOffsetInclusive,]color)	Text	텍스트에 문자열을 설정한다.
setItalic([startOffset, endOffsetInclusive,]italic)	Text	텍스트에 기울기를 설정한다.
setLinkUrl([startOffset, endOffsetInclusive,]url)	Text	텍스트에 링크 URL을 설정한다.
setStrikethrough([startOffset, endOffsetInclusive,] strikethrough)	Text	텍스트에 취소선을 설정한다.
setText(text)	Text	텍스트의 내용을 문자열 text로 설정한다.

setTextAlignment([startOffset, endOffsetInclusive,] textAlignment)	Text	텍스트 정렬을 설정한다.
setUnderline([startOffset, endOffsetInclusive,]underline)	Text	텍스트에 밑줄을 설정한다.

예시로 [그림 12-9]의 문서에서 Text 객체의 다양한 정보를 얻는 스크립트를 [예제 12-9]에 구현했습니다. 그리고 editAsText 메서드는 Paragraph 객체와 Body 객체를 Text 객체로 다루는 메서드입니다.

그림 12-9 텍스트 정보를 얻을 문서

예제 12-9 텍스트 정보 얻기 [12-06.gs]

```
01  function myFunction12_06_01() {
02    const id = '********';
03    const paragraphs = DocumentApp.openById(id).getBody().getParagraphs();
04
05    let text = paragraphs[0].editAsText();
06    console.log(text.getText()); //텍스트 객체
07    console.log(text.getType().toString()); //PARAGRAPH
08    console.log(text.getParent().getType().toString()); //BODY_SECTION
```

```
09
10    text = paragraphs[1].editAsText();
11    console.log(text.getFontSize()); //24
12    console.log(text.getFontFamily()); //Meiryo
13
14    text = paragraphs[2].editAsText();
15    console.log(text.getBackgroundColor()); //#ffff00
16    console.log(text.getForegroundColor()); //#ff0000
17
18    text = paragraphs[3].editAsText();
19    console.log(text.getLinkUrl()); //http://hanbit.co.kr/
20
21    text = paragraphs[4].editAsText();
22    console.log(text.isBold()); //true
23    console.log(text.isItalic()); //null
24    console.log(text.isStrikethrough()); //null
25    console.log(text.isUnderline()); //true
26
27    text = paragraphs[5].editAsText();
28    console.log(text.getTextAlignment().toString()); //SUPERSCRIPT
29  }
```

글꼴 설정, 링크, 꾸미기 모두 기본 상태에서는 null을 반환합니다. 문자 위치 offset을 생략하면 Text 객체 전체를 평가한 뒤 여러 설정이 함께 존재하면 null 을 반환합니다.

텍스트 서식 설정하기

Text 클래스에서는 텍스트 글꼴이나 링크 URL 등의 서식을 설정하는 멤버를 다양하게 제공합니다. 예시로 [그림 12-10]의 문서에 대해 텍스트 서식을 설정하는 경우를 확인해봅니다.

그림 12-10 텍스트 서식 설정 문서

위 문서의 각 텍스트에 대해 서식을 설정하는 스크립트를 [예제 12-10]에 구현했습니다. 이 스크립트를 실행하면 [그림 12-11]과 같은 결과를 얻을 수 있습니다.

예제 12-10 텍스트 서식 설정 [12-06.gs]

```
01  function myFunction12_06_02() {
02    const id = '********';
03    const paragraphs = DocumentApp.openById(id).getBody().getParagraphs();
04
05    paragraphs[0].editAsText().setFontSize(20);          글꼴 크기를 20으로 설정
06
07    paragraphs[1].editAsText()
08      .setBackgroundColor('#FF8C00')                      텍스트 색상과 배경색 설정
09      .setForegroundColor('#FFFAFA');
10
11    paragraphs[2].editAsText()
12      .setBold(0, 3, true)
13      .setItalic(4, 8, true)                              각 문자 범위에 대해 문자 꾸밈 설정
14      .setStrikethrough(9, 13, true)
15      .setUnderline(14, 20, true);
16                                                          링크 URL 설정
17    paragraphs[3].editAsText().setLinkUrl('https://hanbit.co.kr/');
18  }
```

그림 12-11 텍스트 서식 설정 후의 문서

문자열 범위를 지정하지 않으면 Text 객체 전체가 서식 설정 대상이 됨

서식을 설정하는 각 메서드의 문자 범위는 맨 처음 위치를 0으로 설정합니다. 문자 범위 설정은 생략할 수 있으며 생략하면 Text 객체 전체가 대상이 됩니다. 그리고 이 메서드의 반환값은 Text 객체 자체이므로 연속해서 설정할 수 있습니다.

12.7 문자열 수정과 서식 설정

문자열 편집

Document 서비스를 이용한 문자열 편집은 Body 객체, Paragraph 객체, Text 객체 등에 각각 수행할 수 있으며, 메서드 종류가 매우 많아 혼란스러울 수 있습니다. 문자열 추가, 삽입, 삭제 방법은 다음과 같이 정리할 수 있습니다.

- setText 메서드를 이용해 요소 안의 문자열 전체를 설정한다.
- append~ 메서드, insert~ 메서드를 이용해 문자열 또는 문자열을 포함하는 새로운 요소를 추가, 삽입한다.
- removeFromParent 메서드(또는 removeChild 메서드)를 이용해 요소 자체를 삭제한다.
- deleteText 메서드를 이용한 문자열을 삭제한다.

이 메서드를 사용할 수 있는 객체의 관계를 표로 나타내면 [표 12-9]와 같습니다.

표 12-9 문자열 편집 관련 메서드와 객체

메서드	Body / HeaderSection FooterSection	Paragraph ListItem	Text
setText	○	○	○
appendParagraph appendListItem InsertParagraph InsertListItem	○		
appendText InsertText		○	○
removeFromParent		○	○
deleteText			○

본문 끝에 문자열을 순서대로 추가할 때는 Body 객체에 appendText 메서드를 사용하면 간단합니다. 그리고 문서가 모두 일반 텍스트로 되어 있다면 전체 문자열을 getText 메서드로 얻어 문자열로 변경한 뒤 setText로 설정을 변경할 수도 있습니다. 예시로 [그림 12-12] 문서에 [예제 12-11]을 실행하는 경우를 봅시다. 문서의 {사명}, {직책}, {이름}의 내용을 바꾸고 단락을 추가하는 내용입니다. 예제를 실행하면 [그림 12-13]의 결과를 얻을 수 있습니다.

그림 12-12 바꾸기 전의 문서

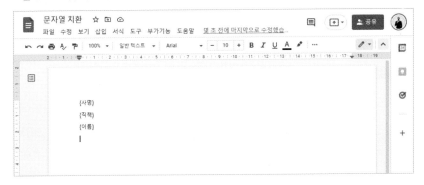

예제 12-11 문서의 문자열 바꾸기 [12-07.gs]

```
01  function myFunction12_07_01() {
02    const id = '********';
03    const body = DocumentApp.openById(id).getBody();
04
05    let str = body.getText();                        ─── 바디 전체 문자열을 얻는다.
06    str = str.replace('{사명}', '주식회사 ○○○');
07    str = str.replace('{직책}', '대표이사');         ─── 지정한 문자열을 바꾼다.
08    str = str.replace('{이름}', '○○○');
09                                                     ─── 바디 전체 문자열을 설정한다.
10    body.setText(str);
11    body.appendParagraph('처음 뵙겠습니다.');         ─── 바디에 단락을 추가한다.
12  }
```

그림 12-13 바꾼 후의 문서

문자열 서식 설정하기

글꼴이나 링크 URL 삽입 등 문자열의 서식은 Text 객체에 대해서만 설정할 수 있습니다. 그러나 문서 전체나 단락 전체에 대해 서식을 설정하고 싶을 때가 있습니다. 이때는 Body 객체나 Paragraph 객체를 Text 객체로 얻는 **editAsText 메서드**가 편리합니다. 사용 구문은 다음과 같습니다.

구문

```
Body 객체.editAsText()
Paragraph 객체.editAsText()
```

editAsText 메서드는 다른 섹션의 클래스나 ListItem 클래스에서도 멤버로 제공됩니다. editAsTest 메서드 사용 예로 [그림 12-13] 문서에 서식을 설정해봅니다. [예제 12-12]를 실행하면 [그림 12-14]와 같이 바디 전체 및 단락 전체에 서식을 설정할 수 있습니다.

예제 12-12 바디 및 단락에 서식을 설정 [12-07.gs]

```
01  function myFunction12_07_02() {
02    const id = '********';
```

```
03     const body = DocumentApp.openById(id).getBody();
04     body.editAsText().setFontFamily('Batang');     ──── 바디 전체의 글꼴을
                                                            '바탕'으로 변경한다.
05
06     const paragraph = body.getParagraphs()[0];
07     paragraph.editAsText().setFontSize(16);     ──── 단락의 글꼴 크기를 16으로 변경한다.
08   }
```

그림 12-14 바디와 단락에 서식을 설정한 문서

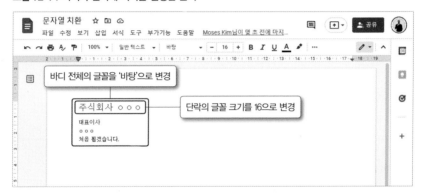

> 💡 **NOTE**
>
> setFontFamily 메서드에서는 글꼴 종류를 문자열로 지정해야 합니다. 이전에는 Enum Font Family를 이용해 지정할 수 있었으나 현재는 지원이 종료되었으므로 권장하지 않습니다. 원하는 글꼴 종류를 나타내는 문자열을 알기 위해서는 실제 문서에서 getFontFamily 메서드로 글꼴을 얻어야 할 수 있습니다.

문자열 바꾸기

문서 전체가 일반 텍스트일 때는 앞 절에서 설명한 방법으로 특정 문자열을 바꿀수 있지만 리스트, 표, 이미지 등 일반 텍스트 이외의 요소가 포함되어 있으면 해당 요소들은 누락됩니다. 이때는 replaceText 메서드를 사용할 수 있습니다. 사용구문은 다음과 같습니다.

구문

```
Body 객체.replaceText(정규 표현, 바꾼 후의 문자열)
Paragraph 객체.replaceText(정규 표현, 바꾼 후의 문자열)
```

단, 여기에서 지정한 정규 표현은 자바스크립트의 정규 표현 객체가 아니라 구글의 RE2 정규 표현 라이브러리에 따르는 것을 문자열로 지정하는 점에 주의 바랍니다.

> 💡 NOTE
>
> 그렇다 하더라도 정규 표현의 구조는 거의 비슷합니다. 구글의 RE2 정규 표현 라이브러리에 관해서는 다음 URL을 참고하기 바랍니다.
>
> https://github.com/google/re2/wiki/Syntax

그리고 replaceText 메서드는 다른 섹션의 클래스나 ListItem 클래스 및 Text 클래스에서도 멤버로 제공됩니다. 그럼 사용 예시를 확인해봅니다. [그림 12-15] 문서에 [예제 12-13]의 스크립트를 실행해봅니다.

그림 12-15 문자열 바꾸기 전의 문서

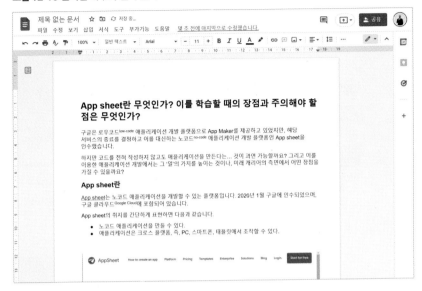

예제 12-13 바디의 문자열 바꾸기 [12-08.gs]

```
01  function myFunction12_08_01() {
02    const id = '*********';
03    const body = DocumentApp.openById(id).getBody();
04
05    body.replaceText('App sheet', 'AppSheet');
06  }
```

> App sheet라는 키워드를
> AppSheet로 바꾼다.

예제를 실행하면 [그림 12-16]과 같이 바디 안의 App sheet 문자열이 AppSheet
로 바뀝니다.

그림 12-16 바디의 문자열 바꾸기

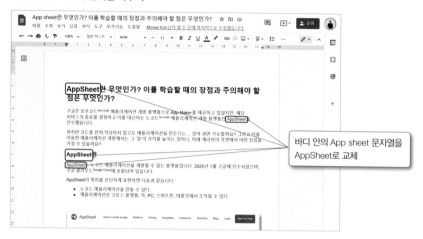

텍스트 찾기

문서 안의 키워드를 찾아서 해당 범위에만 서식을 설정하고 싶을 때는 `findText` 메서드를 사용합니다. 사용 구문은 다음과 같습니다.

구문

```
Body 객체.findText(정규 표현[, from])
Paragraph 객체.findeText(정규 표현[, from])
```

`from` 인수는 `RangeElement 객체`라는 객체를 지정합니다. `RangeElement` 객체는 주로 검색에서 사용하는 객체로 요소와 그 요소 안의 시작 위치 및 종료 위치의 데이터를 가집니다. `Document` 서비스에서는 `RangeElement` 객체를 조작하기 위한 `RangeElement 클래스`를 제공하고 있으며 그 주요 멤버는 [표 12-10]과 같습니다.

표 12-10 RangeElement 클래스의 주요 멤버

멤버	반환값	설명
getElement()	Element	RangeElement 객체에 대응하는 요소를 얻는다.
getEndOffsetInclusive()	Integer	RangeElement 안의 종료 위치를 얻는다.
getStartOffset()	Integer	RangeElement 안의 시작 위치를 얻는다.

findText 메서드를 실행하면 from 이후 처음으로 정규 표현에 매치되는 키워드가 포함된 요소와 그 시작 위치 및 종료 위치를 RangeElement 객체로 얻습니다. 매치한 키워드를 조작할 때는 반환값인 RangeElement 객체에서 요소를 얻어 해당 범위를 조작합니다. RangeElement 객체에서 요소를 꺼낼 때는 getElement 메서드를 사용합니다. 하지만 메서드를 이용해 얻을 수 있는 것은 Element 객체라 불리는 문서 안의 모든 요소를 나타내는 객체이므로 Text 객체로 얻을 때는 asText 메서드를 사용합니다. 각 메서드의 사용 구문은 다음과 같습니다.

구문

```
RangeElement 객체.getElement()
```

구문

```
Element 객체.asText()
```

그리고 RangeElement 객체 안의 매치한 키워드의 시작 위치, 종료 위치를 얻을 때는 getStartOffset 메서드, getEndOffsetInclusive 메서드를 사용합니다.

구문

```
RangeElement 객체.getStartOffset()
```

구문

```
RangeElement 객체.getEndOffsetInclusive()
```

findText 메서드 사용 예시로 [예제 12-14]를 확인해봅니다. 문서의 바디 안에서 AppSheet라는 키워드를 찾아서 밑줄을 긋습니다. 예제를 실행하면 [그림 12-17]과 같이 AppSheet에 밑줄이 그어집니다.

예제 12-14 찾은 키워드에 밑줄 긋기 [12-08.gs]

```
01  function myFunction12_08_02() {
02    const id = '********';
03    const body = DocumentApp.openById(id).getBody();
04
05    let result = null;
06    while (result = body.findText('AppSheet', result)) {
07      const text = result.getElement().asText();
08      text.setUnderline(result.getStartOffset(), result.
getEndOffsetInclusive(), true);
09    }
10  }
```

> findTexs로 찾은 결과를 result로 얻고 result가 null이 아닌 동안 반복한다.

> 처음 찾기 시작할 RangeElement 객체로 null을 지정한다.

> RangeElement 객체의 요소를 Text 객체로 얻는다.

> text 안의 매치한 범위에 밑줄을 긋는다.

그림 12-17 찾은 키워드에 밑줄을 그은 문서

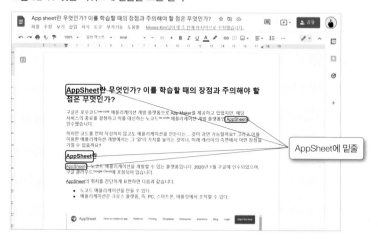

findText 메서드에서는 두 번째 인수에 지정한 RangeElement 객체의 시작 위치

바로 다음의 찾은 결과만 반환합니다. 따라서 전체를 찾을 때는 while문 등의 반복 구문과 조합해서 사용해야 합니다. 이때, 찾은 결과 자체를 while문의 조건식으로 사용하면 결과가 없을 때까지(찾기 결과가 null이 될 때까지) 찾기를 반복할 수 있습니다.

> 💡 **NOTE**
>
> 자바스크립트 RegExp 객체의 exec 메서드와 사용 방법이 유사하므로 잘 확인합니다.

이번 장에서는 GAS에서 구글 문서를 조작하는 Document 서비스와 그 주요 클래스 및 멤버에 관해 설명했습니다. '문서'의 구조와 조작 방법은 매우 복잡하며 공식 문서를 이해하는 것만으로도 상당한 노력이 필요합니다. 그러나 이번 장에서 설명한 문서, 섹션, 단락이라는 문서 구조 그리고 Paragraph 객체나 Text 객체와 같이 착각하기 쉬운 객체를 올바르게 이해함으로써 이후 학습 효율을 크게 향상시킬 수 있을 것입니다.

다음 장에서는 구글 프레젠테이션의 Slides 서비스를 조작하는 방법을 소개합니다. 프레젠테이션 작성이나 변경과 같은 작업을 자동화할 수 있으니 반드시 마스터하기 바랍니다.

Chapter

13

프레젠테이션

13.1 Slides 서비스

Slides 서비스

Slides 서비스는 GAS로 구글 프레젠테이션을 조작하는 기능을 제공하는 서비스입니다. Slides 서비스를 사용하면 프레젠테이션 슬라이드 추가나 삽입, 도형이나 이미지 삽입 및 가공, 텍스트 박스 안의 텍스트 편집이나 바꾸기 등 다양한 조작을 할 수 있습니다.

이번 장에서는 Slides 서비스 중 [표 13-1]에 나타낸 클래스들에 관해 설명합니다. 이 외에도 마스터를 다루는 Master 클래스, 레이아웃을 다루는 Layout 클래스, 표를 다루는 Table 클래스, 그룹을 다루는 SheetsChat 클래스, 텍스트 스타일을 다루는 TextStyle 클래스 등 매우 다양한 클래스가 제공됩니다.

표 13-1 Slides 서비스의 주요 클래스

클래스	설명
SlidesApp	Slides 서비스의 톱 레벨 객체
Presentation	프레젠테이션 조작 기능을 제공한다.
Page	페이지 조작 기능을 제공한다.
Slide	슬라이드 조작 기능을 제공한다.
PageElement	페이지 요소 조작 기능을 제공한다.
Shpae	셰이프 조작 기능을 제공한다.
Image	이미지 조작 기능을 제공한다.
TextRange	텍스트 범위 조작 기능을 제공한다.

구글 프레젠테이션 구조

구글 프레젠테이션의 구성 요소는 스프레드시트 등에 비해 매우 복잡하며 깊이가 깊습니다. 주요 요소는 다음과 같은 네 개의 계층입니다.

- SlidesApp
- 프레젠테이션
- 페이지: 슬라이드, 레이아웃, 마스터, 발표자 노트 등
- 페이지 요소: 셰이프, 이미지, 동영상, 그래프, 표, 워드 아트, 선 등

SlidedApp은 Slides 서비스의 톱 레벨 객체이며 **프레젠테이션**을 하위에 둡니다. 프레젠테이션은 그 아래에 페이지를 둡니다. 페이지 종류는 몇 가지가 있으며 그 중심은 슬라이드입니다. 그 외에도 마스터, 레이아웃, 발표자 노트 또한 페이지의 한 종류로 같은 계층으로 분류됩니다. 각각을 다루기 위한 개별 클래스가 제공되며 공통 특성을 나타내는 클래스로 Page라는 클래스도 제공합니다.

페이지에는 셰이프(도형, 텍스트 박스 등), 이미지, 동영상, 그래프, 표, 워드 아트, 선 등 다양한 요소를 배치할 수 있으며 이들을 **페이지 요소**라 부릅니다. 페이지 요소의 공통 특성을 나타내는 클래스로 PageElement 클래스가 있고 개별 요소를 나타내는 클래스도 제공됩니다.

페이지 요소는 그 종류에 따라 더 많은 하위 클래스를 가집니다. 예를 들어 셰이프는 텍스트 범위나 칠하기, 테두리 등을 나타내는 클래스를 가집니다. 또한 텍스트 범위를 나타내는 TextRange 클래스는 그 아래 단락을 나타내는 클래스나 텍스트 스타일을 나타내는 클래스를 가집니다. 이 주요 요소들의 위치 관계는 [그림 13-1]과 같습니다.

그림 13-1 Slides 서비스 클래스의 계층 구조

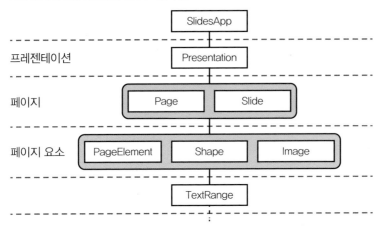

이처럼 Slides 서비스는 다른 서비스보다 구조가 깊습니다. 페이지, 페이지 요소 등 같은 계층에 있는 클래스에는 같은 메서드도 존재하므로 먼저 상위 네 개 계층을 잘 이해하고 마스터하도록 합니다.

실제 구글 프레젠테이션 화면에서 각 클래스의 위치 관계를 [그림 13-2]에 나타냈습니다. 비교하면서 확인해보기 바랍니다.

그림 13-2 구글 프레젠테이션 화면과 Slides 서비스의 클래스

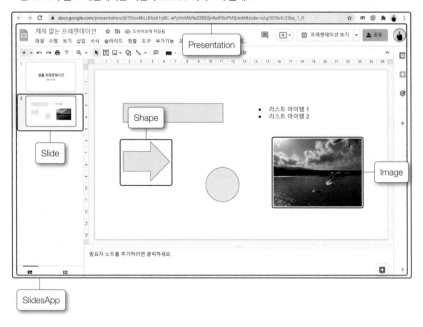

SlidesApp 클래스

`SlidesApp` 클래스는 `Slides` 서비스의 최상위에 위치한 톱 레벨 객체입니다. [표 13-2]와 같이 주로 프레젠테이션을 얻고 작성하는 역할을 합니다.

표 13-2 SlidesApp 클래스의 주요 멤버

멤버	반환값	설명
create(name)	Presentation	name이라는 새로운 프레젠테이션을 작성한다.
getActivePresentation()	Presentation	활성화된 프레젠테이션을 얻는다.
getUi()	Ui	프레젠테이션의 Ui 객체를 얻는다.
openById(id)	Presentation	지정한 id의 프레젠테이션을 연다.
openByUrl(url)	Presentation	지정한 url의 프레젠테이션을 닫는다.

프레젠테이션 얻기

프레젠테이션은 다음과 같이 세 가지 방법으로 얻을 수 있습니다.

- 활성화된 프레젠테이션을 얻는다.
- ID를 이용해 프레젠테이션을 얻는다.
- URL을 이용해 프레젠테이션을 얻는다.

구글 프레젠테이션은 스프레드시트나 문서와 마찬가지로 [그림 13-3]의 메뉴에서 [도구] → [스크립트 편집기]를 선택해 컨테이너 바운드 스크립트를 만들 수 있습니다.

그림 13-3 프레젠테이션에서 컨테이너 바운드 스크립트 열기

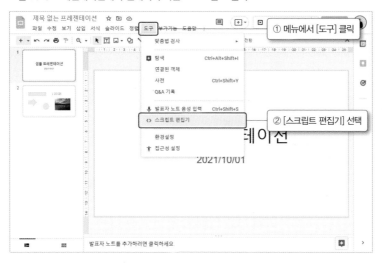

컨테이너 바운드 스크립트를 이용하면 다음 getActivePresentation 메서드를 이용해 컨테이너인 프레젠테이션을 얻을 수 있습니다.

구문

```
SlidesApp.getActivePresentation()
```

구글 프레젠테이션의 프레젠테이션은 ID 또는 URL을 이용해 얻을 수도 있습니다. 각각 다음의 openById 메서드, openByUrl 메서드를 이용합니다

구문

```
SlideApp.openById(ID)
```

구문

```
SlideApp.openByUrl(URL)
```

프레젠테이션 고유 ID도 해당 URL에서 얻을 수 있습니다. 다음 {프레젠테이션_ID} 부분이 프레젠테이션의 ID입니다.

https://docs.google.com/presentation/d/{프레젠테이션_ID}/edit#slide=id.{슬라이드_ID}

프레젠테이션 URL에는 현재 열려 있는 슬라이드의 ID도 포함되어 있으며 위 URL의 {슬라이드_ID} 부분이 이에 해당합니다.

그림 13-4 프레젠테이션의 URL과 ID

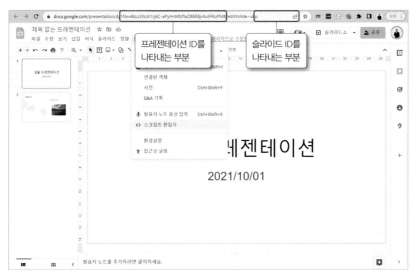

프레젠테이션을 얻는 예시를 확인해봅니다. [예제 13-1]의 스크립트를 프레젠테이션의 컨테이너 바운드로 작성합니다. 또한 URL이나 ID는 여러분의 환경에 맞춰서 입력합니다. getName 메서드는 프레젠테이션 이름을 얻는 메서드입니다. 실행하면 각 메서드에서 얻은 프레젠테이션 이름이 로그에 출력됩니다.

예제 13-1 프레젠테이션 얻기 [13–02.gs]

```
01  function myFunction13_02_01() {
02    const activePresentation = SlidesApp.getActivePresentation();
03    console.log(activePresentation.getName()); //프레젠테이션 이름
04
05    const url = 'https://docs.google.com/presentation/d/*******/edit#'; //URL
06    const presentationByUrl = SlidesApp.openByUrl(url);
07    console.log(presentationByUrl.getName()); //프레젠테이션 이름
08
09    const id = '********'; //프레젠테이션 ID
10    const presentationById = SlidesApp.openById(id);
11    console.log(presentationById.getName()); //프레젠테이션 이름
12  }
```

Presentation 클래스

`Presentation` 클래스는 프레젠테이션을 조작하는 기능을 제공하는 클래스입니다. [표 13-3]에 주요 멤버를 정리했습니다. 주로 프레젠테이션 정보를 얻는 메서드, 프레젠테이션 하위 슬라이드를 얻거나 추가 및 삽입하는 메서드 등으로 구성되어 있습니다.

표 13-3 Presentation 클래스의 주요 멤버

멤버	반환값	설명
appendSlide([predefinedLayout])	Slide	프레젠테이션에 슬라이드를 추가한다.
getId()	String	프레젠테이션 ID를 얻는다.
getName()	String	프레젠테이션 이름을 얻는다.
getPageElementById(id)	PageElement	프레젠테이션에서 지정한 id의 페이지 요소를 얻는다.
getPageHeight()	Number	프레젠테이션 페이지의 높이를 포인트로 얻는다.
getPageWidth()	Number	프레젠테이션 페이지의 폭을 포인트로 얻는다.
getSlideById(id)	Slide	프레젠테이션에서 지정한 객체 ID의 슬라이드를 얻는다.
getSlides()	Slide[]	프레젠테이션에 포함된 모든 슬라이드를 얻는다.
getUrl()	String	프레젠테이션의 URL을 얻는다.
insertSlide(insertionIndex[, predefinedLayout])	Slide	프레젠테이션에 슬라이드를 삽입한다.
replaceAllText(findText, replaceText[, matchCase])	Integer	프레젠테이션 안의 문자열 findText를 replacement로 바꾼다.
saveAndClose()	void	프레젠테이션을 저장한다.
setName(name)	void	프레젠테이션 이름을 설정한다.

프레젠테이션의 정보를 얻는 [예제 13-2]를 실행하고 출력되는 내용을 확인해봅시다.

예제 13-2 프레젠테이션 정보 얻기 [13-03.gs]

```
01  function myFunction13_03_01() {
02    const id = '********';
03    const presentation = SlidesApp.openById(id);
04
05    console.log(presentation.getName()); //프레젠테이션 이름
06    console.log(presentation.getId()); //프레젠테이션 ID
07    console.log(presentation.getUrl()); //프레젠테이션 URL
08
09    console.log(presentation.getPageHeight()); //540
10    console.log(presentation.getPageWidth()); //960
11  }
```

슬라이드 얻기

프레젠테이션에서 슬라이드는 다음 두 가지 방법으로 얻을 수 있습니다.

- 슬라이드 ID를 이용해 슬라이드를 얻는다.
- 슬라이드 배열을 얻는다.

슬라이드 ID를 이용해 슬라이드를 얻을 때는 **getSlideById 메서드**를 사용합니다.

Presentaion 객체.getSlideById(슬라이드 ID)

슬라이드 ID는 프레젠테이션 안의 슬라이드에 고유하게 부여되는 ID이며 앞에서 설명한 것처럼 프레젠테이션 URL의 마지막 부분 'slide=id.{슬라이드 ID}'에서 얻을 수 있습니다. 그리고 Slide 객체의 getObjectId 메서드로도 얻을 수 있습니다. 프레젠테이션의 모든 슬라이드를 배열로 얻을 때는 **getSlides 메서드**를 사용합니다.

구문

Presentation 객체.getSlides()

배열에는 인덱스 0의 요소로 첫 번째 페이지의 슬라이드가 저장되며 이후 순서대로 저장됩니다. 예시로 [그림 13-5]의 프레젠테이션에서 슬라이드를 얻어봅니다.

그림 13-5 슬라이드를 얻을 프레젠테이션

[예제 13-3]을 실행해 getSlides 메서드, getSlideById 메서드의 동작을 확인해봅니다. 프레젠테이션 ID 및 슬라이드 ID는 여러분의 프레젠테이션 URL에서 얻은 것을 사용하기 바랍니다.

예제 13-3 슬라이드 얻기 [13–03.gs]

```
01  function myFunction13_03_02() {
02    const id = '********'; //프레젠테이션 ID
03    const presentation = SlidesApp.openById(id);
04
05    const slides = presentation.getSlides();
06    console.log(slides.length); //2
07
08    const slideId = '********'; //슬라이드 ID
09    const slide = presentation.getSlideById(slideId);
10    console.log(slide.getObjectId()); //슬라이드 ID
11  }
```

슬라이드 추가, 삽입하기

프레젠테이션 끝에 새로운 슬라이드를 추가할 때는 다음과 같이 appendSlide 메서드를 이용합니다.

구문

Presentation 객체.appendSlide([레이아웃])

레이아웃으로 [표 13–4]에 나타낸 Enum PredefinedLayout 중 하나의 멤버를 지정하면 그 레이아웃을 기반으로 한 슬라이드를 추가합니다. 단, 이들이 마스터에 존재해야 하며 그렇지 않으면 에러가 발생합니다. 레이아웃을 생략한 경우에는 빈 슬라이드를 추가합니다.

표 13-4 Enum PredefinedLayout의 멤버

멤버	설명
BLANK	공백
CAPTION_ONLY	설명
TITLE	제목
TITLE_AND_BODY	제목과 본문
TITLE_AND_TWO_COLUMNS	제목 있는 2열
TITLE_ONLY	제목만
SECTION_HEADER	섹션 머리글
SECTION_TITLE_AND_DESCRIPTION	섹션 제목과 설명
ONE_COLUMN_TEXT	1열 텍스트
MAIN_POINT	요점
BIG_NUMBER	숫자(큼)

프레젠테이션 임의의 위치에 슬라이드를 삽입할 때는 **insertSlide 메서드**를 사용합니다.

구문

```
Presentation 객체.insertSlide(인덱스[, 레이아웃])
```

인덱스는 첫 번째 페이지를 0으로 하는 정수이며 지정한 위치에 슬라이드를 삽입합니다. 레이아웃에 대해서는 **appendSlide** 메서드와 같습니다. 그럼 앞에서 설명한 [그림 13-5]의 프레젠테이션을 대상으로 이 메서드의 동작을 확인해봅니다. [예제 13-4]를 실행하면 [그림 13-6]과 같이 슬라이드를 추가 또는 삽입할 수 있습니다.

예제 13-4 슬라이드 추가, 삽입 [13-03.gs]

```
01  function myFunction13_03_03() {
02    const id = '*******';
03    const presentation = SlidesApp.openById(id);
```

```
04  |
05  |    presentation.appendSlide();─────────────────────    빈 슬라이드를 끝에 추가한다.
06  |    presentation.insertSlide(1, SlidesApp.PredefinedLayout.TITLE);─
07  | }
```
제목 슬라이드를 2페이지에 삽입한다.

그림 13-6 슬라이드를 추가, 삽입한 프레젠테이션

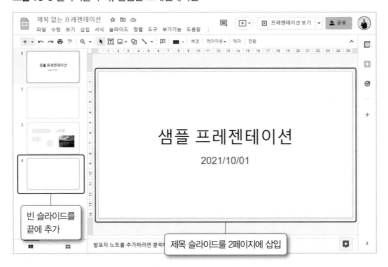

> **NOTE**
>
> appendSlide 메서드, insertSlide 메서드의 레이아웃을 나타내는 인수에는 Slide 객체나
> Layout 객체를 지정할 수 있습니다. 커스텀 레이아웃에서 새로운 페이지를 추가, 삽입할 때는
> Layout 객체를 인수로 지정합니다.

13.4 프레젠테이션 조작하기 - Slide 클래스

Slide 클래스

Slide 클래스는 문자 그대로 슬라이드를 조작하는 기능을 제공하는 클래스입니다. [표 13-5]와 같이 슬라이드의 정보를 얻거나 슬라이드 복제 및 삭제, 슬라이드에 페이지 요소를 삽입하는 등 다양한 메서드를 제공합니다.

표 13-5 Slide 클래스의 주요 멤버

멤버	반환값	설명
duplicate()	Slide	슬라이드를 복제한다.
getImages()	Image[]	슬라이드 안의 모든 이미지를 얻는다.
getObjectId()	String	슬라이드의 객체 ID를 얻는다.
getPageElementById(id)	PageElement	슬라이드에서 지정한 객체 ID의 페이지 요소를 얻는다.
getPageElements()	PageElement[]	슬라이드의 모든 페이지 요소를 얻는다.
getPageType()	PageType	슬라이드의 페이지 타입을 얻는다.
getShapes()	Shape[]	슬라이드의 모든 도형(셰이프)을 얻는다.
getSlideLinkingMode()	SlideLinking Mode	슬라이드의 연결 모드를 얻는다.
getSourcePresentationId()	String	슬라이드에 링크된 프레젠테이션 ID를 얻는다.
getSourceSlideObjectId()	String	슬라이드가 링크된 슬라이드의 객체 ID를 얻는다.
insertPageElement (pageElement)	PageElement	슬라이드에 페이지 요소를 삽입한다.
insertImage(image)	Image	슬라이드에 이미지를 삽입한다.
insertImage(imageUrl[, left, top, width, height])	Image	슬라이드에 지정한 URL의 이미지를 삽입한다.

insertShape(shape)	Shape	슬라이드에 셰이프를 삽입한다.
insertShape(shapeType[, left, top, width, height])	Shape	슬라이드에 지정한 셰이프 타입의 셰이프를 삽입한다.
insertTextBox(text[, left, top, width, height])	Shape	슬라이드에 텍스트 박스를 삽입한다.
move(index)	void	슬라이드를 이동한다.
refreshSlide()	void	슬라이드를 새로 고침한다.
remove()	void	슬라이드를 삭제한다.
replaceAllText(findText, replaceText[, matchCase])	Integer	슬라이드 안의 문자열 findText를 replaceText로 바꾼다.
selectAsCurrentPage()	void	슬라이드를 현재 페이지로 선택한다.
unlink()	void	슬라이드의 링크를 해제한다.

[예제 13-5]는 ID를 지정한 프레젠테이션 1페이지의 슬라이드 정보를 얻는 코드입니다. 예제를 실행해 결과를 확인해봅니다.

예제 13-5 슬라이드 정보 얻기 [13-04.gs]

```
01  function myFunction13_04_01() {
02    const id = '*******';
03    const presentation = SlidesApp.openById(id);
04    const slide = presentation.getSlides()[0];
05
06    console.log(slide.getObjectId()); //슬라이드의 객체 ID
07    console.log(slide.getPageType().toString()); //SLIDE
08    console.log(slide.getSlideLinkingMode().toString()); //NOT_LINKED
09    console.log(slide.getSourcePresentationId()); //null
10    console.log(slide.getSourceSlideObjectId()); //null
11  }
```

페이지 요소 얻기

슬라이드에는 도형이나 텍스트 박스 같은 셰이프, 이미지, 표나 그래프 등 다양한 페이지 요소가 배치됩니다. 이 페이지 요소들은 다음 두 가지 방법으로 얻을 수 있습니다.

- 페이지 요소의 배열을 얻는다.
- 객체의 ID로 페이지 요소를 얻는다.

먼저 페이지 요소를 배열로 얻는 방법입니다. 페이지 요소의 종류에 관계없이 모든 페이지 요소를 얻을 때는 **getPageElements 메서드**를 사용합니다.

구문

```
Slide 객체.getPageElements()
```

특정한 종류의 페이지 요소만 얻는 메서드도 제공하고 있으며 셰이프만 얻을 때는 **getShapes 메서드**, 이미지만 얻을 때는 **getImages 메서드**를 사용합니다.

구문

```
Slide 객체.getShapes()
```

구문

```
Slide 객체.getImages()
```

> 💡 NOTE
>
> 다른 종류의 페이지 요소만 얻는 메서드도 제공하므로 필요에 따라 공식 문서 등을 확인하기 바랍니다. 페이지 요소의 종류에 관해서는 다음 절에서 설명합니다.

그림 이 메서드들의 동작을 확인해봅니다. 먼저 페이지 요소를 얻기 위해 위해 '제목'을 페이지 요소로 설정해봅니다. [그림 13-7]과 같이 페이지 요소에서 마우스 오른쪽 버튼을 클릭해 메뉴에서 [대체 텍스트]를 선택합니다.

그림 13-7 페이지 요소에 대체 텍스트를 설정

[그림 13-8]과 같이 [대체 텍스트] 다이얼로그가 열립니다. '제목'이라고 입력하고 [OK]를 클릭합니다. 마찬가지로 모든 페이지 요소에 식별하기 쉽게 제목을 붙입니다.

그림 13-8 [대체 텍스트] 다이얼로그

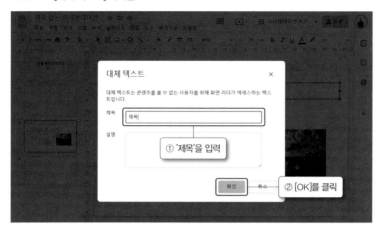

이제 [예제 13-6]을 실행해 페이지 요소, 셰이프, 이미지를 배열로 얻는지 확인해봅니다.

예제 13-6 페이지 요소, 셰이프, 이미지의 배열 얻기 [13-04.gs]

```
01  function myFunction13_04_02() {
02    const id = '********';
03    const presentation = SlidesApp.openById(id);
04    const slide = presentation.getSlides()[2];
05
06    const pageElements = slide.getPageElements();
07    for (const pageElement of pageElements) {
08      console.log(pageElement.getTitle(), pageElement.getPageElementType().
    toString());
09    }
10
11    console.log();
12
13    const shapes = slide.getShapes();
14    for (const shape of shapes) {
15      console.log(shape.getTitle(), shape.getShapeType().toString());
16    }
```

> 모든 페이지 요소를 얻고 제목과 페이지 요소 종류를 출력한다.

> 모든 셰이프를 얻고 제목과 셰이프 종류를 출력한다.

```
17
18      console.log();
19
20      const images = slide.getImages();
21      for (const image of images) {
22        console.log(image.getTitle());              모든 이미지를 얻고 제목을 출력한다.
23      }
24    }
```

실행 결과

```
IMAGE
SHAPE
SHAPE
SHAPE
SHAPE

제목 SHAPE
RECTANGLE
RIGHT_ARROW
ELLIPSE
TEXT_BOX

제목 TEXT_BOX
```

개별 페이지의 요소를 얻는 방법으로 **객체 ID**를 사용할 수 있습니다. 객체 ID는 페이지 요소에 부여되는 ID로, 프레젠테이션에서 고유하게 주어집니다. 따라서 페이지 요소의 객체 ID를 알면 어느 슬라이드에 있는지에 관계없이 얻을 수 있습니다. 이를 구현한 것이 Presentation 클래스의 `getPageElementById` 메서드입니다.

구문

Presentation 객체.getPageElementById(객체 ID)

페이지 요소 얻기 예시를 확인해봅니다. [예제 13-7]은 ID를 이용해 지정한 프레젠테이션의 세 번째 슬라이드에서 페이지 요소를 얻습니다.

예제 13-7 객체 ID를 이용해 페이지 요소 얻기 [13-04.gs]

```
01  function myFunction13_04_03() {
02    const id = '********';
03    const presentation = SlidesApp.openById(id);
04    const slide = presentation.getSlides()[2];
05
06    const pageElement = slide.getPageElements()[0];          슬라이드상 인덱스
07    const objectId = pageElement.getObjectId();              0 페이지 요소의
08    console.log(objectId); //객체 ID                          객체 ID를 얻는다.
09
10    const pageElementById = presentation.getPageElementById(objectId);
11    console.log(pageElementById.getTitle()); //제목           객체 ID를 이용해 페이지
12  }                                                          요소를 얻는다.
```

> 💡 **NOTE**
>
> getPageElements 메서드로 얻은 배열의 요소나 getPageElementById 메서드로 얻은 페이지 요소는 실제로 셰이프나 이미지라 하더라도 해당 시점에서는 PageElement 객체이며, Shape 객체나 Image 객체는 아닙니다. 따라서 Shape 클래스나 Image 클래스에서만 제공하는 메서드를 그대로 사용하면 존재하지 않는 메서드를 호출하므로 에러가 발생합니다. 이때는 asShape 메서드 등을 이용해 원하는 객체로 얻어야 합니다. 이 방법에 관해서는 다음 절에서 설명합니다.

페이지 요소 삽입하기

슬라이드에 페이지 요소를 삽입하는 몇 가지 메서드를 설명합니다. 먼저 슬라이드에 셰이프를 삽입할 때는 insertShape 메서드를 사용합니다.

Slide 객체.insertShape(셰이프 타입[, 왼쪽 위치, 위쪽 위치, 폭, 높이])

지정한 셰이프 타입의 셰이프를 삽입합니다. 왼쪽 위치, 위쪽 위치는 배치할 위치이며 폭, 높이는 삽입할 셰이프의 크기를 각각 포인트값으로 지정합니다. 이 인수를 생략하면 슬라이드 왼쪽 위 모서리를 기준으로 삽입됩니다. 셰이프 타입은 Enum ShapeType에서 제공되는 멤버 중에서 지정합니다.

> 💡 **NOTE**
>
> 셰이프 타입은 100개 이상입니다. 다음 공식 문서의 페이지를 참조하기 바랍니다.
> https://developers.google.com/apps-script/reference/slides/shape-type
> 그리고 insertShape 메서드는 인수로 Shape 객체를 전달할 수도 있습니다.

텍스트 박스의 셰이프를 삽입할 때는 전용 **insertTextBox 메서드**를 제공하므로 이를 사용하면 좋습니다. 지정한 문자열을 슬라이드에 삽입할 수 있습니다.

구문

Slide 객체.insertTextBox(문자열[, 왼쪽 위치, 위쪽 위치, 폭, 높이])

이미지를 슬라이드에 삽입할 때는 **insertImage 메서드**를 사용합니다. 지정한 URL의 이미지를 슬라이드에 삽입할 수 있습니다.

구문

Slide 객체.insertImage(이미지 URL[, 왼쪽 위치, 위쪽 위치, 폭, 높이])

이 메서드들을 이용해 슬라이드에 페이지 요소를 삽입해봅니다. [그림 13-9] 프
레젠테이션의 4페이지를 대상으로 [예제 13-8]을 실행해봅니다.

그림 13-9 페이지 요소를 삽입할 슬라이드

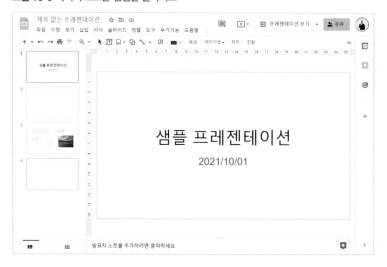

예제 13-8 페이지에 요소 삽입 [13-04.gs]

```
01   function myFunction13_04_04() {
02     const id = '********';
03     const presentation = SlidesApp.openById(id);
04     const slide = presentation.getSlides()[3];
05
06     slide.insertShape(SlidesApp.ShapeType.SMILEY_FACE);
07
08     const imageUrl = 'https://tonari-it.com/wp-content/uploads/sea.jpg';
```

> SMILEY_FACE 셰이프를
> 추가한다.

> 지정한 URL의 이미지를 삽입한다.

```
09    slide.insertImage(imageUrl, 200, 100, 320, 240);
10
11    slide.insertTextBox('Hello GAS!', 100, 350, 300, 100);
12  }
```

> 'Hello GAS!'를 문자열로 갖는
> 텍스트 박스를 삽입한다.

그림 13-10 페이지 요소를 삽입한 슬라이드

13.5 페이지 요소 조작하기

페이지 요소

페이지 요소는 앞에서 설명한 것처럼 세이프, 이미지, 표, 그래프 등 페이지에 배치하는 모든 요소를 말합니다. Shape 클래스, Image 클래스 등 각각 고유한 객체를 조작하는 클래스도 제공되며 그 종류에 관계없이 페이지 요소를 가리키는 PageElement 클래스도 있습니다. PageElement 클래스, Shape 클래스, Image 클래스의 주요 멤버를 [표 13-6]에 정리했습니다.

표 13-6 PageElement 클래스, Shape 클래스, Image 클래스의 주요 멤버

멤버	반환값	Page Element	Shape	Image	설명
alignOnPage (alignmentPosition)	PageElement/ Shape/Image	○	○	○	페이지 요소를 지정한 위치에 배치한다.
asImage()	Image	○			페이지 요소를 이미지로 반환한다.
asShape()	Shape	○			페이지 요소를 세이프로 반환한다.
bringForward()	PageElement/ Shape/ Image	○	○	○	페이지 요소를 앞으로 이동한다.
bringToFront()	PageElement/ Shape/ Image	○	○	○	페이지 요소를 맨앞으로 이동한다.
duplicate()	PageElement	○	○	○	페이지 요소를 복제한다.
getDescription()	String	○	○	○	페이지 요소의 설명을 얻는다.
getHeight()	Number	○	○	○	페이지 요소의 높이를 포인트로 얻는다.

getLeft( )	Number	○	○	○	페이지 요소의 왼쪽 위치를 포인트로 얻는다.
getObjectId( )	String	○	○	○	페이지 요소의 객체 ID를 얻는다.
getPageElement Type( )	PageElement Type	○	○	○	페이지 요소의 페이지 요소 타입을 얻는다.
getParentPage( )	Page	○	○	○	페이지 요소의 부모 페이지를 얻는다.
getRotation( )	Number	○	○	○	페이지 요소의 회전 각도를 얻는다.
getShapeType( )	ShapeType		○		셰이프의 셰이프 타입을 얻는다.
getSourceUrl( )	String			○	이미지의 URL을 얻는다.
getText( )	TextRange		○		셰이프의 텍스트 범위를 얻는다.
getTitle( )	String	○	○	○	페이지 요소의 제목을 얻는다.
getTop( )	Number	○	○	○	페이지 요소의 위쪽 위치를 포인트로 얻는다.
getWidth( )	Number	○	○	○	페이지 요소의 폭을 포인트로 얻는다.
remove( )	void	○	○	○	페이지 요소를 삭제한다.
scaleHeight(ratio)	PageElement/ Shape/ Image	○	○	○	페이지 요소의 높이를 확대/축소한다.
scaleWidth(ratio)	PageElement/ Shape/ Image	○	○	○	페이지 요소의 폭을 확대/축소한다.
select([replace])	void	○	○	○	페이지 요소를 선택한다.
sendBackward( )	PageElement/ Shape/ Image	○	○	○	페이지 요소를 뒤로 이동한다.

sendToBack()	PageElement/ Shape/ Image	○	○	○	페이지 요소를 맨뒤로 이동한다.
setDescription (description)	PageElement/ Shape/ Image	○	○	○	페이지 요소의 설명을 설정한다.
setHeight(height)	PageElement/ Shape/ Image	○	○	○	페이지 요소의 높이를 포인트로 설정한다.
setLeft(left)	PageElement/ Shape/ Image	○	○	○	페이지 요소의 왼쪽 위치를 포인트로 설정 한다.
setRotation(angle)	PageElement/ Shape/ Image	○	○	○	페이지 요소의 회전 각도를 설정한다.
setTitle(title)	PageElement/ Shape/ Image	○	○	○	페이지 요소의 제목을 설정한다.
setTop(top)	PageElement/ Shape/ Image	○	○	○	페이지 요소의 위쪽 위치를 포인트로 설정 한다.
setWidth(width)	PageElement/ Shape/ Image	○	○	○	페이지 요소의 폭을 포인트로 설정한다.

대부분의 메서드는 모든 객체에서 공통으로 사용할 수 있지만 일부 메서드는 개별 객체에서만 실행할 수 있습니다. 만약 현재 대상 객체가 PageElement 객체라면 asShape 메서드, asImage 메서드를 이용해 각각의 객체로 다시 얻는 과정을 거쳐야할 때도 있습니다.

구문

```
PageElement 객체.asShape()
```

구문

```
PageElement 객체.asImage()
```

[표 13-6]의 몇 가지 메서드를 사용해 페이지 요소의 정보를 얻어봅니다. [그림

13-10]의 페이지 요소를 대상으로 [예제 13-9]를 실행해봅니다.

그림 13-10 정보를 얻을 셰이프와 이미지

예제 13-9 페이지 요소의 정보 얻기 [13-05.gs]

```
01  function myFunction13_05_01() {
02    const id = '********';
03    const presentation = SlidesApp.openById(id);
04
05    const shape = presentation.getSlides()[2].getShapes()[5];
06
07    console.log(shape.getTitle()); //사각형
08    console.log(shape.getDescription()); //
09    console.log(shape.getObjectId()); //객체 ID
10
11    console.log(shape.getPageElementType().toString()); //SHAPE
12    console.log(shape.getShapeType().toString()); //RECTANGLE
13
14    console.log(shape.getLeft()); //왼쪽 위치
15    console.log(shape.getTop()); //위쪽 위치
```

```
16    console.log(shape.getWidth()); //폭
17    console.log(shape.getHeight()); //높이
18    console.log(shape.getRotation()); //회전 각도
19
20    const image = presentation.getSlides()[3].getImages()[0];
21
22    console.log(image.getPageElementType().toString()); //IMAGE
23    console.log(image.getObjectId()); //객체 ID
24    console.log(image.getSourceUrl()); //https://tonari-it.com/wp-content/
      uploads/sea.jpg
25  }
```

getShapes 메서드로 셰이프의 배열을 얻었습니다. 어떤 인덱스 요소가 어떤 셰이프인지는 그때마다 다르기 때문에 인덱스 5가 반드시 '사각형'이라 단정할 수 없다는 점에 주의 바랍니다.

getPageElementType 메서드는 페이지 요소의 종류를 얻는 메서드이며 반환값은 [표 13-7]의 Enum PageElementType 멤버입니다. 다시 한번 페이지 요소의 종류를 확인해둡니다.

표 13-7 Enum PageElementType의 멤버와 클래스

멤버	클래스	설명
SHAPE	Shape	셰이프
IMAGE	Image	이미지
VIDEO	Video	동영상
TABLE	Table	표
GROUP	Group	그룹
LINE	Line	선
WORD_ART	WordArt	워드 아트
SHEETS_CHARTS	SheetsChart	그래프

페이지 요소 조작하기

다음으로 페이지 요소 조작에 관해 확인해봅니다. [표 13-6]의 몇 가지 메서드를 사용해 페이지 요소 위치 변경, 확대 및 축소, 회전, 앞/뒤로 이동과 같은 조작을 해봅니다. [그림 13-10]의 셰이프와 이미지를 대상으로 [예제 13-10]을 실행해 봅니다. 각 객체 ID는 [예제 13-9]에서 출력된 로그에서 얻은 것을 사용합니다.

예제 13-10 페이지 요소 조작 [13-05.gs]

```
01  function myFunction13_05_02() {
02    const id = '********';
03    const presentation = SlidesApp.openById(id);
04
05    const shapeId = '********'; //셰이프의 객체 ID
06    const shape = presentation.getPageElementById(shapeId);
07
08    shape
09      .scaleHeight(2)
10      .scaleWidth(-0.8)
11      .setRotation(45)
12      .bringToFront();
13
14    const imageId = '********'; //이미지의 객체 ID
15    const image = presentation.getPageElementById(imageId)
16
17    image
18      .setLeft(0)
19      .setTop(0)
20      .setWidth(480)
21      .setHeight(360)
22      .sendToBack();
23  }
```

예제를 실행하면 [그림 13-11]과 같이 각 페이지 요소를 조작할 수 있습니다.

그림 13-11 조작한 셰이프와 이미지

13.6 텍스트 범위와 문자열 조작하기

텍스트 범위

GAS로 프레젠테이션 페이지의 문자열이나 서식을 조작하고 싶은 경우도 있을 것입니다. 구글 프레젠테이션에서는 페이지 문자열은 **텍스트 범위** 안에 포함되어 있으며, 이를 조작하는 기능은 **TextRange 클래스**로 제공합니다. TextRange 클래스는 단순히 문자열 얻기나 설정, 삭제뿐만 아니라 단락이나 목록 추가나 삽입, 부분 텍스트 범위 얻기, 문자열 서식을 나타내는 텍스트 스타일 얻기 등 다양한 기능을 제공합니다.

> 💡 **NOTE**
>
> TextRange 객체는 문자열과 범위 및 서식 설정 등을 가진 텍스트 범위를 의미합니다.

TextRange 클래스의 주요 멤버는 [표13-8]과 같습니다.

표13-8 TextRange 그래프의 주요 멤버

멤버	반환값	설명
appendParagraph(text)	Paragraph	텍스트 범위에 문자열 text를 단락으로 추가한다.
appendRange(textRange[, matchSourceFormatting])	TextRange	텍스트 범위에 텍스트 범위를 추가한다.
appendText(text)	TextRange	텍스트 범위에 문자열 text를 추가한다.
asString()	String	텍스트 범위를 문자열로 얻는다.
clear([startOffset, endOffset])	void	텍스트 범위를 초기화한다.

find(pattern[, startOffset])	TextRange[]	텍스트 범위 안에서 패턴에 일치하는 텍스트 범위를 배열로 얻는다.
getEndIndex()	Integer	텍스트 범위의 종료 인덱스를 얻는다.
getLength()	Integer	텍스트 범위의 문자 수를 얻는다.
getListParagraphs()	Paragraph[]	텍스트 범위 리스트 안의 단락을 배열로 반환한다.
getParagraphs()	Paragraph[]	텍스트 범위의 단락을 배열로 얻는다.
getRange(startOffset, endOffset)	TextRange	텍스트 범위의 부분 범위를 얻는다.
getRuns()	TextRange[]	텍스트 범위의 텍스트런(모든 문자가 같은 텍스트 스타일을 같는 범위)을 배열로 반환한다.
getStartIndex()	Integer	텍스트 범위의 시작 인덱스를 얻는다.
getTextStyle()	TextStyle	텍스트 범위의 텍스트 스타일을 얻는다.
insertParagraph(startOffset, text)	Paragraph	텍스트 범위에 문자열 text를 단락으로 삽입한다.
insertRange(startOffset, textRange[, matchSourceFormatting])	TextRange	텍스트 범위에 텍스트 범위를 삽입한다.
insertText(startOffset, text)	TextRange	텍스트 범위에 문자열 text를 삽입한다.
isEmpty()	Boolean	텍스트 범위가 비어 있는지 판정한다.
replaceAllText(findText, replaceText[, matchCase])	Integer	텍스트 범위 안의 문자열 findText를 replaceText로 바꾼다.
select()	void	텍스트 범위를 선택한다.
setText(newText)	TextRange	텍스트 범위에 문자열을 설정한다.

텍스트 범위는 세이프에 포함됩니다. 따라서 슬라이드의 텍스트 범위를 조작하려면 프레젠테이션 → 슬라이드 → 세이프 → 텍스트 범위 순으로 얻어야 합니다. 세이프에서 텍스트 범위를 얻을 때는 다음 **getText 메서드**를 사용합니다.

구문

```
Shape 객체.getText()
```

메서드명은 getText 메서드이지만 실제로는 Text 객체가 아닌 TextRange 객체를 반환합니다. 텍스트 범위에서 정보를 얻는 예시를 확인해봅시다. [그림 13-12]의 텍스트 박스를 대상으로 [예제 13-11]을 실행해봅니다.

그림 13-12 정보를 얻을 텍스트 범위

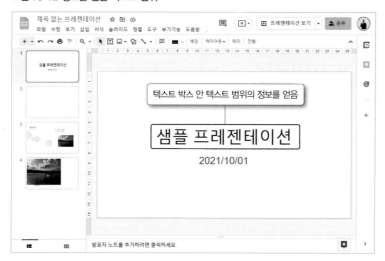

예제 13-11 텍스트 범위 정보 얻기 [13-06.gs]

```
01 function myFunction13_06_01() {
02   const id = '********';
03   const presentation = SlidesApp.openById(id);
04   const textRange = presentation.getSlides()[0].getShapes()[1].getText();
05
06   console.log(textRange.asString()); //샘플 프레젠테이션
07
08   console.log(textRange.getStartIndex()); //0
09   console.log(textRange.getEndIndex()); //14
10   console.log(textRange.getLength()); //14
11   console.log(textRange.isEmpty()); //false
12
13   console.log(textRange.getParagraphs().length); //1
```

> 텍스트 박스의 텍스트 범위를 얻는다.

```
14    console.log(textRange.getListParagraphs().length); //0
15    console.log(textRange.getRuns().length); //1
16  }
```

getShape 메서드로 얻은 셰이프 배열을 인덱스 1이 원하는 텍스트 박스라고 단정할 수는 없습니다. 포함한 문자열을 로그 등으로 출력해서 확인해야 합니다.

텍스트 범위의 범위와 인덱스

텍스트 범위는 **시작 인덱스**와 **종료 인덱스**로 범위를 나타냅니다. 각각 getStartIndex 메서드, getEndIndex 메서드로 얻을 수 있습니다.

구문

TextRange 객체.getStartIndex()

구문

TextRange 객체.getEndIndex()

그리고 **getRange 메서드**를 이용해 그 부분의 텍스트 범위를 TextRange 객체로 추출할 수 있습니다.

구문

TextRange 객체.getRange(시작 인덱스, 종료 인덱스)

예시로 [그림 13-12]의 텍스트 박스에 [예제 13-12]를 실행해봅니다.

예제 13-12 부분 텍스트 범위 얻기 [13-06.gs]

```
01  function myFunction13_06_02() {
02    const id = '********';
```

```
03      const presentation = SlidesApp.openById(id);
04      const textRange = presentation.getSlides()[0].getShapes()[1].getText();
05
06      console.log(textRange.asString()); //샘플 프레젠테이션
07
08      const subTextRange = textRange.getRange(4, 8);  ── 시작 인덱스 4, 종료 인덱스
                                                            8인 텍스트 범위를 얻는다.
09
10      console.log(subTextRange.asString()); //프레젠
11      console.log(subTextRange.getStartIndex()); //4
12      console.log(subTextRange.getEndIndex()); //8
13      console.log(subTextRange.getLength()); //4
14    }
```

셰이프 안 임의의 부분 문자열 내용을 편집하거나 서식을 설정할 때는 이 예시와
같이 getRange 메서드 등을 이용해 대상 부분 텍스트 범위를 TextRange 객체로
얻는 것이 한 방법입니다.

> **💡 NOTE**
>
> 부분 텍스트 범위는 다음 방법으로도 얻을 수 있습니다.
>
> - find 메서드를 이용해 일정한 패턴을 갖는 텍스트 범위의 배열을 얻는다.
> - getRuns 메서드를 이용해 텍스트런(같은 텍스트 스타일을 가진 부분을 동일한 텍스트 범위로
>   함) 배열을 얻는다.
> - getParagraphs 메서드나 getListParagraphs 메서드로 단락의 배열을 얻고 각 단락에서
>   getRange 메서드로 텍스트 범위를 얻는다.

TextRange 객체는 얻기까지의 단계가 깊고 다양한 기능을 제공하는 만큼 쉽게 사
용할 수 있다고 하기는 어렵습니다. 템플릿 등 구글 프레젠테이션 본래의 기능과
잘 구분해서 현명하게 사용하기 바랍니다.

프레젠테이션의 문자열 바꾸기

특정한 문자열만 찾아서 바꾸고 싶다면 replaceAllText 메서드를 사용하면 편리합니다. replaceAllText 메서드는 프레젠테이션, 슬라이드 또는 텍스트 범위 안의 특정한 문자열을 바꾸는 메서드입니다.

구문

```
Presentation 객체.replaceAllText(찾을 문자열, 바꿀 문자열[, 매치 케이스])
Slide 객체.replaceAllText(찾을 문자열, 바꿀 문자열[, 매치 케이스])
TextRange 객체.replaceAllText(찾을 문자열, 바꿀 문자열[, 매치 케이스])
```

대상 객체 안의 모든 문자열을 찾아서 찾은 문자열을 바꿀 문자열로 바꿉니다. 매치 케이스(대소문자 구별)의 기본값은 false이며 true로 지정하면 대소문자를 구별해서 찾습니다. 예시로 [그림 13-13]의 프레젠테이션 문자열을 바꾸어봅니다. 바꾸기 전 텍스트에는 '{제목}', '{날짜}'와 같이 중괄호로 감싸 해당 부분을 표시해 둡니다. 그림 [예제 13-13]을 실행해봅니다.

그림 13-13 문자열을 바꿀 프레젠테이션

예제 13-13 프레젠테이션 문자열 바꾸기 [13-06.gs]

```
01  function myFunction13_06_03() {
02    const id = '********';
03    const presentation = SlidesApp.openById(id);
04
05    presentation.replaceAllText('{제목}', '샘플 프레젠테이션');
06    presentation.replaceAllText('{날짜}', '2021/10/01');
07  }
```

실행한 결과는 [그림 13-14]와 같습니다. 이렇게 매우 간단한 코드로 문자열을 바꿀 수 있으므로 꼭 활용해보기 바랍니다.

그림 13-14 문자열을 바꾼 프레젠테이션

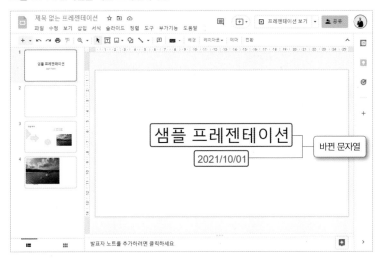

이번 장에서는 GAS로 구글 프레젠테이션을 조작하는 Slides 서비스와 주요 클래스에 관해 설명했습니다. 지금까지 설명한 것처럼 프레젠테이션은 상당히 복잡한 구조여서 무턱대고 학습을 하다 보면 힘이 많이 들 것입니다. 하지만 그 구조와 포인트를 확실히 이해한 지금부터는 이후의 학습 효과가 높아질 것입니다.

GAS를 이용하면 프레젠테이션 요소 배치나 서식과 같은 형태를 정리하는 것도 가능합니다. 하지만 일일이 객체를 얻어 설정을 수행해야 합니다. 템플릿 등 구글 프레젠테이션의 원래 기능을 활용하는 편이 효율적으로 목적을 달성하는 데 좋은 경우도 있으므로 기능을 잘 구분해서 사용하도록 합시다.

다음 장에서는 Forms 서비스, 즉 구글 설문을 조작하는 기능을 소개합니다. 이를 활용하면 설문 작성이나 편집 등을 자동화할 수 있습니다.

Chapter
14

설문지

14.1   Forms 서비스

Forms 서비스

Forms 서비스는 GAS로 구글 설문지를 조작하는 기능을 제공하는 서비스입니다. Forms 서비스를 사용하면 설문지 작성이나 설정, 설문지 질문 편집 등의 조작을 자동화할 수 있습니다. 이번 장에서는 [표 14-1]의 클래스를 소개합니다. 이외에도 날짜, 시각 질문을 나타내는 DateItem 클래스나 TimeItem 클래스, 단락의 질문을 나타내는 ParagraphTextItem 클래스 등 설문지의 고유한 아이템을 나태내는 다양한 클래스를 제공합니다. 그리고 설문지 답변을 나타내는 나타내는 FormResponse 클래스도 사용할 수 있습니다.

표 14-1 Forms 서비스의 주요 클래스

클래스	설명
FormApp	Forms 서비스의 톱 레벨 객체
Form	설문지 조작 기능을 제공한다.
Item	아이템 조작 기능을 제공한다.
TextItem	주관식 질문 조작 기능을 제공한다.
CheckboxItem	체크박스 질문 조작 기능을 제공한다.
MultipleChoiceItem	라디오 버튼 질문 조작 기능을 제공한다.
ListItem	드롭다운 질문 조작 기능을 제공한다.
Choice	선택지 조작 기능을 제공한다.

설문지 구조

설문지의 구조는 비교적 간단하며 다음 세 개 계층이 중심이 됩니다.

- FormApp
- 설문지
- 아이템: 질문(서술식, 라디오 버튼, 체크박스, 드롭다운 등)이나 페이지 시작, 섹션 헤더 등

설문지의 요소를 아이템이라 부릅니다. 아이템에는 단답형, 드롭다운, 라디오 버튼, 체크박스 등의 질문뿐만 아니라 이미지나 동영상, 섹션 헤더 등의 요소도 포함됩니다. 아이템별로 클래스가 제공되며 각 클래스 고유의 메서드는 ~Item이라는 명칭의 클래스에서 제공됩니다.

> **💡 NOTE**
>
> 각 아이템에서 공통으로 사용할 수 있는 기능은 Item 인터페이스로 제공됩니다. 14.4절에서 자세히 설명합니다.

아이템의 종류와 클래스에 관해 [표 14-2]에 정리했습니다.

표 14-2 아이템의 종류와 클래스

클래스	설명
CheckboxItem	체크박스 질문
CheckboxGridItem	체크박스(그리드) 질문
DateItem	날짜 질문
DateTimeItem	날짜 및 시간 질문
DurationItem	경과 시간 질문
GridItem	선택지(그리드) 질문
ImageItem	이미지
ListItem	드롭다운 질문
MultipleChoiceItem	라디오 버튼 질문
PageBreakItem	페이지 시작
ParagraphTextItem	단락 질문
ScaleItem	균등 눈금 질문

SectionHeaderItem	섹션 헤더
TextItem	서술식 질문
TimeTime	시각 질문
VideoItem	동영상

그리고 드롭다운이나 라디오 버튼 등의 아이템은 그 아래에 선택지를 가집니다. 이 선택지들을 조작하는 기능은 Choice 클래스에서 제공합니다.

이번 장에서는 다음 네 가지 아이템을 소개합니다.

- TextItem: 단답형 질문
- CheckboxItem: 체크박스 질문
- MultipleChoiceItem: 라디오 버튼 질문
- ListItem: 드롭다운 질문

구글 설문지에서는 이외에도 다양한 질문을 제공하며 그것들을 사용할 때는 위 아이템을 사용하는 방법을 참고할 수 있는 경우가 많습니다. 자세한 내용은 공식 문서 등에서 확인해보기 바랍니다. [그림 14-1]에 구글 설문지 화면과 Forms 서비스 클래스의 관계를 나타냈습니다.

그림 14-1 구글 설문지 화면과 Forms 서비스 클래스

FormApp 클래스

FormApp 클래스는 Forms 서비스의 톱 레벨 객체입니다. [표 14-3]과 같이 설문지 작성 및 정보 얻기가 주요 역할입니다.

표 14-3 FormApp 클래스의 주요 멤버

멤버	반환값	설명
create(title)	Form	새로운 설문지의 제목을 만든다.
getActiveForm()	Form	활성화된 설문지를 얻는다.
getUi()	Ui	설문지의 Ui 객체를 얻는다.
openById(id)	Form	지정한 id의 설문지를 연다.
openByUrl(url)	Form	지정한 url의 설문지를 연다.

설문지 얻기

기존 설문지를 조작하려면 Form 객체를 얻어야 합니다. 설문지를 다음 세 가지 방법으로 얻을 수 있습니다.

- 활성돠된 폼을 얻는다.
- ID를 이용해 설문지를 얻는다.
- URL을 이용해 설문지를 얻는다.

구글 설문지에서는 [그림 14-2]와 같이 [더보기] 메뉴 아이콘에서 [스크립트 편집기]를 선택해서 컨테이너 바운드 스크립트를 만들 수 있습니다.

그림 14-2 설문지에서 컨테이너 바운드 스크립트 열기

컨테이너 바운드 스크립트에서는 다음 **getActiveForm 메서드**를 이용해 컨테이너에 있는 설문지를 얻을 수 있습니다.

구문

```
FormApp.getActiveForm()
```

컨테이너가 아닌 설문지를 얻을 때는 ID 또는 URL을 이용해 설문지를 얻을 수 있습니다. 다음 **openById 메서드**와 **openByUrl 메서드**를 사용합니다.

구문

```
FormApp.openById(Id)
```

구문

```
FormApp.openByUrl(url)
```

설문지 ID는 설문지 편집 페이지의 URL에서 얻을 수 있습니다. 다음 {ID} 부분이 설문지 ID에 해당합니다.

https://docs.google.com/forms/d/{ID}/edit

그리고 이 URL은 실제로 설문에 답변할 수 있는 페이지의 URL과는 다릅니다. 어디까지나 편집 페이지의 URL이므로 혼동하지 않도록 주의합니다.

그림 14-3 설문지의 URL과 ID

그럼 설문지를 얻는 예시로 [예제 14-1]을 실행해봅니다. 이 스크립트는 얻고자 하는 설문지에서 컨테이너 바운드 스크립트로 만듭니다.

예제 14-1 설문지 얻기 [14-02.gs]

```
01  function myFunction14_02_01() {
02    const activeForm = FormApp.getActiveForm();
03    console.log(activeForm.getTitle()); //설문지 제목
04
05    const url = 'https://docs.google.com/forms/d/*******/edit'; //URL
06    const formByUrl = FormApp.openByUrl(url);
07    console.log(formByUrl.getTitle()); //설문지 제목
08
09    const id = '*******'; //설문지 ID
10    const formById = FormApp.openById(id);
11    console.log(formById.getTitle()); //설문지 제목
12  }
```

설문지 만들기

GAS를 이용해 자동으로 설문지를 만들고자 하는 경우가 많을 것입니다. 설문지는 다음 **create 메서드**로 작성할 수 있습니다.

구문

```
FormApp.create(제목)
```

제목에는 설문지 제목을 지정합니다. 예를 들어 [예제 14-2]를 실행하면 내 드라이브에 [그림 14-4]와 같은 설문지를 작성할 수 있습니다.

예제 14-2 설문지 작성 [14-02.gs]

```
01 | function myFunction14_02_02() {
02 |   FormApp.create('가을 음악회 참석 설문지');
03 | }
```

그림 14-4 작성한 설문지

create 메서드를 통해 작성된 설문지에는 아이템이 존재하지 않습니다. create 메서드의 반환값은 작성한 Form 객체가 되므로 그에 대해 Form 클래스의 메서드로 아이템을 추가해야 합니다. 작성한 폼은 내 드라이브에 저장됩니다. 저장할 폴더를 변경할 때는 Drive 서비스의 moveTo 메서드를 사용합니다.

Form 클래스

Form 클래스는 설문지를 조작하는 기능을 제공하는 클래스입니다. 주로 설문지 정보를 얻거나 설정하는 메서드, 설문지 아이템을 얻거나 조작하는 메서드 등으로 구성되어 있습니다. [표 14-4]는 설문지 설정에 관한 주요 멤버, [표 14-5]는 설문지 아이템을 조작하는 주요 멤버들입니다.

표 14-4 설문지 설정에 관한 주요 멤버

멤버	반환값	설명
canEditResponse()	Boolean	설문지 답변 전송 후 편집 링크 표시 여부를 판정한다.
collectsEmail()	Boolean	설문지 답변자의 메일 주소 수집 여부를 판정한다.
getConfirmationMessage()	String	설문지 확인 메시지를 얻는다.
getCustomClosedForm Message()	String	설문지 답변이 없을 때 커스텀 메시지를 얻는다.
getDescription()	String	설문지 설명을 얻는다.
getDestinationId()	String	설문지 답변 전송지 ID를 얻는다.
getDestinationType()	Destination Type	설문지 답변 전송지 Type을 얻는다.
getEditUrl()	String	설문지 편집 페이지 URL을 얻는다.
getId()	String	설문지 ID를 얻는다.
getPublishedUrl()	String	설문지 답변 페이지의 URL을 얻는다.
getShuffleQuestions()	Boolean	설문지 질문 순서가 뒤섞여 있는지 (suffle) 판정한다.
getSummaryUrl()	String	설문지의 요약 페이지 URL을 얻는다.

getTitle()	String	설문지 제목을 얻는다.
hasLimitOneResponsePerUser()	Boolean	설문지 답변이 1회로 제한되어 있는지 판정한다.
hasProgressBar()	Boolean	설문지 진행 상태바를 표시하는지 판정한다.
hasRespondAgainLink()	Boolean	설문지에 다른 답변을 전송하는 링크를 표시하는지 판정한다.
isAcceptingResponses()	Boolean	설문지가 답변을 받았는지 판정한다.
isPublishingSummary()	Boolean	설문지 답변 개요 링크를 표시할지 판정한다.
removeDestination()	Form	설문지 답변 전송지 링크를 끊는다.
requiresLogin()	Boolean	설문지 답변 시 로그인이 필요한지 판정한다.
setAcceptingResponses(enabled)	Form	설문지 답변을 받을지 설정한다.
setAllowResponseEdits(enabled)	Form	설문지의 답변 전송 후 편집 링크를 표시할지 설정한다.
setCollectEmail(collect)	Form	설문지 답변자의 메일 주소를 수집할지 설정한다.
setConfirmationMessage(message)	Form	설문지의 확인 메시지를 설정한다.
setCustomClosedFormMessage(message)	Form	설문지가 답변을 받지 않았을 때의 커스텀 메시지를 설정한다.
setDescription(description)	Form	설문지 설명을 설정한다.
setDestination(type, id)	Form	설문지 답변의 전송지를 설정한다.
setLimitOneResponsePerUser(enabled)	Form	설문지 답변의 1회 제한 여부를 설정한다.
setProgressBar(enabled)	Form	설문지에 진행 상태바 표시 여부를 설정한다.
setPublishingSummary(enabled)	Form	설문지 답변 개요 링크 표시 여부를 설정한다.
setRequireLogin(requireLogin)	Form	설문지 답변을 위한 로그인 필요 여부를 설정한다.
setShowLinkToRespondAgain(enabled)	Form	설문지에 다른 답변을 전송하는 링크 설정 표시 여부를 설정한다.

setShuffleQuestions(shuffle)	Form	설문지 질문 순서의 뒤섞음 여부를 판정한다.
setTitle(title)	Form	설문지 제목을 설정한다.
shortenFormUrl(url)	String	설문지의 URL을 단축해서 반환한다.

표 14-5 설문지 설정에 관한 주요 멤버

멤버	반환값	설명
addCheckboxItem()	CheckboxItem	설문지에 체크박스 질문을 추가한다.
addListItem()	ListItem	설문지에 드롭다운 질문을 추가한다.
addMultipleChoiceItem()	MultipleChoice Item	설문지에 객관식 질문을 추가한다.
addTextItem()	TextItem	설문지에 단답형 질문을 추가한다.
deleteItem(index)	void	설문지에서 지정한 인덱스의 아이템을 삭제한다.
deleteItem(item)	void	설문지에서 지정한 아이템 item을 삭제한다.
getItemById(id)	Item	설문지에서 지정한 ID의 아이템을 얻는다.
getItems([itemType])	Item[]	설문지에서 지정한 아이템 타입의 아이템을 모두 얻는다.
moveItem(from, to)	Item	설문지의 from 위치의 아이템을 to 위치로 이동한다.
moveItem(item, toIndex)	Item	설문지의 아이템 item을 toIndex 위치로 이동한다.

설문지 정보 얻기

Form 클래스 메서드 중 설문지 기본 정보 및 URL을 얻는 메서드들의 출력 내용을 확인해봅니다. [그림 14-5]와 같은 설문지에 [예제 14-3]을 실행해봅니다.

그림 14-5 정보를 얻을 설문지

예제 14-3 설문지 정보와 URL 얻기 [14-03.gs]

```
01  function myFunction14_03_01() {
02    const id = '********'; //설문지 ID
03    const form = FormApp.openById(id);
04
05    console.log(form.getTitle()); //가을 음악회 참가 신청 설문지
06    console.log(form.getId()); //설문지 ID
07    console.log(form.getDescription()); //이번 가을 음악회 참가 신청 설문지입니다.
08
09    console.log(form.getEditUrl()); //설문지 편집 페이지 URL
10    console.log(form.getSummaryUrl()); //설문지의 요약(summary) 페이지 URL
11
```

```
12    const publishedUrl = form.getPublishedUrl();
13    console.log(publishedUrl); //설문지 답변 페이지 URL
14    console.log(form.shortenFormUrl(publishedUrl)); //단축된 답변 페이지 URL
15  }
```

예제를 실행하면 설문지 제목과 ID, 개요 및 몇 가지 URL이 로그에 출력됩니다. URL은 다음 세 가지이며 각각의 메서드로 얻을 수 있습니다.

- getEditUrl 메서드: 편집 페이지
- getSummaryUrl 메서드: 요약 페이지
- getPublishedUrl 메서드: 응답 페이지

편집 페이지는 설문지를 편집하는 페이지이며 앞 절에서 설명한 것처럼 설문지 ID를 포함합니다. 요약 페이지는 설문지 답변의 요약을 표시하는 페이지로, setPublishingSummary 메서드로 답변 후의 페이지를 볼 수 있는 링크 표시 여부를 설정할 수 있습니다. 답변 페이지는 설문에 답변을 할 수 있는 페이지이며 답변자에게는 이 URL이 배포됩니다.

이 URL들은 shortenFormUrl 메서드를 이용해 다음과 같은 형식으로 길이를 줄일 수 있습니다. 메일이나 채팅 등으로 답변 페이지를 배포할 때 URL이 너무 길다고 생각되면 단축 URL을 보내는 것도 좋습니다.

https://forms.gle/******

설문지 설정 항목

Form 클래스에서는 설문지 설정에 관한 다양한 메서드를 제공합니다. [예제 14-4]를 이용해 그 내용을 확인해봅니다. 이 예시에서는 앞에서 설명한 [그림 14-5] 설문지를 대상으로 합니다.

예제 14-4 설문지 설정 정보 얻기 [14-03.gs]

```
01  function myFunction14_03_02() {
02    const id = '********'; //설문지 ID
03    const form = FormApp.openById(id);
04
05    //설정 → 응답 관련 항목
06    console.log(form.collectsEmail()); //false
07    console.log(form.requiresLogin()); //true
08    console.log(form.hasLimitOneResponsePerUser()); //false
09    console.log(form.canEditResponse()); //false
10    console.log(form.isPublishingSummary()); //false
11
12    //설정 → 프레젠테이션 관련 항목
13    console.log(form.hasProgressBar()); //false
14    console.log(form.getShuffleQuestions()); //false
15    console.log(form.hasRespondAgainLink()); //true
16    console.log(form.getConfirmationMessage()); //
17
18    //송신지 및 응답 수신 관련 항목
19    console.log(form.getDestinationId()); // 송신지 ID
20    console.log(form.getDestinationType().toString()); //SPREADSHEET
21    console.log(form.isAcceptingResponses()); //true
22    console.log(form.getCustomClosedFormMessage()); //
23  }
```

[예제 14-4] 중 '응답' 및 '프레젠테이션' 출력 내용은 [그림 14-6], [그림 14-7]에 표시한 [설정] 탭의 각 섹션에 대응하므로 비교해봅니다.

그림 14-6 설문지의 [설정] 탭 → '응답' 섹션

그림 14-7 설문지의 [설정] 탭 → '프레젠테이션' 섹션

응답 전송지 및 수신에 관한 설정은 [그림 14-8]과 같이 설문지의 [응답] 탭과 관련되어 있습니다. 전송지는 현재 스프레드시트에서만 대응하기 때문에 이 화면에서 작성할 수 있습니다. 스프레드시트를 작성하지 않으면 [예제 14-4]의 get DestinationId 메서드에서 에러가 발생합니다. [응답받기] 토글을 off로 하면 getCustomClosedFormMessage 메서드로 얻을 수 있는 내용인 응답을 받지 않을 때의 메시지를 편집할 수 있습니다.

그림 14-8 설문지의 [응답] 탭 설정

아이템 추가하기

설문지에 아이템을 추가할 때는 아이템 종류별로 제공하는 추가 메서드를 사용합니다. 대표적인 네 가지 메서드를 소개합니다.

구문

```
Form 객체.addCheckboxItem()
Form 객체.addListItem()
Form 객체.addMultipleChoiceItem()
From 객체.addTextItem()
```

각 메서드는 설문지에 체크박스, 드롭다운, 객관식 질문 및 단답형 텍스트 질문을 추가합니다. 이 메서드들의 동작을 [예제 14-5]를 실행해 확인해봅니다.

예제 14-5 설문지 아이템을 추가 [14–03.gs]

```
01  function myFunction14_03_03() {
02    const form = FormApp.create('가을 음악회 참가 신청 설문지');
03
04    form.addTextItem();
05    form.addMultipleChoiceItem();
06    form.addCheckboxItem();
07    form.addListItem();
08  }
```

예제를 실행하면 내 드라이브에 [그림 14–9]와 같은 설문지가 작성됩니다.

그림 14-9 아이템을 추가한 설문지

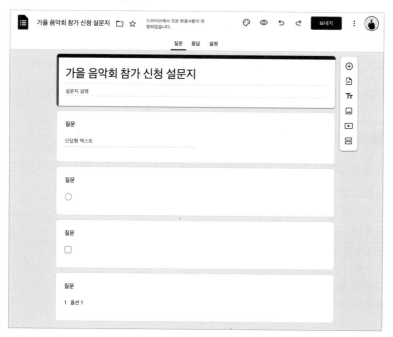

앞에서 확인한 것처럼 각 질문의 제목은 '질문'으로 되어 있으며 그 내용도 없습니다. 이 아이템들을 추가하는 메서드는 추가한 아이템을 나타내는 객체를 반환값

으로 반환하므로, 이에 대해 제목이나 설명을 설정하거나 질문 내용을 추가하는 등의 처리를 해야 합니다.

> 📍 **NOTE**
>
> 다른 종류의 아이템을 추가하고 싶다면 공식 문서의 Form 클래스를 참고하기 바랍니다.
> https://developers.google.com/apps-script/reference/forms/form

아이템 얻기

아이템을 새롭게 추가하면 해당 메서드가 작성한 아이템을 반환합니다. 한편 기존 아이템을 얻을 때는 다음 두 가지 방법을 사용할 수 있습니다.

- 아이템 ID를 이용해 아이템을 얻는다.
- 아이템 배열을 얻는다.

아이템에는 설문지 안에서 고유한 정수인 아이템 ID가 할당됩니다. 그 아이템 ID를 이용해 아이템을 얻을 때는 **getItemById 메서드**를 이용합니다.

구문

```
Form 객체.getItemById(아이템 ID)
```

그리고 아이템 배열을 얻을 때는 **getItems** 메서드를 사용합니다.

구문

```
Form 객체.getItems([아이템 타입])
```

기본적으로는 설문지의 모든 아이템을 배열로 얻지만 인수에 Enum ItemType의 멤버를 지정하면 아이템 종류를 제한해서 얻을 수 있습니다. 앞 절에서 작성한

[그림 14-9] 설문지에 [예제 14-6]을 실행해 동작을 확인해봅니다. getType 메서드를 이용하면 아이템 타입을 얻을 수 있습니다.

예제 14-6 FormApp 클래스의 주요 멤버 [14-03.gs]

```
01  function myFunction14_03_04() {
02    const id = '********'; //설문지 ID
03    const form = FormApp.openById(id);
04
05    const items = form.getItems();
06    for (const item of items) console.log(item.getType().toString());
07
08    const itemId = items[0].getId();
09    console.log(itemId, form.getItemById(itemId).getType().toString());
10  }
```

> ID를 이용해 아이템을 얻고 아이템 ID와 타입을 로그에 출력한다.

실행 결과

```
TEXT
MULTIPLE_CHOICE
CHECKBOX
LIST
1995183973 'TEXT'
```

예제를 실행하면 설문지 각 아이템의 아이템 타입과 최초 아이템 ID 및 타입을 확인할 수 있습니다.

Item 인터페이스

공식 문서를 보면 설문지 아이템이 공통으로 사용할 수 있는 메서드가 Interface Item 안에 게재되어 있는 것을 알 수 있을 것입니다. 이 **인터페이스**interface라는 용어를 먼저 알아봅시다. Forms 서비스에서는 TextItem 클래스, CheckboxItem 클래스와 같이 각종 아이템의 고유 클래스를 제공합니다. 이 클래스들은 각각 개별 아이템을 나타내지만 아이템 ID를 얻거나 제목을 설정하는 등 몇 가지 공통 기능을 가집니다. 이렇게 각종 아이템 사이 공통 부분의 기능을 제공하는 것이 Item 인터페이스입니다. 즉, 어떤 클래스 그룹에서의 공통된 기능을 제공하는 것이 인터페이스의 역할입니다.

> 💡 NOTE
>
> GAS에서 제공되는 대표적인 인터페이스로 18장에서 소개하는 BlobSource 인터페이스가 있습니다.

Item 인터페이스에서 제공되는 주요 메서드는 [표 14-6]과 같습니다. 아이템 ID나 제목, 아이템 타입 등 아이템의 정보를 얻는 메서드 외에 Item 객체를 고유 클래스로 변환하는 메서드를 제공합니다. 각 아이템 고유의 클래스에서만 제공되는 메서드를 사용하려면 해당 클래스의 객체로 변환(**캐스팅**casting)해야 합니다.

표 14-6 Item 인터페이스의 주요 멤버

멤버	반환값	설명
asCheckbokItem( )	CheckboxItem	아이템을 체크박스 질문으로 반환한다.
asListItem( )	ListItem	아이템을 드롭다운 질문으로 반환한다.
asMultipleChoiceItem( )	MultipleChoiceItem	아이템을 객관식 질문으로 반환한다.
asTextItem( )	TextItem	아이템을 단답형 텍스트 질문으로 반환한다.
duplicate( )	Item	아이템을 복제한다.
getHelpText( )	String	아이템 설명을 얻는다.
getId( )	Integer	아이템 ID를 얻는다.
getIndex( )	Integer	아이템 인덱스를 얻는다.
getTitle( )	String	아이템 제목을 얻는다.
getType( )	ItemType	아이템 타입을 얻는다.
setHelpText(text)	Item	아이템 설명을 설정한다.
setTitle(title)	Item	아이템 제목을 설정한다.

Item 인터페이스 메서드를 이용해 아이템 정보를 얻어봅니다. [그림 14-10]은
[그림 14-5]와 같은 것입니다. 이 설문지에 [예제 14-7]을 실행해봅니다.

그림 14-10 아이템 정보를 얻을 설문지

예제 14-7 FormApp 클래스의 주요 멤버 [14-04.gs]

```
01   function myFunction14_04_01() {
02     const id = '*******'; //설문지 ID
03     const form = FormApp.openById(id);
04     const item = form.getItems(FormApp.ItemType.MULTIPLE_CHOICE)[0];
05
06     console.log(item.getTitle()); //사용하는 PC의 운영체제는 무엇입니까?
07     console.log(item.getId()); //아이템 ID
08     console.log(item.getHelpText()); //
09     console.log(item.getType().toString()); //MULTIPLE_CHOICE
10     console.log(item.getIndex()); //1
11
12     console.log(item.asMultipleChoiceItem().isRequired()); //false
13   }
```

> Item 객체를 asMultipleChoiceItem 객체로 캐스팅

예제를 실행하면 '사용하는 PC의 운영체제는 무엇입니까?'라는 객관식 질문에 관한 정보가 로그에 출력됩니다. 여기에서 isRequired 메서드는 해당 질문의 필수 여부를 반환하며 고유 클래스에서 제공되는 메서드입니다. 따라서 asMultipleChoiceItem 메서드를 이용해 MultipleChoiceItem 객체로 캐스팅한 뒤 실행해야 합니다. Item 객체 상태에서 실행하면 TypeError가 발생합니다.

질문 조작하기

설문지에 추가한 질문에 제목 설명, 질문 내용 등을 설정할 때는 각 아이템의 고유 클래에서 제공하는 메서드를 사용해야 합니다.

다음 네 개 클래스에서 각각 제공하는 주요 메서드를 [표 14-7]에 정리했습니다.

- TextItem 클래스: 단답형 텍스트 질문
- CheckboxItem 클래스: 체크박스 질문
- MultipleChoiceItem 클래스: 객관식 질문
- ListItem 클래스: 드롭다운 질문

이 네 개 클래스에서는 모두 필수 질문 여부 확인 및 설정 메서드를 제공합니다. 선택지를 고르는 메서드를 제공하는 아이템은 동시에 선택지를 조작하는 메서드를 제공함을 알 수 있습니다.

표 14-7 각 아이템 고유의 주요 멤버

멤버	반환값	Text Item	Check boxItem	Multiple Choice Item	List Item	설명
createChoice(value)	Choice		○	○	○	아이템에 선택지를 추가한다.
getChoices()	Choice[]		○	○	○	아이템에서 모든 선택지를 얻는다.

hasOtherOption()	Boolean	○	○	○	○	아이템의 '기타' 옵션 여부를 판정한다.
isRequired()	Boolean		○	○	○	아이템의 응답 필수 여부를 판정한다.
setChoices(choices)	CheckboxItem/ MultipleChoiceItem/ ListItem		○	○	○	아이템에 선택지의 배열을 설정한다.
setChoiceValues(values)	CheckboxItem/ MultipleChoiceItem/ ListItem		○	○	○	아이템 문자열의 배열 values에서 선택지를 설정한다.
setRequired(enabled)	TextItem/ Check-boxItem/ MultipleChoiceItem/ ListItem	○	○	○	○	아이템의 응답 필수 여부를 설정한다.
showOtherOptions(enabled)	CheckboxItem/ MultipleChoiceItem		○	○		아이템의 '기타' 옵션 여부를 설정한다.

이 메서드들의 동작을 확인해봅시다. [예제 14-8]에서는 설문지와 질문을 작성합니다. 예제를 실행하면 내 드라이브에 [그림 14-11]과 같이 단답형 텍스트, 객관식, 체크박스 및 드롭다운 질문을 포함한 설문지가 만들어집니다.

예제 14-8 아이템 조작 [14-04.gs]

```
01   function myFunction14_04_02() {
02     const title = '가을 모임 참가 신청 설문지';
03     const description = '다음 모임 참가 신청 설문지입니다.';
04
05     const form = FormApp.create(title);          설문지 제목 및 설명 설정
06     form.setDescription(description);
07     form.addTextItem().setTitle('이름').setRequired(true);  단답형 텍스트 질문 작성 및 설정
08
09     form.addMultipleChoiceItem()
10       .setTitle('사용하는 PC의 운영체제는 무엇입니까?')       설문지 제목 및 설명 설정
11       .setChoiceValues(['Windows', 'Mac'])
12       .setRequired(true);
```

```
13
14    form.addCheckboxItem()
15       .setTitle('관심이 있는 프로그래밍 언어는 무엇입니까?')        체크박스
16       .setChoiceValues(['VBA', 'Google Apps Script', 'Python'])    질문 작성
17       .showOtherOption(true);                                      및 설정
18
19    form.addListItem()
20       .setTitle('거주지 주소(시)는 어디입니까?')                    드롭다운
21       .setChoiceValues(['서울시', '부산시', '광주시', '대전시']);  질문 작성
22  }                                                                및 설정
```

그림 14-11 질문 설정을 추가한 설문지

각 질문의 선택지는 문자열 배열로 지정했지만 이를 스프레드시트 등에서 얻을 수 있도록 하면 더욱 실용적인 스크립트가 될 것입니다.

이번 장에서는 GAS로 구글 설문지를 조작하는 Forms 서비스와 그 클래스에 관해 설명했습니다. 설문지는 데이터 입력 인터페이스로서 매우 편리한 애플리케이션입니다. 신청 설문이나 앙케트 등을 정기적으로 실시할 때는 꼭 이번 장의 내용을 참고해 설문지 작성 업무를 자동화해보기 바랍니다.

다음 장에서는 번역 기능인 Language 서비스를 다뤄봅니다. 매우 간단하게 다룰 수 있으면서도 그야말로 '구글다운' 조작을 할 수 있으니 꼭 마스터하기 바랍니다.

Chapter

15

번역

15.1 Language 서비스와 LanguageApp 클래스

Language 서비스

Language 서비스는 GAS에서 구글 번역을 이용하기 위한 서비스입니다. Language 서비스를 사용하면 스프레드시트나 문서, 지메일 등 다양한 서비스에서 다루는 문자열을 번역할 수 있습니다. Language 서비스에서 제공되는 클래스는 [표 15-1]과 같이 **LanguageApp 클래스**라는 톱 레벨 객체뿐입니다. 그리고 Language App 클래스에서 제공하는 멤버 역시 문자열을 번역하는 translate 메서드뿐입니다(표 15-2).

표 15-1 Lauguage 서비스 클래스

클래스	설명
LanguageApp	Language 서비스의 톱 레벨 객체

표 15-2 LauguageApp 클래스의 멤버

멤버	반환값	설명
translate(str, source, target[, arg])	String	문자열 str을 srouce 언어에서 target 언어로 번역한다.

문자열 번역하기

GAS를 이용한 번역은 매우 간단하게 구현할 수 있습니다. 다음 구문과 같이 LanguageApp 클래스의 translate 메서드를 사용하면 됩니다.

LanguageApp.translate(문자열, 원본 언어, 대상 언어[, 옵션])

원본 언어, 대상 언어에는 예를 들어 한국어라면 ko, 영어라면 en과 같이 알파벳 **언어 코드**를 지정합니다. 주요한 언어 코드를 [표 15-3]에 정리했습니다. Language 서비스에서는 전세계 100개 이상의 언어를 지원하므로 대응하지 않아 곤란해지는 일은 거의 없을 것입니다.

표 15-3 주요 언어 코드

언어	언어 코드
중국어(간체)	zh-CN
중국어(번체)	zh-TW
영어	en
프랑스어	fr
독일어	de
이탈리아어	it
일본어	ja
한국어	ko
포르투갈어	pt
러시아어	ru
스페인어	es
태국어	th
베트남어	vi

언어 코드는 대부분 ISO-639-1 식별자에 근거하고 있으며 구글 클라우드 플랫폼 언어 지원 페이지에서도 확인할 수 있습니다.

옵션은 생략할 수 있으며 원본 문자열이 HTML일 때는 값을 콘텐츠 타입 객체 형식으로 지정할 수 있습니다. 간단한 translate 메서드 예시로 [예제 15-1]을 실행해봅니다.

예제 15-1 문자열 번역 [15-01.gs]

```
01  function myFunction15_01_01() {
02    const str = '문자열을 간단히 번역할 수 있습니다.';
03    console.log(LanguageApp.translate(str, 'ko', 'en'));
04    console.log(LanguageApp.translate(str, 'ko', 'zh-CN'));
05    console.log(LanguageApp.translate(str, 'ko', 'es'));
06  }
```

> 문자열을 각 언어로 번역한다.

실행 결과

```
You can simply translate the string.
您可以简单地翻译字符串。
Simplemente puede traducir la cadena.
```

문서 번역하기

실무에 더욱 가까운 예시로 문서를 복제해서 번역하는 예시를 확인해봅니다. [예제 15-2]는 문서를 복제한 뒤 헤더 섹션과 바디에 포함된 문자열을 한국어에서 영어로 번역합니다. 예제를 실행하면 [그림 15-1]과 같이 영어 버전의 문서를 같은 폴더에 생성할 수 있습니다.

예제 15-2 문서를 복제해서 번역 [15-01.gs]

```
01  function myFunction15_01_02() {
02    const id = '*******'; //문서 ID
03    const sourceFile = DriveApp.getFileById(id);
04
05    const title = LanguageApp.translate(sourceFile.getName(), 'ko', 'en');
06    const createFile = sourceFile.makeCopy(title);
07
08    const document = DocumentApp.openById(createFile.getId());
09    translateParagraphs_(document.getBody().getParagraphs());
10    translateParagraphs_(document.getHeader().getParagraphs());
11  }
12
13  function translateParagraphs_(paragraphs) {
14    for (const paragraph of paragraphs) {
15      const text = paragraph.getText();
16      if (text) paragraph.setText(LanguageApp.translate(text, 'ko' ,'en'));
17    }
18  }
```

> 문서 ID를 지정해 File 객체를 얻는다.

> 문서명을 번역하고 영어 버전 문서를 얻는다.

> 영어 버전 문서명으로 파일 사본을 만든다.

> 파일 ID를 이용해 문서를 연다.

> 생성한 문서의 헤더 섹션 및 바디의 단락 배열을 인수로 translateParagraphs를 호출한다.

> 각 단락에 문자열이 포함되어 있으며 해당 문자열을 영어로 번역해서 설정한다.

그림 15-1 번역 전 문서(위)와 번역 후 문서(아래)

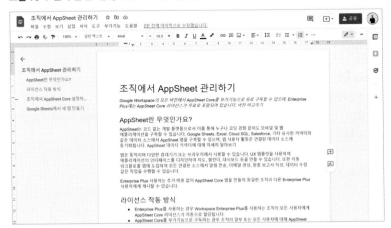

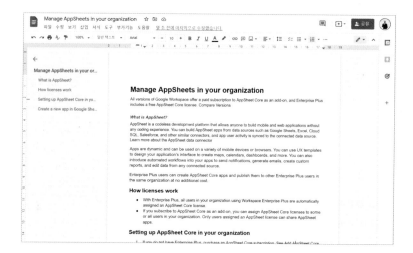

문자열이 영어로 번역됨

Drive 서비스 File 객체의 ID와 Document 서비스 Document 객체의 ID는 공통되므로 두 서비스를 함께 사용할 때 편리하게 이용할 수 있습니다. 이에 관해서는 스프레드시트, 프레젠테이션, 설문지도 마찬가지입니다. 이렇게 GAS에서 Language 서비스를 사용하면 문서 전체를 번역하는 것도 간단한 스크립트로 구현할 수 있습니다. 스프레드시트, 지메일 등도 마찬가지로 Language 서비스와 연동하여 동작시킬 수 있습니다.

> 💡 **NOTE**
>
> 단일 문서를 번역하는 경우에는 문서 메뉴 [도구] → [문서 번역] 기능을 사용할 수도 있습니다. 스프레드시트에서라면 스프레드시트 함수 GOOGLETRANSLATE를 이용할 수도 있습니다. 상황에 따라 구글 애플리케이션이 제공하는 기존 기능과 GAS의 Language 서비스를 적절하게 구분해서 사용하기 바랍니다.

이번 장에서는 Language 서비스와 문자열을 번역하는 translate 서비스 사용법에 관해 설명했습니다. 구글 번역은 기술 발전과 함께 정확도가 날로 향상되고 있으므로 이후에는 더욱 기대되는 기능이 될 것입니다.

다음 장부터는 GAS에서 전반적으로 활용할 수 있는 Script Services의 각 서비스에 관해 소개합니다. 그중에서도 가장 기본적이고도 사용 빈도가 높은 서비스는 Base 서비스입니다. 다음 장에서는 Base 서비스의 개요와 몇 가지 클래스에 관해 살펴봅니다.

Chapter

16

Base 서비스

16.1 Base 서비스

Base 서비스와 클래스

Script Services에서는 GAS 전반에 걸쳐 이용할 수 있는 기능과 몇 가지 서비스를 제공합니다. 그중에서 기본이 되는 몇 가지 기능을 모은 것이 Base 서비스입니다. Base 서비스는 세션이나 사용자에 대한 접근, UI 조작, Blob 조작 등 다양한 기능을 제공합니다. 지금까지 여러 차례 등장한 로그 출력을 수행하는 console 클래스도 Base 서비스에서 제공합니다. Base 서비스에서 제공하는 클래스는 [표 16-1]과 같습니다.

표 16-1 Base 서비스의 주요 클래스

클래스	설명
console	로그 출력 기능을 제공한다.
Logger	로그 출력 기능을 제공한다.
Session	세션 정보에 대한 접근 기능을 제공한다.
User	사용자를 나타내는 기능을 제공한다.
Browser	스프레드시트 고유의 다이얼로그를 조작하는 기능을 제공한다.
Ui	UI를 조작하는 기능을 제공한다.
PromptResponse	다이얼로그에 대한 사용자의 응답을 조작하는 기능을 제공한다.
Menu	메뉴를 조작하는 기능을 제공한다.
Blob	데이터 교환용 객체를 나타내는 기능을 제공한다.
BlobSource	Blob 객체로 변환할 수 있는 객체의 인스턴스

다른 서비스에서는 톱 레벨 객체가 하나였지만 Base 서비스에서는 다음과 같이 여러 개의 톱 레벨 객체가 존재합니다.

- console
- Logger
- Session
- Browser

이번 장에서는 이 중에서 로그와 관련된 console 클래스, 세션 및 사용자에 관련된 Session 클래스와 User 클래스에 관해 설명합니다. 그리고 UI에 관한 몇 가지 클래스에 관해서는 17장, Blob에 관련된 클래스에 관해서는 18장에서 설명합니다.

> 💡 **NOTE**
>
> 10장에서 소개한 Enum MimeType도 Base 서비스에서 제공되는 톱 레벨 객체입니다. 따라서 MimeType.JPEG와 같이 코드 안에 기술할 수 있습니다.

16.2 로그

Console 클래스와 Logger 클래스

GAS에서는 로그를 출력하는 기능을 제공하는 클래스가 2개 있습니다. [표 16-2]의 console 클래스와 Logger 클래스입니다.

표 16-2 로그를 조작하는 Base 서비스 클래스

클래스	설명
console	로그 출력 기능을 제공한다.
Logger	로그 출력 기능을 제공한다.

각 클래스는 log 메서드를 제공하며 이를 이용한 로그 출력에 관해서는 그 기능이 거의 비슷합니다. 하지만 이 책에서는 다음과 같은 이유로 로그를 출력할 때는 console 클래스를 주로 사용합니다.

- 객체 출력을 객체 리터럴로 얻을 수 있다.
- 정수값을 출력할 때 .0이 표시되지 않는다.
- 수준별 로그를 출력할 수 있다.
- 자바스크립트에서도 console 클래스가 제공되며 이와 유사하게 사용할 수 있다.

[예제 16-1]을 실행하면 console 클래스의 log 메서드와 Logger 클래스의 log 메서드 출력 차이를 확인할 수 있습니다.

예제 16-1 conolse.log 메서드와 Logger.log 메서드 [16-02.gs]

```
01  function myFunction16_02_01() {
02    const obj = {name: 'Bob', age: 25};
03    console.log(obj, obj.age); //{ name: 'Bob', age: 25 } 25
04    Logger.log('%s %s', obj, obj.age); //{name=Bob, age=25.0} 25.0
05
06    const anyone = DriveApp.Access.ANYONE;
07    console.log(anyone); //객체
08    console.log(anyone.toString()); //ANYONE
09    Logger.log(anyone); //ANYONE
10  }
```

conolse.log 메서드에서는 객체를 객체 리터럴로 출력합니다. 하지만 이번 예시의 Enum Access의 멤버처럼 요소를 많이 가진 객체일 때는 정보 또한 많이 출력되므로 효과적이지 않습니다. 이런 때는 toString 메서드를 이용해 문자열로 만들어 로그로 출력하는 것이 유용할 수 있습니다.

console 클래스

console 클래스는 로그를 출력하는 기능을 제공합니다. 주요 멤버는 [표 16-3]과 같습니다. 로그에 관한 여러 메서드 및 스크립트 실행 시간을 측정하는 메서드를 제공합니다.

표 16-3 console 클래스의 주요 메서드

멤버	반환값	설명
log(obj1[, obj2, …])	void	DEBUG 레벨의 로그를 출력한다.
info(obj1[, obj2, …])	void	INFO 레벨의 로그를 출력한다.
warn(obj1[, obj2, …])	void	WARNING 레벨의 로그를 출력한다.
error(obj1[, obj2, …])	void	ERROR 레벨의 로그를 출력한다.
time(label)	void	label 타이머를 시작한다.
timeEnd(label)	void	label 타이머를 중지하고 경과 시간을 로그에 출력한다.

일반적으로 클래스명은 대문자로 시작하지만 console 클래스만은 첫 문자가 소문자인 점에 주의합니다. 이는 자바스크립트에서 사용하는 console 클래스 표기에서 차용한 것입니다.

> 💡 **NOTE**
>
> 이전에는 console 클래스의 로그 출력 대상은 구글 클라우드 플랫폼에서 제공하는 로그 수집 및 조사를 수행하는 도구인 Stackdriver Logging으로 한정되어 있었습니다. 앱 스크립트 대시보드를 제공하기 시작하면서 출력 대상으로 AppsScript 대시보드가 추가되었습니다. 또한 V8 런타임이 지원과 함께 스크립트 편집기의 로그에도 출력하게 되었습니다.

console 클래스를 이용한 로그 출력

먼저 로그를 출력하는 log 메서드 사용 방법에 관해 다시 확인해봅니다. 구문은 다음과 같습니다.

구문

```
console.log(객체 1[, 객체 2, ...])
```

인수에는 원하는 수만큼 객체를 전달할 수 있으며 스페이스로 연결해 로그를 출력합니다.

> 💡 **NOTE**
>
> 과거에는 %s를 플레이스홀더placeholder로 삽입한 포맷 문자열을 사용해 다음 구문과 같이 사용했습니다.
>
> ```
> console.log(포맷 문자열[, 객체 1, 객체 2, ...])
> ```

> 하지만 V8 런타임 환경에서는 템플릿 문자열을 사용할 수 있기 때문에 이 구문을 사용할 필요가 없어졌습니다.

console 클래스에서는 로그를 출력하는 메서드로 log 메서드를 포함해 총 네 가지를 제공합니다. 남은 세 가지는 다음과 같이 info 메서드, warn 메서드, error 메서드입니다.

구문

```
console.info(객체 1[, 객체 2, ...])
console.warn(객체 1[, 객체 2, ...])
console.error(객체 1[, 객체 2, ...])
```

이 메서드들의 인수 지정 방법은 log 메서드와 같습니다. 각 메서드는 **로그 레벨**log level에 따라 구분합니다. [표 16-4]와 같이 중요도나 긴급도에 따라 레벨을 구분함으로써 해당 로그를 구분해서 출력할 수 있습니다.

표 16-4 로그 레벨

멤버	레벨	설명
log	DEBUG	시스템 동작 상태에 관련된 로그
info	INFO	주의해야 할 정보에 관련된 로그
warn	WARN	경고(에러는 아니지만 이에 가까운 사항)에 관련된 로그
error	ERRORS	에러에 관한 로그

로그 레벨 차이에 따라 출력이 어떻게 달라지는지 확인해봅니다. [예제 16-2]를 실행하면 [그림 16-1]과 같이 로그 레벨에 따른 출력의 차이를 확인할 수 있습니다.

예제 16-2 로그 레벨과 출력 [16–02.gs]

```
01  function myFunction16_02_02() {
02    console.log('DEBUG 레벨 로그: 로그 내용');
03    console.info('INFO 레벨 로그: 로그 내용');
04    console.warn('WARN 레벨 로그: 로그 내용');
05    console.error('ERROR 레벨 로그: 로그 내용');
06  }
```

그림 16-1 로그 레벨과 출력

[그림 16–2]와 같이 왼쪽 [실행] 메뉴에서도 로그 레벨에 따른 출력 차이를 확인할 수 있습니다.

그림 16-2 [실행] 메뉴에서의 로그 레벨과 출력

스크립트 작성 및 디버그 시 확인용 로그인 경우에는 이제까지와 마찬가지로 log 메서드를 사용하면 됩니다. 운용 단계에서 확인해야 할 결함이나 정보가 있을 때 는 try...catch문 등과 조합해 레벨에 따라 로그를 출력하는 것도 좋습니다.

실행 시간 측정

GAS에서 스크립트 실행 시간을 측정할 때는 console 클래스에서 제공하는 **time 메서드**와 **timeEnd 메서드**를 조합해서 사용합니다. 먼저 스크립트 안에서 측정을 시작하고 싶은 위치에 time 메서드를 입력합니다.

구문

```
console.time(라벨)
```

라벨은 타이머를 식별하는 문자열입니다. 타이머를 멈추고 싶은 위치에서 time End 메서드를 기술합니다.

```
console.timeEnd(라벨)
```

timeEnd 메서드가 실행되면 라벨로 지정한 타이머를 중지하고 타이머를 이용해 측정한 시간을 로그에 출력합니다. 간단한 예제를 이용해 실행 시간을 측정해봅니다. 스프레드시트의 컨테이너 바운드 스크립트에 [예제 16-3]을 입력하고 실행해봅니다.

예제 16-3 실행 시간 측정 [16-02.gs]

```
01  function myFunction16_02_03() {
02    const sheet = SpreadsheetApp.getActiveSheet();
03
04    const timer1 = '셀을 하나씩';
05    console.time(timer1);                              ──── '셀을 하나씩' 타이머 시작
06
07    for (let i = 1; i <= 1000; i++) {
08      const value = sheet.getRange(i, 1).getValue();
09      sheet.getRange(i, 2).setValue(value);
10    }
11
12    console.timeEnd(timer1); //셀을 하나씩: 318580ms    ──── '셀을 하나씩' 타이머 종료
                                                              및 로그 출력
13
14    const timer2 = '셀을 모아서';
15
16    console.time(timer2);                              ──── '셀을 모아서' 타이머 시작
17
18    const values = sheet.getRange(1, 2, 1000, 1).getValues();
19    sheet.getRange(1, 3, values.length, values[0].length).setValues(values);
20
21    console.timeEnd(timer2); //셀을 모아서: 333ms      ──── '셀을 모아서' 타이머 종료
                                                              및 로그 출력
22  }
```

스프레드시트 값을 얻고 설정하는 경우 개별 셀을 대상으로 할 때와 셀을 모아서 수행할 때의 실행 시간을 비교합니다. GAS는 실행 시간 제한이 있으므로 가급적 실행 시간이 짧도록 스크립트를 구성해야 합니다. 이때 time 메서드와 timeEnd 메서드를 이용해 실행 시간을 측정하면 많은 도움이 됩니다.

> **💡 NOTE**
>
> 라이노Rhino 런타임을 사용한다면 스크립트 편집기의 [표시] → [실행 트랜스크립트]에서 실행한 함수의 실행 시간을 측정할 수 있습니다. 하지만 V8 런타임을 사용할 때는 해당 메뉴가 표시되지 않으며 사용할 수 없습니다.

16.3 세션과 사용자

Session 클래스와 User 클래스

GAS에서는 현재 스크립트를 실행하는 계정에 관한 세션과 사용자 정보에 접근할 수 있습니다. 이 기능을 제공하는 것이 [표 16-5] Base 서비스의 Session 클래스와 User 클래스입니다.

표 16-5 세션, 사용자를 조작하는 Base 서비스 클래스

클래스	설명
Session	세션 정보의 접근 기능을 제공한다.
User	사용자를 나타내는 기능을 제공한다.

세션session은 보통 시작부터 종료까지의 과정을 의미하는 단위로 이용되지만 GAS의 세션인 Session 객체는 스크립트 시작부터 종료까지를 나타냅니다. **Session 클래스**는 세션에 접속하는 기능을 제공합니다. Session 클래스의 메서드를 [표 16-6]에 정리했습니다. 스크립트 실행이나 해당 스크립트를 실행한 현재 사용자에 관한 정보를 얻을 수 있습니다.

표 16-6 Session 클래스의 주요 메서드

멤버	반환값	설명
getActiveUser()	User	현재 사용자를 얻는다.
getAtiveUserLocale()	String	현재 사용자의 언어 설정을 얻는다.
getEffectuveUser()	User	스크립트 실행 권한을 가진 사용자를 얻는다.
getScriptTimeZone()	String	스크립트 시간대를 얻는다.
getTemporaryActive UserKey()	String	현재 사용자의 임시키를 얻는다(임시키는 30일 단위로 변경된다).

사용자는 User 객체로 나타냅니다. User **클래스**에서는 [표 16-7]과 같이 getEmail 메서드만 제공합니다.

표 16-7 User 클래스의 메서드

멤버	반환값	설명
getEmail()	String	사용자의 Email 주소를 얻는다.

Session 클래스와 User 클래스 멤버에 [예제 16-4]를 이용해 동작을 확인해봅시다.

예제 16-4 세션과 사용자 정보 얻기 [16-03.gs]

```
01  function myFunction16_03_01() {
02    console.log(Session.getActiveUser().getEmail()); //현재 사용자의 이메일 주소
03    console.log(Session.getEffectiveUser().getEmail()); //실행 권한을 가진 사용
      자의 메일 주소
04
05    console.log(Session.getActiveUserLocale()); //ko
06    console.log(Session.getScriptTimeZone()); //Asia/Seoul
07    console.log(Session.getTemporaryActiveUserKey()); //사용자의 임시 키
08  }
```

> 💡 **NOTE**
>
> 스크립트 편집기에서 스크립트를 실행하는 경우에는 현재 사용자와 실행 권한을 가진 사용자는 동일합니다. 한편 인스톨러블 트리거installable trigger로 실행하거나 웹 애플리케이션으로 실행할 때는 실행 권한을 가진 사용자만 얻을 수 있기도 합니다.

이번 장에서는 Base 서비스, console 클래스, Session 클래스 및 User 클래스에 관해 소개했습니다. 특히 console 클래스는 동작 확인이나 디버그 등에서 강력한 도움이 되므로 꼭 잘 활용하기 바랍니다.

다음 장에서는 Base 서비스에서 제공하는 클래스 중 사용자 인터페이스에 관련된 것들을 살펴봅니다. GAS에서는 스프레드시트나 문서, 프레젠테이션, 설문지 등의 메뉴나 다이얼로그를 커스터마이징할 수 있는 기능을 제공합니다. 이 기능들을 활용함으로써 더욱 사용하기 쉬운 도구와 시스템을 구현할 수 있을 것입니다.

Chapter

17

사용자 인터페이스

17.1 UI 조작과 UI 클래스

UI를 조작하기 위한 Base 서비스의 클래스

GAS에서는 Base 서비스에서 제공하는 클래스(표 17-1)를 사용해 스프레드시트, 문서, 설문지, 프레젠테이션에서 다이얼로그를 만들거나 커스텀 메뉴를 추가하는 등의 UI 조작을 할 수 있습니다.

표 17-1 UI를 조작하는 Base 서비스 클래스

클래스	설명
Ui	UI 조작 기능을 제공한다.
Menu	메뉴 조작 기능을 제공한다.
PromptResponse	다이얼로그에 대한 사용자 응답을 조작하는 기능을 제공한다.

UI 클래스

UI 클래스는 메뉴, 다이얼로그 등 UI를 조작하는 기능을 제공하는 클래스입니다. 주요 멤버는 [표 17-2]와 같습니다.

표 17-2 Ui 클래스의 주요 멤버

멤버	반환값	설명
alert([title,]prompt[, buttons])	Button	제목이 title, 메시지가 prompt, 버튼셋이 buttons인 경고 다이얼로그 박스를 연다.
createMenu(caption)	Menu	caption 메뉴 빌더를 만든다.
prompt([title,]prompt[, buttons]	Prompt Response	제목이 title, 메시지가 prompt, 버튼셋이 buttons인 입력 다이얼로그 박스를 연다.

Ui 클래스에서는 두 종류의 다이얼로그를 표시하는 멤버를 제공합니다. 첫 번째는 메시지와 버튼만 표시하는 **경고 다이얼로그**alert dialog입니다. 두 번째는 사용자로부터 텍스트 입력을 받을 수 있는 **입력 다이얼로그**prompt dialog입니다. 두 다이얼로그 모두 사용자가 클릭한 버튼이나 입력한 텍스트를 취득해 스크립트 안에서 사용할 수 있습니다. 그리고 **메뉴**에는 다음과 같은 순서로 스크립트를 구현해 커스텀 메뉴를 만들 수 있습니다.

① createMenu 메서드로 메뉴를 작성하기 위한 빌더를 만든다.
② 빌더에 메뉴와 관련된 함수를 추가한다.
③ 메뉴를 표시한다.

> **💡 NOTE**
>
> 스프레드시트에 한해 다이얼로그를 표시하는 Browser 클래스의 기능이나 메뉴를 조작하는 Spreadsheet 클래스의 addMenu 메서드 등을 이용할 수 있습니다. 이번 장에서는 스프레드시트 이외의 문서나 설문지, 슬라이드에서도 사용할 수 있는 범용적인 방법으로 Ui 클래스의 기능을 소개합니다.

Ui 객체 얻기

이 멤버들을 사용해 UI를 조작하려면 **Ui 객체**를 얻어야 합니다. Ui 객체를 얻는 메서드는 각 서비스의 톱 레벨 클래스에서 제공하는 **getUi 메서드**이며 사용 구문은 각각 다음과 같습니다.

구문

```
SpreadsheetApp.getUi()
DocumentApp.getUi()
SlidesApp.getUi()
FormApp.getUi()
```

그리고 getUi 메서드는 컨테이너 바운드 스크립트에서만 사용할 수 있습니다.

NOTE

Ui 객체는 스프레드시트, 문서, 설문지 및 프레젠테이션의 컨테이너 바운드 스크립트에서만 사용할 수 있습니다.

경고 다이얼로그

경고 다이얼로그를 표시할 때는 Ui 객체에 alert 메서드를 사용합니다. 구문은 다음과 같습니다.

구문

Ui 객체.alert([타이틀,]메시지[, 버튼셋])

제목은 다이얼로그 제목으로 지정하거나 생략할 수 있습니다. 버튼셋에는 [표 17-3]의 Enum ButtonSet 중 하나를 지정할 수 있습니다. 생략하면 ButtonSet. OK가 기본값으로 지정됩니다.

표 17-3 Enum ButtonSet의 멤버

멤버	설명
OK	'OK'만
OK_CANCEL	'OK'와 '취소'
YES_NO	'네'와 '아니요'
YES_NO_CANCEL	'네', '아니요' 및 '취소'

그리고 사용자가 어떤 버튼을 눌렀는가(또는 다이얼로그를 닫았는가)를 alert 메서드의 반환값으로 얻을 수 있습니다. alert 메서드의 반환값은 [표 17-4]의 Enum Button 값 중 하나가 됩니다.

표 17-4 Enum Button 멤버

멤버	설명
CLOSE	닫기
OK	OK
CANCEL	취소
YES	네
NO	아니요

문서의 컨테이너 바운드 스크립트로 [예제 17-1]을 실행해봅니다.

예제 17-1 경고 다이얼로그 표시와 응답 [17-02.gs]

```
01  function showAlert() {
02    const ui = DocumentApp.getUi();              문서의 Ui 객체를 얻는다.
03    const title = '경고 다이얼로그 예';
04    const prompt = '원하는 버튼을 누르십시오.';
05    const response = ui.alert(title, prompt, ui.ButtonSet.YES_NO);
06
                                                   버튼셋 'YES_NO'의 경고
07    switch (response) {                          다이얼로그를 만들고 반환
08      case ui.Button.YES:                        값을 response에 저장한다.
09        console.log('"네"를 선택했습니다.');
10        break;
11      case ui.Button.NO:                         선택한 버튼(YES/NO/CLOSE)
12        console.log('"아니요"를 선택했습니다.');    을 이용해 처리를 분기한다.
13        break;
14      case ui.Button.CLOSE:
15        console.log('닫기 버튼을 눌렀습니다.');
16    }
17  }
```

예제를 실행하면 [그림 17-1]과 같은 다이얼로그가 나타납니다. '예' 또는 '아니오'를 선택하거나 다이얼로그 오른쪽 위의 닫기 버튼 [x] 조작에 맞춰 세 가지의 로그를 출력하므로 확인해봅니다.

그림 17-1 경고 다이얼로그 표시

지정한 제목, 메시지, 버튼셋을 가진
경고 다이얼로그가 나타남

입력 다이얼로그

텍스트 입력 필드를 가진 입력 다이얼로그를 표시하려면 Ui 객체에 prompt 메서드를 사용합니다. 구문은 다음과 같습니다.

구문

Ui 객체.prompt([타이틀,]메시지[, 버튼셋])

인수의 지정은 alert 메서드와 같으며 버튼셋 지정은 [표 17-3]의 값을 설정합니다. 또한 제목과 버튼셋은 생략할 수 있습니다.

prompt 메서드의 반환값으로 **PromptResponse 객체**를 얻을 수 있습니다. Prompt Response 객체는 사용자가 입력 필드에 입력한 문자열과 사용자가 클릭한 버튼의 정보(표 17-4의 Enum Button값)를 가지고 [표 17-5]에 나타난 PromptResponse **클래스**의 멤버로 각각 다룰 수 있습니다.

표 17-5 PromptResponse 클래스의 멤버

멤버	반환값	설명
getResponseText()	String	다이얼로그 입력 필드에 입력된 텍스트를 얻는다.
getSlectedButton()	Button	다이얼로그에서 클릭한 버튼을 얻는다.

입력 다이얼로그의 사용 예시로 [예제 17-2]를 확인해봅니다. 문서의 컨테이너 바운드 스크립트로 이 스크립트를 실행하면 [그림 17-2]와 같은 입력 다이얼로그가 표시됩니다.

예제 17-2 입력 다이얼로그 표시와 응답 [17-02.gs]

```
01  function showPrompt() {
02    const ui = DocumentApp.getUi();
03    const title = '입력 다이얼로그 예';
04    const prompt = '이름을 입력하십시오.';
05    const response = ui.prompt(title, prompt, ui.ButtonSet.OK_CANCEL);
06    const name = response.getResponseText();
07
08    switch (response.getSelectedButton()) {
09      case ui.Button.OK:
10        console.log(`Hello ${name}!`);
11        break;
12      case ui.Button.CANCEL:
13        console.log('이름이 입력되지 않았습니다.');
14        break;
15      case ui.Button.CLOSE:
16        console.log('닫기 버튼으로 다이얼로그를 닫았습니다.');
17    }
18  }
```

> 버튼셋 'OK_CANCEL'의 입력 다이얼로그를 만들고 반환값을 response에 저장한다.

> response에서 입력받은 문자열을 얻는다.

> response에서 선택된 버튼(OK/CANCEL/CLOSE)을 얻고 그 결과에 따라 처리를 분기한다.

그림 17-2 입력 다이얼로그 표시

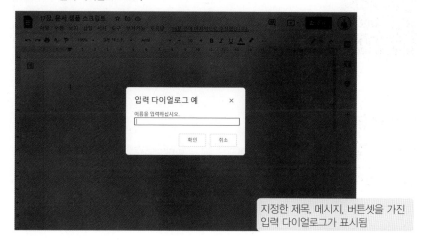

지정한 제목, 메시지, 버튼셋을 가진
입력 다이얼로그가 표시됨

입력 다이얼로그에 대한 입력이나 조작 내용에 따라 로그가 출력되므로 확인해봅
니다. 경고 다이얼로그 및 입력 다이얼로그 모두 다이얼로그가 표시되는 동안에
는 스크립트가 정지한 채로 사용자의 동작을 기다립니다.

메뉴 작성과 Menu 클래스

커스텀 **메뉴**를 만들 때는 먼저 Ui 객체에 메뉴 **빌더**^{builder}를 만들어야 합니다. 빌더를 만들 때는 다음 createMenu 메서드를 사용합니다.

구문

Ui 객체.createMenu(캡션)

캡션은 스프레드시트에서의 [파일]이나 [편집]과 같은 메뉴 톱 레벨에 표시되는 문자열을 지정합니다. createMenu 메서드는 반환값으로 **Menu 객체**를 반환합니다. Menu 객체에 [표 17-6]의 **Menu 클래스** 멤버를 이용해 구축하고 반영합니다.

표 17-6 Menu 클래스의 멤버

멤버	반환값	설명
addItem(menu, function)	Menu	메뉴에 function 함수를 호출하는 menu 아이템을 추가한다.
addSeparator()	Menu	메뉴에 구분선을 추가한다.
addSubMenu(subMenu)	Menu	메뉴에 하위 메뉴인 subMenu를 추가한다.
addToUi()	void	UI에 메뉴를 추가한다.

먼저 메뉴에 아이템을 추가할 때는 **addTime 메서드**를 사용합니다.

구문

Menu 객체.addItem(아이템명, 함수명)

이 명령어를 이용하면 Menu 객체 아래에 함수명으로 지정한 함수를 호출하는 아이템을 추가할 수 있습니다. 그리고 함수명은 문자열로 지정해야 합니다. 메뉴에 계층을 설정하고 싶을 때는 **addSubMenu 메서드**를 사용합니다. 사용 구문은 다음과 같습니다.

구문

Menu 객체.addSubMenu(하위 메뉴)

인수 하위 메뉴는 Menu 객체를 지정합니다. 이것을 사용하면 Menu 객체 아래 하위 메뉴를 추가할 수 있습니다. 추가한 하위 메뉴에는 addItem 메서드를 사용해 아이템을 구성합니다. Menu 객체를 구축했다면 다음 **addToUi 메서드**를 반영할 수 있습니다.

구문

Menu 객체.addToUi()

실제 문서에 메뉴를 만들어봅니다. [예제 17-3]은 showAlert(예제 17-1)와 showPrompt(예제 17-2)를 아이템으로 하는 메뉴 '다이얼로그'를 설정하는 스크립트입니다. 메뉴 추가도 Ui 객체를 사용하므로 컨테이너 바운드 스크립트로 만듭니다.

예제 17-3 커스텀 메뉴 추가 [17-03.gs]

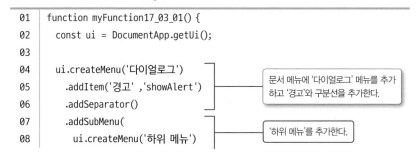

```
01    function myFunction17_03_01() {
02      const ui = DocumentApp.getUi();
03
04      ui.createMenu('다이얼로그')
05        .addItem('경고' ,'showAlert')
06        .addSeparator()
07        .addSubMenu(
08          ui.createMenu('하위 메뉴')
```

문서 메뉴에 '다이얼로그' 메뉴를 추가하고 '경고'와 구분선을 추가한다.

'하위 메뉴'를 추가한다.

```
09            .addItem('입력', 'showPrompt')
10      )
11      .addToUi();  ─────────────────────────  작성한 Menu 객체를 반영한다.
12  }
```

스크립트를 실행하면 [그림 17-3]과 같은 커스텀 메뉴가 추가됩니다. 구성된 하위 메뉴나 선을 스크립트와 비교하며 확인해보기 바랍니다.

그림 17-3 추가한 커스텀 메뉴

> 🔋 **NOTE**
>
> 함수명을 onOpen으로 하면 실행 시 동작하는 심플 트리거를 설치할 수 있습니다. 이를 이용해 스프레드시트, 문서, 프레젠테이션, 설문지를 실행했을 때 메뉴를 자동으로 표시하도록 할 수 있습니다. 트리거에 관해서는 22장에서 자세히 설명합니다.

17.4 스프레드시트 UI 확장하기

스프레드시트 UI 확장하기

이번 장에서 소개한 다이얼로그나 메뉴는 스프레드시트, 문서, 프레젠테이션 및 설문지에서 공통으로 사용할 수 있는 것이었습니다. 하지만 스프레드시트에서만 사용할 수 있는 UI 확장 방법도 있습니다.

- Browser 클래스의 멤버를 이용한 다이얼로그 작성
- SpreadSheet 클래스의 addMenu 메서드를 이용한 메뉴 추가
- 매크로 메뉴에 스크립트 임포트
- 도형, 이미지에 스크립트 할당

이번 절에서는 매크로 메뉴에 스크립트 임포트와 이미지, 도형에 스크립트를 할당하는 방법을 살펴봅니다.

매크로 메뉴에 임포트하기

매크로 메뉴에 스크립트를 추가해 스프레드시트 메뉴를 확장할 수 있습니다. 이 방법은 메뉴를 추가하는 코드를 작성할 필요가 없습니다.

먼저 **매크로**macro를 간단히 알아봅시다. 매크로란 일련의 사용자 조작을 기록하는 기능 또는 기록한 것을 말합니다. [그림 17-4]와 같이 스프레드시트 메뉴의 [확장 프로그램] → [매크로]에 추가해 빠르게 호출할 수 있습니다.

그림 17-4 매크로 메뉴와 스크립트 실행

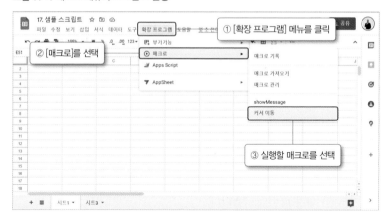

매크로 메뉴는 기록한 매크로뿐만 아니라 기존 스크립트를 임포트해서 추가할 수도 있습니다. 예시로 [예제 17-4]의 함수 showMessage를 매크로 메뉴에 추가해봅니다. 컨테이너 바운드 스크립트로 작성합니다.

예제 17-4 메시지를 표시하는 스크립트 [17-04.gs]

```
01  function showMessage() {
02    Browser.msgBox('스크립트가 호출되었습니다.');
03  }
```

이어서 작성한 스크립트를 임포트합니다. [그림 17-5]와 같이 메뉴 [확장 프로그램] → [매크로]에서 [매크로 가져오기]를 선택합니다.

그림 17-5 매크로 메뉴로 가져오기

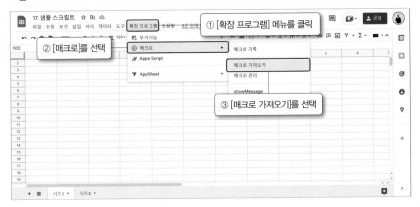

[그림 17-6]의 '가져오기' 다이얼로그가 열립니다. 추가할 함수의 [함수 추가]를 클릭합니다.

그림 17-6 가져오기 다이얼로그

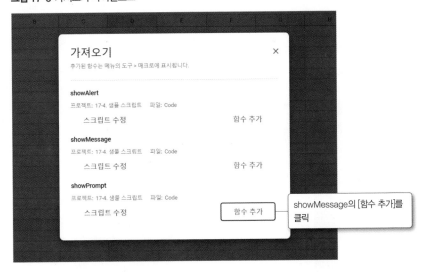

이제 매크로 메뉴가 추가되었습니다. [그림 17-7]과 같이 매크로 메뉴에서 show Message를 호출할 수 있게 됩니다.

그림 17-7 매크로 메뉴에 추가된 스크립트

메뉴 [확장 프로그램] → [매크로] → [매크로 관리]를 클릭하면 [그림 17–8]의 '매크로 관리' 다이얼로그를 열 수 있습니다. 이 다이얼로그에서는 추가한 매크로에 [Ctrl] + [Alt] + [Shift](Mac에서는 [Command] + [Option] + [Shift])와 같이 임의의 키를 조합해 단축키를 등록하거나 오른쪽의 더보기 아이콘(⋮)을 클릭해 편집 또는 삭제할 수 있습니다.

그림 17-8 매크로 관리 다이얼로그

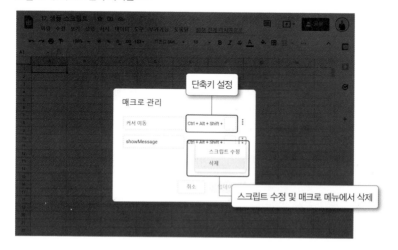

도형 및 이미지에 스크립트 할당하기

스프레드시트에서는 삽입한 이미지나 그림(도형)에 스크립트를 할당할 수 있습니다. 할당한 스크립트는 컨테이너 바운드 스크립트여야 합니다. 이미지나 도형에 스크립트를 할당하는 방법을 확인해봅니다. 먼저 스프레드시트 메뉴에서 [삽입] → [그림]을 선택합니다.

그림 17-9 그림을 선택

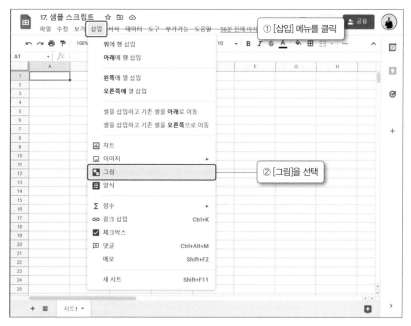

'그림' 다이얼로그가 열립니다. [도형] 아이콘 중에서 삽입할 도형을 선택합니다
(그림 17-10).

그림 17-10 그림 다이얼로그에서 도형을 삽입

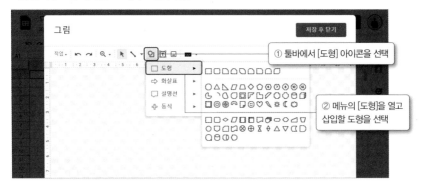

삽입한 도형을 더블 클릭하면 도형에 넣을 문자열을 편집할 수 있습니다. 도형 테두리를 마우스로 드래그하면 크기를 변경할 수 있으며 툴바를 사용해 디자인이나 서식을 설정할 수 있습니다(그림 17-11).

그림 17-11 도형 선택

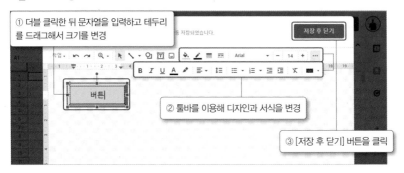

편집을 마쳤다면 [저장 후 닫기] 버튼을 클릭해 스프레드시트에 도형을 삽입할 수 있습니다. 삽입한 도형을 클릭해서 선택하면 오른쪽 위에 더보기 아이콘이 표시됩니다. 더보기 아이콘을 클릭해 열린 메뉴에서 [스크립트 할당]을 선택합니다(그림 17-12).

그림 17-12 도형의 메뉴 열기

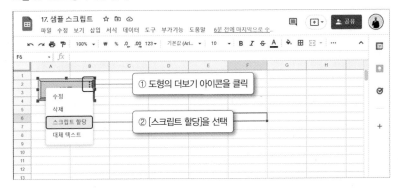

'스크립트 할당' 다이얼로그가 열립니다. 해당 도형을 클릭했을 때 호출할 함수를
입력한 뒤 [확인]을 클릭합니다(그림 17-13).

그림 17-13 '스크립트 할당' 다이얼로그

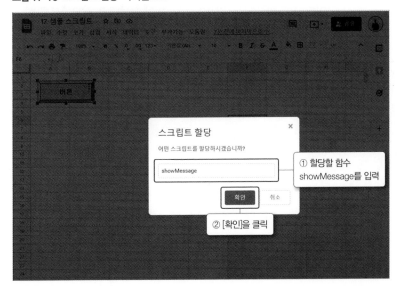

도형을 클릭하면 스크립트 showMessage가 실행되고 [그림 17-14]와 같이 '스크
립트가 호출되었습니다.'라는 메시지 다이얼로그가 표시됩니다.

그림 17-14 도형을 클릭해 스크립트 실행

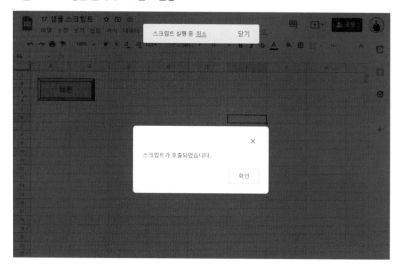

시트에 삽입한 이미지에 대해서도 [그림 17–12] 이후 순서대로 스크립트를 할당할 수 있습니다. 이렇게 이미지나 도형에 스크립트를 할당해 누구나 손쉽게 스프레드시트에서 스크립트를 실행할 수 있도록 설정할 수 있습니다.

이번 장에서는 다이얼로그나 메뉴 등 UI를 조작하는 방법 그리고 도형에 스크립트를 할당하는 방법 등에 관해 설명했습니다. 이 기능들을 사용하면 간단한 방법으로 GAS를 이용해 도구나 시스템의 사용성을 높일 수 있으므로 꼭 활용하기 바랍니다.

다음 장에서는 파일과 데이터 조작에 관해 살펴봅니다. 이를 배우기 위해 Blob 객체와 조작 방법에 관해서도 소개합니다. Blob 객체를 활용하면 파일 형식 변환, 첨부 파일 조작 등을 할 수 있습니다.

Chapter

18

파일과 데이터 조작

18.1 Blob 객체

블롭 조작을 위한 Base 서비스의 클래스

블롭Blob은 파일과 유사한 객체이며 파일 내용을 조작하거나 데이터를 교환하는 목적으로 사용합니다. Base 서비스에서는 [표 18-1]과 같이 Blob 클래스와 BlobSource 인터페이스를 제공하며 이를 이용해 블롭 정보를 얻거나 객체 및 파일 타입 변환 등을 할 수 있습니다.

표 18-1 블롭을 조작하는 Base 서비스의 클래스

클래스	설명
Blob	데이터 교환용 객체를 나타내는 기능을 제공한다.
BlobSource	Blob 객체로 변환할 수 있는 객체의 인터페이스

Blob 클래스와 BlobSource 인터페이스

Blob 클래스는 블롭을 조작하는 기능을 제공하는 클래스입니다. Blob 클래스의 멤버를 사용해 Blob 객체의 정보를 얻거나 데이터 및 콘텐츠 타입을 설정할 수 있습니다. 주요 멤버는 [표 18-2]와 같습니다.

표 18-2 Blob 클래스의 주요 멤버

멤버	반환값	설명
copyBlob()	Blob	블롭을 복제한다.
getAs(contentType)	Blob	블롭을 지정한 contentType으로 변환한다.
getContentType()	String	블롭의 콘텐츠 타입을 얻는다.

getDataAsString([charset])	String	블롭을 인코딩 charset에 의한 문자열로 얻는다.
getName()	String	블롭의 이름을 얻는다.
isGoogleType()	Boolean	블롭이 구글 애플리케이션 파일인가를 판정한다.
setContentType(contentType)	Blob	블롭의 콘텐츠 타입을 설정한다.
setCententTypeFromExtension()	Blob	블롭의 콘텐츠 타입을 파일 확장자에 기반해 설정한다.
setDataFromString(string[,charset])	Blob	인코딩 charset을 이용한 문자열 string을 블롭 데이터로 설정한다.
setName(name)	Blob	블롭의 이름을 설정한다.

GAS에서 제공하는 클래스 중 [표 18-3]의 클래스 객체는 Blob 객체로 얻거나 조작할 수 있으며 이를 BlobSource 객체라 부릅니다.

표 18-3 주요 BlobSource 객체

클래스	설명
Blob	블롭
Document	문서
EmbeddedChart	스프레드시트에 삽입된 그래프
File	구글 드라이브 파일
GmailAttachment	지메일 첨부 파일
HTTPResponse	HTTP 리스폰스
Image	이미지를 나타내는 페이지 요소
InlineImage	삽입 이미지
SpreadSheet	스프레드시트

원래 이 객체들은 개별 서비스 안에서만 사용할 수 있습니다. 하지만 Blob 객체를 경유하면 드라이브 파일을 지메일에 첨부하거나 프레젠테이션의 이미지를 드라이브에 저장하는 등 서로 다른 서비스를 넘나들며 객체를 조작할 수 있게 됩니다. 이 객체들에 공통으로 사용할 수 있는 멤버는 [표 18-4]의 BlobSource 인터페이스로 제공됩니다.

표 18-4 BlobSource 인터페이스의 멤버

멤버	반환값	설명
getAs(contentType)	Blob	블롭을 지정한 contentType으로 변환한다.
getBlob()	Blob	객체를 블롭으로 반환한다.

> **NOTE**
>
> Drive 서비스의 File 객체나 Gmail 서비스의 GmailAttachment 객체를 Blob 객체로 얻을 수 있다는 것은 결과적으로 모든 종류의 파일을 Blob 객체로 얻을 수 있다는 것을 의미합니다. 하지만 데이터 변환 등의 조작 가능 여부는 Blob 객체의 콘텐츠 타입에 따라 다릅니다.

Blob 객체 취득과 변환

앞에서 설명한 것처럼 BlobSource 객체를 Blob 객체로 얻으려면 getBlob 메서드 또는 getAs 메서드를 사용합니다. 사용 구문은 다음과 같습니다.

구문

```
BlobSource 객체.getBlob()
```

구문

```
BlobSource 객체.getAs(콘텐츠 타입)
```

> **NOTE**
>
> getAs 메서드의 인수인 콘텐츠 타입에는 Enum MimeType의 값을 지정할 수 있으며 변환 가능한 콘텐츠 타입의 조합은 일부로 한정되어 있습니다. 여기에 관해서는 뒤에서 자세히 설명합니다.

Blob 객체의 콘텐츠 타입을 변환해도 Blob 객체는 메모리상에 존재할 뿐 실재하지는 않습니다. 실제 파일로 생성하려면 DriveApp 또는 Folder 객체에

createFile 메서드를 사용합니다. createFile 메서드를 이용하면 지정한 Blob 객체에서 루트 폴더 또는 대상 폴더에 파일을 생성할 수 있습니다.

구문

```
DriveApp.createFile(블롭)
Folder 객체.createFile(블롭)
```

구글 드라이브의 파일을 Blob 객체로 얻고 콘텐츠 타입을 변환하는 예시를 확인해봅니다. [예제 18-1]은 JPG 형식의 이미지 파일을 얻어서 BMP 형식으로 변환하고 그 전후의 정보를 얻습니다.

예제 18-1 이미지 형식을 변환 [18-01.gs]

```
01  function myFunction18_01_01() {
02    const folderId = '********'; //저장 폴더 ID
03    const fileId = '********'; //JPG 이미지 파일 ID
04
05    const folder = DriveApp.getFolderById(folderId);
06    const file = DriveApp.getFileById(fileId);
07
08    const sourceBlob = file.getBlob();              지정한 파일에서 Blob 객체를 얻는다.
09    console.log(sourceBlob.getName()); //sea.jpg
10    console.log(sourceBlob.getContentType()); //image/jpeg
11
12    const targetBlob = file.getAs(MimeType.BMP);    지정한 파일을 BMP 형식의
13    console.log(targetBlob.getName()); //sea.bmp    Blob 객체로 얻는다.
14    console.log(targetBlob.getContentType()); //image/bmp
15
16    folder.createFile(targetBlob);                  지정한 Blog 객체를 지정한
17  }                                                 폴더에 추가한다.
```

로그를 보면 **getAs** 메서드 이후 콘텐츠 타입이 image/bmp로 변환되어 있음을 알 수 있습니다. 그리고 [그림 18-1]과 같이 지정한 폴더에는 BMP 형식의 파일이 생성됩니다.

그림 18-1 형식을 변환해서 생성한 이미지 파일

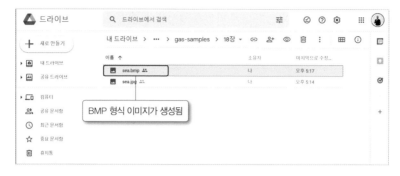

스프레드시트, 문서 변환하기

콘텐츠 타입을 바꿀 때 스프레드시트, 문서를 Excel 형식이나 Word 형식 또는 CSV 형식 등 다양한 타입으로 변환되기를 기대할 것입니다. 하지만 유감스럽게도 getAs 메서드를 이용해 스프레드시트, 문서를 변환할 수 있는 콘텐츠 타입은 PDF 형식으로 제한되어 있습니다.

오히려 Spreadsheet 객체나 Document 객체를 getBlob 메서드로 얻으면 콘텐츠 타입은 application/pdf가 됩니다. 이 점을 확인하기 위해 [예제 18-2]를 실행해봅니다. 바인드한 스프레드시트인 '과일 구매 리스트' 자체를 Blob 객체로 얻고 이를 인수로 createFile 메서드를 실행합니다.

예제 18-2 스프레드 시트를 블롭으로 얻어 파일을 생성 [18-01.gs]

```
01  function myFunction18_01_02() {
02    const folderId = '********'; //저장 폴더 ID
03    const folder = DriveApp.getFolderById(folderId);
04    const ss = SpreadsheetApp.getActiveSpreadsheet();
05    const blob = ss.getBlob();
06
07
```

바인드된 스프레드시트를 Blob 객체로 얻는다.

```
08    console.log(blob.getContentType()); //application/pdf          ┐ 이때 콘텐츠 타입이
09    console.log(blob.getName()); //과일 구매 리스트.pdf              │ application/pdf, 파일
                                                                     │ 확장자가 .pdf가 된다.
10    console.log(blob.isGoogleType()); //false                      ┘
11
12    folder.createFile(blob); ──── Blob 객체에서 파일을 생성하고 지정한 폴더에 추가한다.
13    }
```

로그 출력에서는 이미 콘텐츠 타입이 `application/pdf`로 변환된 것을 확인할 수
있습니다. 그리고 드라이브의 지정 폴더에는 [그림 18-2]와 같이 PDF 형식의 파
일이 추가됩니다.

그림 18-2 스프레드시트를 블롭으로 얻어 드라이브에 생성

이처럼 `getAs` 메서드를 이용하면 한정적으로 콘텐츠를 변환할 수 있습니다. 하지
만 이미지 형식 변환 또는 스프레드시트나 문서 등을 PDF로 변환하는 것은 간단
한 스크립트로 구현할 수 있으므로 충분히 활용 가치가 있을 것입니다.

> **💡 NOTE**
>
> 스프레드시트를 CSV 파일로 변환할 때는 `Utilities` 클래스의 `newBlob` 메서드를 사용할 수 있
> 습니다. 이 방법은 19장에서 설명합니다.

18.2 첨부 파일 조작하기

GmailAttachment 클래스

GmailAttachment 클래스는 지메일의 첨부 파일을 다루는 기능을 제공하는 Gmail 서비스의 클래스입니다. 이번 장에서 Gmail 서비스의 클래스를 소개하는 이유는 기능이 Blob 클래스와 같기 때문입니다. 즉 GmailAttachment 객체는 Blob 객체로 다룰 수 있습니다. [표 18-5]에 나타낸 GmailAttachment 클래스의 주요 멤버를 보면 알 수 있듯 Blob 클래스의 멤버에 getSize 메서드가 추가되었을 뿐이며 거의 같습니다.

표 18-5 GmailAttachment 클래스의 주요 멤버

멤버	반환값	설명
copyBlob()	Blob	블롭을 복제한다.
getAs(contentType)	Blob	블롭을 지정한 contentType으로 변환한다.
getContentType()	String	블롭의 콘텐츠 타입을 얻는다.
getDataAsString([charset])	String	블롭을 인코딩 chartset에 의한 문자열로 얻는다.
getName()	String	블롭의 이름을 얻는다.
getSize()	Integer	첨부 파일의 크기를 얻는다.
isGoogleType()	Boolean	블롭이 구글 애플리케이션 파일인가를 판정한다.
setContentType(contentType)	Blob	블롭의 콘텐츠 타입을 설정한다.
setCententTypeFrom Extension()	Blob	블롭의 콘텐츠 타입을 파일의 확장자에 기반해 설정한다.
setDataFromString(string[, chartset])	Blob	인코딩 charset을 이용한 문자열 string을 블롭 데이터로서 설정한다.
setName(name)	Blob	블롭의 이름을 설정한다.

첨부 파일을 드라이브에 저장하기

지메일 메시지에서 첨부 파일을 얻을 때는 Message 객체에 getAttachments 메서드를 사용합니다. 사용 구문은 다음과 같습니다.

구문

```
Message 객체.getAttachments()
```

한 메시지에 첨부 파일이 다수 존재하는 경우도 있으므로 반환값은 Gmail Attachment 객체(즉, Blob 객체)의 배열이 됩니다. 그럼 첨부 파일을 얻어 드라이브에 저장하는 예시를 확인해봅시다. [그림 18-3]과 같이 JPG 형식의 파일, CSV 형식의 파일이 첨부된 메시지가 받은편지함에 도착했다고 가정합니다. 이메일 메시지를 얻고 첨부 파일을 지정한 드라이브 폴더에 저장하는 스크립트는 [예제 18-3]과 같습니다.

그림 18-3 파일이 첨부되어 있는 메시지

예제 18-3 첨부 파일을 드라이브에 저장 [18–02.gs]

```
01   function myFunction18_02_01() {
02     const folderId = '********'; //저장 폴더 ID
03     const folder = DriveApp.getFolderById(folderId); //저장 폴더 ID
04
05     const query = 'has:attachment';
06     const threads = GmailApp.search(query, 0, 1);
07     const messages = threads[0].getMessages();
08
09     for (const message of messages) {
10       const attachments = message.getAttachments();
11
12       for (const attachment of attachments) {
13         const subject = message.getSubject();
14         const name = attachment.getName();
15         console.log(`Subject: ${subject}, Attachment: ${name}`);
16
17         folder.createFile(attachment);
18       }
19     }
20   }
```

> 첨부 파일이 있는 최신 스레드에서 메시지를 얻는다.

> 메시지에서 첨부 파일을 배열로 얻는다.

> 각 첨부 파일에 메시지 제목과 첨부 파일명을 표시하고 드라이브에 파일을 생성한다.

실행 결과

```
Subject: 첨부 파일 송신 테스트, Attachment: sea.jpg
Subject: 첨부 파일 송신 테스트, Attachment: 과일구매리스트.csv
```

스크립트를 실행하면 대상 메시지의 제목과 첨부 파일명이 로그에 출력되고 첨부 파일은 드라이브의 지정한 폴더에 저장됩니다(그림 18–4).

그림 18-4 드라이브에 저장된 첨부 파일

드라이브의 파일을 첨부해 메일 작성하기

GmailApp 클래스의 sendEmail 메서드에서는 옵션 attachments에 BlobSource 객체의 배열을 지정해 첨부 파일을 포함한 메시지를 전송할 수 있습니다. 예시로 [예제 18-4]를 확인해봅니다. 이 스크립트를 실행하면 지정한 폴더의 모든 파일을 첨부해서 메시지를 전송합니다.

예제 18-4 파일을 첨부한 메시지를 전송 [18-02.gs]

```
01  function myFunction18_02_02() {
02    const folderId = '********'; //저장 폴더 ID
03    const folder = DriveApp.getFolderById(folderId); //저장 폴더 ID
04    const files = folder.getFiles();
05
06    const attachments = [];
07    while (files.hasNext()) attachments.push(files.next());
08
09    const recipient = 'bob@example.com'; //받는 사람
10    const subject = '첨부 파일 샘플';
11    let body = '';
12    body += '샘플 님\n';
```

> 모든 파일을 attachments 배열에 추가한다.

```
13    body += '\n';
14    body += '이 메일은 첨부 파일이 있는 샘플 메일입니다.\n';
15    body += '확인 바랍니다.';
16
17    GmailApp.sendEmail(recipient, subject, body, {attachments: attachments});
18  }
```

> sendEmail의 옵션에 attachments 배열을 지정한다.

그림 18-5 파일을 첨부해 보낸 메시지

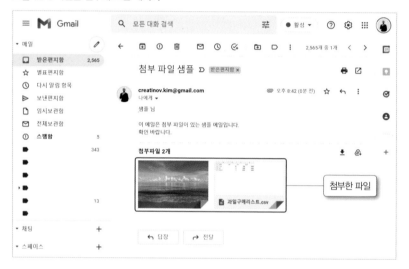

이번 장에서는 파일 조작과 데이터 교환을 수행하는 블롭, 이를 조작하기 위한 Blob 클래스에 관해 설명했습니다. 이를 이용해 서비스를 넘나들며 객체나 첨부 파일을 조작할 수 있습니다. 이를 잘 활용하면 GAS로 더 많은 것을 구현할 수 있을 것입니다.

다음 장에서는 GAS에서 사용할 수 있는 다양한 편의 기능을 제공하는 Utilities 서비스에 관해 소개합니다.

Chapter

19

Utilities 서비스

19.1 Utilities 서비스

Utilities 서비스

Utilities 서비스는 GAS에서 사용할 수 있는 다양한 편의 기능을 제공하는 서비스입니다. Utilities 서비스에서 제공되는 클래스는 [표 19-1]의 Utilities 클래스뿐입니다.

표 19-1 Utilities 서비스의 클래스

클래스	설명
Utilities	Utilities 서비스의 톱 레벨 객체

Utilities 클래스의 주요 멤버를 [표 19-2]에 정리했습니다. 표에서 볼 수 있듯 Blob 객체나 파일에 관한 것, 날짜 및 시간의 문자열화, 슬립 등 다양한 메서드를 제공합니다.

표 19-2 Utilities 클래스의 주요 멤버

멤버	반환값	설명
formatData(date, timeZone, format)	String	날짜 및 시간을 지정한 서식에 따라 문자열로 변환한다.
newBlob(data[, contentType, name])	Blob	data를 문자열로, contentType을 콘텐츠 타입으로, name을 이름으로 한 새로운 블롭을 만든다.
parseCsv(csv[, delimiter])	String[][]	csv 문자열 데이터를 delimiter 구분 문자로 분할해 2차원 배열을 얻는다.
unzip(blob)	Blob[]	ZIP 형식 blob의 압축을 풀어 블롭 배열로 얻는다.
zip(blobs[, name])	Blob	블롭의 배열 blobs를 ZIP 형식의 블롭으로 압축한다.

19.2 ZIP 파일과 CSV 파일

ZIP 형식의 압축과 해제

Utilities 클래스의 zip 메서드를 사용하면 여러 Blob 객체를 ZIP 형식으로 압축한 Blob 객체로 만들 수 있습니다.

구문

```
Utilities.zip(블롭 배열)
```

zip 메서드의 예시로 [예제 19-1]을 확인해봅니다. 드라이브 폴더 안의 모든 파일을 ZIP으로 압축하고 대상 폴더명을 파일명으로 하는 ZIP 파일을 만듭니다.

예제 19-1 폴더 안의 파일을 ZIP으로 압축 [19-02.gs]

```
01  function myFunction19_02_01() {
02    const id = '********'; //폴더 ID
03    const folder = DriveApp.getFolderById(id);
04    const files = folder.getFiles();
05
06    const blobs = [];
07    while (files.hasNext()) blobs.push(files.next().getBlob());
08
09    const zip = Utilities.zip(blobs);
10    folder.createFile(zip).setName(folder.getName() + '.zip');
11  }
```

> 모든 파일을 블롭으로 blobs 배열에 추가한다.

> blobs 배열을 ZIP 파일로 압축해서 zip에 저장한다.

> zip 변수의 내용을 파일로 생성한 뒤 파일명을 설정한다.

스크립트를 실행하면 같은 폴더 안에 ZIP 파일이 생성됩니다. 미리보기로 열면 [그림 19-1]과 같이 저장된 파일을 확인할 수 있습니다.

그림 19-1 ZIP으로 압축된 파일

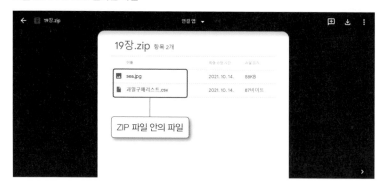

그리고 ZIP으로 압축된 Blob 객체의 압축을 풀 때는 unzip 메서드를 사용합니다. 사용 구문은 다음과 같습니다.

구문

```
Utilities.unzip(블롭)
```

unzip 메서드 예시로 [예제 19-1]에서 생성한 ZIP 파일의 압축을 풀어 그 내용을 확인하는 스크립트를 만들었습니다. [예제 19-2]를 확인해봅니다.

예제 19-2 ZIP 파일의 압축 풀기 [19-02.gs]

```
01  function myFunction19_02_02() {
02    const id = '********'; //ZIP 파일 ID
03    const file = DriveApp.getFileById(id);
04    const blobs = Utilities.unzip(file.getBlob());
05
06    for (const blob of blobs) {
07      console.log(`${blob.getName()} [Type: ${blob.getContentType()}]`);
08    }
09  }
```

> 지정한 ZIP 파일의 압축을 풀어 blobs 배열에 저장한다.

> blobs 안의 Blob 객체의 이름과 콘텐츠 타입을 로그에 출력한다.

```
sea.jpg [Type: image/jpeg]
과일구매리스트.csv [Type: text/csv]
```

예시에서는 블롭에서의 압축을 해제한 것뿐이므로 드라이브에는 저장되지 않습니다. 드라이브에서 압축을 풀 때는 `Drive` 서비스의 `createFile` 메서드를 사용해 블롭에서 파일을 만들어야 합니다.

CSV 파일 만들기

앞에서 설명한 것처럼 `Blob` 객체의 `getAs` 메서드로는 스프레드시트를 CSV 형식으로 변환할 수 없습니다. 하지만 `Utilities` 클래스의 `newBlob` 메서드를 사용하면 이를 해결할 수 있습니다. `newBlob` 메서드는 지정한 문자열에서 새로운 `Blob` 객체를 생성할 수 있는 메서드로, 사용 구문은 다음과 같습니다.

구문

```
Utilities.newBlob(문자열[, 콘텐츠 타입, 블롭명])
```

[그림 19-2]의 스프레드시트에서 CSV 파일을 생성하는 예를 확인해봅니다. 이 스프레드시트에 바인드한 스크립트에 [예제 19-3]을 기술합니다.

그림 19-2 CSV를 생성하는 스프레드시트

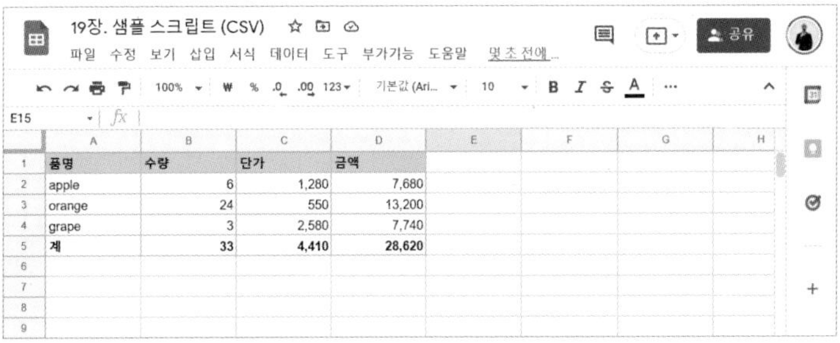

예제 19-3 스프레드시트에서 CSV 파일을 생성 [19-02.gs]

```
01  function myFunction19_02_03() {
02    const values = SpreadsheetApp.getActiveSheet().getDataRange().getValues();
03    const csv = values.reduce((str, row) => str + '\n' + row);
04    const blob = Utilities.newBlob(csv, MimeType.CSV, '과일구매리스트.csv');
05
06    const id = '*******'; //저장 폴더 ID
07    const folder = DriveApp.getFolderById(id);
08    folder.createFile(blob);
09  }
```

> 시트의 데이터를 2차원 배열 values로 얻는다.

> 2차원 배열 values에서 CSV 형식의 문자열을 생성해 csv에 저장한다.

> csv에서 CSV 형식의 Blob 객체를 만들고 blob으로 한다.

이 스크립트를 실행하면 [그림 19-3]과 같은 CSV 파일이 지정된 폴더에 생성됩니다.

그림 19-3 스프레스시트에서 작성한 CSV 파일

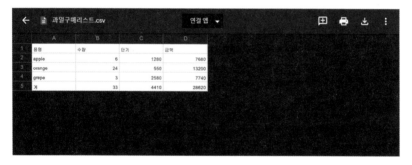

CSV 형식의 문자열을 생성하는 방법에 대해 더 알아봅시다. reduce 메서드에 부여된 함수 안의 str, row 변수는 시트의 한 행씩 셀 범위 값이 저장되어 있는 1차 배열이 됩니다. 1차원 배열은 문자열 연결식에 포함함으로써 문자열 타입으로 바뀌며 콤마로 구분된 문자열로 변환됩니다. 이를 순차적으로 줄바꿈 코드 LF(\n)로 연결해 CSV 형식의 문자열을 생성합니다.

CP949 형식으로 CSV 파일 작성하기

newBlob 메서드로 생성한 CSV 파일 등의 텍스트 파일은 기본적으로 문자 코드가
UTF-8로 되어 있습니다. 하지만 생성된 CSV 파일을 엑셀 등에서 열면 문자가 깨
질 수 있습니다. 이런 경우에는 문자 코드를 UTF-8에서 CP949 등으로 변환해
야 합니다. 이때 Blob 클래스에서 제공되는 **setDataFromString 메서드**를 사용합
니다. 사용 구문은 다음과 같습니다.

구문

```
Blob 객체.setDataFromString(문자열[, 문자 코드])
```

setDataFromString 메서드는 Blob 객체의 데이터이며 부여된 문자 코드의 문자
열을 설정하는 메서드입니다. 문자 코드에는 CP949 같은 문자열을 지정합니다.
그렇기 때문에 앞에서 설명한 문제는 빈 Blob 객체를 생성한 뒤 CP949 형식의
문자열을 설정해서 해결할 수 있습니다. 그럼 [예제 19-3]의 스크립트를 기반으
로 CSV 파일의 문자 코드를 CP949로 설정해봅시다(예제 19-4).

예제 19-4 CP949에서 CSV 파일을 작성 [19-02.gs]

```
01  function myFunction19_02_04() {
02    const values = SpreadsheetApp.getActiveSheet().getDataRange().getValues();
03    const csv = values.reduce((str, row) => str + '\n' + row);
04    const blob = Utilities.newBlob('', MimeType.CSV, '과일구매리스트_CP949.csv')
05      .setDataFromString(csv, 'CP949');
06
07    const id = '********'; //저장 폴더 ID
08    const folder = DriveApp.getFolderById(id);
09    folder.createFile(blob);
10  }
```

> 빈 Blob 객체를 생성한다.

> 문자 코드를 CP949로 하는 문자
> 열을 Blob 객체에 설정한다.

[그림 19-4]와 같이 스크립트를 실행해 생성한 CSV는 엑셀에서 열어도 문자가
깨지지 않습니다.

그림 19-4 엑셀에서 연 CSV 데이터

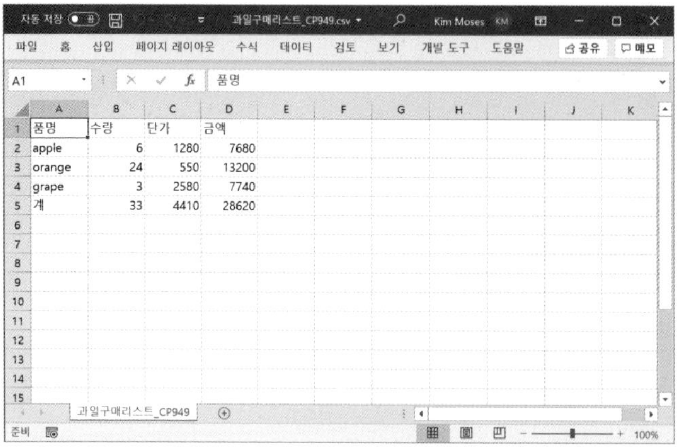

CSV 파일의 데이터를 2차원 배열화하기

Utilities 클래스의 parseCsv 메서드는 CSV 형식의 문자열을 1차원 배열화하는 메서드입니다. 사용 구문은 다음과 같습니다.

구문

```
Utilities.parseCsv(CSV_문자열[, 구분 문자])
```

구분 문자는 생략할 수 있으며 기본은 콤마 기호로 설정합니다. 예시로 [예제 19-3]으로 만든 CSV 파일의 데이터를 2차원 배열화해봅니다(예제 19-5).

예제 19-5 CSV 파일의 데이터를 2차원 배열화 [19-02.gs]

```
01    function myFunction19_02_05() {
02      const id = '********'; //파일 ID
03      const blob = DriveApp.getFileById(id).getBlob();
04      const csv = blob.getDataAsString();
05
06      const values = Utilities.parseCsv(csv);
```

> CSV 파일 안의 문자열을 csv로 얻는다.

> csv를 2차원 배열로 변환해 values로 지정한다.

```
07    console.log(values);
08
09    const sheet = SpreadsheetApp.getActiveSheet();
10    sheet.getRange(7, 1, values.length, values[0].length).setValues(values);
11  }
```

실행 결과

```
[ [ '품명', '수량', '단가', '금액' ],
  [ 'apple', '6', '1280', '7680' ],
  [ 'orange', '24', '550', '13200' ],
  [ 'grape', '3', '2580', '7740' ],
  [ '계', '33', '4410', '28620' ] ]
```

예제를 실행하면 [그림 19-5]와 같이 스프레드시트에 CSV 데이터를 나타낼 수
있습니다.

그림 19-5 스프레드시트에 나타낸 CSV 데이터

이렇게 Utilities 클래스의 newBlob 메서드와 parseCsv 메서드를 이용하면 스
프레드시트와 CSV 파일을 상호 변환할 수 있습니다.

19.3 날짜와 시간을 문자열로 바꾸기

날짜 및 시간을 서식을 지정해 문자열로 바꾸기

날짜 및 시간을 나타내는 Date 객체는 toString 메서드를 이용해 그대로 문자열로 바꾸거나 로그를 출력하면 다음과 같이 표시됩니다.

```
Wed Sep 01 2021 09:08:07.370 GMT+0900
```

서류 내용이나 파일명에 날짜 및 시간 정보를 이용할 때 대부분은 이대로 사용할 수 없으므로 서식을 변경해야 합니다. Utilities 클래스의 formatDate 메서드를 사용해 변경합니다.

구문

```
Utilities.formatDate(날짜 및 시간, 시간대, 서식)
```

날짜 및 시간을 나타내는 Date 객체를 [표 19-3]의 몇 가지 문자를 조합해 표현한 서식의 문자열로 바꿉니다.

표 19-3 formatDate 메서드의 서식에 사용하는 문자

종류	문자	예시
연호	G	AD
년	yy	70 71 … 29 30
	yyyy	1970 1971 … 2029 2030
월	M	1 2 … 11 12
	MM	01 02 … 11 12

	MMM	Jan Feb ... Nov Dec
	MMMM	January February ... November December
주(년)	w	1 2 ... 52 53
주(월)	W	1 2 ... 4 5
일(년)	D	1 2 ... 365 366
일(월)	d	1 2 ... 30 31
	dd	01 02 ... 30 31
요일	E	Sun Mon ... Fri Sat
	EEEE	Sunday Monday ... Friday Saturday
	u	1 2 ... 6 7
AM/PM	a	a: AM
시	H	0 1 ... 22 23
	HH	00 01 ... 22 23
	h	1 2 ... 11 12
	hh	01 02 ... 11 12
분	m	0 1 ... 58 59
	mm	00 01 ... 58 59
초	s	0 1 ... 58 59
	ss	00 01 ... 58 59
밀리초	S	000 001 ... 998 999
시간대	z	KST
	zzzz	Korea Standard Time
	X	+09
	XX	+0900
	XXX	+09:00

시간대에는 어떤 지역의 표준 시간대를 사용하는가를 문자열로 지정합니다. 한국의 시간대는 Asia/Seoul로 지정합니다. 예시로 [예제 19-6]을 실행해 각 서식에서 어떻게 출력되는지 확인해봅니다.

예제 19-6 Date 객체를 문자열로 바꾸기 [19-03.gs]

```
01  function myFunction19_03_01() {
02    const d = new Date('2021/9/1 9:8:7.370');
03
04    console.log(Utilities.formatDate(d, 'Asia/Seoul', 'yyyy/MM/dd HH:mm:ss'));
05    console.log(Utilities.formatDate(d, 'Asia/Seoul', 'yy/M/d ah:m:s'));
06    console.log(Utilities.formatDate(d, 'Asia/Seoul', 'yyyy년 M월 d일 H시 m분
      s초'));
07    console.log(Utilities.formatDate(d, 'Asia/Seoul', "E MMM dd yyyy HH:mm:ss.
      S 'GMT'XX"));
08  }
```

실행 결과

```
2021/09/01 09:08:07
21/9/1 AM9:8:7
2021년 9월 1일 9시 8분 7초
Wed Sep 01 2021 09:08:07.370 GMT+0900
```

서류 내용이나 파일명 등에 날짜 및 시간을 이용할 때는 formatDate 메서드가 효과적입니다.

이번 장에서는 Utilities 서비스의 멤버를 이용해 ZIP 파일이나 CSV 파일 조작, 날짜 및 시간을 문자열로 바꾸는 방법 등에 관해 설명했습니다. 모두 자주 사용하는 기법이므로 꼭 마스터하길 바랍니다.

다음 장에서는 속성 저장소를 조작하는 Properties 서비스에 관해 소개합니다. 속성 저장소를 사용하면 스크립트나 사용자에 연결된 데이터를 코드와 분리해 다른 영역에서 관리할 수 있습니다. 이를 활용하면 GAS로 한층 더 스마트하게 개발할 수 있을 것입니다.

Chapter

20

Properties 서비스

20.1 속성 저장소

속성 저장소

GAS에서는 프로젝트나 문서에 연결된 형태로 데이터를 저장해둘 수 있습니다. 이 저장 영역을 **속성 저장소**property store라 부릅니다. 속성 저장소에는 데이터를 문자열 형식의 키-값 쌍으로 저장할 수 있으며 이를 스크립트에서 읽고 쓰는 것도 가능합니다.

스크립트 안에서 사용하는 파일 ID, 외부와 접속하기 위해 필요한 정보 등은 스크립트의 글로벌 영역에 기술할 수도 있지만 변수명만 알면 프로젝트 안의 모든 영역에서 접근할 수 있습니다. 또 코드를 복사해서 재사용할 때 민감한 정보가 유출될 수 있습니다. 이런 경우에는 속성 저장소를 사용해 데이터들을 코드에서 분리해서 안전하게 관리할 수 있습니다. 또한 사용자별로 데이터를 저장할 수 있으므로 사용자에 따라 다른 스프레드시트를 참조하도록 할 수도 있습니다.

속성 저장소에는 [표 20-1]과 같이 프로젝트와 연결해 저장하는 **스크립트 속성**script property, 사용자별로 저장하는 **사용자 속성**user property, 문서에 연결해 저장하는 **문서 속성**document property이 있으며 용도에 맞춰 구분해서 사용합니다.

표 20-1 속성 저장소 종류

속성 저장소	속성 접근	예시
스크립트 속성	스크립트 단위로 보유하는 스크립트 속성에 접근	스크립트로 사용하는 폴더나 파일 ID, DB 접속 계정 정보 등
사용자 속성	스크립트를 실행하는 사용자 자신의 사용자 속성에 접근	사용자별로 작성한 파일 ID 등
문서 속성	열려 있는 문서의 문서 속성에 접근	문서에 사용되고 있는 데이터의 소스 URL 등

20.2 Properties 서비스와 PropertiesService 클래스

Properties 서비스와 PropertiesService 클래스

Properties 서비스는 속성 저장소를 다루는 서비스이며 Script Services에 포함됩니다. Properties 서비스에서는 [표 20-2]의 클래스를 제공합니다.

표 20-2 Properties 서비스의 클래스

클래스	설명
PropertiesServies	Properties 서비스의 톱 레벨 객체
Properties	속성 저장소를 조작하는 기능을 제공

Properties 서비스를 사용해 속성 저장소에 데이터를 읽고 쓸 수 있지만 1장에서 설명했던 할당과 제한으로 인해 하루에 속성을 읽고 쓸 수 있는 횟수와 속성으로서 가진 데이터 크기가 한정되어 있습니다. 허용 범위 안에서 사용하도록 주의합니다.

PropertiesService 클래스에서는 [표 20-3]에 나타낸 것처럼 각 속성 저장소를 Properties 객체로 얻는 멤버를 제공합니다.

표 20-3 PropertiesServices 클래스의 멤버

멤버	반환값	설명
getScriptProperties()	Properties	스크립트 속성을 얻는다.
getUserProperties()	Properties	사용자 자신의 사용자 속성을 얻는다.
getDocumentProperties()	Properties	문서 속성을 얻는다.

스크립트 속성을 얻는 **getScriptProperties** 메서드, 사용자 속성을 얻는 **getUser Properties** 메서드, 문서 속성을 얻는 **getDocumentProperties** 메서드는 다음 구문으로 각각 속성 저장소의 내용을 Properties 객체로 반환합니다.

구문

```
PropertiesService.getScriptProperties()
```

구문

```
PropertiesService.getUserProperties()
```

구문

```
PropertiesService.getDocumentProperties()
```

실제 속성 저장소의 내용을 조작할 때는 이를 이용해 얻은 Properties 객체에 대해 데이터 읽고 쓰기 등의 조작을 수행할 수 있습니다. 그리고 getUserProperties 메서드에서는 현재 스크립트를 실행하는 사용자와 연결된 속성을 얻습니다.

예시로 [예제 20-1]을 실행해봅니다. 스크립트 속성을 설정하고 이를 추출해 로 그를 출력하는 예제입니다. 여기에서 getProperties 메서드와 get Properties 메서드는 각각 Properties 객체의 키와 값의 쌍을 설정하고 얻을 수 있습니다.

예제 20-1 스크립트 속성 설정 및 얻기 [20-02.gs]

```
01  function myFunction20_02_01() {
02    const scriptProperties = PropertiesService.getScriptProperties();
03
04    scriptProperties.setProperties({'강아지': '멍멍', '고양이': '야옹', '너구리':
      '너굴'});
05    console.log(scriptProperties.getProperties()); //{'강아지': '멍멍', '고양이':
      '야옹', '너구리': '너굴'}
06  }
```

실행 결과

{'강아지': '멍멍', '고양이': '야옹', '너구리': '너굴'}

크게 의미 있는 데이터는 아니지만 속성 저장소를 사용해 스크립트 안에서 사용하는 다른 파일이나 ID, API 접속에 사용하는 토큰 등 정기적으로 사용하는 데이터나 유출을 피해야 하는 데이터 등을 관리하면 좋습니다.

> **NOTE**
>
> 과거에는 스크립트 편집기 메뉴에서 스크립트 속성을 확인하고 편집할 수 있었습니다. 그러나 2020년 12월에 새로운 IDE가 도입되면서 해당 기능이 제거되었습니다. 그러므로 새로운 IDE에서 속성 저장소를 사용할 때는 먼저 해당 데이터를 설정하는 스크립트를 만들어서 실행해야 합니다.

속성 저장소 읽고 쓰기 - Properties 클래스

Properties 클래스

Properties 클래스는 속성 저장소를 조작하는 기능을 제공하는 클래스입니다. [표 20-4]와 같이 속성 저장소의 데이터를 읽고 쓰거나 삭제하는 멤버로 구성되어 있습니다.

표 20-4 Properties 클래스 멤버

멤버	반환값	설명
deleteAllProperties()	Properties	속성 저장소의 모든 속성을 삭제한다.
deleteProperty(key)	Properties	속성 저장소의 지정된 key를 가진 속성을 삭제한다.
getKeys()	String[]	속성 저장소의 모든 키를 얻는다.
getProperties()	Object	속성 저장소의 모든 키와 값의 쌍을 얻는다.
getProperty(ley)	String	속성 저장소의 지정된 key와 연결되어 있는 값을 얻는다.
setProperties(properties[, deleteAllOthers])	Properties	속성 저장소에 properties에서 지정한 모든 키와 값의 쌍을 설정한다(deleteAllOthers에 true를 설정하면 사전에 기존의 모든 속성을 삭제한다).
setProperty(key, value)	Properties	속성 저장소에 지정된 key와 값 value의 쌍을 설정한다.

키와 값의 설정을 모아서 읽고 쓰기

속성 저장소의 데이터를 모아서 읽고 쓸 때는 getProperties 메서드와 setProperties 메서드를 사용합니다. 구문은 다음과 같습니다.

구문

```
Properties 객체.getProperties()
```

구문

```
Properties 객체.getProperties(객체[, 삭제 옵션])
```

getProperties 메서드는 지정한 속성 저장소의 모든 키와 값의 쌍을 객체 형식으로 얻습니다. getProperties 메서드에서는 객체 형식으로 지정한 키와 값의 모든 조합에 대해 키가 존재하면 해당 값을 덮어 쓰고, 키가 존재하지 않으면 키와 값을 추가합니다. 삭제 옵션은 생략할 수 있으며 true로 설정하면 대상 속성 저장소의 모든 데이터를 삭제한 뒤 설정합니다. 예시로 [예제 20-1]을 실행한 상태에서 스크립트 속성의 데이터를 치환하고 추가해봅니다.

예제 20-2 스크립트 속성 변경 및 추가 [20-03.gs]

> 키가 존재하는 '고양이'는 값을 덮어 쓰고 키가 존재하지 않는 '말'은 키와 값을 추가한다.

```
01  function myFunction20_03_01() {
02    const scriptProperties = PropertiesService.getScriptProperties();
03    scriptProperties.setProperties({'고양이': '냐옹', '말': '히힝'});
04
05    const properties = scriptProperties.getProperties();
06    for (const key in properties) console.log(key, properties[key]);
07  }
```

> 속성 저장소의 내용을 객체로 꺼내고 for...in 루프를 이용해 로그에 출력한다.

실행 결과

```
말 히힝
너구리 너굴
고양이 냐옹
강아지 멍멍
```

속성 저장소에 설정된 모든 키와 값의 쌍을 삭제할 때는 **deleteAllProperties** 메서드를 사용할 수 있습니다.

```
Properties 객체.deleteAllProperties()
```

[예제 20-3]을 실행하면 로그에 빈 객체가 출력되는 것을 확인할 수 있습니다.

예제 20-3 스크립트 속성을 모두 삭제 [20-03.gs]

```
01  function myFunction20_03_02() {
02    const scriptProperties = PropertiesService.getScriptProperties();
03    scriptProperties.deleteAllProperties();
04
05    console.log(scriptProperties.getProperties()); //{}
06  }
```

특정 키의 값을 읽고 쓰기

속성 저장소는 특정 키에 대한 값을 읽고 쓰는 데 가장 많이 사용됩니다. 키를 이
용해 값을 얻을 때는 **getProperty 메서드**, 값을 설정할 때는 **setProperty 메서드**
를 사용합니다. 각 메서드의 사용 구문은 다음과 같습니다.

```
Properties 객체.getProperty(키)
```

```
Properties 객체.setProerty(키, 값)
```

getProperty 메서드를 이용하면 지정한 키의 값을 꺼낼 수 있습니다. 키가 존재
하지 않으면 null을 반환합니다. setPropety 메서드에서는 지정한 키에 값을 설
정합니다. 사용 예로 [예제 20-4]를 확인해봅니다. 실행할 때마다 스크립트 속성
의 COUNT 키에 대응하는 값을 1씩 증가시킵니다.

예제 20-4 스크립트 속성 특정 키의 값 얻기와 설정 [20-03.gs]

```
01  function myFunction20_03_03() {
02    const scriptProperties = PropertiesService.getScriptProperties();
03    let count = Number(scriptProperties.getProperty('COUNT'));
04
05    if (count) {
06      count++;
07      scriptProperties.setProperty('COUNT', count.toString());
08    } else {
09      scriptProperties.setProperty('COUNT', '1');
10    }
11
12    console.log(scriptProperties.getProperty('COUNT'));
13  }
```

> 스크립트 속성에서 COUNT 키의 값을 얻는다.

스크립트를 실행할 때마다 실행 로그에 출력되는 값이 1씩 증가하는 것을 확인해봅니다. 또한 속성 저장소의 값은 문자열이므로 이 예시에서는 얻은 값을 Number 함수를 이용해 수치로 변환하거나 설정한 값을 toString 메서드를 이용해 문자열로 변환하는 것도 확인해봅니다.

속성 저장소에 설정되어 있는 특정 키와 값의 쌍을 삭제할 때는 **deleteProperty** **메서드**를 사용합니다.

구문

```
Properties 객체.deleteProperty(키)
```

[예제 20-4]를 실행한 상태에서 [예제 20-5]를 실행해봅니다. 키와 값이 삭제되는 것을 확인할 수 있습니다.

예제 20-5 특정 키와 값 삭제 [20-03.gs]

```
01  function myFunction20_03_04() {
02    const scriptProperties = PropertiesService.getScriptProperties();
03    scriptProperties.deleteProperty('COUNT');
```

```
04
05    console.log(scriptProperties.getProperties()); //{}
06  }
```

사용자 속성 활용하기

사용자 속성으로 사용자마다 데이터를 다르게 관리할 수 있습니다. 예를 들어 사용자 속성에 사용자별로 스프레드시트 ID를 저장해서 사용자마다 다른 스프레드시트를 대상으로 처리를 할 수 있습니다. 예시로 [예제 20-6]을 살펴봅니다. 사용자 속성에 SPREAD_SHEET_ID 값이 존재하지 않으면 새로운 스프레드시트를 작성한 뒤 해당 ID를 사용자 속성에 저장합니다.

예제 20-6 사용자별로 스프레드시트 작성[20-03.gs]

```
01  function myFunction20_03_05() {
02    const userProperties = PropertiesService.getUserProperties();
03    const spreadSheetId = userProperties.getProperty('SPREAD_SHEET_ID');
04
05    if (spreadSheetId) {
06      throw('기존 스프레드시트가 존재합니다: ' + spreadSheetId);
07    } else {
08      const ssName = `스태프 별 (${Session.getActiveUser().getEmail()})`;
09      const ss = SpreadsheetApp.create(ssName);
10      userProperties.setProperty('SPREAD_SHEET_ID', ss.getId());
11    }
12  }
```

> 현재 사용자의 사용자 속성에서 SPREAD_SHEET_ID 키의 값을 꺼낸다.

> SPREAD_SHEET_ID 키의 값이 존재하는지 판정한다.

> 현재 사용자 정보로 스프레드시트 이름을 만들고 ssName으로 설정한다.

> 새 스프레드시트를 만들고 해당 ID를 사용자 속성으로 설정한다.

단, 앞에서 설명한 것처럼 사용자 속성은 자신의 데이터에만 접근할 수 있어서 스크립트 작동 결과를 확인하기 어려운 경우가 있습니다. 그 점을 충분히 유의해 사용하기 바랍니다.

이번 장에서는 코드와 다른 영역에 데이터를 저장할 수 있는 속성 저장소와 이를 조작하는 Properties 서비스에 관해 소개했습니다. 화려한 기능은 아니라고 생각할 수 있으나 스크립트 관리의 용이성, 가독성, 안정성을 높일 수 있으므로 능숙하게 활용할 수 있기를 바랍니다.

다음 장에서는 GAS가 클라우드에서 작동하기 때문에 제공 가능한 기능인 '이벤트'와 '트리거'에 관해 설명합니다. 이 기능들을 사용하면 스프레드시트나 문서의 실행, 편집 또는 특정 시간대와 같은 이벤트에 맞춰 스크립트가 움직이게 할 수 있습니다. GAS를 이용한 도구나 애플리케이션 활용 범위를 넓혀주므로 자유자재로 활용할 수 있도록 학습해봅시다.

Chapter

21

이벤트와 트리거

21.1 심플 트리거

두 종류의 트리거

GAS에서는 지정한 날짜 및 시간, 스프레드시트를 편집했을 때 또는 설문지 투고를 했을 때와 같이 특정한 이벤트에 맞춰 자동으로 스크립트를 실행시키는 **트리거**trigger라는 기능을 제공합니다. 트리거는 크게 다음 두 종류로 나눌 수 있습니다.

- 심플 트리거simple trigger: 미리 결정된 함수명으로 스크립트를 작성한다.
- 인스톨러블 트리거installable trigger: 스크립트 편집기에서 이벤트의 내용과 함수를 설정한다.

각 트리거의 설정 방법과 트리거로서 사용할 수 있는 이벤트가 다르므로 목적에 맞게 구분해서 사용해야 합니다. [표 21-1]에 심플 트리거, 인스톨러블 트리거가 각각 어떤 이벤트를 지원하는지 정리했습니다.

표 21-1 두 종류의 트리거와 이벤트

이벤트	심플 트리거	인스톨러블 트리거
실행 시(Open)	스프레드시트 문서 설문지 프레젠테이션	스프레드시트 문서 설문지
편집 시(Edit)	스프레드시트	스프레드시트
인스톨 시(Install)	스프레드시트 문서 설문지 프레젠테이션	–
선택 변경 시(Selection Change)	스프레드시트	–
값 변경 시(Change)	–	스프레드시트

설문지 전송 시(Form submit)	–	스프레드시트 설문지
캘린더 업데이트 시(Calendar event)	–	스프레드시트 문서 설문지 프레젠테이션 스탠드얼론
시간 기반(Time-driven)	–	스프레드시트 문서 설문지 프레젠테이션 스탠드얼론
HTTP 응답(Get/Post)	스프레드시트 문서 설문지 프레젠테이션 사이트 스탠드얼론	–

[표 21-1]에서 스탠드얼론 이외에는 모두 해당 애플리케이션의 컨테이너 바운드 스크립트임을 의미합니다. 예를 들어 스프레드시트 실행 시 동작하는 스크립트를 만들고 싶다면, 스프레드시트의 컨테이너 바운드 스크립트를 만들고 그 스크립트에 심플 트리거 또는 인스톨러블 트리거를 설치해야 합니다. 시간 기반 트리거는 단독으로도 설치할 수 있으며 인스톨러블 트리거만 대응합니다.

심플 트리거와 설치 방법

심플 트리거는 미리 정해져 있는 함수명으로 스크립트를 작성해 설치할 수 있습니다. 종류는 다음과 같이 여섯 가지입니다.

- onOpen(e): 스프레드시트, 문서, 설문지 및 프레젠테이션을 열 때 실행된다.
- onEdit(e): 스프레드시트의 값을 변경했을 때 실행된다.

- onSelectionChange(e): 스프레드시트 선택을 변경했을 때 실행된다.
- onInstall(e): 스프레드시트, 문서, 설문지 또는 프레젠테이션에 애드온을 설치했을 때 실행된다.
- doGet(e): 웹 애플리케이션에 접근이 있을 때 또는 GET 리퀘스트가 있을 때 실행된다.
- doPost(e): 웹 애플리케이션에 POST 리퀘스트가 있을 때 실행된다.

[예제 21-1]의 스크립트를 스프레드시트의 컨테이너 바운드 스크립트에 입력하고 저장하면 이후 스프레드시트를 실행할 때 Hello라고 표시된 메시지 박스가 자동으로 표시됩니다.

예제 21-1 실행 시 메시지 박스를 표시 [21-01.gs]

```
01  function onOpen() {
02    Browser.msgBox('Hello');
03  }
```

심플 트리거는 스크립트 안에 기술되어 있기 때문에 스크립트를 확인하는 것으로 트리거 설정과 그 내용을 파악할 수 있다는 것이 장점입니다.

심플 트리거 사용 시 주의점

심플 트리거는 특정한 함수명을 이용해 설치할 수 있다는 편리함이 있는 반면 다음과 같이 여러 제한 사항이 있습니다. GAS 스크립트 오동작의 원인이 심플 트리거 제한 때문이었을 수도 있습니다.

- Get/Post 이후의 심플 트리거 설치는 반드시 컨테이너 바운드 스크립트여야 한다.
- 스프레드시트, 문서, 설문지 및 프레젠테이션의 파일이 읽기 전용으로 설정되어 있으면 실행되지 않는다.
- 바인드된 파일 이외에는 접근할 수 없다.
- 30초 이상 실행할 수 없다.

이렇게 심플 트리거에는 엄격한 제한이 걸려 있으므로 복잡한 스크립트를 실행시키는 트리거에는 어울리지 않습니다. 이런 경우에는 인스톨러블 트리거를 사용합니다.

> **💡 NOTE**
>
> onOpen 함수는 스프레드시트, 문서, 설문지 또는 슬라이드 실행 시 커스텀 메뉴를 추가할 때 자주 사용됩니다. 메뉴 생성에 관해서는 17장의 내용을 복습하기 바랍니다.

21.2 인스톨러블 트리거

인스톨러블 트리거와 설치 방법

인스톨러블 트리거는 함수를 작성한 뒤 스크립트 편집기에서 설치합니다. 인스톨러블 트리거는 다음과 같이 여섯 종류입니다.

- 실행 시(Open): 스프레드시트, 문서 또는 설문지를 열 때 실행된다.
- 편집 시(Edit): 스프레드시트가 편집되었을 때 실행된다.
- 변경 시(Change): 스프레드시트의 내용 또는 구성이 변경되었을 때 실행된다.
- 설문지 전송 시(Form submit): 설문지가 전송되면 실행된다.
- 시간 기반(Time-driven): 타이머를 설정한 시각에 실행된다.
- 캘린더 변경 시(Calendar event): 캘린더 이벤트를 변경할 때 실행된다.

시간 기반 타이머는 [표 21-2]와 같이 설정할 수 있습니다.

표 21-2 시간 기반 트리거의 타이머 설정

타이머	설명
특정 날짜 및 시간	특정 날짜 및 시간을 지정한다.
분 단위 타이머	1분 / 5분 / 10분 / 15분 / 30분 등
시간 단위 타이머	1시간 / 2시간 / 4시간 / 8시간 / 12시간 등
날짜 단위 타이머	실행할 시간대(1시간 단위)를 설정한다.
주 단위 타이머	요일과 실행할 시간대(1시간 단위)를 설정한다.
월 단위 타이머	날짜와 실행할 시간대(1시간 단위)를 설정한다.

예를 들어 앞에서 설명한 것처럼 메시지 박스를 표시하는 [예제 21-2]를 작성하고 인스톨러블 트리거를 설치해봅니다. 심플 트리거와 달리 함수명은 자유롭게

결정할 수 있습니다.

예제 21-2 메시지 박스를 표시하는 함수 [21-02.gs]

```
01    function myFunction21_02_01() {
02      Browser.msgBox('Hello');
03    }
```

함수 myFucntion21_02_01에 인스톨러블 트리거를 설정합니다. 먼저 스크립트 편집기 메뉴에서 🕐 (트리거)를 클릭합니다. '트리거' 화면에서 오른쪽 아래의 [트리거 추가]를 클릭합니다.

그림 21-1 '트리거' 화면에서 트리거를 추가

계속해서 표시되는 다이얼로그에서 실행할 함수, 이벤트의 소스 및 종류, 에러 알림 설정에 관해 설정합니다. 예제에서 함수는 myFunction21_02_01, 이벤트는 '스프레드시트에서' → '열릴 시', 에러 알림은 기본값인 '매일 알림'을 선택했습니다.

그림 21-2 스프레드시트 실행 시 트리거 설정

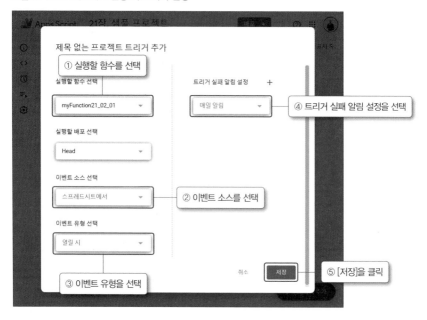

트리거를 설정하면 다음 컨테이너인 스프레드시트를 실행할 때마다 'Hello' 메시지 박스가 자동으로 표시됩니다.

인스톨러블 트리거 설정과 그 내용을 더 알아보겠습니다. 먼저 이벤트 소스는 바인드한 컨테이너의 종류에 따라 다음 중 하나의 선택지가 표시됩니다. 이벤트 소스에 따라 이후 선택할 항목과 선택지가 바뀝니다.

- 스프레드시트 / 문서 / 설문지
- 시간 기반
- 캘린더

트리거 실패 알림 설정은 트리거 실행 시 에러가 발생했을 때 메일 알림 시점을 다음 중에서 설정할 수 있습니다. 처음 실행할 때는 '즉시'로 설정해두면 에러 발생을 빠르게 파악할 수 있습니다.

- 즉시 알림을 받는다.

- 매시간 알림을 받는다.

- 매일 알림을 받는다(기본값).

- 매주 알림을 받는다.

> 💡 **NOTE**
>
> '실행할 배포 선택'은 새로운 버전을 배포할 때 선택할 수 있습니다. 기본은 'Head'입니다. 이는 '최신 코드를 트리거의 대상으로 함'을 의미합니다.

인스톨러블 트리거 설치를 완료하면 '트리거' 화면에 [그림 21-3]과 같이 설치한 트리거가 추가됩니다.

그림 21-3 인스톨러블 트리거 편집과 조작

트리거를 수정할 때는 [트리거 수정] 아이콘을 클릭하면 열리는 다이얼로그에서 수정할 수 있습니다. 트리거를 삭제할 때는 [기타 메뉴]를 열고 [트리거 삭제]를

선택합니다. 그리고 [기타 메뉴]의 [실행]에서 트리거 실행 이력 로그를 확인할 수 있습니다.

인스톨러블 트리거 사용 시 주의점

인스톨러블 트리거는 스크립트 편집기 메뉴를 통해 간단히 설치할 수 있지만 사용할 때 몇 가지 주의가 필요합니다. GAS를 이용한 시스템 운용에서 문제가 되기 쉬운 부분이므로 주의하기 바랍니다.

- 인스톨러블 트리거를 이용한 실행은 항상 트리거를 설치한 계정에서 실행된다.
- 인스톨러블 트리거는 다른 사용자가 설치했는지 확인할 수 없다.

예를 들어 Gmail 서비스를 사용해 메일을 전송하거나 얻을 때는 트리거를 설치한 계정에서 전송하거나 얻게 됩니다. 이어서 설명할 트리거 전체 이용 시간에도 주의해야 합니다. 트리거를 어떤 계정에 설치할 것인지 충분히 검토하고 설치 상황은 팀에 공유하는 것이 좋습니다.

시간 기반 트리거는 최소 1시간 간격으로 작동시킬 수 있으며 간격이 짧은 만큼 스크립트 실행 횟수가 늘어납니다. 즉, GAS 할당 정책도 주의해야 합니다. 예를 들어 무료 구글 계정에서는 트리거를 이용한 전체 실행 시간이 하루 90분으로 한정되어 있으므로 실행 시간이 1분인 스크립트는 하루에 90번까지만 실행할 수 있습니다. 시간 기반 트리거는 할당량에서 거꾸로 계산해서 실행 간격을 설정해야 하는 점을 기억하기 바랍니다.

> 💡 NOTE
>
> 인스톨러블 트리거를 설치할 계정은 충분히 고려해 선택하고 적정한 수준에서 관리해야 하며 시간 기반 트리거는 할당에 주의해서 설정해야 합니다.

21.3 이벤트 객체

이벤트 객체

심플 트리거 또는 인스톨러블 트리거를 이용해 함수가 실행되는 경우 **이벤트 객체**를 인수로 전달할 수 있습니다. 이벤트 객체에는 일반적으로 e라는 파라미터명을 사용합니다. 예를 들어 심플 트리거의 onEdit 함수로 스프레드시트를 조작할 때는 편집된 셀을 의미하는 Range 객체나 값 등을 얻어 스크립트 안에서 사용할 수 있습니다. 이벤트 객체를 구성하는 속성과 값은 이벤트와 애플리케이션에 따라 다릅니다. 이벤트 객체의 주요 속성을 [표 21-3]에 정리했습니다

표 21-3 이벤트 객체와 주요 속성

이벤트	애플리케이션	속성	타입	설명
실행 시(Open)	스프레드시트 문서 설문지 프레젠테이션*	source	Spreadsheet Document Form Presentation	바인드되어 있는 컨테이너
		user	User	현재 사용자
편집 시(Edit)	스프레드시트	source	Spreadsheet	바인드되어 있는 컨테이너
		range	Range	수정된 셀 범위
		value	Object	수정 후 셀의 값(Range 객체가 단일 셀인 경우에만 이용 가능)
		oldValue	Object	수정 전 셀의 값(Range 객체가 단일 셀인 경우에만 이용 가능)
		user	User	현재 사용자

값 변경 시 (change)	스프레드시트	source	Spreadsheet	바인드되어 있는 컨테이너
		user	User	현재 사용자
설문지 전송 시 (Form submit)	스프레드시트	range	Range	수정된 셀 범위
		values	Object[]	설문지에서 전송된 값의 배열
		named Values	Object	설문지의 질문을 키, 설문지에서 전송된 것을 값으로 하는 객체
	설문지	source	Form	바인드되어 있는 컨테이너
		response	FormResponse	사용자의 응답
캘린더 변경 시 (Calendar event)	스프레드시트 문서 설문지 슬라이드 스탠드얼론	calendarId	String	이벤트 업데이트가 발생한 캘린더 ID

*프레젠테이션 실행 시(Open)는 심플 트리거만 사용 가능

[예제 21-3]은 스프레드시트 수정 시 수정된 셀의 행 번호 및 열 번호, 수정 전후의 값을 메시지 다이얼로그에 표시합니다. 셀을 수정하면 [그림 21-4]와 같이 메시지 다이얼로그가 표시됩니다.

예제 21-3 스프레드시트 수정 시 이벤트 객체 [21-03.gs]

```
01  function onEdit(e) {
02    const {range, value, oldValue} = e;          이벤트 객체를 각 정의에 나눠 대입한다.
03    const msg = `${range.getRow()}, ${range.getColumn()}: ${oldValue} → ${value}`;
04    Browser.msgBox(msg);
05  }
```

그림 21-4 스프레드시트의 수정 내용을 메시지 다이얼로그에 표시

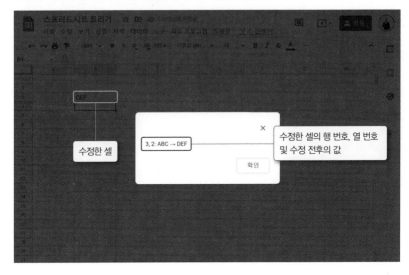

설문지 전송 시 스프레드시트 조작하기

설문지 전송 시 트리거를 설치하는 예시를 소개합니다. 구글 설문지로 만든 설문지에서 데이터를 전송했을 때 전송지 스프레드시트와 연동할 수 있습니다. 이를 활용해 스프레드시트에 설문지 응답을 모아둘 수 있고 트리거를 사용하면 전송과 동시에 처리를 수행할 수도 있습니다. 예시로 [그림 21-5]와 같이 객관식 질문 세 개로 구성된 선택지를 작성하는 경우를 확인해봅니다. 모든 질문은 1~3 중에서 선택하도록 했습니다.

그림 21-5 설문지 예시

설문지 응답은 [그림 21-6]과 같이 '응답' 탭에서 집계 내용을 확인할 수 있습니다. 또한 이 화면에서 [스프레드시트 만들기] 아이콘을 클릭하면 설문 응답 대상 스프레드시트를 만들 수 있습니다.

그림 21-6 설문지 응답 대상 스프레드시트 만들기

스프레드시트의 1행에는 질문에 따라 자동으로 제목 행이 만들어집니다. 이후 응답이 올 때마다 [그림 21-7]과 같이 한 행씩 데이터가 축적됩니다.

그림 21-7 설문지 응답이 입력된 스프레드시트

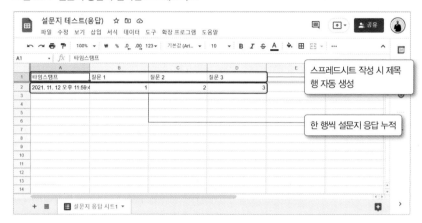

A열에서 D열까지는 타임스탬프와 설문지 응답이 자동으로 입력됩니다. 여기에 E열에서 각 답변의 합계값을 구한다고 가정해보겠습니다. 먼저 이 스프레드시트의 컨테이너 바운드 스크립트로 [예제 21-4]와 같은 스크립트를 만듭니다.

예제 21-4 양식 제출 시 수식을 추가 [21-03.gs]

```
01   function myFunction21_03_02(e) {
02     const sheet = SpreadsheetApp.getActiveSheet();
03     const row = e.range.getRow();
04     sheet.getRange(row, 6).setFormulaR1C1('=SUM(RC[-3]:RC[-1])')
05   }
```

설문지 응답이 입력된 행 번호를 얻는다.

E열에 B열~D열의 응답 합계값을 구하는 수식을 입력한다.

myFunction21_03_02 함수가 '양식 제출 시' 동작하는 인스톨러블 트리거를 설치합니다. 그러면 이후 실행될 때 설문지 데이터가 입력되고 그와 함께 스크립트가 작동해 E열에 수식이 입력됩니다(그림 21-8).

그림 21-8 설문지 전송 시 수식으로 합계값을 구하기

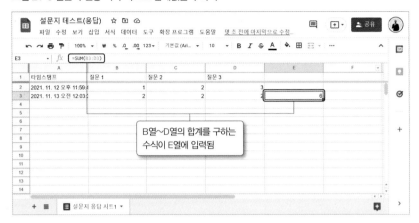

B열~D열의 합계를 구하는
수식이 E열에 입력됨

21.4 Script 서비스

Script 서비스와 클래스

Script 서비스는 Script Services에 포함되어 있으며 이름 그대로 '스크립트'를 조작하는 기능을 제공합니다. 이 기능은 트리거를 조작하는 기능, 스크립트 공개 관련 조작 기능으로 크게 나눌 수 있습니다. 이 책에서는 트리거 조작에 관한 기능을 소개합니다. Script 서비스에서는 [표 21-4]에 소개한 클래스를 이용해 트리거를 조작할 수 있습니다.

표 21-4 Script 서비스의 주요 클래스

클래스	설명
ScriptApp	Script 서비스의 톱 레벨 객체
Trigger	트리거를 조작하는 기능을 제공한다.
TriggerBuilder	범용 트리거빌더를 제공한다.
ClockTriggerBuilder	시간 기반 트리거빌더를 제공한다.
CalendarTriggerBuilder	캘린더 트리거빌더를 제공한다.
DocumentTriggerBuilder	문서 트리거빌더를 제공한다.
FormTriggerBuilder	설문지 트리거빌더를 제공한다.
SpreadsheetTriggerBuilder	스프레드시트 트리거빌더를 제공한다.

클래스 구성이 꽤 복잡하게 보일지 모르지만 그렇지 않습니다. Script 서비스 트리거에 관한 클래스는 [그림 21-9]와 같이 ScriptApp 클래스 아래에 트리거와 트리거빌더 두 가지로 나뉠 뿐입니다.

그림 21-9 Script 서비스 클래스의 계층 구조

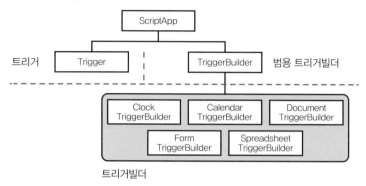

Script 서비스로는 인스톨러블 트리거만 조작할 수 있으며 심플 트리거는 조작할
수 없습니다. 이번 장에서 이후 '트리거'라는 단어는 인스톨러블 트리거를 가리킵
니다.

ScriptApp 클래스

ScriptApp 클래스는 Script 서비스의 톱 레벨 객체이며 스크립트의 정보를 얻거
나 트리거를 조작하는 기능 등을 제공합니다. 주요 멤버를 [표 21-5]에 정리했습
니다.

표 21-5 ScriptApp 클래스의 주요 멤버

멤버	반환값	설명
deleteTrigger(trigger)	void	트리거를 삭제한다.
getProjectTriggers()	Trigger[]	프로젝트 현재 사용자의 트리거를 배열로 얻는다.
getScriptId()	String	스크립트 ID를 얻는다.
newTrigger(functionName)	TriggerBuilder	새로운 트리거빌더를 만들어 반환한다.

[예제 21-5]를 실행해서 작동을 확인해봅니다. 스크립트 ID는 스크립트 편집기

메뉴의 ⚙(프로젝트 설정) → 'ID' 항목에서 확인할 수 있습니다.

예제 21-5 스크립트 정보 및 트리거 얻기 [21-04.gs]

```
01  function myFunction21_04_01() {
02    console.log(ScriptApp.getScriptId()); //스크립트 ID
03    console.log(ScriptApp.getProjectTriggers().length); //프로젝트 트리거 수
04  }
```

Trigger 클래스

Script 서비스에서는 각 트리거를 Trigger 객체로 다룹니다. [예제 21-5]와 같이 프로젝트에 포함된 트리거는 ScriptApp 클래스의 **getProjectTriggers** 메서드를 사용해 배열로 얻을 수 있습니다.

구문

```
ScriptApp.getProjectTriggers()
```

이 구문으로 얻은 트리거는 **Trigger 클래스**에서 제공되는 멤버를 이용해 정보를 가져올 수 있습니다. 주요 멤버를 [표 21-6]에 정리했습니다.

표 21-6 Trigger 클래스의 주요 멤버

멤버	반환값	설명
getEventType()	EventType	트리거의 이벤트 타입을 얻는다.
getHandlerFunction()	String	트리거로 호출된 함수명을 얻는다.
getTriggerSource()	TriggerSource	트리거의 소스 종류를 얻는다.
getTriggerSouceId()	String	트리거의 소스 ID를 얻는다.
getUnitqueId()	String	트리거 ID를 얻는다.

그럼 이 메서드를 이용해 트리거 정보를 얻어봅시다. [예제 21-6]을 실행합니다.

예제 21-6 트리거 정보 얻기 [21-04.gs]

```
01  function myFunction21_04_02() {
02    const trigger = ScriptApp.getProjectTriggers()[0];
03
04    console.log(trigger.getEventType().toString()); //ON_OPEN
05    console.log(trigger.getHandlerFunction()); //myFunction21_02_01
06    console.log(trigger.getTriggerSource().toString()); //SPREADSHEETS
07    console.log(trigger.getTriggerSourceId()); //스프레드시트 ID
08    console.log(trigger.getUniqueId()); //4744618
09  }
```

예제에서는 [예제 21-2]에서 만든 함수와 트리거 실행 결과를 주석으로 입력해
두었습니다. 아무런 트리거도 설정되어 있지 않을 때는 TypeError가 발생합니다.

getTriggerSource 메서드, getTriggerSourceId 메서드의 대상이 되는 소스란
트리거를 발생시키는 대상을 나타내며 Enum TrigerSource로 정의되어 있습니다.
소스가 CLOCK일 때는 getTriggerSourceId 메서드의 반환값이 null이 됩니다.

트리거빌더와 트리거 작성

새로운 트리거를 만들 때는 **트리거빌더**^{TriggerBuilder}라는 구조를 사용해 다음과 같은
순서로 만듭니다.

① 범용 트리거빌더를 만든다.
② 범용 트리거빌더에서 각 종류의 트리거빌더로 변환한다.
③ 각 종류의 트리거빌더를 설정한다.
④ 각 종류의 트리거빌더에서 트리거를 만든다.

트리거빌더란 트리거를 구축하기 위한 객체입니다. 범용 트리거빌더는 Trigger
Builder 객체가 되며 트리거의 종류를 설정하는 메서드를 사용해 ClockTrigger

Builder 객체나 SpreadsheetTriggerBuilder 객체 등 종류별 트리거빌더로 변환합니다.

그럼 구체적으로 확인해봅니다. 먼저 범용 트리거빌더인 TriggerBuilder 객체를 만들 때는 ScriptApp 클래스인 newTrigger 메서드를 이용합니다. 사용 구문은 다음과 같습니다.

구문

```
ScriptApp.newTrigger(함수명)
```

함수명은 문자열로 지정하고 함수를 호출하는 트리거를 구축하기 위한 범용 트리거를 만듭니다. 이어서 [표 21-7]의 TriggerBuilder 클래스의 멤버를 이용해 각종 트리거빌더로 변환합니다.

표 21-7 TriggerBuilder 클래스의 주요 멤버

멤버	반환값	설명
forDocument(document)	DocumentTrigger Builder	문서 트리거빌더를 반환한다.
forForm(form)	FormTriggerBuilder	설문지 트리거빌더를 반환한다.
forSpreadsheet (spreadsheet)	SpreadsheetTrigger Builder	스프레드시트 트리거빌더를 반환한다.
forUserCalendar(emailId)	CalendarTriggerBuilder	캘린더 트리거빌더를 만든다.
timeBased()	ClockTriggerBuilder	시간 기반 트리거빌더를 반환한다.

여기에서 timeBased 메서드를 제외한 메서드는 트리거 소스를 인수로 지정해야 합니다.

forDocument 메서드, forForm 메서드, forSpreadsheet 메서드에서는 Document 객체, Form 객체, Spreadsheet 객체를 각각 지정할 수 있으며 문서 ID, 설문지 ID, 스프레드시트 ID를 문자열로 지정할 수도 있습니다. forUserCalendar 메서

드에서는 대상이 되는 캘린더 ID를 문자열로 지정합니다.

이어서 [표 21-8]의 멤버를 이용해 각 트리거빌더에 필요한 설정을 합니다.

표 21-8 각 트리거빌더 클래스의 주요 멤버

클래스	멤버	반환값	설명
공통	create()	Trigger	트리거를 작성한다.
시간 기반	after(durationMilliseconds)	ClockTriggerBuilder	트리거를 현재 시각 기준 밀리초 이후로 설정한다.
	at(date)	ClockTriggerBuilder	트리거의 날짜 및 시간을 date 객체로 설정한다.
	at(year, month, day)	ClockTriggerBuilder	트리거의 년, 월, 일을 설정한다.
	atHour(hour)	ClockTriggerBuilder	트리거의 시각을 설정한다.
	everyDays(n)	ClockTriggerBuilder	n일 간격의 트리거를 설정한다.
	everyHours(n)	ClockTriggerBuilder	n시간 간격의 트리거를 설정한다.
	eveyMinutes(n)	ClockTriggerBuilder	n분 간격의 트리거를 설정한다.
	everyWeeks(n)	ClockTriggerBuilder	n주 간격의 트리거를 설정한다.
	inTimezone(timezone)	ClockTriggerBuilder	트리거의 시간대를 설정한다.
	nearMinute(minute)	ClockTriggerBuilder	트리거의 분을 설정한다.
	onMonthDay(day)	ClockTriggerBuilder	트리거의 날짜를 설정한다.
	onWeekDay(day)	ClockTriggerBuilder	트리거의 요일을 설정한다.
캘린더	onEventUpdated()	CalendarTriggerBuilder	캘린더 이벤트 업데이트 시 트리거한다.
문서	onOpen()	DocumentTriggerBuilder	문서 실행 시 트리거한다.
설문지	onFomrSubmit()	FormTriggerBuilder	설문지 전송 시 트리거한다.
	onOpen()	FormTriggerBuilder	설문지 실행 시 트리거한다.

스프레드 시트	onCharge()	SpreadsheetTrigge rBuilder	스프레드시트 업데이트 시 트 리거한다.
	onEdit()	SpreadsheetTrigger Builder	스프레드시트 수정 시 트리거 한다.
	onFormSubmit()	SpreadsheetTrigger Builder	스프레드시트의 설문 전송 시 트리거한다.
	onOpen()	SpreadsheetTrigger Builder	스프레드시트 실행 시 트리거 한다.

트리거빌더의 설정을 수행하는 메서드들은 반환값도 같은 종류의 트리거빌더
이므로 연속적으로 필요한 메서드를 연결해 실행할 수 있습니다. 마지막으로
create 메서드를 사용해 트리거를 만듭니다.

구문

```
ClockTriggerBuilder 객체.create()
CalendarTriggerBuilder 객체.create()
DocumentTriggerBuilder 객체.create()
FormTriggerBuilder 객체.create()
SpreadsheetTriggerBuilder 객체.create()
```

새로운 트리거를 만드는 예시로 [예제 21-7]을 확인해봅니다.

예제 21-7 시간 기반 트리거 만들기 [21-04.gs]

```
01  function myFunction21_04_03() {
02    const d = new Date();
03    d.setHours(23);
04    d.setMinutes(59);
05
06    ScriptApp.newTrigger('myFunction21_02_01').timeBased().at(d).create();
07  }
```

> 날짜 및 시간 d에 지정한 함수를 호출
> 하는 시간 기반 트리거를 만든다.

오늘 23시 39분에 **myFunction21_02_01** 함수를 실행하는 시간 기반 타입 트리

거를 만듭니다. 스크립트를 실행하고 현재 프로젝트의 트리거를 확인하면 [그림 21-10]과 같이 트리거가 만들어져 있을 것입니다.

그림 21-10 작성한 시간 기반 타입 트리거

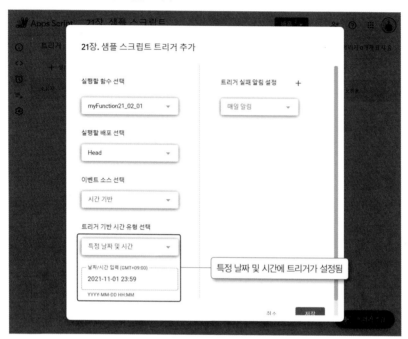

수동으로 시간 기반 이벤트 트리거를 만들 때는 '오후 11시~오전 0시'와 같이 간격 설정만 가능합니다. 하지만 `myFunction21_04_03` 함수같이 매일 0~1시에 동작하는 트리거를 설정하면 당일 23시 59분에 정확하게 동작하는 트리거를 매일 만들 수 있습니다.

트리거 삭제

[예제 21-7]의 스크립트와 트리거를 만들면 정확한 시각에 트리거를 작동하게 할

수 있지만 한 가지 문제가 있습니다. 과거에 만들었던 더이상 사용하지 않는 트리거가 그대로 남았을 수 있다는 점입니다. 그렇기 때문에 작성한 트리거는 실행한 뒤에 삭제하는 처리를 추가하는 것이 좋습니다. 트리거를 삭제할 때는 `ScriptApp` 클래스의 `deleteTrigger` 메서드를 사용합니다.

구문

```
ScriptApp.deleteTrigger(트리거)
```

인수 트리거는 `Trigger` 객체로 지정합니다. 트리거 삭제 예시를 [예제 21-8]에서 확인해봅니다.

예제 21-8 트리거 삭제 [21-04.gs]

```
01  function myFunction21_04_04() {
02    const functionName = 'myFunction21_02_01';
03    const triggers = ScriptApp.getProjectTriggers();
04
05    const trigger = triggers.find(trigger => trigger.getHandlerFunction()
      === functionName);
06    ScriptApp.deleteTrigger(trigger);
07  }
```

> 현재 프로젝트의 트리거를 배열로 얻어 trigger로 지정한다.

> triggers 배열에서 functionName과 일치하는 함수의 트리거를 검색하고 trigger로 지정한다.

> trigger 트리거를 삭제한다.

`getProjectTriggers` 메서드는 현재 프로젝트의 `Trigger` 객체를 배열로 반환합니다. 배열 안에서 삭제할 대상인 `Trigger` 객체를 찾기 위해 함수명이 같은지 판정하는 기준으로 `find` 메서드를 사용합니다. `myFunction21_02_01` 함수에서 `myFunction21_04_04` 함수를 호출하면 트리거 실행과 동시에 트리거를 삭제할 수 있습니다.

이번 장에서는 GAS 스크립트를 다양한 이벤트에 작동시킬 수 있는 트리거를 알아봤습니다. 그리고 그때 받을 수 있는 이벤트 객체 및 트리거 조작을 수행하는 `Script` 서비스에 관해 설명했습니다. 트리거는 GAS가 클라우드에서 작동하기 때문에 간단히 구현할 수 있는 기능임과 동시에 신경 써야 하는 제한이나 주의점이 있는 것도 설명했습니다. 실무에서 유용하게 활용하는 도구나 시스템을 만들기 위해서도 확실히 이해하는 것이 좋습니다.

다음 장에서는 외부 사이트로 URL 리퀘스트하는 방법을 설명합니다. 이를 이용하면 외부 사이트에서 데이터를 얻거나 API를 경유해 외부 서비스를 조작할 수 있습니다. 이 역시 GAS가 클라우드 서비스이기 때문에 구현할 수 있는 기능이라 할 수 있습니다.

Chapter

22

외부 서비스 접속

22.1   Url Fetch 서비스

HTTP 통신

GAS에서는 외부 사이트, 서비스와 데이터를 주고받는 구조를 제공합니다. 이를 이용해 다른 사이트의 웹 페이지 정보를 얻거나 API를 경유해 데이터를 송수신할 수 있습니다. 이때 인터넷에서 일반적으로 이용되는 **HTTP**라는 통신 프로토콜을 이용해 외부와 통신합니다. 먼저 사전 지식으로 HTTP 통신의 기초에 관해 정리한 [그림 22–1]을 봅시다.

그림 22-1 HTTP 통신 구조

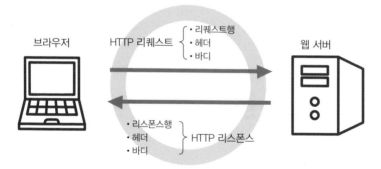

웹 페이지를 보려면 브라우저에 URL을 입력해야 합니다. 이때 브라우저에서는 웹 서버에 '웹 페이지를 보고 싶다'는 요청을 보냅니다. 이를 **HTTP 리퀘스트**HTTP request라 부릅니다. HTTP 리퀘스트는 다음 세 개 부분으로 구성됩니다.

- 리퀘스트행: 요청의 종류를 나타내는 메서드, 대상이 되는 URI, HTTP 버전을 포함한 정보
- 헤더: 브라우저 종류, 쿠키 등 웹 서버에 보내는 브라우저 정보
- 바디: 웹 서버에 보내는 데이터 자체(공백인 경우도 있음)

그리고 리퀘스트행에 부여되는 메서드에는 몇 가지 종류가 있습니다. 주로 사용되는 것은 HTML 문서나 이미지 파일을 요청할 때 사용되는 **GET**, 바디에 기술된 정보를 웹 서버에 전송할 때 사용하는 **POST** 2가지입니다.

웹 서버가 HTTP 리퀘스트를 받으면 그 내용을 해석하고 이에 대한 응답인 **HTTP 리스폰스**HTTP response를 브라우저에 반환합니다. HTTP 응답은 다음과 같이 구성됩니다.

- 상태행: HTTP 리퀘스트의 상태를 나타내는 상태 코드, 설명문, HTTP 버전을 포함한 정보
- 헤더: 서버 종류나 데이터 타입 등 브라우저에 보내는 웹 서버 정보
- 바디: HTML 문서, 텍스트 데이터, 바이너리 데이터 등 브라우저에 보내는 데이터 본체

브라우저는 이 HTTP 리스폰스의 상태를 해석해 웹 페이지를 표시합니다.

Url Fetch 서비스

GAS에서 HTTP 리퀘스트를 보내거나 HTTP 리스폰스를 해석하는 기능을 제공하는 것이 **Url Fetch 서비스**입니다. [그림 22-2]와 같이 웹 브라우징 시 브라우저가 담당하는 역할을 GAS가 대신할 수 있게 됩니다.

그림 22-2 GAS를 이용한 HTTP 통신

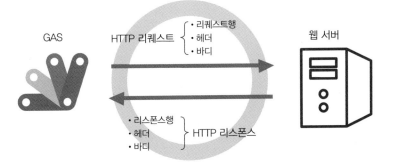

Url Fetch 서비스에서는 [표 22–1]과 같이 두 개의 클래스를 제공합니다. HTTP 리퀘스트를 보낼 때는 UrlFetchApp 클래스, HTTP 리스폰스에서 정보를 추출할 때는 HTTPResponse 클래스를 사용합니다.

표 22-1 Url Fetch 서비스의 클래스

클래스	설명
UrlFetchApp	Url Fetch 서비스의 톱 레벨 객체
HTTPResponse	HTTP 응답을 다루는 기능을 제공한다.

UrlFetchApp 클래스와 HTTP 리퀘스트

UrlFetchApp 클래스는 Url Fetch 서비스의 톱 레벨 객체입니다. UrlFetchApp 클래스에서 제공하는 메서드는 [표 22-2]와 같습니다.

표 22-2 UrlFetchApp 클래스의 주요 메서드

멤버	반환값	설명
fetch(url[, params])	HTTPResponse	url에 파라미터 parmas를 전달해 HTTP 리퀘스트를 수행한다.
fetchAll(requests)	HTTPResponse[]	배열 requests에 지정된 여러 HTTP 리퀘스트를 수행한다.
getRequest(url[, params])	Object	url과 파라미터 parmas를 이용한 리퀘스트를 나타내는 객체를 반환한다.

fetch 메서드는 지정한 URL에 대한 HTTP 리퀘스트를 수행하는 메서드이며 사용 구문은 다음과 같습니다.

구문

```
UrlFetchApp.fetch(URL[, 파라미터])
```

파라미터는 [표 22-3]의 항목 중 필요한 것을 객체 형식으로 지정합니다. 단순한 GET 리퀘스트인 경우에는 파라미터 자체를 생략할 수 있지만 대부분의 경우에는 지정할 것입니다.

표 22-3 fetch 메서드의 주요 파라미터

파라미터	타입	설명
contentType	String	콘텐츠 타입(기본: application/x-www-form-urlencoded)
headers	Object	리퀘스트의 HTTP 헤더
method	String	리퀘스트의 HTTP 메서드(기본: GET)
payload	String	리퀘스트의 페이로드(POST일 경우의 바디 등)
followRedirects	Boolean	리다이렉트 위치 취득 여부(기본: true)
muteHttpExceptions	Boolean	리스폰스가 실패를 나타내는 경우 예외 발생 여부(기본: false)

여러 리퀘스트를 모아서 수행할 때는 fetchAll 메서드를 사용하면 편리합니다.

구문

```
UrlFetchApp.fetchAll(리퀘스트 배열)
```

리퀘스트 배열은 URL을 나타내는 문자열 또는 리퀘스트의 내용을 나타내는 객체를 요소로 합니다. 객체를 구성할 때는 [표 22-3]의 파라미터에 리퀘스트 대상 URL을 나타내는 파라미터 url을 추가합니다. fetchAll 메서드를 실행하면 지정된 모든 리퀘스트를 모아서 HTTP 리퀘스트를 수행하므로 리퀘스트 대상 위치가 여럿인 경우 효율적으로 수행할 수 있습니다.

> 💡 **NOTE**
>
> [표 22-3]의 파라미터는 전문적인 HTTP 지식이 필요한 것도 있으므로 지금 모두 다 이해할 필요는 없습니다. 궁금한 파라미터는 다른 참고 문헌 등을 참고하길 바랍니다.

이 메서드들을 사용할 때 주의할 것이 있습니다. fetch 메서드나 fetchAll 메서드를 이용한 HTTP 리퀘스트 내용과 횟수에 각각 할당과 제한이 정해져 있다는 점입니다. 자세한 내용은 1장을 확인하기 바랍니다.

HTTPResponse 클래스

HTTPResponse 클래스는 HTTP 리퀘스트를 할 때 외부에서 응답된 HTTP 리스폰스를 다루는 기능을 제공하는 클래스입니다. [표 22-4]와 같이 HTTP 리스폰스에서 정보를 추출하거나 HTTP 리스폰스를 Blob 객체로 얻는 멤버들을 제공합니다.

표 22-4 HTTPRepsonse 클래스의 주요 멤버

멤버	반환값	설명
getAs(contentType)	Blob	HTTP 리스폰스를 지정한 contentType의 블롭으로 변환한다.
getBlob()	Blob	HTTP 리스폰스를 블롭으로 반환한다.
getContent()	Byte[]	HTTP 리스폰스의 바이너리 콘텐츠를 얻는다.
getContentText([charset])	String	HTTP 리스폰스를 문자 코드 charset을 이용한 문자열로 변환해서 얻는다.
getHeaders()	Object	HTTP 리스폰스의 헤더를 객체 형식으로 얻는다.
getResponseCode()	Integer	HTTP 리스폰스의 HTTP 상태 코드를 얻는다.

간단한 예시로 HTTP 리스폰스에서 헤더, 내용 문자열 및 상태 코드를 얻는 스크립트를 만들어 봅니다(예제 22-1).

예제 22-1 HTTP 리스폰스 얻기 [22-02.gs]

```
01  function myFunction22_02_01() {
02    const response = UrlFetchApp.fetch('https://www.hanbit.co.kr/');
03    console.log(response.getResponseCode()); //200
04
05    const headers = response.getHeaders();
06    for (const key in headers) console.log(key, headers[key]);
07
08    console.log(response.getContentText());
09
10    console.log(UrlFetchApp.getRequest('https://www.hanbit.co.kr/'));
11  }
```

> URL에 GET 리퀘스트를 수행한다.

> HTTP 리스폰스의 상태 코드를 얻는다.

> HTTP 리스폰스의 헤더를 로그에 출력한다.

> HTTP 리스폰스를 문자열로 얻는다.

fetch 메서드의 파라미터를 생략했으므로 간단한 GET 리퀘스트, 즉 URL로 지정한 웹 페이지의 HTML 문서를 얻게 됩니다. 그 결과 [그림 22-3]과 같은 로그 출력을 얻을 수 있습니다. 정상적으로 HTTP 통신을 수행했다면 상태 코드로 '200'이라는 값을 얻을 수 있습니다.

그림 22-3 fetch 메서드로 얻은 리스폰스

fetchAll 메서드를 이용한 여러 HTTP 리퀘스트의 예시로 [예제 22-2]도 실행해봅니다. 각 리퀘스트에 대한 리스폰스의 콘텐츠 타입을 확인할 수 있습니다.

예제 22-2 fetchAll 메서드를 이용한 리퀘스트와 리스폰스 [22-02.gs]

```
01  function myFunction22_02_02() {
02    const requests = [
03      'https://www.hanbit.co.kr/',
```

```
04        {
05          url: 'https://www.hanbit.co.kr/images/hanbitpubnet_logo.jpg',
06          method: 'get'
07        }
08      ];
09
10      const responses = UrlFetchApp.fetchAll(requests);
11      for (response of responses) console.log(response.getHeaders()['Content-Type']);
12    }
```

실행 결과

```
text/html; charset=UTF-8
image/jpeg
```

HTML, JSON에서 데이터 추출하기

HTML에서 정규 표현으로 데이터 추출하기

HTML 문서 전체 문자열에서 필요한 데이터만 추출하는 작업이 필요한 경우가 많습니다. 이때 7장에서 설명했던 정규 표현을 사용할 수 있습니다. String 객체의 match 메서드로 HTML 문서에서 해당 요소를 가져와 replace 메서드로 HTML 태그를 제거하면 됩니다. [예제 22-3]은 HTML 문서에서 title 태그 안의 텍스트와 h2 태그 안의 텍스트를 추출합니다.

예제 22-3 정규 표현을 사용해 HTML에서 데이터를 추출 [22-03.gs]

```
01  function myFunction22_03_01() {
02    const url = 'https://www.naver.com'
03
04    const response = UrlFetchApp.fetch(url);
05    const html = response.getContentText();
06    const title = html.match(/<title>.*?<\/title>/i)[0];     ── title 요소를 얻는다.
07    console.log(removeTag_(title));
08                                                              h2 요소를 배열로 얻는다.
09    const entries = html.match(/<h2 class="blind">.*?<\/h2>/gi); ──
10    for (const entry of entries) console.log(removeTag_(entry));
11  }
12
13  function removeTag_(str) {
14    return str.replace(/<\/?[^>]+>/gi, '');     ── 문자열에서 태그를 제거하는 함수
15  }
```

실행 결과

```
NAVER
뉴스스탠드
주제별 캐스트
Sign in
타임스퀘어
```

원하는 데이터를 추출하거나 태그를 제거하기 위한 정규 표현은 만들기 어려워 보일 수도 있지만 일정한 패턴이 있습니다. 7장의 내용을 참고해 시도해보기 바랍니다.

> **NOTE**
>
> HTML은 GAS에서 제공되는 XML 서비스로 해석할 수도 있습니다. 이 책에서는 다루지 않지만 경우에 따라 정규 표현을 이용한 방법보다 효과적이므로 기회가 된다면 공식 문서를 참조하기 바랍니다.

API를 사용해 JSON 데이터 얻기

API란 'Application Programming Interface'의 약자로 어떤 소프트웨어의 기능이나 데이터를 외부 프로그램에서 호출해 이용하는 구조를 말합니다.

REST API는 API의 한 형식이며 특정한 URL에 HTTP 리퀘스트를 전송해 외부에서 조작할 수 있습니다. SNS, 채팅, 지도 정보, 기상 정보, 사전, 쇼핑 등 다양한 서비스에서 제공되고 있으며 이들 중 일부는 무료로 이용할 수도 있습니다. 그리고 REST API는 GAS의 `Url Fetch` 서비스로 이용할 수 있습니다. 예시로 공공 데이터포털의 '서울특별시_버스위치정보조회 서비스' API를 사용해봅니다.

- 서울특별시_버스위치정보조회 서비스 API
  https://www.data.go.kr/data/15000332/openapi.do

이 API를 이용하면 다음과 같이 정해진 쿼리 URL을 전송해 JSON 형식의 리스폰스를 얻을 수 있습니다.

http://ws.bus.go.kr/api/rest/buspos/getBusPosByRouteSt?serviceKey={serviceKeyId}&busRouteId=100100118&startOrd=1&endOrd=20&resultType=json

예제 22-4 버스 위치 정보 API로 얻은 JSON 데이터

```
01  {
02    "comMsgHeader": {
03      "responseMsgID": null,
04      "responseTime": null,
05      "requestMsgID": null,
06      "returnCode": null,
07      "errMsg": null,
08      "successYN": null
09    },
10    "msgHeader": {
11      "headerMsg": "정상적으로 처리되었습니다.",
12      "headerCd": "0",
13      "itemCount": 0
14    },
15    "msgBody": {
16      "itemList": [
17        {
18          "sectOrd": "1",
19          "sectDist": "44",
20          "stopFlag": "0",
21          "sectionId": "111700219",
22          "dataTm": "20211125173054",
23          "tmX": "126.912192",
24          "tmY": "37.614326",
25          "posX": "192248.3870396128",
26          "posY": "457201.16319550434",
27          "vehId": "111033058",
28          "plainNo": "서울74사7258",
```

```
29        "busType": "1",
30        "routeId": "100100118",
31        "lastStnId": "111000299",
32        "isFullFlag": "0",
33        "congetion": "0"
34      },
35      {
36        "sectOrd": "9",
37        "sectDist": "140",
38        "stopFlag": "0",
39        "sectionId": "111700294",
40        "dataTm": "20211125173102",
41        "tmX": "126.917613",
42        "tmY": "37.613764",
43        "posX": "192726.8934985545",
44        "posY": "457138.360117984",
45        "vehId": "111033217",
46        "plainNo": "서울74사7240",
47        "busType": "1",
48        "routeId": "100100118",
49        "lastStnId": "111000116",
50        "isFullFlag": "0",
51        "congetion": "0"
52      },
53      ...
54    ]
55  }
56 }
```

[예제 22-5]를 실행해봅니다. busRouteId로 지정한 버스 노선에 대한 버스 번호가 로그에 출력됩니다.

예제 22-5 버스 위치 정보 API로부터 버스 정보 얻기 [22-03.gs]

```
01 function myFunction22_03_03() {
02   const busRouteId = '100100118';
```

```
03    const url = 'http://ws.bus.go.kr/api/rest/buspos/getBusPosByRouteSt?se
      rviceKey={serviceKey}&busRouteId=' + busRouteId + '&startOrd=1&endOrd
      =20&resultType=json';
04    const response = UrlFetchApp.fetch(url);
05
06    const obj = JSON.parse(response.getContentText());
07    console.log(`obj: ${obj.msgHeader.headerMsg}`)
08    console.log(`obj.msgBody.itemList: ${obj.msgBody.itemList}`);
09
10    const result = obj.msgBody.itemList[0];
11    const {vehId, plainNo, busType} = result;
12    console.log(`VendorId: ${vehId}`);
13    console.log(`Bus Number: ${plainNo}`);
14    console.log(`Bus Type: ${busType}`);
15  }
```

실행 결과

```
obj: 정상적으로 처리되었습니다.
VendorId: 111033351
Bus Number: 서울75사2643
Bus Type: 1
```

> 🔔 **NOTE**
>
> '서울특별시_버스위치정보조회 서비스 API'는 공공데이터포털에서 제공하고 있으며 정확성을 완전
> 히 보장하지는 않습니다. 자세한 내용은 다음 URL을 참조하기 바랍니다.
> https://www.data.go.kr/tcs/dss/selectApiDataDetailView.do?publicDataPk=15000332
> 마찬가지로 다른 API를 이용하는 경우에도 정보의 지속성이나 정확성이 보장되지 않는 경우가 있
> 으므로 API 이용 규약을 반드시 확인하기 바랍니다.

이번 장에서는 Url Fetch 서비스의 멤버를 이용해 HTTP 통신을 이용한 외부 사
이트 및 서비스와 데이터를 주고받는 방법에 관해 설명했습니다. 클라우드에서

완전하게 동작하는 GAS이기 때문에 이런 기능을 간단히 구현할 수 있습니다. 그리고 REST API를 제공하는 서비스가 늘어날수록 GAS를 이용해 할 수 있는 일들도 늘어납니다. 그러니 이번 장의 내용은 꼭 습득하기 바랍니다.

다음 장에서는 라이브러리에 관해 설명합니다. 라이브러리는 자신 또는 다른 사용자가 작성한 함수를 재사용하기 위한 구조이며 이를 이용하면 GAS 개발 효율을 향상시킬 수 있습니다.

Chapter

23

라이브러리

23.1 라이브러리 이용하기

라이브러리 추가하기

GAS에서는 작성한 함수를 다른 프로젝트에서 이용할 수 있는 **라이브러리**library라는 기능을 사용할 수 있습니다. 다른 사용자가 공개한 라이브러리를 사용할 수도 있고 직접 라이브러리를 만들 수도 있습니다. 이미 존재하는 라이브러리를 활용하면 자주 사용하는 기능을 직접 만들 필요가 없으므로 개발 효율이 크게 높아집니다.

이번 장에서는 테스트용으로 준비한 Hello라는 라이브러리를 예로 들어 라이브러리 도입과 사용 방법을 알아봅니다. 먼저 라이브러리 추가 방법을 살펴보겠습니다. 라이브러리를 추가할 프로젝트를 열고 [라이브러리]의 [+] 아이콘을 클릭합니다.

그림 23-1 라이브러리 추가

[그림 23-2]와 같이 '라이브러리 추가' 다이얼로그가 열립니다. Hello 라이브러리의 스크립트 ID를 입력한 뒤 [조회]를 클릭합니다. 스크립트 ID는 예제 파일 23_01.gs에도 기재되어 있습니다.

스크립트 ID: 1U81fRGYRWq-0yEJgtMIMMfxa-UrMSg03gOf99tzspsZXxt7ScZPjmIs2

그림 23-2 '라이브러리 추가' 다이얼로그

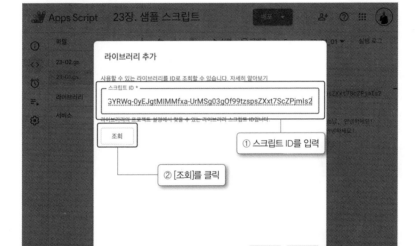

그러면 [그림 23-3]과 같이 Hello 라이브러리를 조회한 결과가 표시됩니다. '버전'의 드롭다운 메뉴에서 최신 버전(가장 큰 번호)을 선택합니다. '식별자'는 라이브러리 식별자를 나타냅니다. 변경할 수도 있지만 특별한 이유가 없다면 기본값 그대로 둡니다.

그림 23-3 라이브러리 버전을 선택해서 추가

그리고 [추가]를 클릭하면 [그림 23-4]와 같이 스크립트 편집기의 라이브러리 메뉴에 Hello가 추가됩니다.

그림 23-4 추가한 라이브러리

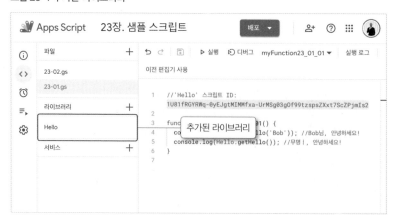

라이브러리 사용하기

추가한 라이브러리 안의 멤버는 **식별자**^{identifier}를 사용해 다음과 같이 호출할 수 있습니다.

구문

식별자.메서드명

[예제 23-1]을 실행해서 Hello 라이브러리가 잘 추가됐는지 확인해봅니다. '~님, 안녕하세요!'라는 메시지가 로그에 출력되면 Hello 라이브러리가 정상적으로 작동하는 것입니다.

예제 23-1 Hello 라이브러리 작동 확인 [23-01.gs]

```
01  function myFunction23_01_01() {
02    console.log(Hello.getHello('Bob')); //Bob님, 안녕하세요!
03    console.log(Hello.getHello()); //무명님, 안녕하세요!
04  }
```

라이브러리를 사용하면 단일 프로젝트보다 실행 속도가 느려지므로 빠르게 작동해야 하는 프로젝트에서는 권장하지 않습니다.

그리고 라이브러리는 작성자가 버전을 업데이트했더라도 추가한 라이브러리 버전이 자동으로 업데이트되지 않습니다. 라이브러리 버전이나 업데이트를 확인할 때는 [라이브러리] 메뉴에서 해당 라이브러리 이름을 클릭해 '라이브러리 설정' 다이얼로그를 열어서 알아봅니다(그림 23-5). 새로운 버전이 있으면 지금보다 큰 숫자를 선택해 버전을 업데이트할 수 있습니다. 원하는 버전을 선택하고 [저장]을 클릭합니다.

그림 23-5 '라이브러리 설정' 다이얼로그

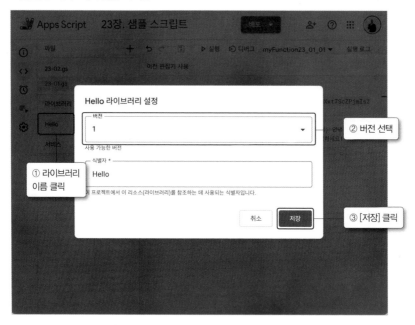

라이브러리의 더보기 아이콘을 클릭하면 [새 탭에서 열기]와 [삭제] 메뉴가 표시됩니다(그림 23-6). [새 탭에서 열기]를 선택하면 해당 라이브러리에 관한 문서가 브라우저의 다른 탭에서 열립니다. [삭제]를 선택하면 라이브러리를 삭제할 수 있습니다.

그림 23-6 라이브러리의 기타 메뉴

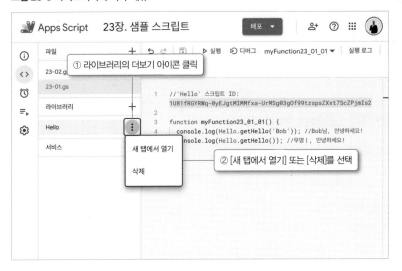

라이브러리 스크립트 준비하기

라이브러리를 만드는 순서는 다음과 같습니다.

1. 스탠드얼론 스크립트로 프로젝트를 만든다.
2. 스크립트를 작성한다.
3. 공유 설정에서 공개 범위를 설정한다.
4. 버전 관리에서 새로운 버전을 작성한다.

먼저 새 프로젝트를 만듭니다. 라이브러리를 만들 때는 단일 프로젝트여야 하므로 컨테이너 바운드 스크립트로 작성하지 않도록 주의합니다.

> 💡 NOTE
>
> 라이브러리는 스탠드얼론 스크립트로 작성해야 합니다.

프로젝트명은 기본 식별자로 사용됩니다. 따라서 프로젝트명은 자바스크립트나 GAS의 예약어, 글로벌 객체와 충돌하지 않도록 해야 하며 한국어는 사용하지 않는 것이 좋습니다. 예제에서는 MyLibrary로 설정합니다. 계속해서 [예제 23-2]의 스크립트를 작성합니다.

예제 **23-2** 라이브러리 MyLibrary [23-02.gs]

```
01   /** 사람을 나타내는 클래스 */
02   class Person {
03     /**
```

```
04      * Person 객체를 생성한다
05      * @param {string} name - 이름
06      * @param {number} age - 나이
07      */
08     constructor(name, age) {
09       this.name = name;
10       this.age = age;
11     }
12
13     /**
14      * 인사말을 로그에 출력한다
15      */
16     greet(){
17       console.log(`Hello! I'm ${this.name}!`);
18     }
19   }
20
21   /**
22    * Person 클래스의 인스턴스를 생성해서 반환하는 팩토리 함수
23    *
24    * @param {String} name - 이름
25    * @param {Number} age ┌ 나이 (기본값: 0.1)
26    * @return {Person} - 생성한 Person 객체
27    */
28   function createPerson(name, age) {
29     return new Person(name, age);
30   }
31
32   /**
33    * 부가세 포함 가격을 반환하는 함수
34    *
35    * @param {Number} price - 가격
36    * @param {Number} taxRate - 부가세율 (기본값은 0.1)
37    * @return {Number} 부가세 포함 가격
38    */
39   function includeTax(price, taxRate = 0.1) {
40     return price * (1 + taxRate);
41   }
```

사람을 나타내는 클래스 Person, Person 클래스의 인스턴스를 만드는 함수 createPerson, 부가세 포함 가격을 반환하는 함수 includeTax로 구성되어 있습니다. 라이브러리의 클래스에서는 다른 프로젝트로부터 직접적으로 new 연산자를 이용해 인스턴스를 생성할 수 없습니다. 따라서 인스턴스를 생성하기 위해 함수를 라이브러리 안에 정의해서 호출합니다. 이 같은 인스턴스 생성용 함수를 **팩토리 함수**^{factory function}라 부릅니다.

[표 23-1]의 태그를 이용하면 **도큐멘테이션 코멘트**를 사용할 수 있습니다. 도큐멘테이션 코멘트를 입력한 함수는 라이브러리를 추가한 프로젝트에 입력 지원을 제공합니다.

표 23-1 라이브러리의 도큐멘테이션 코멘트에 사용하는 태그

태그	설명	서식
@param	인수 정보를 추가한다.	{데이터_타입} 파라미터명 – 설명
@return	반환값 정보를 추가한다.	{데이터_타입 } – 설명

라이브러리 공개 범위 설정하기

다음으로 라이브러리를 공개할 범위를 설정하기 위해 스크립트 공유를 설정합니다. 본인만 사용하는 라이브러리일 경우에는 공유 설정을 변경하지 않아도 됩니다. 먼저 스크립트 편집기 오른쪽 위의 [공유] 아이콘을 클릭하고 '사용자 및 그룹과 공유' 다이얼로그에서 조직 또는 '링크가 있는 모든 사용자에게 공개'로 설정합니다(그림 23-7).

그림 23-7 '사용자 및 그룹과 공유' 다이얼로그

계속해서 [그림 23-8]과 같이 공개 범위의 드롭다운 메뉴를 열고 조직명 또는 '링크가 있는 모든 사용자에게 공개'를 선택하고 [완료]를 클릭합니다. 이로써 공개 범위 설정을 마쳤습니다.

그림 23-8 공개 범위

라이브러리로 사용할 때는 **배포**deployment를 해야 합니다. 배포는 공개해서 사용할 수 있는 상태로 만드는 것을 의미합니다. 먼저 스크립트 편집기의 [배포] 버튼에서 [새 배포]를 선택합니다(그림 23-9).

그림 23-9 새 배포

'새 배포' 다이얼로그가 열립니다(그림 23-10). '유형 선택' 우측의 ⚙ 아이콘을 클릭해 [라이브러리]를 선택합니다.

그림 23-10 배포 종류

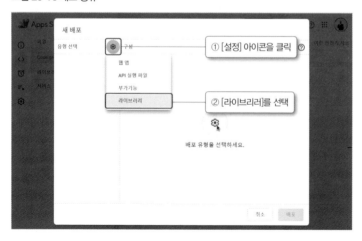

설명 칸을 입력합니다(그림 23-11). 설명을 한국어로 입력하면 라이브러리 도입 시 버전을 확인할 수 없게 되므로 영어로 입력합니다. 입력을 마쳤다면 [배포]를 클릭합니다.

그림 23-11 설명을 입력하고 배포

새 버전이 배포되고 [그림 23-12]와 같은 화면이 나타나면 [완료]를 클릭합니다. 배포 ID나 라이브러리 URL은 필요하지 않으므로 복사하지 않아도 됩니다.

그림 23-12 배포 완료

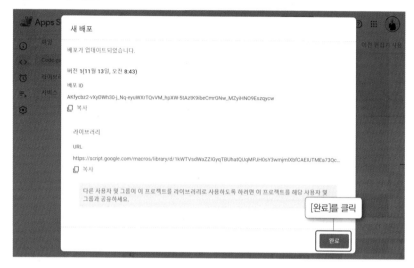

다른 프로젝트에서 라이브러리를 추가할 때는 스크립트 ID가 필요했습니다. 스크립트 ID는 [프로젝트 설정] 메뉴의 'ID' 항목에서 확인할 수 있습니다. [복사]를 클릭해 스크립트 ID를 얻습니다(그림 23-13).

그림 23-13 스크립트 ID 복사

자신이 수정할 수 있는 라이브러리는 '라이브러리 추가' 다이얼로그에서 'HEAD (개발자 모드)'라는 버전을 선택하면 됩니다(그림 23-14).

그림 23-14 개발 모드로 라이브러리를 추가

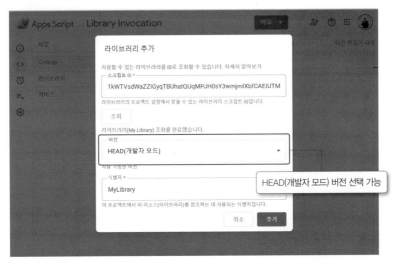

HEAD(개발자 모드) 버전으로 라이브러리를 추가하면 라이브러리가 변경될 때 해당 버전이 즉시 반영되어 라이브러리 개발에 유용하게 활용할 수 있습니다. 그럼 이 스크립트 ID를 이용해서 다른 프로젝트에 `MyLibrary` 라이브러리를 추가해봅시다. [예제 23-3]을 작성하고 라이브러리를 사용할 수 있는지 확인해봅니다.

예제 23-3 다른 프로젝트에서 직접 만든 라이브러리를 사용 [23-02.gs]

```
01  function myFunction23_02_02() {
02    const p = MyLibrary.createPerson('Bob', 25);
03    console.log(p); //{ name: 'Bob', age: 25 }
04    p.greet(); //Hello! I'm Bob!
05
06    console.log(MyLibrary.includeTax(1000)); //1100
07    console.log(MyLibrary.includeTax(1000, 0.08)); //1080
08  }
```

이번 장에서는 라이브러리가 무엇인지와 라이브러리를 작성하는 방법에 관해 설명했습니다. 라이브러리를 활용하면 코드를 재사용할 수 있게 되어 효과적입니다. 꼭 여러분이 원하는 라이브러리를 만들어보기 바랍니다.

찾아보기

찾아보기

찾아보기

찾아보기

찾아보기

찾아보기

찾아보기